CONTENTS

はじめに……………………………………………………………………………………… 9

序　章　基本操作

1｜表示モード …………………………………………………………………………… 12
［ページ表示］・12　　［スクロール表示］・13　　［スタジオ表示］・14
デフォルトの表示モードを指定する・15

2｜拡大と縮小 …………………………………………………………………………… 16
ショートカットで拡大（縮小）する・16　　特定の箇所を拡大する・16　　ページを画面に収める・17
表示サイズを指定する・18　　デフォルトの表示サイズを指定する・19

3｜スクロール …………………………………………………………………………… 20
ドラッグでスクロールする・20　　ホイール操作でスクロールする・20　　ページを指定して移動する・21
小節を指定して移動する・21

4｜範囲の選択 …………………………………………………………………………… 22
範囲を選択できるツール・22　　小節単位で選択する・22　　音符単位で選択する・23
五線全体を選択する・24　　楽譜全体を選択する・24

第1章　五線の設定

1｜新規ファイルの作成 ………………………………………………………………… 26
［セットアップ・ウィザード］による新規ファイル作成・26　　オリジナルのひな形を作成して利用する・31
テンプレートを利用する・32　　デフォルトファイルを利用する・33

2｜五線 …………………………………………………………………………………… 34
五線を追加する・34　　五線を削除する・35　　五線を並び替える・36　　1本線の五線に変更する・37
五線を隠す・38　　楽器を変更する・39　　五線の一部でだけ楽器を変更する・40
移調楽器の設定を変更する・41

3｜音部記号 ……………………………………………………………………………… 43
音部記号を入力する・43　　小節の途中で音部記号を変更する・44　　先頭小節で音部記号を変更する・45
段末の予告の音部記号を隠す・47　　五線先頭の音部記号のサイズ・48
五線途中に挿入する音部記号のサイズ・49　　2段目以降の音部記号を隠す・50

4｜調号 …………………………………………………………………………………… 51
調号を入力する・51　　小節の途中に調号を入力する・53　　段末の予告の調号を隠す・54
五線の途中で調号を強制的に表示する・55　　2段目以降の調号を隠す・55
調号前の打ち消しのナチュラルを非表示にする（表示する）・56　　調号の変更箇所に複縦線を挿入する・56
調号を表示せずに臨時記号で記譜する・57

5｜拍子記号 ……………………………………………………………………………… 58
拍子記号を入力する・58　　弱起（アウフタクト）を設定する・60　　段末の予告の拍子記号を隠す・62
五線グループの中央に大きな拍子記号を入力する・63　　五線の上に大きな拍子記号を入力する・65

6｜五線をくくる括弧 …………………………………………………………………… 67
括弧の種類を変更する・67　　括弧でくくる範囲を変更する・68　　括弧を追加する・69
括弧を削除する・71

7｜小節線 ………………………………………………………………………………… 72
小節線の種類を変更する・72　　一定の小節単位で小節線の種類を変更する・73
小節線の連結を変更する・74　　1本しかない五線にも左小節線を表示する・75

8｜小節 …………………………………………………………………………………… 76
楽譜の最後に小節を追加する・76　　楽譜の途中に小節を挿入する・77　　小節を削除する・77

9 | パート名 78
パート名を入力する・78　　五線名（グループ名）のフォントを変更する・81
五線名（グループ名）の文字揃えを変更する・82　　五線名（グループ名）の位置を調整する・83

10 | 小節番号 84
すべての小節に小節番号を表示する・84　　すべての小節番号を隠す・85
一定の間隔で小節番号を表示する・86　　特定の小節で小節番号を表示する・87
特定の小節で小節番号を隠す・87　　小節番号を最上段（または最下段）の五線に表示する・88
小節番号を表示する五線を指定する・89　　小節番号を図形で囲む・90
小節番号のフォント、スタイル、サイズを変更する・92　　小節番号の位置を調整する・93
スクロール表示でのみ、すべての小節に小節番号を表示する・94　　小節番号を振りなおす・95

第2章　音符と休符

1 | 音符（休符）を入力する 98
マウス入力・98　　ステップ入力・99　　高速ステップ入力・101
ステップ入力ツール + MIDI キーボードを使った入力・102
高速ステップ入力ツール + MIDI キーボードを使った入力・103　　リアルタイム入力・104
弱起（アウフタクト）のリアルタイム入力・109　　タップ入力・110
採譜した楽譜にクォンタイズをかけなおす・111

2 | 臨時記号 112
臨時記号つきの音符を入力する・112　　親切臨時記号を入力する・113
異なるレイヤーの臨時記号を再表記する・115

3 | 付点 117
付点音符（付点休符）を入力する・117　　付点の位置を調整する・118

4 | タイ 120
タイを入力する・120　　タイの向きを反転する・121　　タイの位置や形を調整する・122
2番括弧、先頭の音符へのタイ・123　　タイを付点の後ろからはじめる・125

5 | 和音 126
和音を入力する・126　　和音の一部だけ五線をまたぐ・128
連続した同じ音程の和音をすばやく入力する・129　　連打する和音をすばやく入力する・130

6 | 連符 131
3連符を入力する・131　　3連符以外の連符を入力する・133　　入れ子になった連符を入力する・135
複数の連符をすばやく入力する（ステップ入力ツールの場合）・136　　連符の括弧や数字を隠す・137
連符の括弧や数字の位置を反転する・139　　連符の数字や括弧を音符の上に移動する・139
連符の括弧の位置や傾きを調整する・140

7 | 装飾音符 141
装飾音符を入力する・141　　小節の最後に装飾音符を入力する・143
すべての装飾音符にスラッシュをつける・143　　装飾音符のサイズを変更する・144

8 | 複声部 145
複声部の入力・145　　小節の一部だけで声部を分ける（休符を隠す）・146
4分の2拍子などの楽譜に全休符を入力する・148　　複声部の付点を上下に分ける・150

第3章　音符と休符の編集

1 | 削除 152
個別に削除する・152　　まとめて削除する・153　　特定のレイヤーでのみ削除する・154
項目を指定して削除する・155　　デフォルトの全休符を削除する・156

2 | 挿入 158
音符（休符）を挿入する・158　　音符（休符）をまとめて挿入する・159

3 ｜ 高さ ···160
音符（休符）の高さを修正する・160　　複数のレイヤーの同位置の休符を1つにまとめる・161
まとめて音符の高さを修正する・162　　まとめて休符の高さを修正する・163　　移調する・164
異名同音に変更する・165

4 ｜ 長さ ···166
音符（休符）の長さを修正する・166　　まとめて音符（休符）の長さを修正する・167

5 ｜ 音符サイズ ···168
個別に音符サイズを編集する・168　　まとめて音符サイズを編集する・169

6 ｜ 符頭 ···170
楽譜全体で符頭サイズを編集する・170　　個別に符頭サイズを編集する・171
まとめて符頭サイズを編集する・172　　符頭の種類を変更する・173　　符頭をカラーで表示する・175

7 ｜ 符尾 ···176
符尾の向きを反転する・176　　符尾の向きを固定する・177　　符尾を隠す・178
符尾の長さを微調整する・179　　特殊な符頭の符尾の接続位置を調整する・180

8 ｜ 連桁 ···182
個別に連桁でつなぐ（連桁を切り離す）・182　　拍子記号によって連桁でつなぐ単位を変更する・183
4分の4拍子で8分音符を2つずつつなぐ・185　　連桁をつなぎなおす・186
歌詞にあわせて連桁をつなぎなおす・187　　16分音符以下の連桁だけを切り離す・188
連桁の傾きや垂直位置を調整する・189　　小節線をまたいで連桁をつなぐ・190
ページをまたぐ小節間で小節線をまたいで連桁をつなぐ・191　　五線をまたいで音符をつなぐ・192

9 ｜ コピー ···194
コピーの基本手順・194　　連続コピーする・195　　特定のレイヤーだけコピーする・196
違うレイヤーにコピーする・196　　項目を指定してコピーする・197　　ファイル間でコピーする・198

第4章　歌詞

1 ｜ 歌詞の入力手順 ···200
楽譜に直接タイプする（日本語）・200　　楽譜に直接タイプする（欧文）・201
クリックで割り付ける・202　　欧文の特殊文字を入力する・203
歌詞の文字間に半角スペースを挿入する・204　　リズムの異なる歌詞を入力する・205

2 ｜ 歌詞を編集する ···206
歌詞を修正する・206　　まとめて歌詞を削除する・206　　音引き線の長さを調整する・207
歌詞の垂直位置をドラッグして調整する・207　　歌詞の垂直位置を数値で調整する・208
歌詞の水平位置を調整する・209　　歌詞のフォントを変更する・211　　歌詞をずらす・213

3 ｜ そのほか ···214
歌詞番号を入力する・214　　複数番の歌詞を結ぶ括弧「｜」や「｜」を入力する・216
日本語の歌詞を結ぶ ⌒（スラー）を入力する・218　　音節間に挿入するハイフンの調整・219
歌詞をテキストデータとして書き出す（欧文の場合）・220

第5章　コードネーム

1 ｜ コードネームの入力手順 ···222
楽譜へ直接タイプする・222　　一覧から選択して入力する・223　　MIDI キーボードで入力する・224
オンコードを入力する・226

2 ｜ コードネームを編集する ···229
コードネームを削除する・229　　コードネームを修正する・229
新しいコード・サフィックスを定義する・230　　コードネームの垂直位置を調整する・230
個別に入力位置を調整する・231　　コードネームのフォントを変更する・231

3 | フレットボード······232
　フレットボードを表示する・232　　オリジナルのフレットボードを作成する・233　　楽器を変更する・235
　フレットボードのサイズを編集する・236　　特定のフレットボードを隠す・236

第6章　音楽記号

1 | 発想記号······238
　発想記号入力の基本手順・238　　マクロ機能を利用して発想記号を入力する・239
　複数の五線に一括で発想記号を入力する・240　　上（または下）の五線に発想記号をコピーする・241
　すべての五線に発想記号を割り付ける・241　　五線を指定して発想記号を割り付ける・242
　発想記号を置き換える・243　　発想記号の添付先を変更する・244
　発想記号の添付先を変更せずに位置を調整する・244　　装飾音符に発想記号を添付する・245
　縮小（拡大）した音符に通常サイズの発想記号を入力する・245　　発想記号の背景を隠す・246
　［速度標語］、［速度変化］、［リハーサルマーク］の表示パートを編集する・247
　強弱記号を五線の上に配置する・248
　強弱記号を新規に作成する（カテゴリ設定に沿って新規作成する）・250
　速度標語を新規に作成する（既存の記号を複製して編集する）・252
　肩文字のついた発想記号を作成する・254　　日本語による発想記号を作成する・255
　リハーサルマークを入力する・256　　リハーサルマークを振りなおす・256
　「'（ダッシュ）」のついたリハーサルマークを入力する・257

2 | アーティキュレーション······258
　アーティキュレーション入力の基本手順・258
　マクロ機能を利用してアーティキュレーションを入力する・259
　複数の音符に一括でアーティキュレーションを入力する・260　　臨時記号つきの〜や〜を入力する・262
　矢印つきのアルペジオ記号を入力する・264　　装飾音符に指番号を入力する・265

3 | 変形図形······266
　変形図形入力の基本手順・266　　同じタイミングに同じ長さの変形図形を入力する・267
　変形図形を水平に整列する・268　　スラーの向きを反転する・268　　スラーの形や位置を調整する・269
　点線スラーを入力する・269　　クレッシェンド（デクレッシェンド）の開き具合を調整する・270
　点線つきの発想記号を入力する・271　　図形「「」を作成する・273

4 | 反復記号······274
　反復小節線を入力する・274　　小節の途中に反復小節線を入力する・275
　反復小節線で繰り返す回数を指定する・276　　1番括弧、2番括弧つき反復小節線を入力する・276
　3番以降の括弧を作成する・278　　反復記号括弧の数字を編集する・279
　反復記号括弧の長さを調整する・280　　反復記号括弧の垂直位置を調整する・280
　D.C. や **D.S.**、𝄋 などの文字反復記号を入力する・282　　「to ⊕」を入力する・283
　「⊕Coda」を入力する・284　　文字反復記号の位置を五線別に調整する・284
　反復記号括弧と文字反復記号の表示パートを指定する・285　　文字反復記号のプレイバック設定・287
　楽譜の演奏順序を確認する・289　　1小節、2小節単位の反復記号 ／ や ／／ を入力する・290
　4小節単位の反復記号 ／／／／ を入力する・290　　／ や ／／ などをレイヤー単位で入力する・292

5 | 記号入力テクニック······294
　ブレスマークを入力する・294　　全休符にフェルマータを入力する・296
　小節線の上にフェルマータを入力する・297　　2音間にトレモロ記号を入力する・301
　連符のトレモロ記号を入力する・303　　臨時記号つきのトリルを入力する・304
　トリルの見た目を変更する・305　　ペダル記号を入力する・306

第7章　文字

1 | 曲情報······308
　［スコア・マネージャー］画面で曲情報を入力する・308　　テキスト・ツールで曲情報を入力する・309
　テキストの途中に臨時記号を挿入する・310　　著作権情報に「©」を入力する・310

2 | ページ番号 ·· 311
　ページ番号を入力する・311　　開始ページ番号を指定する・312
3 | プレーンテキスト ··· 313
　プレーンテキストを入力する・313
4 | 文字の編集 ·· 314
　文字のフォントやサイズを編集する・314　　フォントを一括で変更する・315
　文字の入力位置を調整する・316　　文字をすべてのページに表示する・317
　見開きページで左右対称に配置する・318

第8章　レイアウト

1 | レイアウトに便利な機能 ·· 320
　計測単位を指定する・320　　定規を表示する・320　　ガイドを表示する・321
2 | ページ・サイズ ·· 322
　ページ・サイズを指定する・322　　ページの余白サイズを設定する・323
　タイトルのための余白を設定する・324
3 | 五線サイズ ·· 325
　五線サイズを指定する・325　　特定の五線だけサイズを変更する・327
4 | 小節割り ·· 328
　小節を移動する・328　　1段の小節数を指定する・329　　任意の小節を1段にまとめる・329
5 | 音符の配置 ·· 330
　自動スペーシング・330　　手動でスペーシングを適用する・331
　同度の音符を左右にずらして配置する・332　　手動で音符を左右に移動する・333
6 | 五線の配置 ·· 335
　楽譜全体で五線間の距離を広げる（狭くする）・335　　すべての五線を均等に配置する・336
　五線位置を手動で調整する・337　　五線の左位置を調整する・339
7 | 組段の配置 ·· 340
　組段を均等に配置する・340　　組段前後の距離を調整する・341　　組段を次ページに送る・342
8 | 特殊なレイアウト ··· 343
　コーダの前で五線を切り離す・343　　小節の途中で改行する・346　　小節左の余白を調整する・347
　組段ごとに五線の数が異なる楽譜を作成する・348　　組段間に「⌇」を配置する・351
　空白ページを挿入する・352　　空白ページを削除する・352

第9章　プレイバックとReWire

1 | プレイバックする ··· 354
　［プレイバック・コントローラー］の操作・354　　任意の位置からプレイバックする・355
　特定の五線だけをプレイバックする・355　　プレイバックする五線を指定する・356
2 | 音色 ··· 357
　音色を変更する・357　　音色を一括で割り当てなおす・358　　五線の途中で音色を変更する・359
3 | テンポ ··· 360
　［プレイバック・コントローラー］でテンポを指定する・360　　発想記号でテンポを指定する・361
　［テンポタップ］でテンポを指定する・362　　テンポ変化を数値で調整する・363
4 | Human Playback ·· 364
　Human Playbackを適用する・364　　楽譜の一部にHuman Playbackを適用する・366
5 | ARIA Player ··· 367
　ARIA Player・367　　ARIA Playerで音色を変更する・368　　リバーブをかける・370
　Garritan Instrumentsのチューニングを変更する・371

6 ｜ ReWire を利用する ……………………………………………………………………………… 373
ReWire モードでできること・373　　Finale を ReWire モードで起動する・373
ReWire モードでプレイバックする・375　　編集結果を再生データに反映させる・376
ホスト DAW 内で Finale の出力を調整する・376　　ビデオ動画を同期する・377
ReWire を終了する・378

第10章　MIDI データ

1 ｜ MIDI データを読み込む ……………………………………………………………………… 380
Finale で読み込む前のヒント・380　　MIDI データを読み込む・382
音域の広いパートが 2 つの五線に分かれてしまうのを避ける・384
ゴーストノートやミスタッチ音を削除する・386　　パーカッション・レイアウトを指定する・387
演奏データは保持しつつコード表記に変更する・388
MIDI データを加味しつつ Human Playback で演奏させる・389
プログラムチェンジ情報を［スコア・マネージャー］に反映させる・390
音色管理がうまくいかない場合・391

2 ｜ MIDI データを編集する ………………………………………………………………………… 392
MIDI データを編集する基本手順・392　　変形図形や発想記号による連続的音量変化を編集する・396
音符ごとの音量をベロシティで直接指定する・397　　ピッチ・ベンドを編集する・398

3 ｜ MIDI データに書き出す ………………………………………………………………………… 399
MIDI データに書き出す・399

第11章　読み込みと書き出し

1 ｜ オーディオ・データ ……………………………………………………………………………… 402
オーディオ・データを読み込む・402　　オーディオ・データに書き出す・403

2 ｜ 画像ファイル ……………………………………………………………………………………… 404
画像ファイルを読み込む・404　　画像ファイルに書き出す・406

3 ｜ MusicXML ………………………………………………………………………………………… 408
MusicXML を読み込む・408　　MusicXML に書き出す・409
複数ファイルを一括で読み込む（または書き出す）・410

4 ｜ PDF ファイル …………………………………………………………………………………… 412
PDF ファイルに書き出す・412

5 ｜ MUS ファイル …………………………………………………………………………………… 413
MUS ファイルに書き出す・413

第12章　特殊な楽譜

1 ｜ ドラム譜 …………………………………………………………………………………………… 416
五線を準備する・416　　ステップ入力でドラム譜を入力する・417
高速ステップ入力でドラム譜を入力する・418　　MIDI キーボードを使ってドラム譜を入力する・419
パーカッション MIDI マップを編集する・421　　ドラム譜を修正する・421
ドラム譜の入力する高さや符頭の種類を編集する・422

2 ｜ タブ譜 ……………………………………………………………………………………………… 424
五線を準備する・424　　日本式連桁つきタブ譜を作成する・425
タブ譜の線間をほかの五線とそろえる・426　　タブ記号をすべての段に表示する・427
タブ譜を入力する・428　　タブ譜を修正する・431　　和音のフレット番号を左右にずらす・432
フレット番号を○で囲む・433　　スラッシュを使ったリズム譜を作成する・434
符頭を省略したリズム譜を作成する・438　　カッティングを入力する・438
ヴィブラート記号を作成する・439　　ハーモニクス記号を入力する・440

3 ｜ パート譜 ··· 443
パート譜に切り替える・443　　長休符にまとめる・444　　ガイド音符を作成する・445
パート譜用のページ・フォーマットを編集する・448　　パート譜での小節番号の表示方法を設定する・450
パート譜をさらに分ける・451　　パート譜を印刷する・456

第13章　環境設定

1 ｜ 操作画面 ··· 458
パレットを常に開いておく・458　　背景をカスタマイズする・459
五線紙の材質をカスタマイズする・460

2 ｜ 起動 ·· 461
起動時の動作をカスタマイズする・461

3 ｜ 保存 ·· 462
ファイルの保存場所をカスタマイズする・462　　バックアップファイルの自動作成・463

第14章　FinaleScript

1 ｜ FinaleScript でできること ··· 466
FinaleScript パレットを開く・467

2 ｜ プリセットを実行する①〜編集中のファイルへの操作〜 ······································· 468
スクリプトを使ってレイヤー1と2を入れ替える・468　　スクリプトを使って調号を変更する・470

3 ｜ プリセットを実行する②〜複数ファイルへの一括操作〜 ······································· 471
一括処理元フォルダと一括処理先フォルダを指定する・471
旧バージョンのファイルを一括で最新バージョンに変換・472

4 ｜ オリジナルのスクリプトを作成する ··· 473
レイヤー1と4を入れ替えるスクリプトを作成する・473
複数ファイルの用紙を一括でA4に変更する・475
［調号の変更］スクリプトの作業対象ファイルや調号を指定する・476

5 ｜ FinaleScript をもっと便利に使う ··· 478
メイン・メニューにプリセットを表示する・478　　FinaleScript にショートカットキーを割り当てる・479

索引 ··· 481

はじめに

　本書は、楽譜作成ソフトの最高峰ともいわれる、Finale version25 の使い方を詳しく解説した本です。
　基本的な楽譜を作るだけなら、Finale が手順を示してくれることもあり、それほど難しくないかもしれません。しかし、その楽譜をちょっとでも自分の思うとおりに変えようとすると、とたんにわけがわからなくなってお手上げ……　という方は多いようです。

　膨大なメニューや設定項目をどのように選び、どのように入力していけばよいのか。本書では楽譜作成の際、実際につきあたるケースをとりあげて解説しました。譜例も実際の作品から採用しています。もちろん、初心者の方にも利用していただくことができるように、基本操作もていねいに説明しました。

　本書には多くの"注意"と"ヒント"が掲載されています。操作をするうえで注意しておかないといけないこと、あるいは「こんなやり方もあります」「こういうこともできます」といったワンポイントを数多く掲載しました。項目によってはそれらが重なることもありますが、必要なことは繰り返し載せました。この"注意"と"ヒント"を読むだけでも、Finale をより深く使いこなすことができるはずです。ぜひ参考にして活用してください。

　日本式の楽譜の表記方法についても関連する箇所で説明しています。日本で一般的に使われている楽譜には、日本独特の表記方法が使われていることがあります。おそらく多くの方が、ふだん何気なく目にしているものですが、それらは、Finale の標準表記とは少し違うことがあるのです。ほんのちょっとした違いですが、この違いが見た目に大きな違いを与えます。"ヒント"にいろいろ載っていますのでぜひ参考にしてください。

　Finale version25 では、最新の OS に対応したのはもちろんのこと、プログラムの 64bit 化が大幅に進むなど将来を見据えた目には見えない改善が多数おこなわれています。また、重複していた機能や時代に合わなくなったプラグインなども整理されました。さらに、外部との連携機能である MusicXML の拡充や ReWire の装備など、やはり今後の音楽制作環境を先取りした機能も追加されています。
　"作れない楽譜はない"といわれるほどの高い機能を持つ Finale です。一方、使いこなすのは難しいともいわれています。高機能であるがゆえにどうしても操作は複雑ですが、自分が納得する楽譜を作るために、本書を参考に Finale を上手に活用してください。

　本書は Finale version25 日本語版のベータ版（開発中のバージョン）をもとにして執筆されています。そのため、本書の説明や画面例と、製品版の動作や画面が異なる箇所があるかもしれません。あらかじめご承知おきください。また、発売後のアップデートによって仕様の変更や機能の追加が生じる場合もありますのでご了承ください。

●本書について●

■WindowsとMacの操作の違いについて

　Windows版とMac版では、キーボードの操作などに違いがあります。本書ではWindows版を例に説明していますが、Windows版とMac版で画面やキーボード操作などが異なる場合は、それぞれの場合を並記しています。使用するキー、またはメニュー名のみが異なる場合は、Macでの使用キーやメニュー名を（　）で示しています。

■スクロールバーの表示について

　本書で、ウィンドウをスクロールするために「［▲］または［▼］をクリックして」と書かれている箇所があります。しかしMacの場合、OS 10.7（Lion）以降ではこのウィンドウを上下にスクロールするための［▲］や［▼］は表示されず、スクロールバーのみ表示されます。「［▲］または［▼］をクリックして」と書かれている箇所では、スクロールバーをドラッグしたりマウスやタッチパッドなどのスクロール機能を使って上下させてください。

■右クリックについて

　本書で「右クリック」と指示されている部分では、マウスの右ボタンをクリックします。

　ノートパソコンなどのタッチパッド（あるいはトラックパッド、クリックボタンのないマウスなど）では、パソコンやトラックパッドなどの説明書をご確認のうえ、右クリックに相当する操作をしてください。

■提示されている数値について

　数値を入力して調整する必要がある場面では、目安となる値が記されています。

　ただし、ご使用のフォントや環境などによっては、思ったとおりの結果が得られない場合があります。その際は掲載されている値を目安に、再度値を入力しなおすなど、調整してください。

■単位について

　本書では主に「スペース」という、Finale独自の単位を用いて説明しています。

　これは、楽譜のさまざまなサイズや幅などが五線を基準に決められているためです。馴染みのある「センチメートル」で設定すると、楽譜のサイズなどによって同じ値に設定しても異なる結果となる場合があります。それに対して五線の線間を基準とした「スペース」を使用すれば、その誤差をなくすことができます。

　「五線の線間1つ分＝1スペース」という単位は、視覚的にも、また初心者にもわかりやすい単位です。Finaleには、1スペースをさらに24等分した「EVPU（ENIGMA VirtualPageUnit）」という単位もあります。どの単位を使用するかは、本文中でも示されていますが、状況、目的、好みに応じて使い分けてください。

■テキスト・ツール T について

　［メイン・ツール・パレット］のテキスト・ツール T は、［ツール］メニューなどでは［文字］と表示されます。なお本書では、テキスト・ツールで統一しています。

Finale® は、MakeMusic, Inc. の登録商標です。
Windows および Windows ロゴは、Microsoft Corporation の米国および、その他の国における商標または登録商標です。
Apple®、Mac®、Mac OS® 等は、米国および他の国々で登録された Apple Inc. の商標です。
そのほかの会社名、製品名、サービス名などは各社の商標または登録商標です。

序　章
基本操作

●序　章　基本操作

1 表示モード

［ページ表示］

　デフォルトでは、新規ファイルを開くと、実際に印刷した楽譜のようにページ単位で表示されます。これが［ページ表示］です。［表示］メニューの［ページ表示］を選択してチェックをつけると、［ページ表示］に切り替えることができます。

　［ページ表示］にはいくつかのタイプがあり、［表示］メニューの［表示方法］から選択することができます。デフォルトでは［見開き：横方向に表示］が選択されています。

　［ページ表示］では、表示されているすべてのページがアクティブになっているため、ページをまたぐスラーやクレッシェンドなどもスムーズに入力できます。

デフォルトは［見開き：横方向に表示］

［スクロール表示］

　ページの区切りをなくし、すべての小節を横長に配置したのが［スクロール表示］です。［表示］メニューの［スクロール表示］を選択してチェックをつけると、［スクロール表示］に切り替わります。

　スクロール表示では、五線の左端に常に楽器名が表示され、左下の［小節］欄では画面左端に表示されている小節番号を確認することができるので、複数のパートを持つ楽譜の入力の際などに、現在地を把握しやすく便利です。

> 💡ヒント　楽器名の左端が切れて表示し切れていない場合は、**手のひらツール**でドラッグして楽器名が表示されるように調整します。

　また［スクロール表示］では、小節番号を指定して、目的の小節にすばやく移動することもできます。
➡ 📖 序章「小節を指定して移動する」p.21

[スタジオ表示]

　[スクロール表示]によく似た[スタジオ表示]では、五線の左側にそれぞれの[パート・コントローラー]が表示され、楽譜をプレイバックしながら、リアルタイムにそれぞれのコントローラーを調整することができます。

　[スタジオ表示]に切り替えるには、[表示]メニューの[スタジオ表示]を選択してチェックをつけるだけです。

　この[スタジオ表示]では、一番上に[テンポタップ]パートが表示され、楽譜をプレイバックするテンポをまるで指揮するようにパソコンキーボードのスペースキーなどを使って調整することができます。

➡ 📖 第9章「[テンポタップ]でテンポを指定する」p.362

1 | 表示モード

デフォルトの表示モードを指定する

楽譜を開いたときの表示モードを指定することができます。

手順

1 [環境設定－新規ファイル] 画面を開く

[編集] メニュー（[Finale] メニュー）から [環境設定] を選択して [環境設定] 画面を開き、左のリストから [新規（新規ファイル）] をクリックして選択。

2 表示モードを選択

[ウィンドウを開いた時の設定] 欄で、[スクロール表示]、[ページ表示]、[スタジオ表示] から表示モードを選択する。

> ヒント [ページ表示] の場合は [表示方法] も指定することができます。

> ヒント [表示倍率] 欄でデフォルトの表示サイズを指定することもできます。

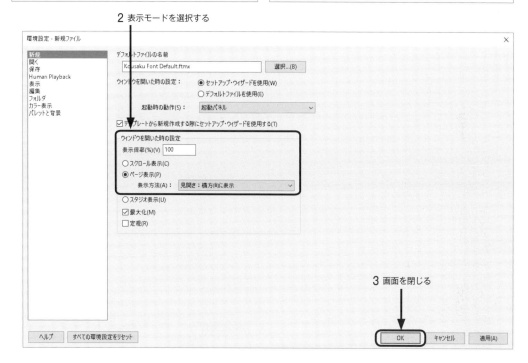

2 表示モードを選択する

3 画面を閉じる

3 画面を閉じる

[OK] をクリックして画面を閉じる。
これで次回から、指定した表示モードで開くようになります。

● 序　章　基本操作

2 拡大と縮小

ショートカットで拡大（縮小）する

一番簡単で便利なのはショートカットを利用した方法です。どのツールを選択しているときでも同様に操作できます。

注意!! ［スコア・マネージャー］画面など、ほかのウィンドウがアクティブになっていると操作できません。その場合は、一度楽譜をクリックして選択してから再度操作してください。

手順

1 拡大する

[Ctrl]（[⌘]）＋[+]キーをタイプするごとに、画面表示が拡大する。

ヒント　メインキーボードまたはテンキー、どちらの[+]、[-]キーでも操作できます。

2 縮小する

[Ctrl]（[⌘]）＋[-]キーをタイプするごとに、画面表示が縮小する。

特定の箇所を拡大する

特定の箇所を拡大したい場合は、**虫めがねツール**🔍 を利用します。

手順

1 ツールを選択する

［ナビゲーション・ツール・パレット（メイン・ツール・パレット）］から**虫めがねツール**🔍 を選択。

2 拡大する

ドラッグすると表示される枠で、拡大したい箇所を囲むようにして選択すると、選択した箇所が拡大表示される。

ヒント 🔍カーソルで拡大したい部分をクリックすると、少しずつ拡大することができます。

ヒント [Ctrl]（[option]）キーを押すと、カーソルの中央が「＋」から「－」になり、縮小できるようになります。

16

ページを画面に収める

楽譜をレイアウトするときなどは、ページ全体を表示しておくと、作業しやすくなります。

注意!! 以下の操作は、[ページ表示] のときにのみ有効です。

手 順

1 [ウィンドウに収めて表示] を選択

[表示] メニューの [表示サイズ] から [ウィンドウに収めて表示] を選択すると、ページ全体が画面にちょうどよく収まるよう、表示サイズが調整される。

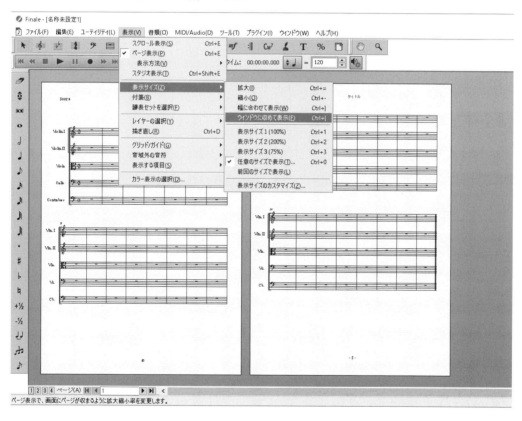

● 序　章　基本操作

表示サイズを指定する

表示サイズを指定して表示することもできます。

手順

1 [表示サイズ] 画面を開く

[Ctrl]（⌘）キーを押しながらメインキーボードの[0]キーをタイプして、[表示サイズ] 画面を開く。

> 💡ヒント [表示] メニューの [表示サイズ] から [任意のサイズで表示] を選択して開くこともできます。

> 💡ヒント Mac の場合は、テンキーの[0]キーでも同様に操作できます。

2 表示サイズを指定する

☐に数値を入力して表示サイズを指定する。

> 💡ヒント 画面を開いたときに表示されている数値は、現在の表示サイズを示しています。

3 画面を閉じる

[OK] をクリックして画面を閉じると、指定したサイズで表示される。

ショートカットを利用する

よく使う表示サイズ、100%、200%、75%の３つには、ショートカットキーが割り当てられています。

> ✋注意!! Windows の場合は、メインキーボードの数字キーを使用します。

> 💡ヒント Mac の場合は、メインキーボード、テンキー、どちらの数字キーでも同様に操作できます。

手順

1 100%で表示する

[Ctrl]（⌘）+[1]キーをタイプすると、表示サイズが 100%になる。

2 200%で表示する

[Ctrl]（⌘）+[2]キーをタイプすると、表示サイズが 200%になる。

3 75%で表示する

[Ctrl]（⌘）+[3]キーをタイプすると、表示サイズが 75%になる。

> 💡ヒント [表示] メニューの [表示サイズ] から [表示サイズ１] または [表示サイズ２]、[表示サイズ３] を選択しても同様に操作できます。

表示サイズをカスタマイズする

このショートカットに割り当てる表示サイズは、自由にカスタマイズすることができます。

手 順

1 [環境設定－表示] 画面を開く

[表示] メニューの [表示サイズ] から [表示サイズのカスタマイズ] を選択し、[環境設定－表示] 画面を開く。

2 表示サイズを指定する

[表示サイズのカスタマイズ] 欄のそれぞれの □ に数値を入力し、割り当てたい表示サイズを指定する。

3 画面を閉じる

[OK] をクリックして画面を閉じる。

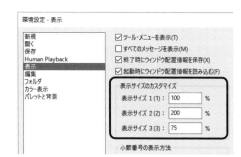

ショートカットキーをタイプすると、それぞれに割り当てた表示サイズで表示されるようになります。

デフォルトの表示サイズを指定する

楽譜を開いたときのデフォルトの表示サイズを指定しておくことができます。

手 順

1 [環境設定] 画面を開く

[編集] メニュー ([Finale] メニュー) から [環境設定] を選択して [環境設定] 画面を開き、左のリストから [新規（新規ファイル）] をクリックして選択。

2 表示サイズを指定する

[ウィンドウを開いたときの設定] 欄の [表示倍率] 右の □ に表示サイズ入力する。

3 画面を閉じる

[OK] をクリックして画面を閉じる。

これで次回からは、指定した表示サイズで開くようになります。

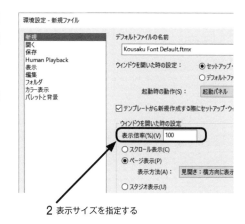

2 表示サイズを指定する

● 序　章　基本操作

3 スクロール

ドラッグでスクロールする

一番お手軽なのはドラッグする方法です。Windows の場合と Mac の場合とで手順が異なります。

> **ヒント** 手のひらツール でも同様にスクロールすることができます。この場合は、ドラッグするだけで OK です。

Windows の場合

手　順

1 カーソルを手のひらにする
　楽譜の上で右クリックすると、カーソルが手のひらの形 になる。

2 ドラッグする
　右クリックしたまま楽譜上をドラッグすると、それにあわせて楽譜がスクロールされる。

Mac の場合

手　順

1 カーソルを手のひらにする
　⌘と option キーを同時に押さえると、カーソルが手のひらの形 になる。

2 ドラッグする
　⌘＋ option キーを押さえたまま楽譜上をドラッグすると、それにあわせて楽譜がスクロールされる。

どのツールを選択しているときでも操作できるので、とても便利です。

ホイール操作でスクロールする

ホイールつきのマウスをお使いの場合であれば、ホイール操作で楽譜をスクロールすることもできます。

> **ヒント** 左右にも操作できるホイールをお使いの場合であれば、[スクロール表示]、[スタジオ表示]の際も左右にスクロールして小節を移動することができます。

ページを指定して移動する

［ページ表示］の際は、ページを指定して移動することもできます。

> **注意!!** 以下の操作は、［ページ表示］のときにのみ有効です。

手順

1 ページを指定する

画面左下の［ページ］欄右の□にページ番号を入力する。

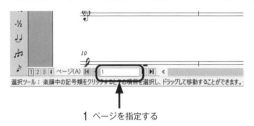

1 ページを指定する

> **注意!!** ページ番号は半角数字で入力します。

2 移動する

[Enter]キーをタイプすると、指定したページへ移動する。

> **ヒント** □の両脇に表示されている［▶］をクリックすると次ページに、［◀］で前のページに、［|◀］で先頭ページに、［▶|］で最終ページに移動できます。

小節を指定して移動する

［スクロール表示］または［スタジオ表示］のときは、小節番号を指定して移動することもできます。

> **注意!!** 以下の操作は、［スクロール表示］または［スタジオ表示］のときにのみ有効です。

手順

1 小節を指定する

画面左下の［小節］欄右の□に小節番号を入力する。

1 小節を指定する

> **注意!!** 小節番号は半角数字で入力します。

> **ヒント** スクロールバーを左右にドラッグして小節を移動することもできます。

2 移動する

[Enter]キーをタイプすると、指定した小節が画面左端に表示される。

> **ヒント** スクロールバーの両端（Macの場合は右端）に表示されている［▶］や［◀］をクリックすると前後の小節に移動できます。

●序　章　基本操作

4 範囲の選択

範囲を選択できるツール

［メイン・ツール・パレット］の**選択ツール**、**五線ツール**、**調号ツール**、**拍子記号ツール**、**音部記号ツール**、**小節ツール**、**反復記号ツール**、それに Windows の場合は［上級者用パレット］（Mac の場合は［メイン・ツール・パレット］）にある **MIDI ツール**、どのツールの場合も、これから説明する手順で、範囲を選択することができます。

小節単位で選択する

小節単位で範囲を選択する手順です。

手　順

1 先頭小節を選択する

先頭小節をクリックすると、小節が選択され青く表示される。

　　　ヒント 1小節だけを選択したい場合はこれで完了です。

▼複数のパートに渡って選択したい場合

一番上の五線で選択したい範囲の先頭小節をクリックして選択する。

　　　注意!! **選択ツール**の場合は、音符や休符などが入力されていない余白部分をクリックするようにします。

　　　ヒント **選択ツール**の場合はダブルクリック、そのほかのツールの場合は [Alt]（⌘）キー＋クリックすると、全パートに渡って小節を選択することができます。

2 最終小節を指定する

[Shift]キーを押しながら最終小節をクリックする。

▼複数のパートに渡って選択したい場合

一番下の五線で選択したい範囲の最終小節をクリックして選択する。

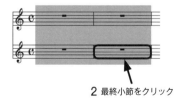

2 最終小節をクリック

これで、手順1で選択した先頭小節から最終小節までが選択され、青く表示されます。

22

音符単位で選択する

音符単位で範囲を選択する手順です。

> 💡ヒント 空の小節の場合も、同様にして小節の一部を拍単位で選択することができます。

手　順

1 先頭位置を選択する

ドラッグすると表示される枠で囲むようにして、先頭の音符（または休符）を選択する。

▼複数のパートに渡って選択したい場合

一番上の五線で選択したい範囲の先頭の音符（または休符）をドラッグすると表示される枠で囲むようにして選択する。

> ✋注意!! 先頭位置は必ずドラッグして選択します。

2 最終位置を指定する

[Shift]キーを押しながら最終位置にある音符、または休符をクリックすると、手順1で選択した先頭位置から最終位置までが選択され、青く表示される。

▼複数のパートに渡って選択したい場合

一番下の五線で選択したい範囲の最終位置にあるの音符（または休符）を[Shift]キーを押しながらクリックして選択する。

● 序 章 基本操作

五線全体を選択する

特定の五線全体を1クリックですばやく選択する手順です。

手 順

1 五線を選択する

選択したい五線左の余白部分をクリックすると、五線全体が選択される。

1 五線左の余白をクリック

ヒント このときクリックするのは、何段目の五線でも OK です。

ヒント さらに Shift キーを押しながらクリックすると、隣りあった五線を複数選択することができます。

楽譜全体を選択する

楽譜全体を選択する手順です。

手 順

1 楽譜全体を選択する

Ctrl (⌘) + A キーをタイプすると、楽譜全体が選択される。

ヒント [編集] メニューの [すべてを選択] でも同様に楽譜全体を選択することができます。

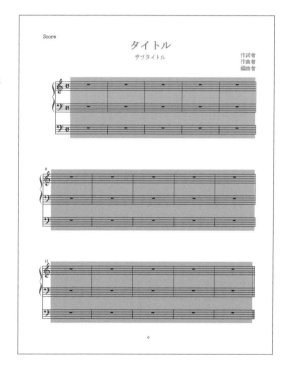

第1章
五線の設定

1 新規ファイルの作成

［セットアップ・ウィザード］による新規ファイル作成

　新規ファイルの作成には、［セットアップ・ウィザード］画面が便利です。用意された項目を埋めていくだけで、簡単に必要な五線のそろった新しい楽譜をセットアップすることができます。

　［セットアップ・ウィザード］画面は、［起動パネル］の［セットアップ・ウィザード］をクリック、または［ファイル］メニューの［新規作成］から［セットアップ・ウィザードによる新規ファイル］を選択すると開くことができます。

　［セットアップ・ウィザード］画面には、全部で４つの画面が用意されています。
　それぞれの画面で［次へ］をクリックすると次の画面に移動します。４ページめの［完了］をクリックする前であれば、［戻る］をクリックすると１つ前の画面に戻って設定しなおすことができます。

　ここで設定する項目は、どれもあとから自由に修正または変更することができるので、気軽に楽譜作りがはじめられます。

（１）楽器編成と楽譜書式を選択する

　最初の画面では、楽器編成と楽譜の書式やページ・サイズを選択します。

手 順

1 楽器編成を選択する
　［楽器編成の選択］欄で、［新規作成］を選択すると、次の画面で０(ゼロ)から自由に楽器を選択できる。
　点線より下のリストから楽器編成名をクリックして選択すると、次の画面では、あらかじめ選択した編成に必要な楽器が用意されている。

> ヒント　楽器編成を選択した場合も、次の画面で楽器を追加または削除するなど、自由に編集できます。

2 楽譜書式を選択する
　市販されている印刷楽譜のような楽譜を作成したい場合は、［適用する楽譜書式］欄で［出版譜風］をクリックして選択。
　手書き風の楽譜を作成したい場合は、［手書き風］または［手書き風］を選択。

> ヒント　通常は、デフォルトで選択されている［出版譜風］をオススメします。

> ヒント　［オーケストラ向け］、［一般向け］などの左に表示されている［＋］をクリックすると、さらにいろいろな楽譜書式が表示されます。また、それぞれの楽譜書式名をクリックすると、右にその特徴が表示されます。

1 ｜ 新規ファイルの作成

3 ページ・サイズを選択する

［スコア譜のページ・サイズ］

スコア譜（総譜）のページ・サイズと向きを選択。

［パート譜のページ・サイズ］

パート譜に使用したいページ・サイズと向きを選択。

➡ 第 12 章「パート譜用のページ・フォーマットを編集する」p.448

💡ヒント あらかじめ、スコア譜とパート譜で異なるページ・サイズや向きを設定しておくことができます。

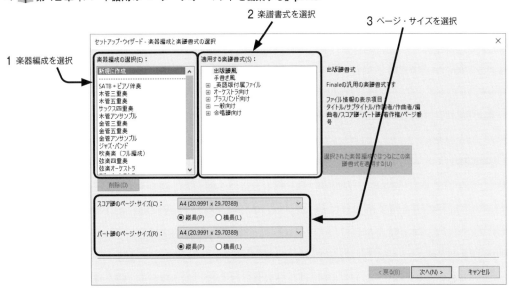

（2）パートを選択する

2ページ目では、楽譜で使用したい楽器を選択します。

前のページで楽器編成を選択していた場合は、右のリストに必要な楽器がリストアップされています。これらは、ここで自由に追加、または削除して編集することができます。

手 順

1 音楽ジャンルを選択する

［種別］欄をクリックすると表示されるリストから、作成する音楽ジャンルを選択する。

💡ヒント ［一般］を選択すると、ごく一般的な楽器群のリストが表示されています。

💡ヒント 選択した音楽ジャンルに適した楽器のリストが開きます。

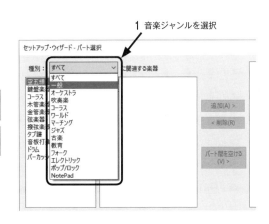

●第 1 章　五線の設定

2 ［楽器配置］を選択する

［楽器配置］欄をクリックすると表示されるリストでも、これから入力する音楽ジャンルを選択しておくと、以降に選択する楽器が、指定したジャンルの楽譜で見られる一般的な順序で配置される。
［カスタム］を選択しておくと、楽器は選択した順に上から配置される。

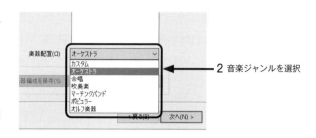

2 音楽ジャンルを選択

3 楽器を選択する

左のリストから楽器群をクリックして選択すると、真ん中のリストに楽器名が表示されるので、必要な楽器をダブルクリックし、右端のリストに追加する。必要な楽器をすべて選択する。

> **ヒント** 画面右端の［▲］または［▼］をクリックすると、［楽器配置］の設定に関係なく、自由に楽器の並び順を変更することができます。

> **ヒント** 間違って追加してしまった場合は、右のリストでクリックして選択して［削除］をクリックすると、リストから楽器を削除できます。

> **注意!!** ここで、少なくとも 1 つ以上の楽器を選択しないと、次の画面には進めません。

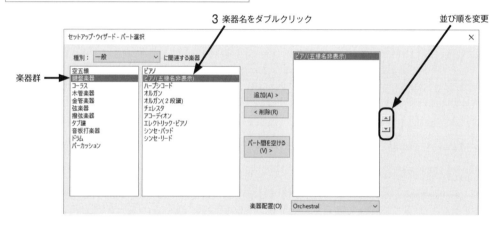

3 楽器名をダブルクリック　　並び順を変更
楽器群

4 ［パート間を空ける］

［パート間を開ける］をクリックすると、右のリストで選択している楽器の上に点線が挿入され、他のパート間よりも、広くスペースを取って配置される。

> **ヒント** あらかじめ歌詞用のスペースを空けておきたい場合や、編成の大きな楽譜で楽器群間のスペースを空けたい場合などに便利です。

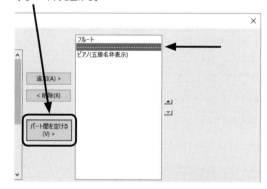

4 ［パート間を空ける］

28

(3) 曲情報を入力する

3ページめは、必要な情報だけを入力すればOKです。もちろん、必要でなければすべて空欄でもかまいません。

著作権マーク「©」を入力したい場合は、デフォルトであらかじめ［著作権情報］欄に表示されている「©」を利用すると簡単です。

➡ 📖 第7章「著作権情報に「©」を入力する」p.310

そのほか、欧文の特殊文字「ü」や「à」などを入力したい場合は、あとから入力します。

(4) 拍子記号と調号を設定する

最後のページでは、拍子記号や調号、また曲頭のメトロノーム記号などを設定します。

弱起（アウフタクト）の欄も用意されていますが、これはあとから設定することをオススメします。

➡ 📖 第1章「弱起（アウフタクト）を設定する」p.60

手順

1 拍子記号を設定する

拍子記号をクリックして選択。

> 💡ヒント 「?」をクリックすると［拍子記号］画面が開き、自由に拍子記号を設定できます。

2 調号を設定する

［メジャー（長調）］または［マイナー（短調）］を選択し、［▲］または［▼］をクリックして調号を設定する。

> 💡ヒント ［▲］をクリックすると♯が1つ増え（または♭が1つ減り）、［▼］をクリックすると、♭が1つ増え（または♯が1つ減り）ます。

調号を使わずに臨時記号で記譜したい場合

調を設定したあと「調号を使わず臨時記号表記にする」をクリックしてチェックをつける。

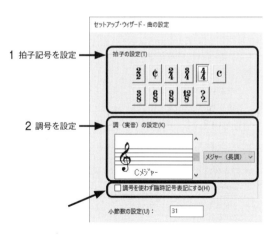

> 💡ヒント ここにチェックをつけておくと、設定した調に応じて、入力した音符に自動で臨時記号が挿入されます。

3 曲頭のメトロノーム記号を設定する

［曲頭のメトロノーム記号の設定］左の□をクリックしてチェックをつけておくと、曲頭に入力したい速度標語やメトロノーム記号をあらかじめ設定しておくことができる。

> **ヒント** ［テキスト］欄に文字を入力すると、自動的にチェックがつき、メトロノーム記号といっしょに入力されます。

> **注意!!** ここでは、テキストによる速度標語だけを入力することはできません。

4 小節数を設定する

［小節数の設定］欄右の□に小節数を入力しておくことで、あらかじめ用意する小節数を設定しておくこともできる。

5 弱起を設定する

ここで弱起を設定しておくこともできる。

［弱起の設定］左の□をクリックしてチェックをつけ、弱起小節と同じ長さの音符をクリックして選択。

> **注意!!** ここで弱起を設定すると、楽譜を演奏すると、弱起小節も通常小節としてカウントされるため、曲頭に空白のカウントが挿入されます。

> **ヒント** 弱起小節を実際の長さどおりに演奏したい場合は、拍子記号ツールを使ってあとから設定します。

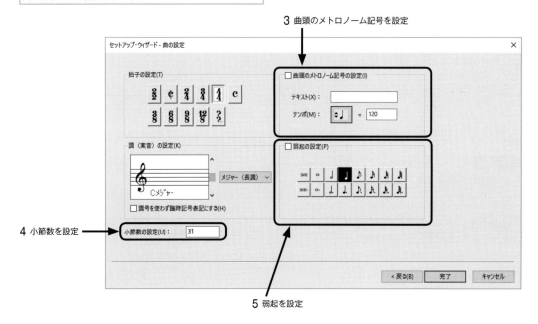

3 曲頭のメトロノーム記号を設定
4 小節数を設定
5 弱起を設定

すべての項目が設定できたら、最後の画面で［完了］をクリックします。すると、選択した書式、楽器、調号、拍子記号などが設定された新しい楽譜が開きます。

オリジナルのひな形を作成して利用する

「いつも同じ編成の楽譜しか作らない」「新しく作成した記号や変更した設定を違うファイルでも使いたい」いろいろな手順がありますが、もとのファイルをひな形として使うのが一番手っ取り早く簡単な方法です。➡ 第1章「テンプレートを利用する」p.32、第3章「ファイル間でコピーする」p.198

手順

1 ファイルを開く
ひな形にしたいファイルを開く。

2 ファイルを別名で保存する
編成名など、わかりやすい名前をつけて保存する。

3 内容をすべて消去する
楽譜全体を選択し、[BackSpace]（[clear]）キーをタイプしてすべての内容を消去する。

> ヒント Macで[clear]キーのないキーボードをお使いの場合は、右クリックすると表示されるメニューから［すべての項目を消去］を選択します。

➡ 第3章「まとめて削除する」p.153

歌詞を入力していた場合は、［メイン・ツール・パレット］から**歌詞ツール**を選択し、［歌詞］メニューから［歌詞ウィンドウ］を選択して［歌詞］画面を開き、入力しているすべての歌詞を削除する。

4 再度ファイルを保存する
すべての内容を削除したら、再度、ファイルを上書き保存しておく。

ファイルを掃除する

上書きを繰り返していると、削除したはずのデータがファイル内に蓄積され、ファイルの容量が異常に大きくなってしまうことがあります。そういう場合は、以下の手順でファイルを掃除しましょう。

手順

1 ［ファイル・メンテナンス］画面を開く
［書類］メニューの［データ・チェック］から［ファイル・メンテナンス］を選択し、［ファイル・メンテナンス］画面を開く。

2 ファイルを掃除する
［削除した項目の完全破棄］をクリックしてチェックをつけ、［ファイル整合性テスト］をクリックしてチェックをはずす。
［OK］をクリックして画面を閉じるとファイル・メンテナンスがはじまる。処理が終わると［削除された項目］画面が開くので、確認したら［OK］をクリックして画面を閉じる。

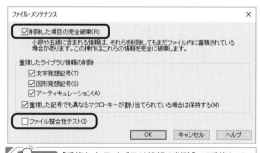

> ヒント ［重複したライブラリ情報の削除］で重複している記号類を整理することもできます。

> 注意!! 必ず［ファイル整合性テスト］のチェックをはずしてから実行するようにします。

●第1章　五線の設定

テンプレートを利用する

　Finaleには、さまざまな編成のテンプレートが用意されているので、それらを利用するのも1つの手です。テンプレートが収められている［Templates］フォルダは、少し奥まったところに収められています。Windowsの場合は［ローカル ディスク］→［ユーザー］→［(ユーザー名)］→［AppData］→［Roaming］→［Make Music］→［Finale］→［Music Files］フォルダの中、Macの場合は［HD］→［ライブラリ］→［Application Support］→［MakeMusic］→［Finale］→［Music Files］フォルダの中、となります。これをたどっていくのはなかなか大変ですが、Finaleのメニューから操作すれば、簡単に開くことができます。

> **注意!!** Windowsの［AppData］フォルダは、デフォルトでは表示されないように設定されています。

　また、オリジナルで作成したひな形ファイルをテンプレートとして開くこともできます。テンプレートとして開くと、もとのファイルではなくコピーファイルとして開くことができるので、オリジナルのファイルを書き換えてしまう心配がありません。

➡ 📖 第1章「オリジナルのひな形を作成して利用する」p.31

手 順

1 ［開く］（［テンプレートから開く］）画面を開く
　［ファイル］メニューの［新規作成］から［テンプレートからの新規ファイル］を選択し、［開く］画面を開く。

2 テンプレートを開く
　表示される［Templates］フォルダから、開きたいファイルをダブルクリック。

オリジナルで作成したひな形をテンプレートとして開きたい場合
　［ファイルの種類］欄をクリックすると表示されるリストから［読み込めるすべてのファイル］を選択し（Macでは画面下に表示されている）、開きたいファイルをダブルクリック。

> **ヒント** テンプレートファイルは、［ジャズ］や［合唱］など、音楽ジャンルごとのフォルダに分類されています。

> **ヒント** Macの場合は、デフォルトで［読み込めるすべてのファイル］が選択されています。

3 タイトル、拍子記号、調号などを設定する

［セットアップ・ウィザード］画面が開くので、必要に応じてタイトルや拍子記号、調号などを設定する。

> **ヒント** ［次へ］をクリックすると、拍子記号や調号を設定することができます。

> **ヒント** 何も設定しない場合は、［キャンセル］をクリックすると、コピーファイルが開きます。

［完了］をクリックすると、選択したファイルのコピーが、［名称未設定］ファイルとして開く。

デフォルトファイルを利用する

　手っ取り早く五線を用意したい場合は、デフォルトファイルを利用すると簡単です。何も設定されていない、左側にト音記号の表示された4分の4拍子、ハ長調の1段譜が開きます。

手 順

1 デフォルトファイルを開く

［ファイル］メニューの［新規作成］から［デフォルトの新規ファイル］を選択すると、デフォルトファイルが開く。

● 第1章　五線の設定

2 五線

五線を追加する

あとから五線を追加したい場合も、[スコア・マネージャー] 画面を利用すれば、リストから楽器を選択するだけで、選択した楽器に適した五線を簡単に追加することができます。

手順

1 [スコア・マネージャー] 画面を開く

[ウィンドウ] メニューから [スコア・マネージャー] を選択し、[スコア・マネージャー] 画面を開き、[楽器リスト] タブをクリックして選択。

2 楽器を選択する

[楽器追加] をクリック。

表示されるリストの左から順に、音楽のジャンル、楽器群をクリックして選択し、右のリストから追加したい楽器をダブルクリック（クリック）。

選択した楽器に適した空の五線が追加される。

> **ヒント** [スコア・マネージャー] のリストだけでなく、楽譜にも瞬時に五線が追加されます。

> **ヒント** [楽器配置] 欄で選択している音楽ジャンルに従って、一般的な位置に新しい楽器が追加されます。

> **ヒント** 画面右上（Macの場合は左上）の「×」をクリックすると、[スコア・マネージャー] 画面が閉じます。

→ 📖 第1章「五線を並び替える」p.36

高音部譜表を追加する

もっと簡単に、五線を追加することもできます。手順はとてもシンプル。[メイン・ツール・パレット] の**五線ツール**をダブルクリックするだけ。これで楽譜の一番下に、高音部譜表が追加されます。

> **注意!!** この手順では、五線の種類や挿入位置を指定することはできません。

→ 📖 第1章「五線を並び替える」p.36、「楽器を変更する」p.39

五線を削除する

その内容ごと、五線を削除する手順です。削除したあとは、余白ができないよう自動で残りの五線がきれいに配置しなおされます。

手順

1 ツールを選択する
［メイン・ツール・パレット］の**五線ツール**をクリックして選択。

2 五線を削除する
削除したい五線左上に表示される□を右クリックし、表示されるメニューから［五線を削除して再配置］を選択。
五線が削除され、残りの五線が再配置される。

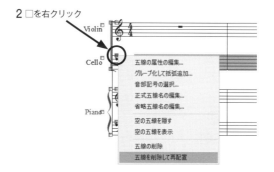

2 □を右クリック

注意!! 入力していた音符や記号も、すべていっしょに削除されます。

ヒント 手順2で［五線を削除］を選択すると、他の五線の位置を変えずに、選択した五線だけを削除することができます。

［スコア・マネージャー］で五線を削除する

［スコア・マネージャー］画面から五線を削除することもできます。

手順

1 ［スコア・マネージャー］画面を開く
［ウィンドウ］メニューから［スコア・マネージャー］を選択し、［スコア・マネージャー］画面を開き、［楽器リスト］タブをクリックして選択。

2 五線を削除する
リスト右端に表示されている「×」をクリックすると五線が削除され、残りの五線が再配置される。

2 クリック

ヒント ［スコア・マネージャー］のリストだけでなく、楽譜でも瞬時に五線が削除され、再配置されます。

ヒント 画面右上（Macの場合は左上）の「×」をクリックすると、［スコア・マネージャー］画面が閉じます。

35

●第1章　五線の設定

五線を並び替える

五線の並び順は、いつでも自由に変更することができます。

手順

1 [スコア・マネージャー] 画面を開く

[ウィンドウ] メニューから [スコア・マネージャー] を選択し、[スコア・マネージャー] 画面を開き、[楽器リスト] タブをクリックして選択。

2 五線を並び替える

移動したい五線左の ≡ を上下にドラッグし、移動先に太い線が表示された位置で指を離すと、選択していた五線が移動する。

ヒント Mac では、移動先に太い線だけでなく、移動中のパート名も表示されます。

ヒント [スコア・マネージャー] のリストだけでなく、楽譜でも瞬時に五線が並び替えられます。

ヒント 手動で楽器を移動すると、[楽器配置] 欄は [カスタム] になります。

ヒント 画面右上 (Mac の場合は左上) の「×」をクリックすると、[スコア・マネージャー] 画面が閉じます。

グループ単位で五線を並び替える

[メイン・ツール・パレット] の **五線ツール** を選択し、[五線] メニューから [五線の並び替え] を選択すると [五線の並び替え] 画面が開きます。この画面では、移動したいグループ名をクリックして選択し、[▲] または [▼] をクリックするだけで、グループ単位で五線を移動することができます。

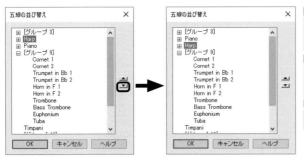

ヒント グループ名左の [＋] をクリックするとリストが開き、[－] をクリックするとリストが閉じます。

ヒント [五線の並び替え] 画面でも、同じグループ内であれば、五線を移動することができます。

注意!! [五線の並び替え] 画面では、グループを越えて五線を移動することはできません。

1本線の五線に変更する

パーカッション譜などで使用する1本線の五線を使用したい場合は、楽譜全体でも、五線の一部だけでも、自由に1本線の五線に変更することができます。

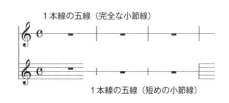

全体を1本線の五線に変更する

楽譜全体で五線の種類を変更したい場合は、［スコア・マネージャー］画面で設定します。

手 順

1 ［スコア・マネージャー］画面を開く

［ウィンドウ］メニューから［スコア・マネージャー］を選択し、［スコア・マネージャー］画面を開き、［楽器リスト］タブをクリックして選択。

2 五線を選択する

変更したい五線左に表示されている≡をクリックして選択。

3 五線の種類を選択する

［五線の種類］欄をクリックすると表示されるリストから、［1本線（完全な小節線）］または［1本線（短めの小節線）］を選択。

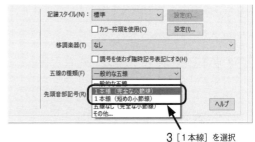

3 ［1本線］を選択

ヒント ［スコア・マネージャー］での変更は、瞬時に楽譜に反映されます。

ヒント 画面右上（Macの場合は左上）の「×」をクリックすると、［スコア・マネージャー］画面が閉じます。

一部だけ1本線の五線に変更する

五線の一部だけで変更したい場合は、楽譜スタイルを利用します。

ヒント 小節の途中から五線の種類を変更することもできます。

手 順

1 ツールを選択する

［メイン・ツール・パレット］から**五線ツール**を選択。

2 範囲を選択する

五線の種類を変更したい範囲を選択しておく。

3 五線の種類を選択する

右クリックすると表示されるリストから［1本線（完全な小節線）］または［1本線（短めの小節線）］選択。

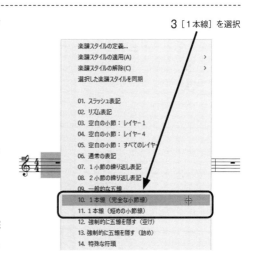

3 ［1本線］を選択

● 第1章　五線の設定

五線を隠す

五線を隠して、入力した音符や休符、記号だけを表示させることもできます。

➡ 📖 第8章「組段ごとに五線の数が異なる楽譜を作成する」 p.348

> **注意!!** 楽譜スタイルの［強制的に五線を隠す（空け）］または［強制的に五線を隠す（詰め）］を適用すると五線の途中（または小節の途中）から五線を隠すこともできますが、入力されている音符や記号などもいっしょに表示されなくなります。楽譜スタイルを適用して五線だけを隠したい場合は、あらたに楽譜スタイルを定義する必要があります。

手 順

1 ツールを選択する

［メイン・ツール・パレット］から**五線ツール** を選択。

2 ［五線の属性］画面を開く

変更したい五線をダブルクリックして、［五線の属性］画面を開く。

3 五線を隠す

［対象］欄で変更したい五線が選択されていることを確認し、［表示する項目］欄の［五線］をクリックしてチェックをはずす。

4 記号の表示を設定する

［表示する項目］欄で表示したくない記号をクリックしてチェックをはずす。

デフォルトの全休符を表示したくない場合は、［オプション］欄の［未入力の小節には全休符を表示する］をクリックしてチェックをはずす。

➡ 📖 第3章「デフォルトの全休符を削除する」p.156

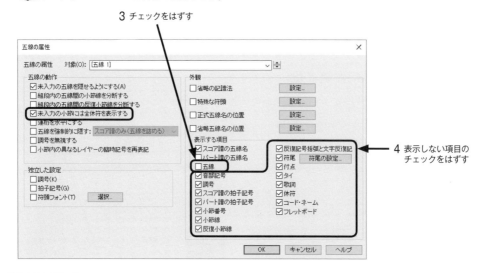

5 画面を閉じる

［OK］をクリックして画面を閉じると、手順2でダブルクリックした五線が表示されなくなる。

> **ヒント** ［スコア・マネージャー］画面の［五線の種類］欄で［五線なし（完全な小節線）］を選択して、五線だけを隠すこともできます。

楽器を変更する

［スコア・マネージャー］を使うと、簡単に楽器を変更することができます。移調設定や五線名、音色などが瞬時に変更後の楽器に適したものに変更されます。

手 順

1 ［スコア・マネージャー］画面を開く

［ウィンドウ］メニューから［スコア・マネージャー］を選択して［スコア・マネージャー］画面を開き、［楽器リスト］タブをクリックして選択。

2 楽器を選択する

変更したい楽器名をクリックし、表示されるリストの左から順に、音楽のジャンル、楽器群をクリックして選択し、右のリストから追加したい楽器をダブルクリック（クリック）。
選択した楽器に適した五線に変更される。

2 楽器名をクリック

ヒント ［スコア・マネージャー］での変更は、瞬時に楽譜に反映されます。

ヒント 画面右上（Mac の場合は左上）の「×」をクリックすると、［スコア・マネージャー］画面が閉じます。

［環境設定］画面の［編集］で［異なる楽器へのコピーまたは変更時には音域を考慮する］にチェックをつけてから上記の手順で楽器を変更すると、入力されていた音符が変更後の楽器に適した音域になるよう、自動でオクターヴが調整されます。

ただしここにチェックをつけておくと、同じ楽器内でコピーした場合も、オクターヴが調整されることがあるため、通常はチェックをはずしておくことをおすすめします。

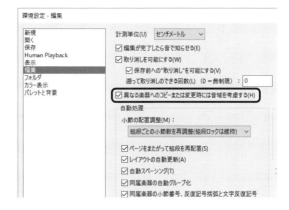

● 第 1 章　五線の設定

五線の一部でだけ楽器を変更する

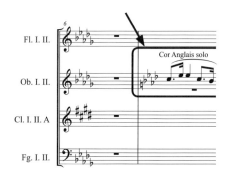

　ドヴォルザークの交響曲第9番『新世界より』では、オーボエ奏者がイングリッシュホルンに持ち替えてあの有名なメロディを演奏するよう指示されています。

　同様にフルート奏者がピッコロに持ち替えたり、クラリネット奏者がバスクラリネットに持ち替えたり、ジャズ系のサックスプレイヤーがフルートに持ち替えて演奏したり、ということもあります。

　五線の途中で楽器を変更したい場合は、［楽器の部分変更］画面で変更します。移調設定の異なる楽器にも簡単に変更できるだけでなく、指定した範囲でのみ、音色や五線左のパート名なども自動で変更されます。

手　順

1 ツールを選択する

　［メイン・ツール・パレット］から**選択ツール** を選択。

2 範囲を選択する

　楽器を変更したい範囲を選択しておく。

> **注意!!** 小節の途中から楽器を変更することはできません。

3 ［楽器の部分変更］画面を開く

　［ユーティリティ］メニューから［楽器の部分変更］を選択し、［楽器の部分変更］画面を開く。

4 楽器を選択する

　左から音楽ジャンル、楽器群の順に選択し、表示されるリストから変更後の楽器名をダブルクリックすると、選択していた範囲でのみ、指定した楽器に変更される。

> **ヒント** 楽器の変更箇所に「to Cor Anglais」などの持ち替え指示を入力したい場合は、発想記号ツール で作成して入力します。

五線の一部に適用した楽器の編集

　五線の一部に適用した楽器も、通常の楽器と同様に［スコア・マネージャー］でパート名や音色、移調楽器の設定などを編集したり、また適用した楽器を削除することができます。

　もとの五線の［パート名］欄に表示される［▼］（Macでは［▶］）をクリックすると、［レイヤー1］などのリストが表示されますが、五線の一部に適用した楽器は、そのリストの下のほうにリストアップされます。

➡ 📖 第1章「五線を削除する」p.35、「移調楽器の設定を変更する」p.41、「パート名を入力する」p.78、第9章「音色を変更する」p.357

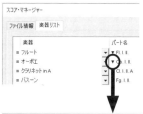

💡**ヒント** 楽器を選択するときは、楽器名左の余白部分をクリックします。

💡**ヒント** ［表示項目］の［開始小節］にチェックをつけておくと、何小節目からその楽器が適用されているかを確認することができます。

💡**ヒント** ［正式五線名］、［省略五線名］を入力しておくと、変更した楽器が続く組段では、もとの五線名の代わりに、ここで入力した五線名が表示されるようになります。

移調楽器の設定を変更する

in B♭から in A など、あとから移調楽器の設定を変更することができます。

［スコア・マネージャー］で変更する

変更したい移調設定の楽器が［セットアップ・ウィザード－パートの選択］画面の楽器リストに用意されている場合は、［スコア・マネージャー］から選択することで、変更できます。

➡ 📖 第1章「楽器を変更する」p.39

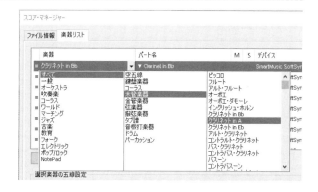

●第1章　五線の設定

リストにない移調楽器

デフォルトのリストにない in G のホルンや in E♭ のトランペットを使用したいということもあるでしょう。そういう場合は、以下の手順で移調設定を変更します。

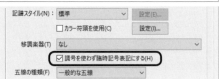

手 順

1 [スコア・マネージャー] 画面を開く

[ウィンドウ] メニューから [スコア・マネージャー] を選択し、[スコア・マネージャー] 画面を開き、[楽器リスト] タブをクリックして選択。

2 五線を選択する

変更したい五線左に表示されている≡をクリックして選択。

3 移調楽器の設定を選択する

[移調楽器] 欄をクリックすると表示されるリストから移調設定を選択。

調号ではなく臨時記号で記譜したい場合は、さらに [移調楽器] 欄すぐ下の [調号を使わず臨時記号表記にする] をクリックしてチェックをつける。

💡ヒント　[移調楽器] 欄で [その他] を選択すると、[移調楽器の設定] 画面が開き、移調設定を自由に設定できます。

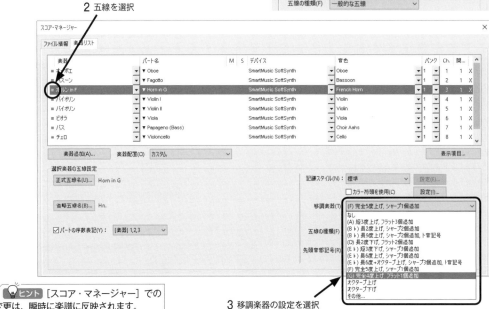

💡ヒント　[スコア・マネージャー] での変更は、瞬時に楽譜に反映されます。

💡ヒント　[書類] メニューの [移調楽器を実音で表示] を選択してチェックをつけると、移調楽器パートが実音で表示され、入力や編集も実音でできるようになります。

💡ヒント　画面右上 (Mac の場合は左上) の「×」をクリックすると、[スコア・マネージャー] 画面が閉じます。

3 | 音部記号

音部記号を入力する

音部記号の変更は、**音部記号ツール** でおこないます。五線の先頭でも途中でも、同じ手順で入力することができます。

手順

1 ツールを選択する

［メイン・ツール・パレット］から**音部記号ツール** を選択。

2 ［音部記号の変更］画面を開く

音部記号を変更したい先頭小節をダブルクリックし、［音部記号の変更］画面を開く。

> ヒント あらかじめ変更範囲を選択しておくこともできます。その場合は、選択した小節をダブルクリックすると［音部記号の変更］画面が開きます。

3 音部記号を選択する

音部記号をクリックして選択。

4 範囲を設定する

［変更範囲］欄で新しい音部記号を適用したい範囲を設定する。

> ヒント 手順2で範囲を選択していた場合は、選択した範囲が示されています。

5 画面を閉じる

［OK］をクリックして画面を閉じると、手順2でダブルクリックした小節に新しい音部記号が入力される。

> ヒント 音符を入力していた場合は、新しい音部記号にあわせて記譜しなおされます。

> ヒント 五線の一部を指定した場合は、範囲の最後にもとの音部記号が挿入されます。

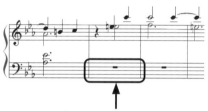

2 先頭小節をダブルクリック

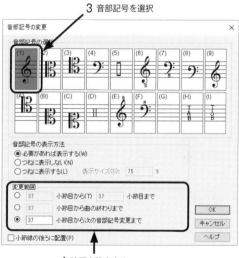

3 音部記号を選択

4 範囲を設定する

> ヒント 段の変わり目で音部記号を変更すると、直前の段末に予告の音部記号が挿入されます。

● 第1章　五線の設定

小節の途中で音部記号を変更する

　小節の途中で音部記号を変更したい場合は、直前の音符（または休符）まで入力してから新しい音部記号を入力すると、わかりやすいでしょう。

手　順

1 ツールを選択する

　［メイン・ツール・パレット］から**音部記号ツール**  を選択。

2 挿入位置を選択する

　ドラッグすると表示される枠で囲むようにして、音部記号を変更したい先頭位置を選択。
　変更したい最終位置が決まっている場合は、Shift キーを押しながら最終位置（音符や休符など）をクリック。

> **ヒント**　終わりの位置が決まっていない場合は、先頭位置を選択したら、そのまま次の手順に進みます。

3 ［音部記号の変更］画面を開く

　選択した範囲の上でダブルクリックし、［音部記号の変更］画面を開く。

4 音部記号を選択

　音部記号をクリックして選択。

5 終わりの位置が決まっていない場合

　終わりの位置が決まっていない場合は、［変更範囲］欄で［□小節目から曲の終わりまで］または［□小節目から次の音部記号変更まで］をクリックして選択。

> **ヒント**　手順2で範囲を選択した場合は、選択した小節範囲が示されています。

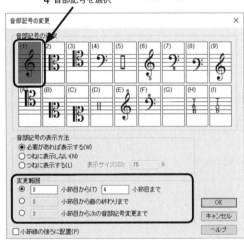

6 画面を閉じる

　［OK］をクリックして画面を閉じると、選択した範囲の先頭に新しい音部記号が入力される。

> **ヒント**　手順2で終わりの位置を指定した場合は、範囲の最後に自動的にもとの音部記号が挿入されます。

> **ヒント**　音符を入力していた場合は、新しい音部記号にあわせて記譜しなおされます。

> **注意!!**　五線の先頭、または小節の先頭に入力した音部記号は、ドラッグして位置を調整することはできません。

　小節の途中に挿入した音部記号は、同じ小節内であれば、ドラッグして位置を調整することができます。
　音部記号をドラッグして移動したあとは、手動でスペーシングを適用して、小節内の音符配置を整えておきます。➡ 第8章「手動でスペーシングを適用する」p.331

先頭小節で音部記号を変更する

先頭小節でいきなり音部記号が変更されることがあります。もちろん、五線先頭の音部記号を変更しても理論的には何の問題もありませんが、先頭の音部記号の直後にあらためて音部記号を入力することもできます。

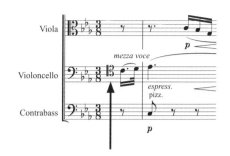

手 順

1 先頭に空の小節を挿入する

先頭小節を選択し、［編集］メニューの［小節ブロックを挿入］を選択し、空の小節を1つ挿入する。

➡ 📖 第1章「楽譜の途中に小節を挿入する」p.77

2 ツールを選択する

［メイン・ツール・パレット］から**音部記号ツール** を選択。

3 音部記号を変更する

手順1で挿入した小節の後ろの小節から、通常の手順で音部記号を変更しておく。

➡ 📖 第1章「音部記号を入力する」p.43

> 💡ヒント 入力した音部記号は2小節目の左、つまり手順1で挿入した小節の右端に入力されます。

4 ツールを選択する

［メイン・ツール・パレット］から**五線ツール** を選択。

5 デフォルトの全休符を削除する

挿入した先頭小節を選択し、右クリックすると表示されるリストから［空白の小節：レイヤー1］を適用し、デフォルトの全休符を削除する。

➡ 📖 第3章「デフォルトの全休符を削除する」p.156

> 💡ヒント 複数の五線をもつ楽譜では、すべての五線でデフォルトの全休符を削除しておきます。

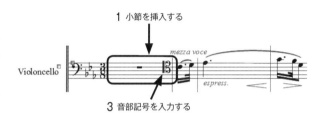

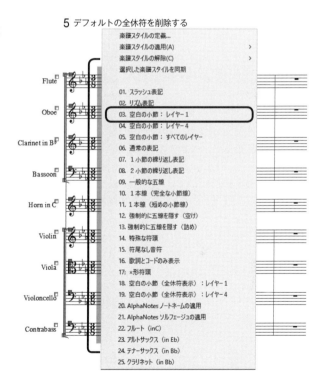

● 第1章　五線の設定

6 ツールを選択する

［メイン・ツール・パレット］から**小節ツール**を選択。

7 ［小節の属性］画面を開く

挿入した小節をダブルクリックして［小節の属性］画面を開く。

8 挿入した小節を隠す

［小節線］欄で右から3つめの［なし］を選択し、［小節番号にカウントする］をクリックしてチェックをはずす。

［小節幅］欄右の☐に「2s～3s」の値を目安に入力して、音部記号がぴったり収まる幅に調整する。

> **ヒント** 数値の最後に単位の頭文字を入力することで、［計測単位］での設定にかかわらず、強制的に任意の単位で指定することができるようになります。「s」はスペースの頭文字です（1スペース＝五線の線間）。

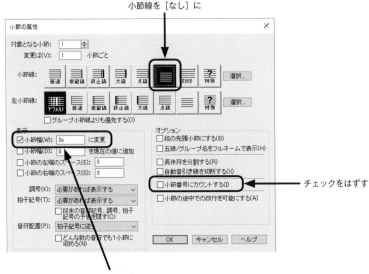

小節線を［なし］に
チェックをはずす
音部記号がぴったり収まる幅に調整する

9 画面を閉じる

［OK］をクリックして画面を閉じる。

　［小節の属性］画面の［小節幅］の設定は、再度スペーシングを適用すると無効になってしまいます。すべての小節割りなどが確定してから、上記手順で小節幅を調整するようにしましょう。

　また、プレイバックの際は先頭に挿入した空の小節もきちんと再生されてしまいます。余分な空白が気になる場合は、挿入した小節の長さをできる限り短く設定しておくとよいでしょう。

➡ 📖 第1章「弱起（アウフタクト）を設定する」p.60

3 | 音部記号

段末の予告の音部記号を隠す

段の変わり目で音部記号を変更すると、直前の段末に音部記号の予告が自動で挿入されます。この予告を隠す手順です。

段末の音部記号の予告

楽譜全体で予告の音部記号を隠す

楽譜全体で音部記号の予告を隠したい場合は、[ファイル別オプション]画面で設定します。

手 順

1 [ファイル別オプション]画面を開く

[書類]メニューから[ファイル別オプション]を選択して[ファイル別オプション]画面を開き、左のリストから[音部記号]をクリックして選択。

2 段末の予告を隠す

[段末に音部記号の予告を表示]をクリックしてチェックをはずす。

3 画面を閉じる

[OK]をクリックして画面を閉じると、楽譜全体で予告の音部記号が表示されなくなる。

> **ヒント** [ファイル別オプション]画面での設定は、編集中のファイルにのみ有効です。

> **ヒント** [適用]をクリックすると、画面を閉じずに変更内容を楽譜に反映させることができます。

特定の小節で予告の音部記号を隠す

特定の段末に表示される予告だけを隠したい場合は、[小節の属性]画面で設定します。

手 順

1 ツールを選択する

[メイン・ツール・パレット]から**小節ツール**を選択。

2 [小節の属性]画面を開く

予告を隠したい段末の小節をダブルクリックし、[小節の属性]画面を開く。

3 段末の予告を隠す

[表示]欄の[段末の音部記号、調号、拍子記号の予告を隠す]をクリックしてチェックをつける。

4 画面を閉じる

[OK]をクリックして画面を閉じると、手順2でダブルクリックした段末の小節の予告が表示されなくなる。

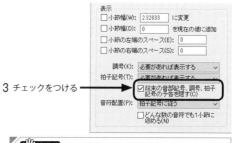

> **注意!!** この手順では、同じ小節に表示される調号や拍子記号の予告も同時に表示されなくなります。

47

● 第1章　五線の設定

五線先頭の音部記号のサイズ

五線左端に表示される音部記号のサイズは、［ファイル別オプション］画面で設定されています。通常はデフォルトのままにしておくことをオススメしますが、子ども用の楽譜などで少し大きめに表示したい、というような場合は、サイズを変更することができます。

五線先頭の音部記号のサイズ

手順

1　［ファイル別オプション］画面を開く

［書類］メニューから［ファイル別オプション］を選択して［ファイル別オプション］画面を開き、左のリストから、［フォント］をクリックして選択。

［音部記号］を選択

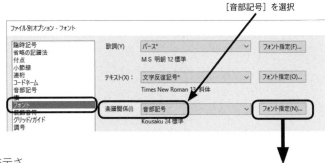

2　［フォント］画面を開く

［楽譜関係］欄をクリックすると表示されるリストから［音部記号］を選択し、右の［フォント指定］をクリックすると、［フォント］画面が開く。

3　サイズを指定する

［サイズ］欄の□に数値を入力してサイズを指定し、［OK］をクリックして画面を閉じる。

> 💡ヒント　±2ぐらいまでが適当でしょう。

> ✋注意!!　ここに入力できるのは整数のみです。

> 💡ヒント　Windows の場合は、下のリストからサイズを選択することもできます。

4　変更値を確認する

［ファイル別オプション］画面に戻るので、［適用］をクリックすると変更値が楽譜に反映されるので、サイズを確認する。

> 💡ヒント　［適用］をクリックすると、画面を閉じずに変更結果を楽譜に反映し、確認することができます。

> 💡ヒント　ちょうどよいサイズになるよう、手順2～4を繰り返して調整します。

5　画面を閉じる

ちょうどよいサイズに設定できたら、［OK］をクリックして画面を閉じる。

五線途中に挿入する音部記号のサイズ

　五線の途中に挿入する音部記号は、デフォルトでは、五線左端に表示される音部記号のサイズを基準に、「75%」の大きさで入力されます。このサイズを変更することもできます。

入力の際にサイズを指定する

　音部記号を**音部記号ツール**で入力する際に、[音部記号の変更]画面の[音部記号の表示方法]欄で[つねに表示する]をクリックして選択すると、[表示サイズ]欄がアクティブになり、挿入する音部記号のサイズを指定することができます。

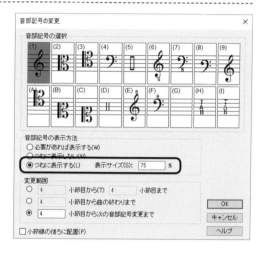

あとからサイズを指定する

　すでに入力してある音部記号の場合は、小節単位で挿入したものと、小節の途中に挿入したものとで、変更手順が異なります。

小節単位で挿入した音部記号のサイズ

　小節単位で挿入した音部記号のサイズは、[ファイル別オプション]画面で変更します。

手順

1 [ファイル別オプション]画面を開く
[書類]メニューから[ファイル別オプション]を選択して[ファイル別オプション]画面を開き、左のリストから、[音部記号]をクリックして選択。

2 サイズを%で指定する
[音部記号変更の初期設定]欄の[縮小率]右の□に数値を入力する。

3 画面を閉じる
[OK]をクリックして画面を閉じる。

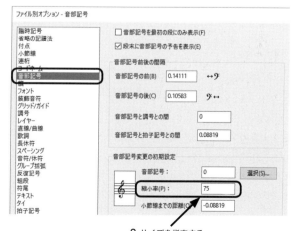

2 サイズを指定する

49

小節の途中に挿入した音部記号のサイズ

小節の途中に挿入した音部記号の場合は、以下の手順で［小節の途中に置く音部記号］画面を開いて個別に設定します。

手順

1 ツールを選択する

［メイン・ツール・パレット］から**音部記号ツール** を選択。

2 ［小節の途中に置く音部記号］画面を開く

サイズを変更したい音部記号に表示されている□を右クリックすると表示されるメニューから［音部記号定義の編集］を選択し、［小節途中に置く音部記号］画面を開く。

3 サイズを指定する

［表示サイズ］欄の□に数値を入力する。

4 画面を閉じる

［OK］をクリックして画面を閉じると、手順2でクリックした音部記号のサイズが指定したサイズに変更される。

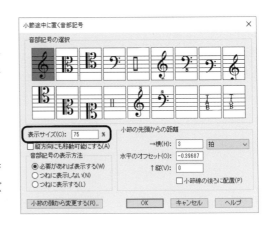

2段目以降の音部記号を隠す

通常、音部記号は各五線の先頭に表示されますが、これを先頭の五線にだけ表示し、2段目以降の音部記号を隠すことができます。

➡ 📖 第1章「2段目以降の調号を隠す」p.55

手順

1 ［ファイル別オプション］画面を開く

［書類］メニューの［ファイル別オプション］を選択して［ファイル別オプション］画面を開き、左のリストから［音部記号］をクリックして選択。

2 音部記号を最初の段にのみ表示する

［音部記号を最初の段にのみ表示］をクリックしてチェックをつける。

3 画面を閉じる

［OK］をクリックして画面を閉じると、2段目以降の音部記号が表示されなくなる。

4 調号

調号を入力する

調号の入力は、**調号ツール** でおこないます。
五線の先頭でも途中でも、同じ手順で入力することができます。

手 順

1 ツールを選択する

［メイン・ツール・パレット］から**調号ツール** を選択。

2 ［調号］画面を開く

調号を変更したい先頭小節をダブルクリックし、［調号］画面を開く。

> 💡ヒント あらかじめ変更範囲を選択しておくこともできます。その場合は、選択した小節をダブルクリックすると［調号］画面が開きます。

2 先頭小節をダブルクリック

3 調号を設定する

［メジャー（長調）］または［マイナー（短調）］を選択し、［▲］または［▼］をクリックして調号を設定する。

> 💡ヒント ［▲］をクリックすると♯が1つ増え（または♭が1つ減り）、［▼］をクリックすると、♭が1つ増え（または♯が1つ減り）ます。

4 範囲を設定する

［変更する小節範囲］欄で、新しい調号を適用したい範囲を設定する。

> 💡ヒント 手順2で範囲を選択していた場合は、選択した範囲が示されています。

終わりの位置が決まっていない場合は、［□小節目から曲の終わりまで］または［□小節目から次の転調まで］を選択しておく。

5 入力している音符の移動方法を選択する

すでに音符を入力してある楽譜の場合は、［移調の設定］で音符の移動方法を選択する。

➡**新しい調号にあわせて音符も移調したい場合**

［既存の音符を移調］を選択し、音符の移動方向を［上向き］または［下向き］から選択。

➡**音符はもとの高さを維持し、調号だけを変更したい場合**

［五線上の音符の位置を動かさずに変化記号を適用］を選択。

●第1章　五線の設定

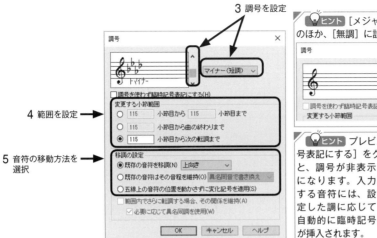

3 調号を設定

4 範囲を設定

5 音符の移動方法を選択

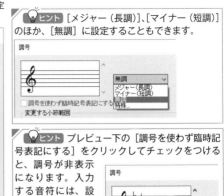

💡ヒント　[メジャー（長調）]、[マイナー（短調）]のほか、[無調] に設定することもできます。

💡ヒント　プレビュー下の [調号を使わず臨時記号表記にする] をクリックしてチェックをつけると、調号が非表示になります。入力する音符には、設定した調に応じて自動的に臨時記号が挿入されます。

6 画面を閉じる

[OK] をクリックして画面を閉じると、手順2でダブルクリックした小節に新しい調号が入力される。

💡ヒント　五線の一部を指定した場合は、範囲の最後にもとの調号が自動で挿入されます。

💡ヒント　段の変わり目で調号を変更すると、直前の段末に予告の調号が挿入されます。

➡ 📖 第1章「調号の変更箇所に複縦線を挿入する」p.56、「小節線の種類を変更する」p.72

未入力の楽譜の場合は、手順2で先頭小節を右クリックすると表示されるリストから調を選択すると、すばやく調号を入力することができます。

💡ヒント　次に調号が入力されている位置まで、選択した調号が適用されます。

⚠注意!!　音符が入力されていた場合、選択した調号にあわせて、一番近い位置に移調されます。音符の移動方法を指定することはできません。

💡ヒント　リスト一番下の [その他] を選択すると、[調号] 画面を開くことができます。

小節の途中に調号を入力する

小節の途中に調号を入力したい場合は、調号を入力したいタイミングで小節を分割してから新しい調号を入力します。

小節の分割にはプラグインを使用します。このプラグインでは、小節の一部だけでレイヤーを分けて入力した場合などは小節を分割できないことがあるため、音符や休符を入力する前に小節を分割しておくことをおすすめします。 ➡ 📖 第2章「複声部の入力」p.145

手順

1 ツールを選択する

［メイン・ツール・パレット］から**選択ツール**を選択。

2 小節を選択する

分割したい小節を選択。

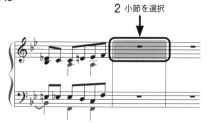

3 ［小節の分割］画面を開く

［プラグイン］メニューの［小節関連］から［小節の分割］を選択し、［小節の分割］画面を開く。

4 分割位置を指定する

□に拍数を入力して分割したい拍位置を指定する。［分割部分の小節線］を選択し、必要に応じて［分割した後半の小節を次の段に送る］をクリックしてチェックをはずす。

> 💡ヒント 拍数は「0.25」など、小数点以下第2位まで指定できます。

> 💡ヒント 小節線の種類は、あとで自由に変更できます。

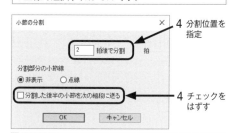

5 画面を閉じる

［OK］をクリックして画面を閉じると、指定した位置で小節が分割される。

6 ツールを選択する

［メイン・ツール・パレット］から**小節ツール**を選択。

7 小節線を変更する

分割位置の小節線を変更する。

➡ 📖 第1章「小節線の種類を変更する」p.72

8 調号を入力する

分割した後半小節に、通常の手順で調号を入力する。

➡ 📖 第1章「調号を入力する」p.51

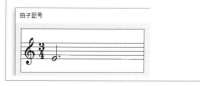

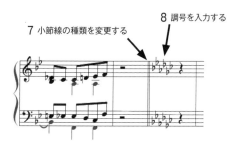

段末の予告の調号を隠す

段の変わり目で調号を変更すると、直前の段末に調号の予告が自動で挿入されます。この予告を隠す手順です。

段末の予告の調号

楽譜全体で予告の調号を隠す

楽譜全体で調号の予告を隠したい場合は、[ファイル別オプション] 画面で設定します。

▶ 手 順

1　[ファイル別オプション] 画面を開く
[書類] メニューから [ファイル別オプション] を選択して[ファイル別オプション]画面を開き、左のリストから [調号] をクリックして選択。

2　予告を隠す
[段末に調号の予告を表示] をクリックしてチェックをはずす。

3　画面を閉じる
[OK] をクリックして画面を閉じると、楽譜全体で調号の予告が表示されなくなる。

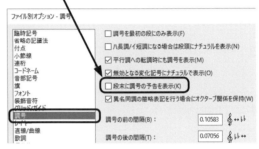
2 チェックをはずす

💡 ヒント　[ファイル別オプション] 画面での設定は、編集中のファイルにのみ有効です。

💡 ヒント　[適用] をクリックすると、画面を閉じずに変更内容を楽譜に反映させることができます。

特定の小節で予告の調号を隠す

特定の段末に表示される予告の調号だけを隠したい場合は、音部記号の場合の手順と同じです。[小節の属性] 画面を開き、[段末の音部記号、調号、拍子記号の予告を隠す] にチェックをつけます。

➡ 📖 第1章「特定の小節で予告の音部記号を隠す」p.47

⚠ 注意!!　この手順では、同じ小節の音部記号や拍子記号の予告も同時に表示されなくなります。

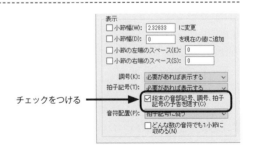
チェックをつける

4 ｜ 調号

五線の途中で調号を強制的に表示する

　五線の途中で、小節を指定して強制的に調号を表示したい場合は、［小節の属性］画面で設定します。

手 順

1 ツールを選択する

　［メイン・ツール・パレット］から**小節ツール** を選択。

2 ［小節の属性］画面を開く

　調号を表示したい小節をダブルクリックし、［小節の属性］画面を開く。

3 調号を表示する

　［調号］欄右をクリックすると表示されるメニューから［つねに表示する］を選択。

4 画面を閉じる

　［OK］をクリックして画面を閉じると、手順2でダブルクリックした小節の左端には、つねに調号が表示されるようになる。

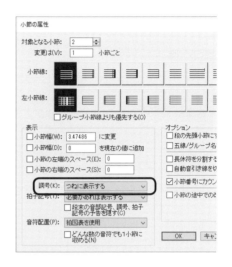

2段目以降の調号を隠す

　音部記号と同様に、2段目以降の調号を隠すことができます。➡ 第1章「2段目以降の音部記号を隠す」p.50

手 順

1 ［ファイル別オプション］画面を開く

　［書類］メニューの［ファイル別オプション］を選択して［ファイル別オプション］画面を開き、左のリストから［調号］をクリックして選択。

2 調号を最初の段にのみ表示する

　［調号を最初の段にのみ表示］をクリックしてチェックをつける。

3 画面を閉じる

　［OK］をクリックして画面を閉じると、2段目以降の調号が表示されなくなる。

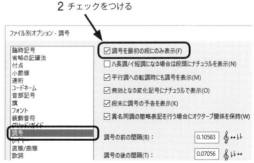

2 チェックをつける

55

調号前の打ち消しのナチュラルを非表示にする（表示する）

打ち消しのナチュラル

　五線の途中に調号を入力すると、必要に応じて、新しい調号の前にもとの調号を打ち消すナチュラルが挿入されます。このナチュラルが必要ない場合は、［ファイル別オプション］画面で設定します。

手順

1 ［ファイル別オプション］画面を開く
　［書類］メニューから［ファイル別オプション］を選択して［ファイル別オプション］画面を開き、左のリストから［調号］をクリックして選択。

2 打ち消しのナチュラルを非表示にする
　［無効となる変化記号にナチュラルで表示］をクリックしてチェックをはずす。

3 画面を閉じる
　［OK］をクリックして画面を閉じると、調号前の打ち消しのナチュラルが表示されなくなる。

> ヒント　［ファイル別オプション］画面での設定は、編集中のファイルにのみ有効です。

> ヒント　チェックをつけると、打ち消しのナチュラルが表示されるようになります。

> ヒント　［適用］をクリックすると、画面を閉じずに変更内容を楽譜に反映させることができます。

調号の変更箇所に複縦線を挿入する

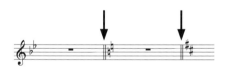

　調号の変わる直前の小節線を自動で複縦線に変更することができます。これならめまぐるしく転調する楽譜でも、いちいち小節線を変更する手間が省けます。

手順

1 ［ファイル別オプション］画面を開く
　［書類］メニューから［ファイル別オプション］を選択して［ファイル別オプション］画面を開き、左のリストから［小節線］をクリックして選択。

2 複縦線にする
　［一般の小節線］欄の［転調時に自動的に複縦線にする］をクリックしてチェックをつける。

3 画面を閉じる
　［OK］をクリックして画面を閉じる。

> ヒント　同時に、楽譜の最後の小節線が終止線に変更されます。

> ヒント　ＣメジャーからＡマイナーなど、調号が同じ平行調への転調でも複縦線が適用されます。

調号を表示せずに臨時記号で記譜する

古典派のオーケストラ譜などでよく見られる調号を表示しない移調楽器パートなど、調号を表示せずにすべて臨時記号で記譜することができます。

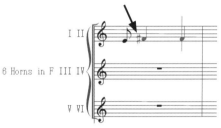

本来は♯1つの調号が表示される

楽譜全体で

楽譜全体で調号を表示したくない場合は、[調号] 画面で設定します。[調号] 画面の [調号を使わず臨時記号表記にする] にチェックをつけるだけ。あとは通常の手順どおりです。➡ 📖 第1章「調号を入力する」p.51

調号は入力されませんが、設定した調号にあわせて、自動で臨時記号が挿入されます。

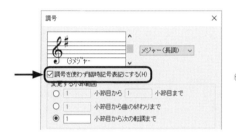

特定の五線で

特定のパートでのみで調号を表示したくない場合は、[スコア・マネージャー] 画面で設定します。この場合も、設定している調号にあわせて、自動で臨時記号が挿入されます。

手順

1 [スコア・マネージャー] 画面を開く
[ウィンドウ] メニューから [スコア・マネージャー] を選択し、[スコア・マネージャー] 画面を開き、[楽器リスト] タブをクリックして選択。

2 五線を選択する
変更したい五線左に表示されている ≡ をクリックして選択。

3 調号を表示しない
[移調楽器] 欄にある [調号を使わず臨時記号表記にする] をクリックしてチェックをつける。

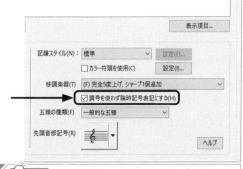

💡ヒント [スコア・マネージャー] での変更は、瞬時に楽譜に反映されます。

💡ヒント 画面右上 (Mac の場合は左上) の「×」をクリックすると、[スコア・マネージャー] 画面が閉じます。

● 第 1 章　五線の設定

5 | 拍子記号

拍子記号を入力する

拍子記号の入力は、**拍子記号ツール** でおこないます。
五線の先頭でも途中でも、同じ手順で入力することができます。

手順

1 ツールを選択する

［メイン・ツール・パレット］から**拍子記号ツール**
 を選択。

2 ［拍子記号］画面を開く

拍子記号を変更したい先頭小節をダブルクリックし、［拍子記号］画面を開く。

3 拍子記号を設定する

［拍の音符の種類］と［１小節内の拍数］の［◀］または［▶］をクリックして、拍子記号を設定する。

4 範囲を設定する

［変更する小節範囲］欄で、新しい拍子記号を適用したい小節範囲を設定する。

2 先頭小節をダブルクリック

> **ヒント** あらかじめ変更範囲を選択しておくこともできます。その場合は、選択した小節をダブルクリックすると［拍子記号］画面が開きます。

> **ヒント** 設定した拍子記号が左上のプレビューに表示されるので、確認しながら設定します。

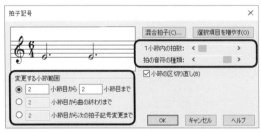

5 画面を閉じる

［OK］をクリックして画面を閉じると、手順２でダブルクリックした小節に新しい拍子記号が入力される。

> **ヒント** 手順２で範囲を選択していた場合は、［変更する小節範囲］欄に選択した範囲が示されています。

> **ヒント** 五線の一部を指定した場合は、範囲の最後にもとの拍子記号が自動で挿入されます。

> **ヒント** 段の変わり目で拍子記号を変更すると、直前の段末に予告の拍子記号が挿入されます。

未入力の楽譜の場合は、手順2で先頭小節を右クリックすると表示されるリストから拍子を選択すると、すばやく拍子記号を入力することができます。

> 💡ヒント 次に拍子記号が入力されている位置まで、選択した拍子記号が適用されます。

> 💡ヒント ［拍子記号の設定］を選択すると、［拍子記号］画面が開きます。

混合拍子記号を入力する

譜例のような混合拍子は、［拍子記号］画面の［混合拍子］をクリックすると開く［混合拍子記号］画面で設定します。

ここでは、［拍の音符の種類］、［1小節内の拍数］欄の☐に数値を入力して拍子記号を設定します。

［拍の音符の種類］では、8分音符の場合は「8」を、16分音符の場合は「16」を、というふうに入力します。

付点音符を指定したい場合は、「EDU」を使って指定します。

> 💡ヒント EDU（ENIGMA Durational Units）は、音価を表すFinale独自の単位で、4分音符＝1024EDUとなります。

たとえば付点4分音符の場合なら、［拍の音価の代わりにEDUを使用］にチェックをつけ、4分音符＝1024EDUの1.5倍、つまり「1536」を☐に入力すればOKです。ちなみに付点2分音符＝3072EDU、付点8分音符＝768EDUとなります。

ただし、EDUで指定したあと再度［拍の音価の代わりにEDUを使用］のチェックをはずしてしまうと、近い値に繰り上げられてしまうので注意が必要です。

● 第1章　五線の設定

弱起（アウフタクト）を設定する

弱起（アウフタクト）

弱起（アウフタクト）の設定は、［セットアップ・ウィザード］画面4ページめの［弱起の設定］欄や、［書類］メニューの［弱起の設定］を選択すると開く［弱起の設定］画面でも設定できますが、次に説明する［拍子記号］画面を使って設定する方法をオススメします。

……というのも、［セットアップ・ウィザード］画面や［弱起の設定］画面で設定した場合、楽譜をプレイバックする際に、弱起小節も通常の長さの小節として認識され、弱起の前に空白のカウントが再生されてしまうためです。以下の手順で設定すれば、弱起小節は設定した長さ分の小節として正しく認識・再生されるようになります。

ただし、クリック音によるリアルタイム入力で採譜する場合は、注意が必要です。

➡ 📖 第2章「弱起（アウフタクト）のリアルタイム入力」p.109

手　順

1 ツールを選択する

［メイン・ツール・パレット］から**拍子記号ツール**　を選択。

2 ［拍子記号］画面を開く

先頭小節をダブルクリックし、［拍子記号］画面を開く。

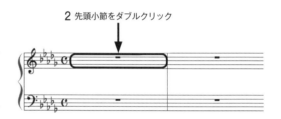
2 先頭小節をダブルクリック

3 弱起（アウフタクト）小節の長さを設定する

［拍の音符の種類］と［1小節内の拍数］の［◀］または［▶］をクリックして、弱起小節に必要な長さに設定する。

4 範囲を設定する

［変更する小節範囲］欄で［1小節目から1小節目まで］に設定する。

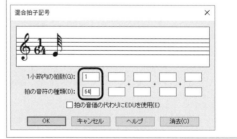

💡ヒント　譜例のように32分音符より短い長さに指定したい場合は、［拍子記号］画面の［混合拍子］をクリックすると開く［混合拍子記号］画面で指定することができます。

5 表示専用の拍子記号を設定する

［選択項目を増やす］をクリックすると画面が下に広がる。

💡ヒント　クリックすると、ボタンの名称が［選択項目を減らす］に変わります。

[表示専用に別の拍子記号を使う]をクリックしてチェックをつけ、画面下に新しく表示されたプレビューに、もとの拍子記号が表示されていることを確認する。

> **注意!!** 違う拍子記号が表示されている場合は、新しく表示された[拍の音符の種類]と[1小節内の拍数]を調整して楽譜に表示したい拍子記号に設定します。

6 画面を閉じる

[OK]をクリックして画面を閉じる。

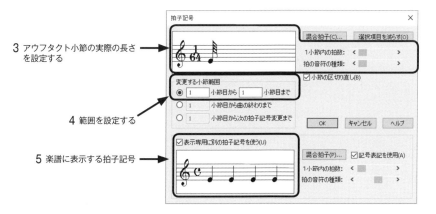

3 アウフタクト小節の実際の長さを設定する
4 範囲を設定する
5 楽譜に表示する拍子記号

7 ツールを選択する

[メイン・ツール・パレット]から**小節ツール**を選択。

8 [小節の属性]画面を開く

先頭小節をダブルクリックし、[小節の属性]画面を開く。

9 小節番号を振りなおす

[オプション]欄の[小節番号にカウントする]をクリックしてチェックをはずし、[OK]をクリックして画面を閉じる。

先頭小節が小節番号にカウントされなくなり、以降の小節番号が振りなおされる。

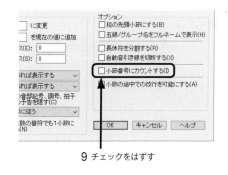

9 チェックをはずす

設定した弱起(アウフタクト)小節に音符や休符を入力すると、指定した長さに設定されていることが確認できます。

弱起(アウフタクト)の最後の小節

弱起(アウフタクト)ではじまった場合、最後の小節がアウフタクトの分だけ短いことがあります。この最後の小節もアウフタクト小節と同じ手順で、**拍子記号ツール**を使って作成します。

ただし最終小節はきちんと小節番号に数えられるので、手順9で小節番号を振りなおす必要はありません。

●第1章　五線の設定

段末の予告の拍子記号を隠す

拍子記号の予告

　段の変わり目で拍子記号を変更すると、直前の段末に予告の拍子記号が自動で挿入されます。この予告の拍子記号を隠す手順です。

楽譜全体で予告の拍子記号を隠す

楽譜全体で予告の拍子記号を隠したい場合は、［ファイル別オプション］画面で設定します。

手　順

1　［ファイル別オプション］画面を開く
［書類］メニューから［ファイル別オプション］を選択して［ファイル別オプション］画面を開き、左のリストから［拍子記号］をクリックして選択。

2　段末の予告を隠す
［段末に拍子記号の予告を表示］をクリックしてチェックをはずす。

3　画面を閉じる
［OK］をクリックして画面を閉じると、楽譜全体で予告の拍子記号が表示されなくなる。

> **ヒント**　［ファイル別オプション］画面での設定は、編集中のファイルにのみ有効です。

> **ヒント**　［適用］をクリックすると、画面を閉じずに変更内容を楽譜に反映させることができます。

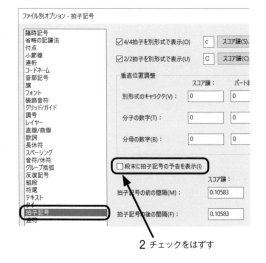
2 チェックをはずす

特定の小節で予告の拍子記号を隠す

　特定の段末に表示される予告の拍子記号だけを隠したい場合は、音部記号の場合の手順と同じです。［小節の属性］画面を開き、［段末の音部記号、調号、拍子記号の予告を隠す］にチェックをつけます。

→ 第1章「特定の小節で予告の音部記号を隠す」p.47

> **注意!!**　この手順では、同じ小節の音部記号や調号の予告も同時に表示されなくなります。

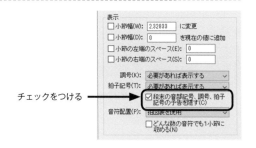
チェックをつける

5 ｜ 拍子記号

五線グループの中央に大きな拍子記号を入力する

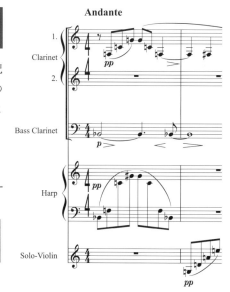

スコア譜などで、五線グループの中央に大きな拍子記号が表示されていることがあります。パート譜では通常のサイズの拍子記号を、スコア譜では大きな拍子記号をというふうに、使い分けることができます。

スコア譜の拍子記号を隠す

楽譜スタイルを使ってスコア譜の拍子記号を隠します。

> ヒント　楽譜スタイルを使って小節ごとに設定しておくと、未入力の五線を隠した場合など、同一五線のなかで大きな拍子記号と通常サイズの拍子記号を混在させることができます。

手順

1 ［楽譜スタイル］画面を開く

［メイン・ツール・パレット］で**五線ツール**を選択し、［五線］メニューから［楽譜スタイルの定義］を選択し、［楽譜スタイル］画面を開く。

2 楽譜スタイルを作成する

［新規］をクリックし、［スタイル名］欄に［スコア譜の拍子記号を隠す］など、わかりやすいスタイル名を入力する。
［コンテクストメニューに表示］にチェックがついていることを確認し、［表示する項目］欄の［スコア譜の拍子記号］をクリックして左の□を空欄にする。

2 □を空欄にする

3 画面を閉じる

［OK］をクリックして画面を閉じる。

4 スコア譜の拍子記号を隠す

スコア譜で通常サイズの拍子記号を隠したい小節に、作成した楽譜スタイルを適用する。

大きな拍子記号を作成する

大きな拍子記号は、**発想記号ツール**で作成し、入力します。

手順

1 ツールを選択する

［メイン・ツール・パレット］から**発想記号ツール**を選択。

63

2 [発想記号の選択] 画面を開く

大きな拍子記号を入力したい位置でダブルクリックして [発想記号の選択] 画面を開く。

3 大きな拍子記号用のカテゴリを作成する

左のリストから[演奏指示]をクリックして選択。[カテゴリの編集] をクリックして [発想記号カテゴリの設計] 画面を開き、[複製] をクリック。

[カテゴリ名の設定] 画面で、「拍子記号大」など、わかりやすい名前を入力し、[OK] をクリックして画面を閉じる。

[テキストフォント] 欄では EngaraveTime フォント、サイズは「18」、[記譜用フォント] 欄では Kousaku フォント、サイズは「36」を目安にそれぞれ設定する。

[配置] 欄の [位置あわせ] では [左揃え] を、[水平位置の基準点]、[垂直位置の基準点] では [クリックした位置] を選択。

💡ヒント [演奏指示] や [発想標語] など、五線ごとに入力するカテゴリを選択して複製します。

💡ヒント [EngraveTime] フォントを使うと、縦長スタイルの数字が入力できます。

💡ヒント 「c」や「¢」は、記譜用の Kousaku フォントを使用します。

4 [発想記号の設計] 画面を開く

[OK] をクリックして [発想記号の選択] 画面に戻り、左のリストで作成したカテゴリが選択されていることを確認し、[＊＊＊（作成したカテゴリ名）の作成] をクリックして [発想記号の設計] 画面を開く。

5 大きな拍子記号を作成する

□に拍子記号を入力し、[文字] メニューの [行送り] で文字間を調整する。

💡ヒント 「85％」を目安に調整します。

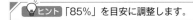

💡ヒント 「c」や「¢」の場合、[記譜用フォント] を選択し、小文字の c、または大文字の C を入力します。

6 作成した拍子記号を入力する

[配置] をクリックすると、作成した拍子記号が、手順2でダブルクリックした位置に入力される。

7 スコア譜にのみ表示する

入力した拍子記号に表示されている□を右クリック。表示されるメニューから [発想記号割付の編集] を選択。[発想記号の割り付け] 画面で [スコア譜のみ] を選択し、[OK] をクリックして画面を閉じる。

⚠️注意!! 先に [スコア譜のみ] に表示するよう設定してから、表示するパートを選択します。

8 表示するパートを選択する

もう一度、拍子記号に表示されている□を右クリック。表示されるメニューから [五線別に割り付け] を選択し、[五線別に割り付け] 画面で拍子記号を表示したいパート左をクリックして [×] にする。
[名前] 欄にわかりやすいリスト名を半角英数で入力し、[OK] をクリックして画面を閉じる。

⚠️注意!! リスト名は、必ず半角英数で入力します。

💡ヒント 同じファイル内であれば、次からは作成したリスト名を選択するだけで、表示するパートが選択できます。

💡ヒント パートを指定した直後であれば、すべてのパートの記号が選択されているので、ドラッグして一度に位置を調整できます。

9 入力位置を調整する

記号位置をドラッグして調整する。

五線の上に大きな拍子記号を入力する

各五線には拍子記号を表示せず、五線の上に大きな拍子記号を表示する手順です。拍子記号が頻繁に変化するスコア譜などで見かけるスタイルです。前項同様、パート譜では、通常サイズの拍子記号を表示します。

拍子記号を表示したい位置には、あらかじめスペースを空け、そのほかの入力、レイアウトなど、すべての作業が終わってから、下記手順に進みます。

スコア譜の拍子記号を隠す

［プラグイン］メニューを使ってスコア譜の拍子記号をすべて隠します。

手 順

1 ［五線の属性の一括変更］画面を開く

［プラグイン］メニューの［作曲関連］から［五線の属性の一括変更］を選択し、［五線の属性の一括変更］画面を開く。

2 スコア譜の拍子記号を隠す

左上のリストですべての五線が選択されていることを確認し、［表示する項目］欄の［スコア譜の拍子記号］をクリックして左の□を空欄にする。

3 画面を閉じる

［OK］をクリックして画面を閉じる。

拍子記号用の五線を追加する

大きな拍子記号を表示したい位置に五線を追加し、拍子記号用に設定します。

手 順

1 拍子記号用の五線を追加する

［メイン・ツール・パレット］で五線ツールを選択。大きな拍子記号を表示したい位置のすぐ下にある五線で、小節をクリックして選択し、［五線］メニューから［五線の追加］を選択。

［追加する五線の数］を「1」、［五線同士の間隔］を「0」として［OK］をクリックする。
選択していた五線と同じ位置に新しい五線が追加される。

● 第1章　五線の設定

2　[五線の属性]画面を開く

　[五線] メニューから [五線の属性] を選択し、[五線の属性] 画面を開く。

3　拍子記号用の五線に設定する

　[対象] 欄で追加した五線を選択し、[表示する項目] 欄の [スコア譜の拍子記号] だけにチェックがついた状態にする。

4　画面を閉じる

　[OK] をクリックして画面を閉じる。

3 [スコア譜の拍子記号] にだけチェックをつける

拍子記号のサイズ、位置を調整する

あとは、スコア譜に表示する拍子記号のサイズと位置を調整します。

[手　順]

1　[ファイル別オプション]画面を開く

　[書類] メニューから [ファイル別オプション] を選択し、[ファイル別オプション] 画面を開く。

2　拍子記号のサイズを設定する

　左のリストから[フォント]をクリックして選択。[楽譜関係] 欄で [拍子記号（スコア譜）] を選択し、右の [フォント指定] をクリック。
　表示される [フォント] 画面の [サイズ] で「36」を目安に、サイズを設定し、[OK] をクリックして [フォント] 画面を閉じる。

3　拍子記号の位置を設定する

　[ファイル別オプション] 画面に戻るので、左のリストから [拍子記号] をクリックして選択。[垂直位置] の [スコア譜] 欄で、それぞれの垂直位置を調整する。手順2で[サイズ]を「36」に設定した場合であれば、[別形式のキャラクタ] は「7s」、[分子の数字] は「8s」、[分母の数字] は「7s」を目安にそれぞれの垂直位置を調整する。

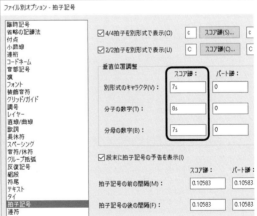

> 💡ヒント　数値の最後に単位の頭文字を入力することで、[計測単位] での設定にかかわらず、強制的に任意の単位で指定することができるようになります。「s」はスペースの頭文字です（1スペース＝五線の線間）。

> 💡ヒント　[適用] をクリックすると画面を閉じずに変更内容を楽譜に反映させることができるので、確認しながらそれぞれの欄を調整します。

4　画面を閉じる

　[OK] をクリックして画面を閉じる。

6 五線をくくる括弧

括弧の種類を変更する

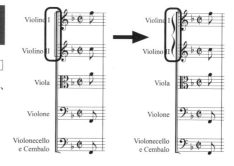

［セットアップ・ウィザード］や［スコア・マネージャー］で同じ種類の楽器、または同じ楽器を複数追加すると、五線の左をくくる括弧が挿入されます。

この五線をくくる括弧の種類は、自由に変更できます。

手順

1 ツールを選択する

［メイン・ツール・パレット］から**五線ツール**を選択。

2 ［グループ属性］画面を開く

括弧の両端に表示される□のどちらかをダブルクリックし、［グループ属性］画面を開く。

3 括弧の種類を選択する

［対象となる小節］欄で［全小節］が選択されていることを確認し、［括弧の設定］欄で括弧の種類をクリックして選択。

> **ヒント** ［対象となる小節］欄で小節範囲を指定すると、選択した括弧が指定した範囲にだけ表示されるようになります。

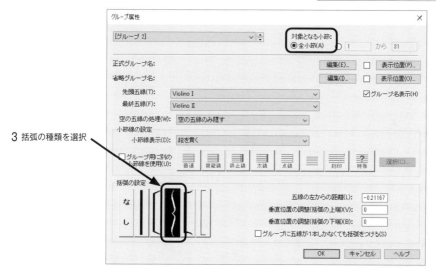

4 画面を閉じる

［OK］をクリックして画面を閉じると、手順2でダブルクリックした括弧の種類が変更される。

● 第1章　五線の設定

括弧でくくる範囲を変更する

括弧でくくる範囲は、［グループ属性］画面で変更できます。 ➡ 📖 第1章「小節線の連結を変更する」p.74

▶ 手順

1 ツールを選択する

［メイン・ツール・パレット］から**五線ツール**を選択。

2 ［グループ属性］画面を開く

括弧の両端に表示される□のどちらかをダブルクリックし、［グループ属性］画面を開く。

3 範囲を指定する

［対象となる小節］欄で［全小節］が選択されていることを確認し、［先頭五線］と［最終五線］をクリックすると表示されるリストから、括弧でくくる先頭パートと最終パートを選択して範囲を指定する。

4 1本の五線だけを括弧でくくりたい場合

1本の五線だけを括弧でくくりたい場合は、［グループに五線が1本しかなくても括弧をつける］をクリックしてチェックをつける。

💡ヒント ［対象となる小節］欄で小節範囲を指定すると、指定した範囲にだけ括弧を表示することができます。

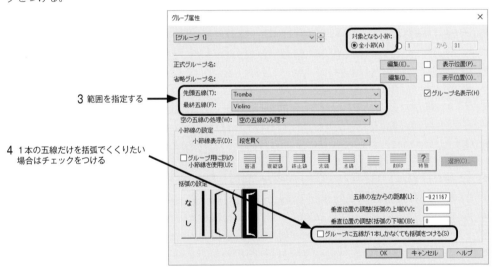

5 画面を閉じる

［OK］をクリックして画面を閉じると、括弧でくくる範囲が変更される。

上記手順4で［グループに五線が1本しかなくても括弧をつける］にチェックをつけておくと、複数の五線をくくる括弧で空の五線を隠した結果、1本しか五線が表示されなくなった場合も、残りの1本の五線に選択している括弧が表示されるようになります。

➡ 📖 第8章「組段ごとに五線の数が異なる楽譜を作成する」p.348

6 ｜ 五線をくくる括弧

括弧を追加する

括弧は、あとから自由に追加することができます。

➡ 📖 第1章「小節線の連結を変更する」p.74

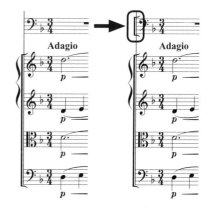

手　順

1 ツールを選択する

［メイン・ツール・パレット］から**五線ツール**を選択。

2 ［グループ属性］画面を開く

［五線］メニューの［グループ］から［グループ化］を選択し、［グループ属性］画面を開く。

💡ヒント ［グループ化］を選択すると、あらたにグループを追加することができます。

💡ヒント ここで［属性の編集］を選択すると、既存のグループを編集することができます。

3 グループ名を入力する

［対象となる小節］欄で［全小節］が選択されていることを確認し、必要に応じて、［正式グループ名］（［省略グループ名］）欄右の［編集］をクリックすると表示される［テキスト編集］画面でグループ名を入力する。

💡ヒント 「Strings」、「Brass」など、設定する範囲に応じたわかりやすい名前を入力しておくと、あとからグループを選択する際の目安になます。

💡ヒント ［グループ名表示］のチェックをはずしておくと、グループ名は楽譜に表示されません。

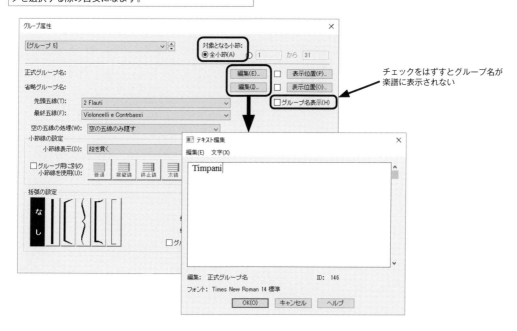

チェックをはずすとグループ名が楽譜に表示されない

4 範囲と括弧の種類を指定する

［先頭五線］と［最終五線］で括弧でくくる範囲を、［括弧の設定］欄で括弧の種類を指定する。

5 括弧の水平位置を設定する

すでに括弧でくくられている範囲に、さらに括弧を追加したい場合は、［五線の左からの距離］欄右の□に「-1s」を入力する。

> **ヒント** 数値の最後に単位の頭文字を入力することで、［計測単位］での設定にかかわらず、強制的に任意の単位で指定することができるようになります。「s」はスペースの頭文字です（1スペース＝五線の線間）。

> **ヒント** 「-0.5スペース」が1つ目の括弧の、「-1スペース」が2つ目の括弧のデフォルトの距離になります。デフォルトでは、1つ目の括弧の距離が［計測単位］で選択されている単位の値で表示されています。

6 1本の五線だけを括弧でくくる場合

1本の五線だけを括弧でくくりたい場合は、［グループに五線が1本しかなくても括弧をつける］をクリックしてチェックをつける。

➡ 第1章「1本しかない五線にも左小節線を表示する」p.75

> **ヒント** 手順3で入力したグループ名が［グループ属性］画面左上のリストに表示されます。

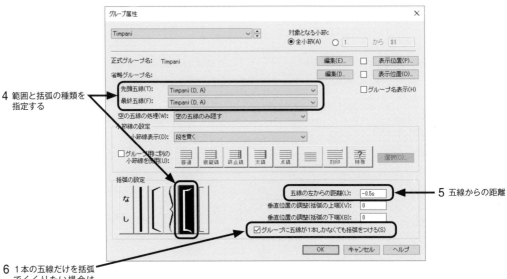

7 画面を閉じる

［OK］をクリックして画面を閉じると、指定した範囲に選択した括弧が追加される。

括弧を削除する

括弧を削除する方法には、括弧だけを削除してグループ設定（小節線の連結など）はそのまま残す方法と、括弧を削除して同時にグループも解除する方法とがあります。

手順

1 ツールを選択する

［メイン・ツール・パレット］から**五線ツール**を選択。

2 括弧を選択する

削除したい括弧に表示される□のどちらか1つを右クリック。

2 □を右クリック

3 括弧を削除する

括弧だけを削除したい場合

表示されるメニューから［括弧の削除］をクリックして選択。

> **ヒント** グループ設定は解除されずそのまま残っているので、小節線の設定（［段を貫く］など）は有効のままになります。

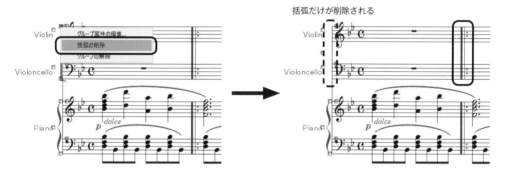

括弧を削除し、同時にグループも解除したい場合

表示されるメニューから［グループの解除］をクリックして選択。

> **注意!!** グループを解除しても小節線の連結が解除されない場合は、重複した範囲にほかのグループが設定されていないかどうかを確認してください。

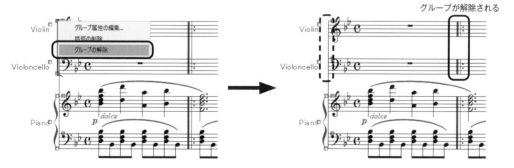

● 第1章　五線の設定

7 小節線

小節線の種類を変更する

小節線の種類を変更したい場合は、**小節ツール** を使います。➡ 第6章「反復小節線を入力する」p.274

手順

1 ツールを選択する
［メイン・ツール・パレット］から**小節ツール** を選択。

2 ［小節の属性］画面を開く
変更したい小節線に表示される□、または変更したい小節線の左側の小節をダブルクリックして［小節の属性］画面を開く。

> **ヒント** □が複数表示される場合は、一番上の□をダブルクリックします。

3 小節線の種類を選択する
［小節線］欄で小節線の種類をクリックして選択。

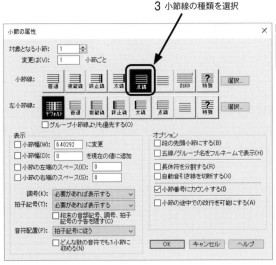

3　小節線の種類を選択

> **ヒント** ［対象となる小節］欄に小節番号を入力すると、画面を閉じずに、続けて他の小節でも小節線の種類を変更することができます。

4 画面を閉じる
［OK］をクリックして画面を閉じると、手順2でダブルクリックした小節線が指定した種類に変更される。

一定の小節単位で小節線の種類を変更する

4小節単位で複縦線にする

たとえば、「4小節ごとに複縦線にしたい」、「2小節ごとに点線にしたい」場合には、一定の小節単位で小節線の種類を変更することができます。

手順

1 ツールを選択する

［メイン・ツール・パレット］から**小節ツール** を選択。

2 範囲を選択する

小節線の種類を変更したい範囲を選択する。
楽譜全体で変更したい場合は、Ctrl（⌘）+ A キーで楽譜全体を選択する。

3 ［小節の属性］画面を開く

選択した小節の上でダブルクリックして［小節の属性］画面を開く。

4 小節線の種類を選択する

［小節線］欄で小節線の種類をクリックして選択。

5 小節単位を指定する

画面左上の［変更は☐小節ごと］の☐に数値を入力し、小節線を変更する小節単位を設定する。

> ヒント ［対象となる小節］欄には、選択した小節範囲が表示されています。

> ヒント 「1小節ごと」に設定すると、すべての小節線が変更されます。

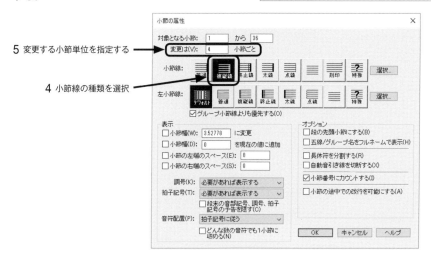

5 変更する小節単位を指定する
4 小節線の種類を選択

6 画面を閉じる

［OK］をクリックして画面を閉じると、設定した小節ごとに、指定した小節線に変更される。

小節線の連結を変更する

　小節線の連結方法は、五線をくくる括弧と同様に、［グループ属性］画面で設定します。たとえば右譜例のように、括弧の設定に関係なくすべての五線で小節線をつなぎたい場合などは、小節線連結用のグループをあらたに設定します。➡ 第1章「括弧でくくる範囲を変更する」p.68、「括弧を追加する」p.69

手　順

1 ツールを選択する
［メイン・ツール・パレット］から**五線ツール**を選択。

2 ［グループ属性］画面を開く
既存のグループを編集する場合
既存のグループで小節線の連結を変更したい場合は、［五線］メニューの［グループ］から［属性の編集］を選択して［グループ属性］画面を開き、画面左上のグループ名をクリックすると表示されるリストから、変更したいグループを選択。

新規にグループを追加する場合
あらたにグループを追加して小節線の連結を変更したい場合は、［五線］メニューの［グループ］から［グループ化］を選択し、［グループ属性］画面を開く。
［先頭五線］と［最終五線］でグループの範囲を指定しておく。

3 小節線の連結方法を選択する
［対象となる小節］欄で［全小節］が選択されていることを確認し、［小節線の設定］欄［小節線表示］で小節線の連結方法を選択する。グループ内の小節線をつなぎたい場合は［段を貫く］、つなぎたくない場合は［五線内のみ］を選択する。

> **ヒント** ［段間のみ（五線内は非表示）］を選択すると、五線間にのみ小節線が表示されます。

4 画面を閉じる
［OK］をクリックして画面を閉じると、選択したグループ内の小節線の連結方法が変更される。

3 小節線の連結方法を選択

　上記手順で変更しても小節線の連結が変更できない場合は、再度［グループ属性］画面を開き、重複した範囲にほかのグループが設定されていないかどうかを確認します。

グループ内の一部だけで小節線を切り離す

グループ内の一部分だけで小節線を切り離したい場合は、[五線の属性] 画面で設定すると簡単です。

手 順

1 ツールを選択
[メイン・ツール・パレット] から**五線ツール**を選択。

2 [五線の属性] 画面を開く
小節線を分断したい位置のすぐ下にある五線をダブルクリックし、[五線の属性] 画面を開く。

3 小節線を分断する
[五線の動作] 欄の [組段内の五線間の小節線を分断する] をクリックしてチェックをつける。
同じ位置で反復小節線も切り離したい場合は、[組段内の五線間の反復小節線を分断する] もクリックしてチェックをつける。

4 画面を閉じる
[OK] をクリックして画面を閉じると、手順2でダブルクリックした五線とすぐ上の五線間の小節線が切り離される。

1本しかない五線にも左小節線を表示する

デフォルトでは、五線が1本しかない場合は、五線左端の小節線は表示されません。これを表示したい場合は、[ファイル別オプション] 画面で設定します。

➡ 第1章「括弧を追加する」p.69

手 順

1 [ファイル別オプション] 画面を開く
[書類] メニューから [ファイル別オプション] を選択して [ファイル別オプション] 画面を開き、左のリストから [小節線] をクリックして選択。

2 1本しかない五線にも左小節線を表示する
[左小節線] 欄の [五線が1本しかなくても表示] をクリックしてチェックをつける。

3 画面を閉じる
[OK] をクリックして画面を閉じると、1本しかない五線にも左小節線が表示されるようになる。

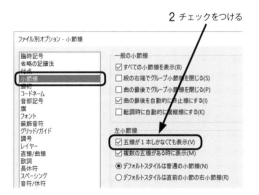

8 小節

楽譜の最後に小節を追加する

　ステップ入力や高速ステップ入力では、音符や休符の入力にあわせて自動的に小節が追加されていきます。それに対してマウス入力の場合、自動的に追加されることはありません。
　あるいは最後の小節が全休止、ということもあるでしょう。
　そういう場合は、小節ツール■で必要な数だけ小節を追加することができます。

楽譜の最後に1小節追加する

　楽譜の最後に小節を追加したい場合は、［メイン・ツール・パレット］の**小節ツール**■をダブルクリックするだけ。これで、楽譜の最後に空の小節が1小節追加されます。

> **ヒント** トリプルクリックすると2小節、4回続けてすばやくクリックすると3小節……という具合に追加することができます。

複数の小節を追加する

　小節数を指定して追加することもできます。

手 順

1 ［小節の追加］画面を開く
　［編集］メニューから［小節を追加］を選択し、［小節の追加］画面を開く。

2 追加する小節数を指定する
　追加したい小節数を□に入力する。

3 画面を閉じる
　［OK］をクリックして画面を閉じると、楽譜の最後に指定した数の空の小節が追加される。

> **ヒント** 任意の小節を右クリックすると表示されるメニューからも［小節を追加］できます。

2 小節数を入力する

> **ヒント** ［セットアップ・ウィザード］の最後の画面で、あらかじめ小節数を指定しておくこともできます。

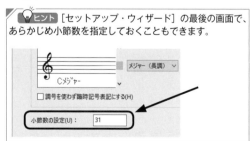

楽譜の途中に小節を挿入する

気がついたら1小節抜けていた！ なんてことがあるかもしれません。その場合は、空の小節を挿入します。

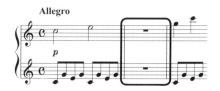

手 順

1 ツールを選択する

［メイン・ツール・パレット］から**選択ツール**を選択。

2 挿入位置を指定する

挿入位置のすぐ後ろの小節をクリックして選択。

> **ヒント** 複数の五線をもつ楽譜の場合も、任意の五線で小節を選択すればOKです。

ここに小節を挿入する

2 小節を選択

3 ［小節の挿入］画面を開く

［編集］メニューから［小節ブロックを挿入］を選択し、［小節の挿入］画面を開く。

4 挿入する小節数を指定する

挿入したい小節数を▢に入力する。

5 画面を閉じる

［OK］をクリックして画面を閉じると、手順2で選択していた小節の前に、指定した数の空の小節が挿入される。

> **ヒント** 挿入位置のすぐ後ろの小節を右クリックすると表示されるメニューからも［小節ブロックを挿入］を選択できます。

> **ヒント** 複数の五線をもつ楽譜では、すべてのパートに渡って空の小節が挿入されます。

小節を削除する

必要のない小節は削除します。

手 順

1 ツールを選択する

［メイン・ツール・パレット］から**選択ツール**を選択。

2 小節を選択する

[Alt]（[⌘]）キーを押しながら、削除したい小節をクリック。

複数の小節を選択したい場合

先頭小節を選択したあと、[Shift]キーを押しながら範囲の最終小節をクリックして選択。

[Alt]（[⌘]）キー+クリック

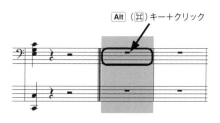

> **ヒント** [Alt]（[⌘]）キー+クリックすると、全パートに渡って小節を選択することができます。

> **ヒント** 先頭小節を選択したあと、[Shift]+[End]キーをタイプすると、最終小節までをすばやく選択することができます。

3 削除する

[Delete]キーをタイプすると、選択していた小節が削除される。

● 第1章　五線の設定

9　パート名

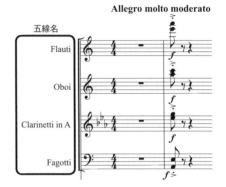

パート名を入力する

五線左に表示されるパート名（五線名。黒で表示）は、[スコア・マネージャー] 画面で入力します。

→ 📖 第1章「グループ名を入力する」p.80

> 💡ヒント　ピアノやオルガンなど、複数の五線をもつ楽器のパート名（デフォルトで表示されているグループ名。青で表示）も、以下の手順で [スコア・マネージャー] から編集できます。

手順

1　[スコア・マネージャー] 画面を開く

[ウィンドウ] メニューから [スコア・マネージャー] を選択し、[スコア・マネージャー] 画面を開き、[楽器リスト] タブをクリックして選択。

2　五線を選択する

五線名を変更したい五線左に表示されている ≡ をクリックして選択。

3　1段目に表示する五線名を入力する

[正式五線名] をクリックすると開く [テキスト編集] 画面で、1段目に表示したい五線名を入力し、[OK] をクリックして画面を閉じる。

→ 📖 第4章「欧文の特殊文字を入力する」p.203、第6章「肩文字のついた発想記号を作成する」p.254

> 💡ヒント　[スコア・マネージャー] での変更は、瞬時に楽譜に反映されます。

> 💡ヒント　通常のテキストと同様に、Enter（return）キーをタイプすると途中で改行することができます。

> 💡ヒント　♯ や ♭ を入力したい場合は、[テキスト編集] 画面上の [文字] メニューの [挿入] から [シャープ] または [フラット] などを選択します。Mac の場合、[文字] メニューはメイン画面のメニューバーにあります。

4　2段目以降に表示する五線名を入力する

同様に、[省略五線名] をクリックすると開く [テキスト編集] 画面で、2段目以降に表示したい五線名を入力し、[OK] をクリックして画面を閉じる。

> 💡ヒント　一般的に2段目以降には省略名が使われることが多いので [省略五線名] となっていますが、必ずしも省略名である必要はありません。

> 💡ヒント　五線ツール 🎼 を選択し、五線の左上に表示される □ を右クリックして、表示されるメニューから [正式（省略）五線名の編集] を選択すると、[五線の属性] 画面を経ずに、直接 [テキスト編集] 画面を開くこともできます。

5　手順2〜4を繰り返す

必要に応じて、手順2〜4を繰り返し、パート名を編集する。

6 画面を閉じる

画面右上（Macの場合は左上）の［×］をクリックして画面を閉じる。

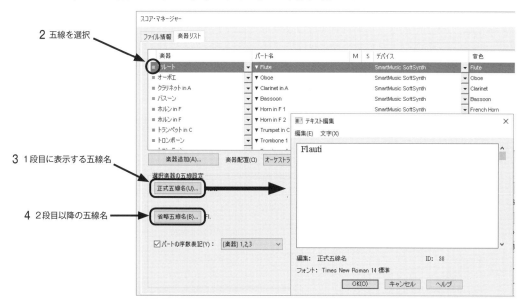

同じ楽器を複数含む場合

同じ楽器を複数含む楽譜では、自動的に楽器名に「1」、「2」などの序数が挿入されます。

このスタイルは、［スコア・マネージャー］の［パートの序数表記］欄で変更できます。ここにチェックをつけてスタイルを選択すると、楽器名の後ろ、または前に指定したスタイルの序数が自動で挿入されます。

> ヒント　正式五線名、省略五線名の両方に、指定したスタイルの序数が挿入されます。

> ヒント　五線名を入力せずに、序数だけを表記することもできます。

> ヒント　序数は、楽譜の上から順に振られます。五線の順序を入れ替えた場合も、上から順に振りなおされます。

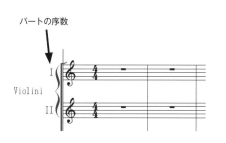
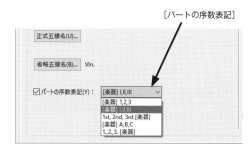

また［パートの序数表記］欄のチェックをはずしておくと、序数は自動で挿入されません。必要に応じて［正式五線名］、または［省略五線名］欄で編集します。

●第1章　五線の設定

グループ名を入力する

グループ化した複数の五線に対するパート名（グループ名。青色で表示）は、[グループ属性]画面で入力します。

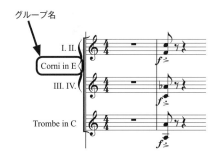

> 💡ヒント　ピアノやオルガンなど、複数の五線をもつ楽器のパート名（デフォルトで表示されているグループ名。青で表示）は、[グループ属性]画面、[スコア・マネージャー]画面どちらからでも編集できます。

手順

1 ツールを選択する

[メイン・ツール・パレット]から**五線ツール**を選択。

2 [グループ属性]画面を開く

[五線]メニューの[グループ]から[編集（属性の編集）]を選択し、[グループ属性]画面を開く。

3 グループを選択する

左上のグループ名をクリックすると表示されるリストから、グループを選択。

4 グループ名を入力する

[正式グループ名]（[省略グループ名]）右の[編集]をクリックすると開く[テキスト編集]画面で、1段目（2段目以降）に表示したいグループ名を入力し、[OK]をクリックして画面を閉じる。

5 グループ名を表示する

[グループ名表示]をクリックしてチェックをつける。

> 💡ヒント　[対象となる小節]欄で小節範囲を指定すると、指定した範囲にだけグループ名を表示させることができます。

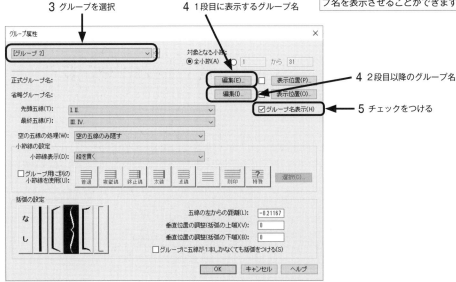

6 画面を閉じる

[OK]をクリックして画面を閉じると、入力したグループ名が五線左に表示される。

9 | パート名

五線名(グループ名)のフォントを変更する

五線名やグループ名に使用するフォントは、プラグインを使うと一括で変更することができます。

手順

1 プラグインを選択する

[プラグイン]メニューの[作曲・編曲関連]から[五線の属性の一括変更]を選択し、[五線の属性の一括変更]画面を開く。

2 五線名のフォントを指定する

[五線の属性]欄ですべてのパートが選択されていることを確認し、[フォント指定]をクリック。
表示される[フォント]画面で、使用したいフォント、スタイル、サイズを指定し、[OK]をクリックして画面を閉じる。

3 グループ名のフォントを指定する

[グループ属性]欄ですべてのグループが選択されていることを確認し、[フォント指定]をクリック。
表示される[フォント]画面で、使用したいフォント、スタイル、サイズを指定し、[OK]をクリックして画面を閉じる。

2 五線名のフォントを指定
3 グループ名のフォントを指定

4 画面を閉じる

[OK]をクリックして画面を閉じると、五線名(グループ名)が指定したフォントに変更される。

> **ヒント** [適用]をクリックすると、画面を閉じずに変更内容を楽譜に反映させ確認することができます。

> **注意!!** ここでの変更は、既存の五線名(グループ名)にのみ有効です。あとから追加した五線には適用されません。

●第1章　五線の設定

五線名（グループ名）の文字揃えを変更する

　デフォルトでは、五線名（グループ名）は右揃えになるよう設定されています。この文字揃えを変更することもできます。

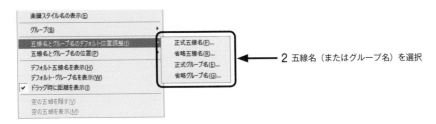

手順

1 ツールを選択する

　[メイン・ツール・パレット]から**五線ツール**を選択。

2 位置調整画面を開く

　[五線]メニューの[五線名とグループ名のデフォルト位置調整]から文字揃えを変更したい五線名（またはグループ名）を選択すると、位置調整画面が開く。

3 文字揃えを設定する

　[文字揃え]欄をクリックすると表示されるリストから、文字揃えを選択。

ヒント　左のプレビューで、選択した文字揃えを目で確認することができます。

4 画面を閉じる

　[OK]をクリックして画面を閉じると、五線名（グループ名）が設定した文字揃えになる。

　[五線の属性]画面の[正式五線名（または省略五線名）の位置]右の[設定]をクリックすると、同様に位置調整画面が開き、五線ごとに個別に調整することもできます。

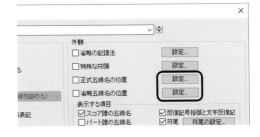

9 | パート名

五線名（グループ名）の位置を調整する

楽譜全体で調整する

すべての五線名（グループ名）の位置を一括で変更したい場合は、位置調整画面で設定します。

手 順

1 ツールを選択する

［メイン・ツール・パレット］から**五線ツール**を選択。

2 位置調整画面を開く

［五線］メニューの［五線名とグループ名のデフォルト位置調整］から位置を調整したい五線名、またはグループ名を選択すると、位置調整画面が開く。

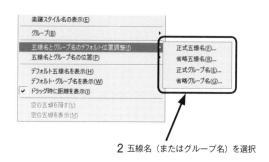

2 五線名（またはグループ名）を選択

3 位置を調整する

左のプレビューで、直接五線名（またはグループ名）をドラッグして位置を調整する。
または、［五線からの距離］欄の □ に数値を入力する。

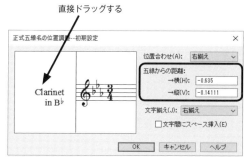

直接ドラッグする

> **ヒント** ここでの数値の単位は、［編集］メニュー（Macの場合は［Finale］メニュー）の［計測単位］で設定されています。

> **ヒント** 数値の最後に単位の頭文字（スペースなら「s」、センチメートルなら「c」など）を入力すると、［計測単位］での設定にかかわらず、強制的に任意の単位で指定することができるようになります。

> **ヒント** 横［0］、縦［0］の基準は、五線左端または五線の第五線になります。どちらも値が小さくなるほど、パート名が左、または下に移動します。

4 画面を閉じる

［OK］をクリックして画面を閉じると、五線名（またはグループ名）が設定した位置に移動する。

個別に調整する（垂直位置）

パート名が2行になった場合など、個別にその位置を調整したいことがあります。その際は、**五線ツール**を選択すると五線名（グループ名）に表示される□をドラッグします。Shiftキーを押しながらドラッグすると上下、または左右に移動方向を固定することができるので、水平位置を保ったまま垂直位置を移動したい場合などに便利です。

83

●第1章　五線の設定

10 小節番号

小節番号は、スコア譜とパート譜でそれぞれの表示方法を別々に設定することができます。➡ 📖 第 12 章「パート譜での小節番号の表示方法を設定する」p.450

💡ヒント　デフォルトでは、パート譜は［スコア譜の定義を使用］して同じ表示スタイルになるよう設定されています。

すべての小節に小節番号を表示する

小節番号をすべての小節に表示させるには［小節番号］画面で設定します。➡ 📖 第 1 章「スクロール表示でのみ、すべての小節に小節番号を表示する」p.94

手 順

1　［小節番号］画面を開く

［書類］メニューから［小節番号の範囲を編集］を選択し、［小節番号］画面を開く。

2　小節番号の範囲を選択する

複数の小節番号の範囲を設定している場合は、リストから小節番号の範囲をクリックして選択しておく。

💡ヒント　小節番号の範囲ごとに表示スタイルを設定することができます。

3　すべての小節に小節番号を表示する

［小節間隔］（［間隔を指定］）にチェックをつけて右の□に「1」を入力し、［表示開始小節］（［表示開始位置］）にも「1」を入力する。

［小節番号を段頭に表示］と［範囲内の最初の小節番号を非表示にする］をクリックしてチェックをはずす。

4　画面を閉じる

［OK］をクリックして画面を閉じると、すべての小節に小節番号が表示される。

💡ヒント　［五線の属性］画面で小節番号を表示するように設定されている、すべての五線で、全小節に小節番号が表示されます。

10 | 小節番号

すべての小節番号を隠す

　すべての小節の小節番号を表示したくない場合は、[小節番号] 画面で設定されている範囲を削除してしまうのが一番簡単な方法です。

> 注意!! この手順では、スコア譜とパート譜の両方で、すべての小節番号が表示されなくなります。

手 順

1 [小節番号] 画面を開く

　[書類] メニューから [小節番号の範囲を編集] を選択し、[小節番号] 画面を開く。

2 小節番号の範囲を削除する

　リストにある範囲を選択し、[削除] をクリックして、設定されている小節番号の範囲をすべて削除する。

> ヒント [追加] をクリックすると、再度、小節番号の範囲をあらたに設定することができます。

3 画面を閉じる

　[OK] をクリックして画面を閉じると、すべての小節の小節番号が消える。

　たとえばスコア譜でのみ、あるいはパート譜でだけ、すべての小節番号を隠したいという場合は、それぞれのタブをクリックし、設定されているすべての小節番号範囲で [最上段]、[最下段]、[小節番号を段頭に表示]（[段頭に表示]）、[小節間隔]（[間隔を指定]）のチェックをはずします。

➡ 第 12 章「パート譜での小節番号の表示方法を設定する」p.450

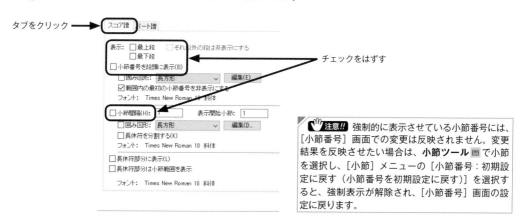

> 注意!! 強制的に表示させている小節番号には、[小節番号] 画面での変更は反映されません。変更結果を反映させたい場合は、**小節ツール** で小節を選択し、[小節] メニューの [小節番号：初期設定に戻す（小節番号を初期設定に戻す）] を選択すると、強制表示が解除され、[小節番号] 画面の設定に戻ります。

85

●第1章　五線の設定

一定の間隔で小節番号を表示する

5小節間隔、あるいは10小節間隔などのように、一定の間隔で小節番号を表示させることもできます。

手　順

1 [小節番号] 画面を開く
　[書類] メニューから [小節番号の範囲を編集] を選択し、[小節番号] 画面を開く。

2 小節番号の範囲を選択する
　複数の小節番号の範囲を設定している場合は、リストから小節番号の範囲をクリックして選択しておく。

　💡ヒント　小節番号の範囲ごとに表示スタイルを設定することができます。

3 小節番号を表示する間隔を設定する
　[小節間隔]（[間隔を指定]）にてチェックをつけ、右の□に小節番号を表示したい間隔（たとえば5小節ごとに表示したい場合は「5」）を入力し、[表示開始小節] 欄に同じ数値（ここでは「5」）を入力し、[小節番号を段頭に表示] をクリックしてチェックをはずす。

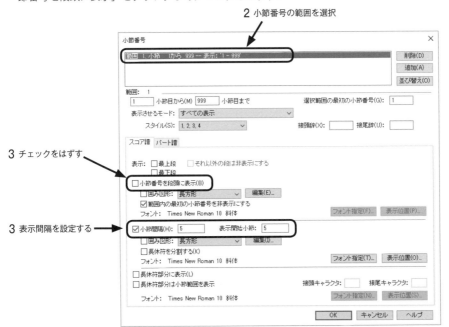

4 画面を閉じる
　[OK] をクリックして画面をとじると、指定した間隔で小節番号が表示される。

　💡ヒント　[五線の属性] 画面で小節番号を表示するように設定されている、すべての五線で、指定した間隔で小節番号が表示されます。

特定の小節で小節番号を表示する

［小節番号］画面での設定に関係なく、特定の小節で強制的に小節番号を表示させることができます。

手 順

1 ツールを選択する

［メイン・ツール・パレット］から**小節ツール** を選択。

2 小節番号を表示する

Ctrl （ option ）キーを押しながら、小節をクリックすると、クリックした小節に小節番号が表示される。

> **注意!!** 小節番号が表示されない場合は、［五線の属性］画面で［表示する項目］欄の［小節番号］にチェックがついているかどうかを確認してください。

> **ヒント** 小節を選択し、［小節］メニューから［小節番号を表示］を選択して表示することもできます。

上記手順で表示した小節番号を［小節番号］画面での設定に戻して隠したい場合は、小節番号を右クリックすると表示されるメニューから［範囲設定に従う］を選択します。

特定の小節で小節番号を隠す

［小節番号］画面での設定に関係なく、特定の小節番号だけを隠すこともできます。

手 順

1 ツールを選択する

［メイン・ツール・パレット］から**小節ツール** を選択。

2 小節番号を選択する

隠したい小節番号に表示される□をクリックして選択する。

> **注意!!** 必ず小節番号に表示される□を選択します。小節を選択しても小節番号を隠すことはできません。

> **ヒント 選択ツール** で小節番号をクリックして選択しても同様に操作できます。

3 小節番号を隠す

Delete キーをタイプすると、選択していた小節番号が薄いグレーで表示される。

> **ヒント** 薄いグレーで表示された小節番号は、印刷されません。

●第1章　五線の設定

小節番号を最上段（または最下段）の五線に表示する

複数の五線をもつ楽譜で、小節番号を各組段の最上段（または最下段）の五線に表示したい場合は、［小節番号］画面で設定します。

手順

1　［小節番号］画面を開く

［書類］メニューから［小節番号の範囲を編集］を選択し、［小節番号］画面を開く。

2　小節番号の範囲を選択する

複数の小節番号の範囲を設定している場合は、リストから小節番号の範囲をクリックして選択しておく。

> ヒント　小節番号の範囲ごとに表示スタイルを設定することができます。

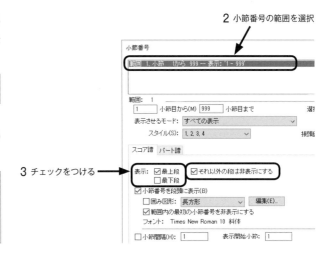

3　最上段（または最下段）に表示する

［表示］欄の［最上段］（または［最下段］）をクリックしてチェックをつける。

> ヒント　［それ以外の段は非表示にする］にもチェックをつけておくと、［五線の属性］画面での設定に関係なく、最上段（または最下段）以外の五線には小節番号が表示されなくなります。

4　画面を閉じる

［OK］をクリックして画面を閉じると、各組段の［最上段］（または［最下段］）の五線に小節番号が表示されるようになる。

［五線の属性］画面での設定に関係なく、各組段の最上段（または最下段）の五線に小節番号が表示されます。

➡ 第1章「小節番号を表示する五線を指定する」p.89

また、複数の五線をもつ楽譜で空の小節が続く五線を隠した場合も、各組段で一番上に表示されている（または一番下に表示されている）五線に小節番号が表示されます。

➡ 第8章「組段ごとに五線の数が異なる楽譜を作成する」p.348

小節番号を表示する五線を指定する

　小節番号を表示する五線を指定したい場合は、[五線の属性]画面で設定します。プラグインを使うとすばやく設定することができます。

> 💡ヒント [小節番号]画面の[最上段](または[最下段])と組み合わせて設定することもできます。

手 順

1 [五線の属性の一括変更]画面を開く

　[プラグイン]メニューの[作曲関連]から[五線の属性の一括変更]を選択し、[五線の属性の一括変更]画面を開く。

2 小節番号を表示する五線を指定する

　左上のリストで、表示したい五線をすべて選択し、[表示する項目]欄の[小節番号]にチェックをつける。

> 💡ヒント [Shift]キーを押しながらクリックすると隣りあった複数のパートを、[Ctrl]([⌘])キーを押しながらクリックすると離れた複数のパートを選択できます。

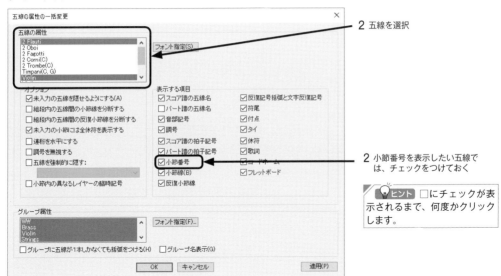

2 五線を選択

2 小節番号を表示したい五線では、チェックをつけておく

> 💡ヒント ☑にチェックが表示されるまで、何度かクリックします。

3 小節番号を表示しないパートを指定する

　同様にして小節番号を表示しないパートをすべて選択し、[表示する項目]欄の[小節番号]を何度かクリックして空欄にする。

4 画面を閉じる

　[OK]をクリックして画面を閉じると、指定した五線にだけ小節番号が表示される。

　上記手順で指定した五線に小節番号が表示されない場合は、[小節番号]画面の[それ以外の段は非表示にする]にチェックがついていないかどうかを確認し、チェックがついている場合はクリックしてチェックをはずします。➡ 📖 第1章「小節番号を最上段(または最下段)の五線に表示する」p.88

●第1章　五線の設定

小節番号を図形で囲む

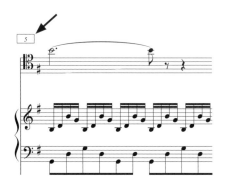

　小節番号は、□や○など、好みの図形で囲んで表示することができます。

　[小節番号の編集]画面で特定の範囲の小節番号にまとめて設定する方法と、個別に設定する方法とがあります。

特定の範囲の小節番号を図形で囲む

[小節番号]画面で設定します。

手 順

1 [小節番号]画面を開く

[書類]メニューから[小節番号の範囲を編集]を選択し、[小節番号]画面を開く。

2 小節番号の範囲を選択する

図形で囲みたい小節番号の範囲をクリックして選択。

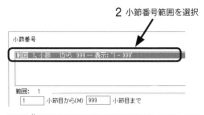

> **ヒント** 小節番号の範囲ごとに表示スタイルを設定することができます。

3 図形を選択する

図形で囲みたい小節番号欄にある[囲み図形]をクリックしてチェックをつけ、[長方形]（または[円形]）など、小節番号を囲む図形を選択。

4 [囲み図形作成]画面を開く

右の[編集]をクリックすると[囲み図形作成]画面が開く。

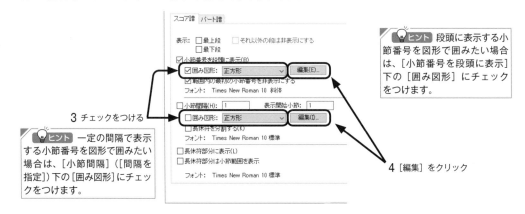

> **ヒント** 段頭に表示する小節番号を図形で囲みたい場合は、[小節番号を段頭に表示]下の[囲み図形]にチェックをつけます。

> **ヒント** 一定の間隔で表示する小節番号を図形で囲みたい場合は、[小節間隔]（[間隔を指定]）下の[囲み図形]にチェックをつけます。

10 | 小節番号

5 図形を編集する

［オプション］欄で［なし］を選択し、［図形サイズを固定］をクリックしてチェックをつける。

［高さ］と［幅］に数値を入力して図形サイズを指定する。

> **ヒント** ［図形サイズを固定］にチェックをつけておくと、すべての小節番号を同じサイズの図形で囲むことができます。

5 図形のサイズを指定する

> **ヒント** ここでの数値の単位は、［編集］メニュー（Macの場合は［Finale］メニュー）の［計測単位］で設定されています。

> **ヒント** 数値の最後に単位の頭文字（スペースなら「s」、センチメートルなら「c」など）を入力すると、［計測単位］での設定にかかわらず、強制的に任意の単位で指定することができるようになります。

> **ヒント** プレビューに表示される□をドラッグして、図形の形や位置を調整することもできます。

［OK］をクリックして画面を閉じる。

6 位置を調整する

［小節番号］画面に戻るので、チェックをつけた［囲み図形］右の［表示位置］をクリックすると［小節番号の位置調整］画面が開くので、必要に応じて小節番号の表示位置を調整する。

➡ 第1章「小節番号の位置を調整する」p.93

［OK］をクリックして画面を閉じる。

7 画面を閉じる

[Ctrl]（⌘）キーを押しながら［OK］をクリックしてすべての画面を閉じると、指定した小節番号が図形で囲まれる。

> **ヒント** [Ctrl]（⌘）キーを押しながら［OK］をクリックすると、一度に複数の画面を閉じることができます。

個別に小節番号を図形で囲む

特定の小節番号だけ、個別に図形を設定して囲むこともできます。

［メイン・ツール・パレット］から**小節ツール**を選択し、図形で囲みたい小節番号に表示される□を右クリックすると表示されるメニューから、［囲み図形の編集］を選択すると［囲み図形作成］画面が開きます。図形の編集手順は、［小節番号］画面から開いた場合と同じです。

小節番号のフォント、スタイル、サイズを変更する

小節番号のフォントやスタイル、サイズなどは［小節番号］画面で設定します。

手 順

1 ［小節番号］画面を開く

［書類］メニューから［小節番号の範囲を編集］を選択し、［小節番号］画面を開く。

2 小節番号の範囲を選択する

フォントやスタイル、サイズなどを変更したい小節番号の範囲をクリックして選択しておく。

3 ［フォント］画面を開く

編集したい小節番号欄右の［フォント指定］をクリックし、［フォント］画面を開く。

4 フォント、スタイル、サイズを指定する

［フォント］、［スタイル］、［サイズ］を選択。

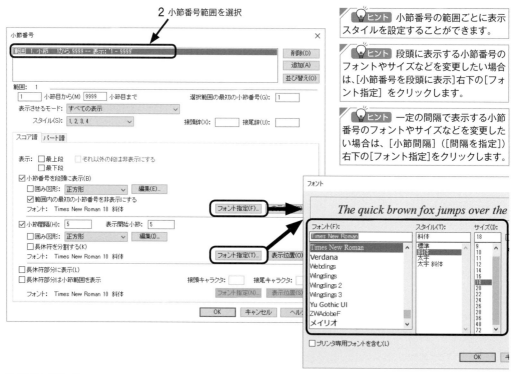

> **ヒント** 小節番号の範囲ごとに表示スタイルを設定することができます。

> **ヒント** 段頭に表示する小節番号のフォントやサイズなどを変更したい場合は、［小節番号を段頭に表示］右下の［フォント指定］をクリックします。

> **ヒント** 一定の間隔で表示する小節番号のフォントやサイズなどを変更したい場合は、［小節間隔］（［間隔を指定］）右下の［フォント指定］をクリックします。

5 画面を閉じる

Ctrl（⌘）キーを押しながら［OK］をクリックしてすべての画面を閉じると、小節番号が指定したフォント、スタイル、サイズになる。

> **ヒント** Ctrl（⌘）キーを押しながら［OK］をクリックすると、一度に複数の画面を閉じることができます。

10 | 小節番号

小節番号の位置を調整する

　小節番号は、個別にドラッグして位置を調整することもできますが、特定の範囲の小節番号の表示位置をまとめて調整したい場合は［小節番号］画面から設定します。

手 順

1 ［小節番号］画面を開く
　［書類］メニューから［小節番号の範囲を編集］を選択し、［小節番号］画面を開く。

2 小節番号の範囲を選択する
　表示位置を調整したい小節番号の範囲をクリックして選択しておく。

3 ［小節番号の位置調整］画面を開く
　位置を調整したい小節番号右下の［表示位置］をクリックし、［小節番号の位置調整］画面を開く。

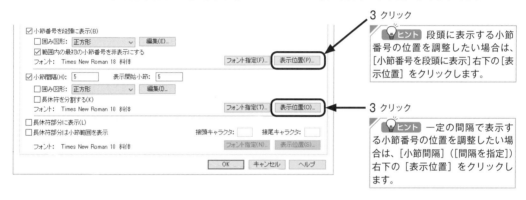

3 クリック

💡ヒント　段頭に表示する小節番号の位置を調整したい場合は、［小節番号を段頭に表示］右下の［表示位置］をクリックします。

3 クリック

💡ヒント　一定の間隔で表示する小節番号の位置を調整したい場合は、［小節間隔］（［間隔を指定］）右下の［表示位置］をクリックします。

4 位置を調整する
　左のプレビューで、小節番号をドラッグして垂直位置を調整したあと、［位置揃え］欄で［左揃え］、［中央揃え］、または［右揃え］を選択して水平位置を調整する。

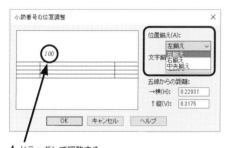

4 ドラッグして調整する

💡ヒント　垂直位置は、［五線からの距離］欄の［縦］の数値で指定することもできます。

💡ヒント　ここでの数値の単位は、［編集］メニュー（Macの場合は［Finale］メニュー）の［計測単位］で設定されています。

💡ヒント　数値の最後に単位の頭文字（スペースなら「s」、センチメートルなら「c」など）を入力すると、［計測単位］での設定にかかわらず、強制的に任意の単位で指定することができるようになります。

5 画面を閉じる
　[Ctrl]（⌘）キーを押しながら［OK］をクリックしてすべての画面を閉じると、小節番号が指定した位置に表示される。

💡ヒント　[Ctrl]（⌘）キーを押しながら［OK］をクリックすると、一度に複数の画面を閉じることができます。

スクロール表示でのみ、すべての小節に小節番号を表示する

スクロール表示では、段の区切りがないので、すべての小節に小節番号を表示しておくと、現在地が把握しやすくなります。

手 順

1 [小節番号] 画面を開く
[書類] メニューから [小節番号の範囲を編集] を選択し、[小節番号] 画面を開く。

2 新規小節番号の範囲を作成する
[追加] をクリックすると、選択されているデフォルトの小節番号の範囲がコピーされ、新しい範囲が作成され選択される。
[範囲] 欄で全小節が範囲に指定されていることを確認する。

> 注意!! [範囲] 欄では、デフォルトの小節番号によって範囲を指定します。たとえば、弱起（アウフタクト）や小節の分割などで小節番号にカウントしないよう設定した小節も、ここでは「1」として数えます。

3 表示モードを指定する
[表示させるモード] 欄で [スクロール表示／スタジオ表示（印刷しない）] を選択

4 すべての小節に表示する
すべての小節に小節番号が表示されるように設定する。

➡ 第1章「すべての小節に小節番号を表示する」p.84

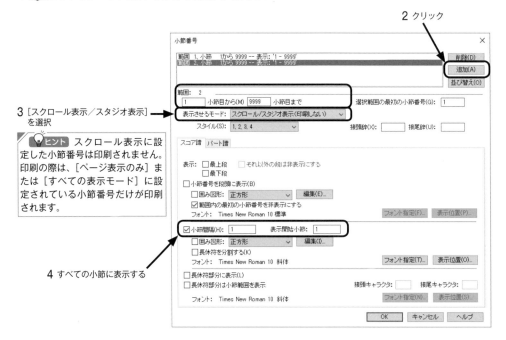

5 画面を閉じる
[OK] をクリックして画面を閉じる。

小節番号を振りなおす

小節番号は、任意の番号からはじめることができます。
また開始番号は小節番号の範囲ごとに設定できるので、繰り返し部分に小節番号を2重に振りたい場合などにも以下の手順は有効です。

➡ 📖 第1章「小節番号の位置を調整する」p.93

> ✋注意!! 小節番号の振りなおしは、楽譜が完成してから一番最後におこないます。というのも、プレイバックや音部記号の変更、調号の変更など、範囲や開始位置などを小節番号で指定する操作の際、うまく小節が指定できず、思わぬ結果になってしまうことがあるためです。

譜例A

譜例B

手順

1 [小節番号] 画面を開く

［書類］メニューから［小節番号の範囲を編集］を選択し、［小節番号］画面を開く。

2 小節番号の範囲を選択する

複数の小節番号の範囲を設定している場合は、小節番号の範囲をクリックして選択しておく。

新しい小節番号の範囲を設定したい場合は、［追加］をクリックし、［範囲］欄で適用する小節範囲を指定する。

> ✋注意!! ［範囲］欄では、デフォルトの小節番号によって範囲を指定します。たとえば、弱起（アウフタクト）や小節の分割などで小節番号にカウントしないよう設定した小節も、ここでは「1」として数えます。

3 開始番号を指定する

［選択範囲の最初の小節番号］欄右の□に、開始番号を入力する。
必要に応じて［範囲内の最初の小節番号を非表示にする］をクリックしてチェックをはずす。

譜例Aの場合

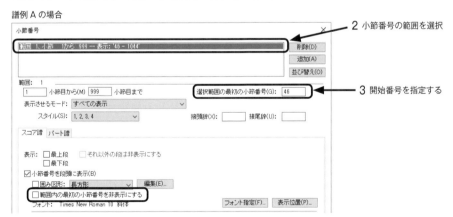

2 小節番号の範囲を選択
3 開始番号を指定する

●第1章　五線の設定

譜例Bの場合

> 💡ヒント　譜例Bの場合は、上段に表示する1回目の小節番号と、下段に表示する2回目の小節番号とで、別々に小節番号範囲を作成し、それぞれ設定します。

上段に表示する小節番号

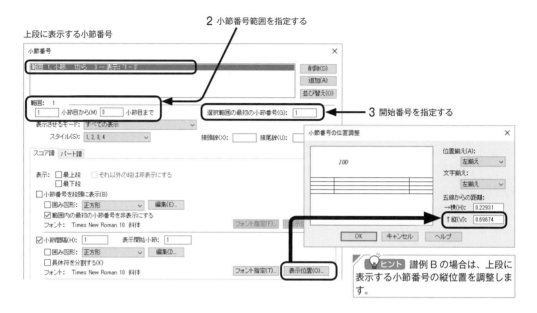

> 💡ヒント　譜例Bの場合は、上段に表示する小節番号の縦位置を調整します。

下段に表示する小節番号

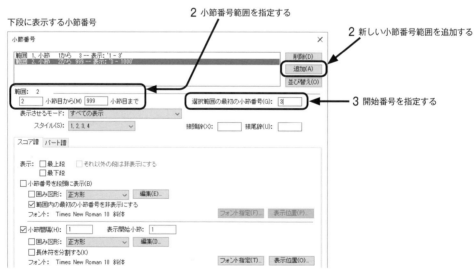

4　画面を閉じる

　［OK］をクリックして画面を閉じると、指定した番号からはじまるよう、小節番号が振りなおされる。

第2章
音符と休符

● 第2章　音符と休符

1 音符（休符）を入力する

マウス入力

パレットから入力したい音符や休符を選んで、五線にクリックして貼りつけていく手順です。**ステップ入力ツール** ♪ を使用します。

[ステップ入力パレット]

[ステップ入力休符パレット]

手順

1 ツールを選択する

［メイン・ツール・パレット］から**ステップ入力ツール** ♪ を選択。

2 音符（または休符）を選択する

［ステップ入力パレット］（または［ステップ入力休符パレット］）から音符（または休符）をクリックして選択。

3 クリックして入力する

カーソルを五線の上に移動すると、選択した音符（または休符）が薄いグレーで表示されるので、入力したい位置にあわせてクリックする。

選択していた音符（または休符）が入力され、音符の場合は同時に入力した高さの音が鳴る。

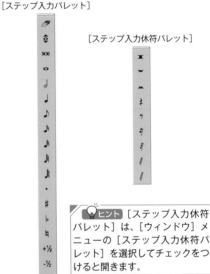

> 💡 **ヒント** ［ステップ入力休符パレット］は、［ウィンドウ］メニューの［ステップ入力休符パレット］を選択してチェックをつけると開きます。

> 💡 **ヒント** **ステップ入力ツール** ♪ を使った入力では、規定の拍数に満たないまま、ほかの小節に入力したり、ほかのツールを選択すると、小節内の残りの拍が自動的に適切な長さの休符で埋められます。
>
> また逆に、規定の拍数以上の音符や休符を入力しようとすると警告音が鳴り、注意を促してくれます。
>
> これらは、［ステップ入力］メニューの［ステップ入力オプション］を選択すると開く［ステップ入力オプション］画面で設定されています。
>
> なお［新規小節を作成］は、次項で説明するステップ入力の際にのみ有効です。マウス入力では、最後の小節に音符を入力し終わっても、自動的に新しい小節が追加されることはありません。

ステップ入力

パソコンキーボードで音の高さを指定しながら音符を入力していきます。

手 順

1 パソコンキーボードの準備

入力モードを半角英数に、Windows の場合は NumLock キーをオンにしておく。

2 ツールを選択する

［メイン・ツール・パレット］から**ステップ入力ツール** ♪ を選択すると、ステップ入力カーソル（縦棒のついたピンク色の音符）が表示される。

2 ステップ入力カーソル

> ヒント ステップ入力カーソルは、Ctrl（option）キー＋クリックですばやく目的の位置に移動できます。

> ヒント ツールを選択してもステップ入力カーソルが表示されない場合は、Enter（return）キーをタイプすると、最後に入力した位置に表示されます。
> それでも表示されない場合は、［ステップ入力］メニューの［ステップ入力オプション］を選択すると開く画面で、［ステップ入力カーソルを使用］にチェックがついているかどうかを確認します。

3 音符を選択する

［ステップ入力パレット］から音符（休符の場合は同じ長さの音符）をクリックして選択。

または、右図を参照し、入力したい音符に対応した数字をテンキーでタイプして音符を選択することもできる。

→ 第2章「テンキーのないパソコンの場合」p.100

4 高さを指定する

音符の場合は、↑または↓キーをタイプして、ステップ入力カーソルを入力したい高さに移動する。

> ヒント Shift +↑（または↓）キーで、ステップ入力カーソルを1オクターヴ単位で移動できます。

> ヒント ここで英語の音名をタイプして入力することもできます。ドから順にC（ド）、D（レ）、E（ミ）、F（ファ）、G（ソ）、A（ラ）、B（シ）となり、カーソルに近い位置にタイプした音が入力されます。

［ステップ入力パレット］

3 右下の数字をタイプする

> ヒント 128分音符だけは、数字キーで選択できません。マウスでクリックして選択します。

5 入力する

Enter（return）キー（休符の場合はメインキーボードまたはテンキーの 0 キー）をタイプすると音符（または休符）が入力され、カーソルが次の入力位置に移動する。

> ヒント 入力にあわせてスペーシング機能が働き、入力された音符や休符がきれいに配置されていきます。

> ヒント Delete キーをタイプすると直前の音符（または休符）が削除されてカーソルが1つ前に戻り、もう一度入力しなおすことができます。

> ヒント Alt（option）キーを押しながら↑または↓キーをタイプすると、直前に入力した音符の高さを修正することができます。

テンキーのないパソコンの場合

　このステップ入力の利点は、音符に対応するテンキーさえ覚えてしまえば、マウスに触れずにパソコンキーボードだけで音符を入力できる点です。

　しかし、ノートパソコンなど、テンキーのついていないパソコンをお使いの場合もあるでしょう。そういう場合も以下の手順さえ踏めば、メインキーボードの数字キーで［ステップ入力パレット］の音符が選択できるようになります。

　ただし、下記手順でテンキーの代用としてメインキーボードの数字キーを使えるようにすると、和音入力のようにもともとメインキーボードの数字キーに割り当てられている操作ができなくなります。また中には、臨時記号を隠すなど、テンキーからしか操作できないものもあるので注意が必要です。

> **ヒント**　テンキーがついていないパソコンの場合は、外付けのテンキーを購入して接続するのも1つの方法です。

手順

1　ツールを選択する

　［メイン・ツール・パレット］から**ステップ入力ツール**♪を選択する

2　［ステップ入力オプション］画面を開く

　［ステップ入力］メニューから［ステップ入力オプション］を選択し、［ステップ入力オプション］画面を開く。

3　ノートパソコン用のショートカットキーを選択する

　［ショートカットキーのカスタマイズ］をクリックして［ショートカットキーのカスタマイズ］画面を開き、［ショートカットキーのセット］欄で［ノートパソコン用］を選択する。

> **注意!!**　ここでの設定は、すべてのファイルに有効です。

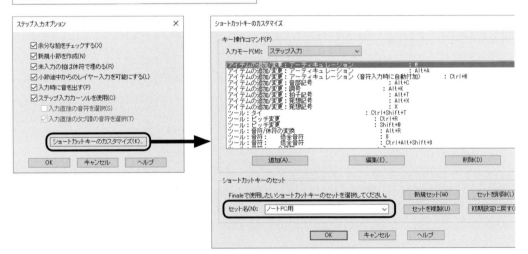

4　画面を閉じる

　Ctrl（⌘）キーを押しながら［OK］をクリックしてすべての画面を閉じる。

> **ヒント**　Ctrl（⌘）キーを押しながら［OK］をクリックすると、一度に複数の画面を閉じることができます。

1 | 音符（休符）を入力する

高速ステップ入力

高速ステップ入力ツール♪を使った入力手順です。

手 順

1 パソコンキーボードの準備

入力モードを半角英数に、Windows の場合は NumLock キーをオンにしておく。

2 ツールを選択する

［メイン・ツール・パレット］から**高速ステップ入力ツール**♪を選択すると、小節が□（編集枠）で囲まれる。

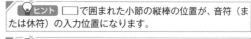
ヒント □で囲まれた小節の縦棒の位置が、音符（または休符）の入力位置になります。

ヒント 小節をクリックすると、□（編集枠）を目的の小節に移動できます。

3 ［MIDI キーボードを使用］のチェックをはずす

［高速ステップ］メニューから［MIDI キーボードを使用］を選択してチェックをはずす。

注意!! チェックがついたままでは、すべて休符で入力されてしまいます。

← 3 チェックをはずす

4 高さを指定する

音符の場合は、↑または↓キーをタイプして、縦棒に表示されている横棒を入力したい高さに移動する。

5 長さを指定して入力する

下図を参照し、メインキーボードまたはテンキーで入力したい音符に対応した数字をタイプして長さを指定すると、音符が入力され、縦棒が次の入力位置に移動する。

5 右下の数字をタイプする

ヒント 128 分音符を入力したい場合は、Ctrl（option）キーを押しながら、0キーをタイプします。

6 休符に変換する

休符の場合、BackSpace（clear）またはRキーをタイプすると、直前に入力した音符が休符に変換される。

7 編集枠を抜ける

入力が終わったら、0キーをタイプ（または枠の外をクリック）すると編集枠から抜け、入力した音符や休符がきれいに配置しなおされる。

101

ステップ入力ツール＋ MIDI キーボードを使った入力

ステップ入力ツール ♪ を使って、MIDI キーボードから音符や休符を入力する手順です。

> **ヒント** 付属の説明書などを参照し、MIDI キーボードをパソコンに接続し、必要に応じてドライバなどをインストールし、電源がある場合はオンにしておきます。

> **ヒント** デフォルトでは、[MIDI ／ Audio] メニューの [デバイスのセットアップ] から [MIDI セットアップ (MIDI ／内蔵スピーカーのセットアップ)] を選択すると開く [MIDI セットアップ] 画面の [入力デバイスの自動検出] にチェックがついているため、あらためてデバイスを設定する必要はありません。

手順

1 ツールを選択する

[メイン・ツール・パレット] から**ステップ入力ツール** ♪ を選択すると、ステップ入力カーソル（縦棒のついたピンク色の音符）が表示される。

> **ヒント** ステップ入力カーソルは、Ctrl（option）キー＋クリックですばやく目的の位置に移動できます。

> **ヒント** ツールを選択してもステップ入力カーソルが表示されない場合は、Enter（return）キーをタイプすると、最後に入力した位置に表示されます。
> それでも表示されない場合は、[ステップ入力] メニューの [ステップ入力オプション] を選択すると開く画面で、[ステップ入力カーソルを使用] にチェックがついているかどうかを確認します。

2 [MIDI キーボードを使用] にチェックをつける

[ステップ入力] メニューの [MIDI キーボードを使用] を選択してチェックをつける。

3 音符を選択する

[ステップ入力パレット] から音符（休符の場合は同じ長さの音符）をクリックして選択。

または、右図を参照し、入力したい音符に対応した数字をテンキーでタイプして音符を選択することもできる。

➡ 📖 第 2 章「テンキーのないパソコンの場合」p.100

[ステップ入力パレット]

3 右下の数字をタイプする

> **ヒント** 128 分音符だけは、数字キーで選択できません。マウスでクリックして選択します。

4 MIDI キーボードの鍵盤を押さえる

入力したい高さに応じた鍵盤を MIDI キーボードで押さえる（休符の場合はメインキーボードまたはテンキーの 0 キーをタイプする）と、選択した長さの音符（または休符）が入力され、カーソルが次の入力位置に移動する。

> **ヒント** 複数の鍵盤を同時に押さえると、和音を入力することができます。

> **ヒント** 黒鍵を押さえると、設定されている調号に応じて必要な臨時記号が入力されます。

連符や付点音符、タイの追加などの手順は、パソコンキーボードを使ったステップ入力の場合と同じです。各項の「ステップ入力の場合」を参照してください。

高速ステップ入力ツール＋ MIDI キーボードを使った入力

高速ステップ入力ツール♪ を使って、MIDI キーボードから音符や休符を入力する手順です。

> 💡ヒント 付属の説明書などを参照し、MIDI キーボードをパソコンに接続し、必要に応じてドライバなどをインストールし、電源がある場合はオンにしておきます。

> 💡ヒント デフォルトでは、[MIDI ／ Audio] メニューの [デバイスのセットアップ] から [MIDI セットアップ (MIDI ／内蔵スピーカーのセットアップ)] を選択すると開く [MIDI セットアップ] 画面の [入力デバイスの自動検出] にチェックがついているため、あらためてデバイスを設定する必要はありません。

手 順

1 パソコンキーボードの準備

入力モードを半角英数に、Windows の場合は NumLock キーをオンにしておく。

2 ツールを選択する

[メイン・ツール・パレット] から**高速ステップ入力ツール**♪ を選択すると、小節が □（編集枠）で囲まれる。

> 💡ヒント □で囲まれた小節の縦棒の位置が、音符（または休符）の入力位置になります。

> 💡ヒント 小節をクリックすると、□（編集枠）を目的の小節に移動できます。

3 [MIDI キーボードを使用] にチェックをつける

[高速ステップ] メニューから [MIDI キーボードを使用] を選択してチェックをつける。

> ⚠注意!! [MIDI キーボードを使用] に必ずチェックをつけます。チェックをつけないと、MIDI キーボードから音符を入力することができません。

4 音符を入力する

入力したい高さに応じた鍵盤を MIDI キーボードで押さえたまま、下図を参照し、入力したい音符に対応した数字をメインキーボードまたはテンキーでタイプすると音符が入力され、縦棒が次の入力位置に移動する。

4 右下の数字をタイプする

> 💡ヒント 128 分音符を入力したい場合は、[Ctrl] ([option]) キーを押しながら、[0] キーをタイプします。

5 休符に変換する

休符の場合、[BackSpace]（[clear]）または [R] キーをタイプすると、直前に入力した音符が休符に変換される。

6 編集枠を抜ける

入力が終わったら、[0] キーをタイプ（または枠の外をクリック）すると編集枠から抜け、入力した音符や休符がきれいに配置しなおされる。

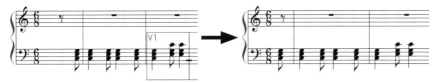

● 第2章　音符と休符

リアルタイム入力

MIDIキーボードでの演奏を録音して、楽譜にする手順です。➡ 📖 第2章「弱起（アウフタクト）のリアルタイム入力」p.109

> 💡 ヒント　付属の説明書などを参照し、MIDIキーボードをパソコンに接続し、必要に応じてドライバなどをインストールし、電源がある場合はオンにしておきます。

> 💡 ヒント　デフォルトでは、［MIDI／Audio］メニューの［デバイスのセットアップ］から［MIDIセットアップ（MIDI／内蔵スピーカーのセットアップ）］を選択すると開く［MIDIセットアップ］画面の［入力デバイスの自動検出］にチェックがついているため、あらためてデバイスを設定する必要はありません。

リアルタイム入力のための準備①──クリック音の設定

演奏をうまく楽譜にするためには準備が必要です。まずは、クリック音と録音テンポを設定します。

リアルタイム入力で、できるだけ正確に採譜するためには、テンポを守って正確な長さで鍵盤を抑える必要があります。そのため、録音の際はテンポの目安となるクリック音を鳴らしながら演奏します。

手順

1 ツールを選択する

［メイン・ツール・パレット］から**リアルタイム入力ツール**  を選択する。

> 💡 ヒント　［Human Playback 使用上の注意］画面が表示された場合、ここでは［OK］をクリックして閉じておきます。

2 ［プレイバックとクリック音］画面を開く

［リアルタイム入力］メニューの［拍の設定］から［プレイバックとクリック音］を選択し、［プレイバックとクリック音］画面を開く。

3 録音テンポを設定する

［拍の単位］でクリック音を鳴らしたい単位の音符をクリックして選択する。

［MIDI入力のテンポ］欄で［テンポを指定］を選択し、［実際に弾く］をクリック。

［テンポの決定］画面が開くので、録音したいテンポで［ここをタップ］をクリックするか、またはMIDIキーボードの任意の鍵盤を叩く。

［OK］をクリックして［テンポの決定］画面を閉じる。

> 💡 ヒント　MIDIキーボードのどの鍵盤でもOKです。

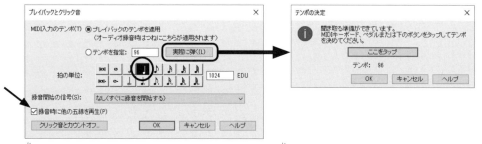

> 💡 ヒント　［テンポを指定］右の□に数値を入力して、テンポを指定することもできます。

> 💡 ヒント　［録音時に他の五線を再生］にチェックをつけておくと、すでに入力されている五線が再生され、その演奏を聴きながら録音することができます。

1 | 音符（休符）を入力する

4 [クリック音とカウントオフ] 画面を開く
[プレイバックとクリック音] 画面に戻るので、[クリック音とカウントオフ] をクリックし、[クリック音とカウントオフ] 画面を開く。

5 カウントオフを設定する
[カウントオフ] 欄で、[録音時のみ] を選択し、右の□に数値を入力して録音をはじめる前に鳴らす予備拍（カウントオフ）の長さを設定する。

6 クリック音の設定
[クリック音] 欄の右をクリックすると表示されるリストから、[録音時のみ] を選択。

7 画面を閉じる
Ctrl（⌘）キーを押しながら [OK] をクリックしてすべての画面を閉じる。

> 💡ヒント Ctrl（⌘）キーを押しながら [OK] をクリックすると、一度に複数の画面を閉じることができます。

リアルタイム入力のための準備②──[リアルタイム入力オプション] の設定

次に、[リアルタイム入力オプション] を設定します。

手 順

1 ツールを選択する
[メイン・ツール・パレット] から**リアルタイム入力ツール**を選択。

2 [リアルタイム入力オプション] 画面を開く
[リアルタイム入力] メニューから [リアルタイム入力オプション] を選択し、[リアルタイム入力オプション] 画面を開く。

3 小節を越えるタイの有無
小節線をまたぐタイを入力したい場合は、[小節を越えてタイを付ける]をクリックしてチェックをつける。

4 [同時に記譜する]
演奏と同時に、リアルタイムで記譜したい場合は、[同時に記譜する] をクリックしてチェックをつける。

このまま画面を閉じずに次の [クオンタイズの設定] に進みます。

● 第2章　音符と休符

リアルタイム入力のための準備③──クォンタイズの設定

クォンタイズとは、音符の発音タイミングの微妙な揺れを補正する機能のことです。

このクォンタイズ機能を使えば、採譜する楽譜にあわせて最短の音符などを設定しておくことで、微妙なテンポの揺れなどによって起こるリズムの誤認識を軽減することができます。

手 順

1 [クォンタイズ設定] 画面を開く

[リアルタイム入力オプション] 画面左下の [クォンタイズ設定] をクリック。
[MIDI / Audio] メニューから [クォンタイズ設定] を選択しても、同様に開くことができる。

2 最短の音符を選択する

[もっとも短い音符] 欄で、採譜する楽譜で使用する最短の音符をクリックして選択。

3 連符の有無を設定する

採譜する楽譜にあわせて、連符の採譜方法を選択する。

> ヒント　連符のない楽譜の場合は [連符を使用しない] を選択します。

4 [クォンタイズ詳細設定] 画面を開く

画面左下の [詳細設定] をクリックし、[クォンタイズ詳細設定] 画面を開く。

5 採譜する音の長さの下限を設定する

左上の□に数値を入力しておくと、設定した長さより短い音は採譜されない。

> ヒント　EDUは、音符の長さを表すFinaleオリジナルの単位で、4分音符＝ 1024EDUとなります。

> ヒント　ここに「0」を入力しておくと、どんな短い音もすべて採譜されます。

6 装飾音符の有無を設定する

手順5で設定した値より長く、手順2で選択した音符より短い音符の処理方法を選択する。

[装飾音符を使用]：装飾音符として入力される。
[装飾音符を取り除く]：採譜されない。
[実際の音符に変換する]：クォンタイズ処理され、手順2で選択した音符より長い音符として採譜される。

> ヒント　装飾音符を含むフレーズの場合は [装飾音符を使用]、それ以外の場合は [装飾音符を取り除く] を選択しておくとよいでしょう。

7 休符の処理方法を選択する

通常は［なるべく休符を使用しない］にチェックをつけておく。

> 💡ヒント ここにチェックをつけておくと、ほんの少し早く鍵盤から指を離してしまったために生じる空白を極端に短い休符として採譜されてしまうことを防ぎます。

また、付点休符を使用したい場合は、［単純拍子で付点休符を使用］または［複合拍子で付点休符を使用］を選択してチェックをつける。

8 演奏した音データの録音について

演奏した音データを録音し、作成した楽譜の再生に使用したい場合は、［キー・ベロシティを保持］と［音価を保持］にチェックをつけておく。音データは録音せずに、作成した楽譜は採譜した楽譜の見た目どおりに再生したいという場合はこの2項目のチェックをはずしておく。

9 シンコペーションの採譜方法を設定する

採譜したい楽譜にあわせて［シンコペーションはタイを使用しない］のチェックをつける（またははずす）。

10 画面を閉じる

[Ctrl]（⌘）キーを押しながら［OK］をクリックしてすべての画面を閉じる。

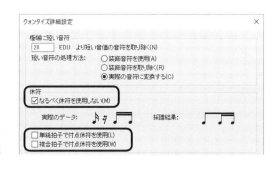

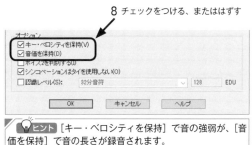

8 チェックをつける、またははずす

> 💡ヒント ［キー・ベロシティを保持］で音の強弱が、［音価を保持］で音の長さが録音されます。

> ⚠注意!! ［ボイス2を判別する］のチェックははずしておきます。

> 💡ヒント [Ctrl]（⌘）キーを押しながら［OK］をクリックすると、一度に複数の画面を閉じることができます。

リアルタイム入力のための準備④──レコーディングモードの選択

1つの五線に録音する

慣れるまでは、1パートずつ録音していくことをオススメします。

手 順

1 ツールを選択する

［メイン・ツール・パレット］から**リアルタイム入力ツール**を選択。

2 レコーディングモードを選択する

［リアルタイム入力］メニューの［レコーディングモード］から［1つの五線に入力］をクリックして選択し、チェックをつける。

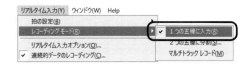

2つの五線に同時に録音する

もちろん演奏に自信がある場合は、ピアノ譜などのパートで、同時に２つの五線に録音していくこともできます。

手順

1 ツールを選択する

［メイン・ツール・パレット］から**リアルタイム入力ツール**を選択。

2 レコーディングモードを選択する

［リアルタイム入力］メニューの［レコーディングモード］から［２つの五線に分割］をクリックして選択。

3 分割ポイントを設定する

［分割ポイント］画面が開くので、［実際に弾く］をクリックし、上の五線に入力したい最低音を接続したMIDIキーボードで押さえる。
［分割ポイント］画面に戻り、指定したキーに対応するMIDIノートが□に表示される。

> **ヒント** 直接□に数値を入力して分割ポイントを設定することもできます。いわゆる中央のドが「60」。「半音＝１」で、数値が大きくなるほど高くなります。

4 画面を閉じる

［OK］をクリックして画面を閉じる。

これで、手順3で指定した最低音から上の音（指定した音を含む）は上の五線に、指定した音より低い音は下の五線に入力されます。

録音の実際

準備ができたら、実際に演奏して録音していきます。

正しく楽譜にするための演奏のコツは、「楽譜どおり正確に演奏すること」。「いい演奏」ではなく、記譜したい音の長さどおりに鍵盤を押さえ、正しいリズムで演奏するようにします。

手順

1 ツールを選択する

［メイン・ツール・パレット］から**リアルタイム入力ツール**を選択。

2 レイヤーを選択する

録音したいレイヤーを選択する。➡ 第２章「複声部の入力」p.145

3 録音する

先頭小節をクリックするとクリック音が鳴りはじめるので、設定した［カウントオフ］分のクリック音を聞いたら、演奏をはじめる。

4 録音を終了する

演奏が終わったら、楽譜の余白部分をクリックすると録音が終了する。

> **ヒント** ［同時に記譜する］を選択していた場合は、演奏にあわせて採譜されていきます

弱起（アウフタクト）のリアルタイム入力

弱起（アウフタクト）の楽譜をリアルタイム入力で採譜する際は、注意が必要です。

拍子記号ツール によって弱起（アウフタクト）を設定している場合は、一度解除してから以下の手順で弱起（アウフタクト）を設定してください。

> **ヒント** ［セットアップ・ウィザード］で設定している場合は、そのまま録音に進みます。

［弱起の設定］画面による弱起（アウフタクト）の設定

［弱起の設定］画面で弱起（アウフタクト）を設定する手順です。

手 順

1 ［弱起の設定］画面を開く
［書類］メニューから［弱起の設定］を選択し、［弱起の設定］画面を開く。

2 弱起（アウフタクト）小節の長さを設定する
弱起（アウフタクト）小節に設定したい長さの音符をクリックして選択。

3 画面を閉じる
［OK］をクリックして画面を閉じる。

あとは、通常の手順で録音します。

録音の際は、設定した長さの［カウントオフ］を聞いたあと、アウフタクト小節の前拍を数えてから演奏を開始します。

たとえば譜例の場合なら、設定した長さのカウントオフを聞いたあと、さらに4分音符3つ分のカウントを聞いてから演奏を開始します。

> **ヒント** 録音中はアウフタクトの前拍が休符で埋められますが、楽譜の余白部分をクリックして録音を終了すると、余分な休符は削除されます。

採譜した楽譜で弱起（アウフタクト）小節の再生が気になる場合は、再度［弱起の設定］画面を開いて［弱起の取り消し］を実行したあと、**拍子記号ツール** で弱起（アウフタクト）を設定しなおします。

➡ 第1章「弱起（アウフタクト）を設定する」**p.60**

タップ入力

パソコンから送られてくるクリック音の代わりに、自分で拍を刻みながら入力する「タップ入力」という方法があります。ここでは MIDI キーボードの鍵盤をタップとして使用する方法を説明しています。

タップを設定する

手 順

1 ツールを選択する

［メイン・ツール・パレット］から**リアルタイム入力ツール**を選択。

2 ［タップ信号］画面を開く

［リアルタイム入力］メニューの［拍の設定］から［タップ］を選択し、［タップ信号］画面を開く。

3 タップで刻む音価を選択する

［拍］欄の［タップの音価］から、タップで刻む音価をクリックして選択。

4 タップに使用する鍵盤を指定する

［タップ］欄の［鍵盤］をクリックして選択して［実際に弾く］をクリックし、タップに使用する鍵盤を押さえる。

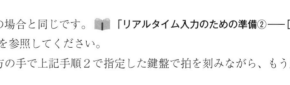

> **ヒント** ［鍵盤］欄の□に直接 MIDI ノート番号を入力してタップに使用する鍵盤を指定することもできます。中央のドが「60」になり、「半音＝1」で、数値が大きくなるほど高くなります。

5 画面を閉じる

［OK］をクリックして画面を閉じる。

そのほかの手順は、リアルタイム入力の場合と同じです。📖「リアルタイム入力のための準備②──［リアルタイム入力オプション］の設定」p.105 ～を参照してください。

録音の際は、クリック音の代わりに片方の手で上記手順2で指定した鍵盤で拍を刻みながら、もう片方の手で演奏して録音します。

［タップの音価］で4分音符を選択した場合

> **注意!!** タップと同時に録音がはじまります。

> **ヒント** タップで刻むテンポが速くなったり遅くなったりしても、きちんと拍に従って採譜されます。

採譜した楽譜にクォンタイズをかけなおす

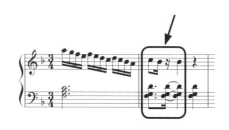

リアルタイム入力やタップ入力で採譜した楽譜では、演奏した音が忠実に表現されるため、必要のない休符や細かな音符が入力されてしまうことがあります。そういう場合は、クォンタイズを利用すると簡単に修正できます。

手順

1 [クォンタイズ設定] 画面を開く

[MIDI / Audio] メニューから [クォンタイズ設定] を選択して [クォンタイズ設定] 画面を開く。

2 最短の音符を選択する

[最も短い音符] 欄で、最短の音符をクリックして選択し、[OK] をクリックして画面を閉じる。

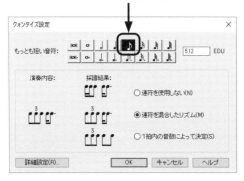

2 最短の音符を選択

3 範囲を選択

[メイン・ツール・パレット] から**選択ツール**を選択し、クォンタイズをかけなおしたい小節を選択。

注意!! クォンタイズは、小節単位で適用されます。

4 クォンタイズをかける

[MIDI / Audio] メニューから [採譜の再実行] を選択すると、選択した範囲が [クォンタイズ設定] に従って、記譜しなおされる。

→ 第8章「手動でスペーシングを適用する」p.331

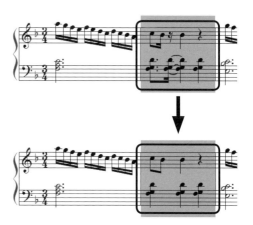

● 第 2 章　音符と休符

2 臨時記号

臨時記号つきの音符を入力する

マウス入力、ステップ入力、高速ステップ入力、それぞれの場合で説明します。➡ 📖 第 2 章「親切臨時記号を入力する」p.113

> 💡**ヒント**　MIDI キーボードを使った入力手順では、押さえた鍵盤に応じて、設定されている調号に適した臨時記号が自動で挿入されます。

> 💡**ヒント**　[調号を使わず臨時記号表記にする]設定の五線では、設定した調に応じて自動で臨時記号が挿入されます。

マウス入力の場合

> 💡**ヒント**　ステップ入力ツールを使った手順では、臨時記号は、同一小節内、同じ高さであればレイヤーが異なっても有効です。あらためて入力する必要はありません。

手　順

1 ツールを選択する

[メイン・ツール・パレット] から**ステップ入力ツール** ♪ を選択。

2 音符と臨時記号を選択する

[ステップ入力パレット] から音符と臨時記号をクリックして選択。

3 クリック

3 クリックして入力する

カーソルを五線の上に移動すると、選択した臨時記号のついた音符が薄いグレーで表示されるので、入力したい位置にあわせてクリック。臨時記号つきの音符が入力され、入力した高さの音が鳴る。

> ✋**注意!!**　調号などですでに変化している音符には、臨時記号は入力されません。

4 さらに半音上げる（または下げる）

ダブルシャープやダブルフラットなどを入力したい場合は、[ステップ入力パレット]の**半音上昇** +½（または**半音下降** -½）をダブルクリックして選択して目的の音符の符頭をクリックすると、さらに半音上がり（または下がり）、ダブルシャープなどの臨時記号が入力される。

> 💡**ヒント**　ダブルクリックすると、目的のボタンだけをすばやく選択することができます。

ステップ入力、高速ステップ入力の場合

手　順

1 ツールを選択する

[メイン・ツール・パレット] から**ステップ入力ツール** ♪（または**高速ステップ入力** ♪）を選択。

2 音符を入力する

通常の手順で、臨時記号のつかない音符を入力。

> 💡**ヒント**　メインキーボードで操作したい場合、ステップ入力では、♯は ^ （ + ）キー、♭は - キー、♮は N キーで入力できます。×は Shift + ^ （ + ）、♭♭は Shift + - キーで入力できます。

3 臨時記号を追加する

テンキーの + （または - ）キーをタイプするごとに直前に入力した音符が半音上がり（または下がり）、臨時記号が追加される。

> 💡**ヒント**　高速ステップ入力では、♯は S キー、♭は F キー、♮は N キー、×は X キー、♭♭は V キーでも入力できます。

112

親切臨時記号を入力する

調号や臨時記号ですでに変化している音符に、あらためて臨時記号を表示させたい場合は、通常の臨時記号の入力手順と異なります。

マウス入力、ステップ入力の場合

手 順

1 音符を入力(または選択)する

通常の手順で音符を入力する。
または Ctrl (option) キーを押しながら符頭をクリックして音符を選択する。

2 親切臨時記号を入力する

P キーをタイプすると括弧つきの親切臨時記号が入力され、再度 P キーをタイプすると親切臨時記号の括弧が消える。

💡**ヒント** 親切臨時記号を削除したい場合は、[ステップ入力パレット]の**消しゴムツール**を選択し、削除したい親切臨時記号をクリックします。

高速ステップ入力の場合

手 順

1 音符を入力(または選択)する

通常の手順で音符を入力する。
または目的の音符が入力されている小節をクリックし、→または←キーで縦棒を音符にあわせ、↑または↓キーで横棒を符頭にあわせる。

2 親切臨時記号を入力する

括弧つきの場合

P キーを押す。
または [高速ステップ] メニューの [高速編集コマンド] から [臨時記号の括弧の表示/非表示] を選択。
括弧つきの親切臨時記号が入力される。

括弧なしの場合

テンキーの * (アスタリスク) キーを押す。
または [高速ステップ] メニューの [高速編集コマンド] から [臨時記号の表示/非表示] を選択。
括弧のつかない親切臨時記号が入力される。

💡**ヒント** 親切臨時記号を削除したい場合は、再度 P または * キーを押します。

親切臨時記号を一括で入力する

プラグインを使用すると、選択した範囲をチェックして、親切臨時記号（警告の臨時記号）を一括で追加することができます。

手 順

1 範囲を選択する

［メイン・ツール・パレット］から**選択ツール**を選択し、親切臨時記号を追加したい範囲を選択する。楽譜全体を処理したい場合は、何も選択せずに次の手順2に進む。

2 ［警告の臨時記号］画面を開く

［プラグイン］メニューの［音符関連］から［警告の臨時記号］を選択し、［警告の臨時記号］画面を開く。

3 親切臨時記号を入力するタイミングを設定する

プレビューを確認しながら、必要な項目にチェックをつける。

> **ヒント** チェックをつけるとその結果例をプレビューで確認することができます。

4 レイヤーを選択する

［チェックするレイヤー］欄で、チェックしたいレイヤーをクリックしてチェックをつける。

➡ 📖 第2章「複声部の入力」p.145

5 確認範囲を設定する

臨時記号の登場する小節の後ろ、何小節をチェックするか、□に小節数を入力する。

> **ヒント** 「1小節」に設定すると、すぐ後ろの小節だけに表示され、それ以降の小節には表示されません。「2小節」に設定すると、直後の2小節をチェックし、最初に登場する該当音に警告の臨時記号が追加されます。

> **ヒント** ［臨時記号のロック］と［連続した音には臨時記号を付けない］は、通常はデフォルトのまま、チェックをつけた状態にしておきます。

6 画面を閉じる

［OK］をクリックして画面を閉じるとプラグインが実行され、警告の臨時記号が追加される。

異なるレイヤーの臨時記号を再表記する

　臨時記号は、同一小節内、同じ高さであれば、レイヤーが異なっても有効です。あらためて入力する必要はありません。

　ただし、2人の奏者で演奏する譜例のような楽譜の場合など、同一小節内、同じ高さであってもレイヤーごとに臨時記号を表記したい場合があります。

五線単位で再表記する

　五線単位で異なるレイヤーの臨時記号を再表記したい場合は、[五線の属性] 画面で設定します。

　ただし、レイヤーごとに分けてパート譜を表示したい場合は、次の「個別に再表示」の手順で臨時記号を再表記しておきます。

➡ 📖 第 12 章「パート譜をさらに分ける」p.451

手 順

1 ツールを選択する

　[メイン・ツール・パレット] で**五線ツール** ♪ を選択。

2 [五線の属性] 画面を開く

　臨時記号を再表記したい五線をダブルクリックして [五線の属性] 画面を開く。

3 異なるレイヤーの臨時記号を再表記する

　[対象] 欄で目的の五線が選択されていることを確認し、[五線の動作] 欄の [小節内の異なるレイヤーの臨時記号を再表記] にチェックをつける。

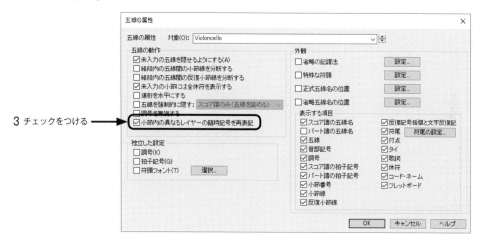

3 チェックをつける

4 画面を閉じる

[OK] をクリックして画面を閉じる。

選択した五線で、レイヤーごとに、必要な箇所に臨時記号が自動で挿入されます。

また、以降に入力する音符にも、必要に応じて自動で臨時記号が挿入されるので、あらためて入力する手間が省けます。

個別に再表記する

音符単位で個別に再表記したい場合は、**高速ステップ入力ツール**♪を使用します。

> 💡ヒント この手順で表記した臨時記号は、レイヤーごとに分けて作成したパート譜にもきちんと表示されます。

▶手 順

1 ツールを選択する

[メイン・ツール・パレット] の**高速ステップ入力ツール**♪をクリックして選択。

2 レイヤーを選択する

臨時記号を再表記したい音符を入力したレイヤーを選択しておく。

➡ 📖 第2章「複声部の入力」p.145

3 音符を選択する

目的の音符が入力されている小節をクリックし、→または←キーで縦棒を音符にあわせ、↑または↓キーで横棒を符頭にあわせる。

4 臨時記号を再表記する

テンキーの ＊ (アスタリスク) キーをタイプする。

または [高速ステップ] メニューの [高速編集コマンド] から [臨時記号の表示／非表示] を選択。

選択していた音符に臨時記号が表示される。

> 💡ヒント 編集枠から抜けると、臨時記号の位置が整えられます。

> 💡ヒント 再度 ＊ キーをタイプする (またはメニューを選択する) と、臨時記号が非表示になります。

3 | 付点

付点音符（付点休符）を入力する

付点「・」のついた音符や休符の入力手順です。

マウス入力の場合

手順

1 ツールを選択する

［メイン・ツール・パレット］から**ステップ入力ツール ♪** を選択。

2 付点・と音符を選択する

［ステップ入力パレット］から**付点・**と音符（付点休符の場合は［ステップ入力休符パレット］の休符）をクリックして選択。

3 クリックして入力する

カーソルを五線の上に移動すると付点音符（または付点休符）が薄いグレーで表示されるので、入力したい位置にあわせてクリックして入力。

4 さらに付点を追加する

複付点音符（休符）を入力したい場合は、［ステップ入力パレット］の**付点・**をダブルクリックして**付点・**だけを選択し、音符の符頭（または休符）をクリックすると、さらに付点を追加することができる。

> **ヒント** ダブルクリックすると、目的のボタンだけをすばやく選択することができます。

> **ヒント** クリックするごとに付点が追加され、最高 10 個まで、付点を追加することができます。

> **ヒント** 付点を削除したい場合は、［ステップ入力パレット］の**消しゴムツール**を選択し、削除したい付点をクリックします。

ステップ入力、高速ステップ入力の場合

手順

1 ツールを選択する

［メイン・ツール・パレット］から**ステップ入力ツール ♪**（または**高速ステップ入力 ♪**）を選択。

2 音符を入力する

通常の手順で、付点のつかない音符（または休符）を入力しておく。

3 付点を追加する

メインキーボードまたはテンキーの . （ピリオド）キーをタイプすると、直前に入力した音符（または休符）に付点が追加される。

4 さらに付点を追加する

続けて . （ピリオド）キーをタイプすると、さらに付点が追加され、複付点音符（休符）が入力できる。

> **ヒント** . キーをタイプするごとに付点が追加され、最高 10 個まで付点を追加することができます。

付点の位置を調整する

「付点が符頭に重なって見えなくなってしまった！」「複声部に入力したユニゾンの付点を1つにまとめたい」

そんな場合は、付点の位置を調整することができます。

付点の位置の調整には**道具箱ツール** の**付点ツール** を使用します。Windowsの場合、**道具箱ツール** は［上級者用ツール・パレット］に収められています。［ウィンドウ］メニューから［上級者用ツール・パレット］を選択して、パレットを開いておきます。

付点が符頭に重なっている

付点を1つにまとめたい

手順

1 ツールを選択する

［上級者用ツール・パレット（メイン・ツール・パレット）］から**道具箱ツール** を選択すると開く［道具箱ツール・パレット］から、**付点ツール** を選択。

2 レイヤーを選択する

移動したい付点を入力したレイヤーを選択する。

➡ 📖 第2章「複声部の入力」p.145

3 付点を選択する

小節をクリックすると、小節内の選択したレイヤーに入力されているすべての付点に□が表示されるので、移動したい付点の□をクリックして選択。

4 位置を調整する

矢印キーをタイプして、位置を調整する。

> ヒント □をドラッグして調整することもできます。

> ヒント 複付点以上の場合は□が2つ表示され、左の□で全体の位置を、右の□で付点同士の間隔を調整できます。

3 付点を選択

ヒント ドラッグすると表示される枠で囲むようにすると、複数の□を選択することができます。

バージョン2010から□が透明になり、スタッカートや付点などの小さな記号が□に隠れてしまう、ということがなくなりました。

ところが、譜例のように□が符頭などに重なってしまうと、今度は□が隠れてしまいます。

そういう場合は、［環境設定-表示］画面の［ハンドルを透明にする］をクリックしてチェックをはずすと、□が白抜きで表示され、符頭などに重なってもきちんと見えるようになります。

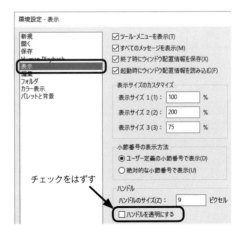

チェックをはずす

数値で位置（垂直位置）を調整する

複数のレイヤーに入力された付点を1つにまとめたい場合のように、付点の垂直位置を調整したいときは、数値で調整すると簡単です。

手 順

1 ツールを選択する

［上級者用ツール・パレット（メイン・ツール・パレット）］から**道具箱ツール**を選択すると開く［道具箱ツール・パレット］から、**付点ツール**を選択。

2 レイヤーを選択する

［レイヤー2］を選択する。➡ 第2章「複声部の入力」p.145

3 ［付点調整］画面を開く

小節をクリックすると、小節内の選択したレイヤーに入力されているすべての付点に□が表示されるので、位置を調整したい付点の□をダブルクリックし、［付点調整］画面を開く。

> 💡ヒント 複付点以上の場合は□が2つ表示されるので、どちらか一方の□をダブルクリックします。

3 □をダブルクリック

4 移動幅を数値で指定する

［位置］欄の［縦］右の□に「1s」を入力する。

> 💡ヒント 数値の最後に単位の頭文字を入力することで、［計測単位］での設定にかかわらず、強制的に任意の単位で指定することができるようになります。「s」はスペースの頭文字です（1スペース＝五線の線間）。

> 💡ヒント 複付点以上の場合は、［付点同士の間隔］欄で付点間の距離を調整することができます。

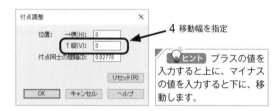

4 移動幅を指定

> 💡ヒント プラスの値を入力すると上に、マイナスの値を入力すると下に、移動します。

5 画面を閉じる

［OK］をクリックして画面を閉じると、［レイヤー2］の付点が移動し、［レイヤー1］の付点とぴったりと重なる。

手動での調整を取り消す

調整した付点の位置をデフォルトに戻したい場合は、上記手順1～3を参照して付点に表示される□をクリックして選択したら、あとは BackSpace （ delete ）キーをタイプするだけ。これで手動での変更が取り消され、選択した付点がデフォルトの位置に戻ります。

●第2章　音符と休符

4 タイ

タイを入力する

同じ高さの音を結んで、切れ目なく演奏することを指示するタイを入力する手順です。

> 注意!! Finaleで認識、プレイバックに反映されるタイは、同じレイヤーに入力された同じ高さの音符間にかけられたタイのみです。

マウス入力の場合

手順

1 ツールを選択する

［メイン・ツール・パレット］から**ステップ入力ツール**♪を選択。

2 音符とタイ 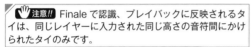 を選択する

［ステップ入力パレット］から音符と**タイ**をクリックして選択。

3 クリックして入力する

カーソルを五線の上に移動すると、脇にタイが小さく表示された薄いグレーの音符が表示されるので、入力したい位置にあわせてクリックする。タイのついた音符が入力され、同時に入力した高さの音が鳴る。

> 注意!! 続けてタイのつかない音符を入力する際は、**タイ**の選択を解除するのを忘れないようにしましょう。

> ヒント あとからタイを追加したい場合は、［ステップ入力パレット］のタイだけを選択し、タイでつなぎたい先頭の音符の符頭をクリックします。

ステップ入力、高速ステップ入力の場合

手順

1 ツールを選択する

［メイン・ツール・パレット］から**ステップ入力ツール**♪（または**高速ステップ入力**♪）を選択。

2 音符を入力する

通常の手順で、音符を入力しておく。

3 タイを追加する

Tキーをタイプすると、直前に入力した音符にタイが追加される。

> ヒント 続けてもう一度Tキーをタイプすると、タイが削除されます。

> ヒント Macでは**高速ステップ入力**♪の場合、テンキーの「＝」キーをタイプしてもタイが入力できます。

タイの向きを反転する

入力されたタイの向きを反転したい場合があります。

手順

1 ツールを選択する

［メイン・ツール・パレット］から**ステップ入力ツール** ♪（または**高速ステップ入力** ♪）を選択。

2 レイヤーを選択する

反転したいタイを入力したレイヤーを選択する。

➡ 第2章「複声部の入力」p.145

3 タイの先頭の音符を選択

マウス入力、ステップ入力の場合

[Ctrl]（[option]）キーを押しながら符頭をクリックして音符を選択する。

高速ステップ入力の場合

目的の音符が入力されている小節をクリックし、→または←キーで縦棒を音符にあわせ、↑または↓キーで横棒を符頭にあわせる。

💡ヒント 和音の場合、横棒をどの符頭にもあわせずに操作すると、一度の操作ですべての符頭のタイを同時に反転することができます。

4 タイの向きを反転する

[Ctrl]（⌘）キーを押しながら[F]キーをタイプすると、選択していた音符に入力されているタイの向きが反転する。

💡ヒント 入力直後であれば、手順4だけでタイの向きを反転することができます。

💡ヒント [Ctrl]（⌘）＋[F]キーをタイプするごとに、タイの向きが反転します。

タイの位置や形を調整する

入力したタイの位置や形を調整したい場合は、**道具箱ツール**の**タイ・ツール**を使用します。
Windowsの場合、**道具箱ツール**は［上級者用ツール・パレット］に収められています。［ウィンドウ］メニューから［上級者用ツール・パレット］を選択して、パレットを開いておきます。

手 順

1 ツールを選択する

［上級者用ツール・パレット（メイン・ツール・パレット）］から**道具箱ツール**を選択すると開く［道具箱ツール・パレット］から、**タイ・ツール**を選択。

2 レイヤーを選択する

調整したいタイを入力したレイヤーを選択する。

➡ 第2章「複声部の入力」p.145

3 小節を選択する

タイの開始音を入力した小節をクリックして選択すると、小節内の選択したレイヤーに入力されているすべてのタイに□が表示される。

> **ヒント** 表示される□のどれか1つをクリックして Ctrl（⌘）+ F キーをタイプすると、選択したタイの向きを反転することができます。

4 全体の位置
5 両端の位置
6 ふくらみ具合

4 全体の位置を調整する

移動したいタイの両端に表示される□のどちらかを上下にドラッグして調整する。

> **ヒント** □を選択したあと、矢印キーをタイプして調整することもできます。

5 両端の位置を調整する

タイの両端に表示される□を左右にドラッグして調整する。

6 ふくらみ具合を調整する

タイの弧の部分に表示される□を上下にドラッグして調整する。

> **注意!!** ただし、タイのふくらみの頂点を五線に重ねて配置することはできません。

手動での調整を取り消す

調整したタイの位置や形をデフォルトに戻したい場合は、上記手順1〜3を参照してタイに□が表示されたら、□をどれか1つを選択し、あとは BackSpace （delete）キーをタイプするだけ。これで手動での変更が取り消され、選択したタイがデフォルトの位置・形に戻ります。

2番括弧、先頭の音符へのタイ

この部分のタイ

2番括弧の先頭の音符が、その直前の音符とタイでつながれている場合があります。こういったタイを入力したい場合は、必要な音符と反復記号括弧を入力してから、以下の手順でタイを追加します。

手順

1 音符と反復記号括弧を入力する

必要な音符と反復記号括弧を入力しておく。

➡ 📖 第6章「1番括弧、2番括弧つき反復小節線を入力する」p.276

> **注意!!** タイで結びたい音符はすべて、同じレイヤーに同じ高さで入力しておきます。

> **注意!!** 必ず、反復記号括弧を入力してからタイを追加するようにします。

2 2番括弧の先頭の音符を選択する

マウス入力、ステップ入力の場合

[Ctrl]([option])キーを押しながら2番括弧先頭の音符の符頭をクリックして選択する。

> **ヒント** 和音の場合、棒の辺りをクリックすると、すべての符頭を一度に選択することができます。

高速ステップ入力の場合

2番括弧先頭の音符が入力されている小節をクリックし、[→]または[←]キーで縦棒を音符にあわせ、[↑]または[↓]キーで横棒を符頭にあわせる。

> **ヒント** 和音の場合、横棒を符頭にあわせずに操作すると、すべての符頭にタイを追加することができます。

3 前の音符とタイで結ぶ

[Shift]キーを押しながら[T]キーをタイプすると選択した音符から前の音符に向かってタイが入力される。

> **ヒント** 入力されたタイは、きちんと再生に反映されます。

> **ヒント** 続けてもう一度同じキーをタイプすると、タイが削除されます。

1番括弧最後の音符へのタイを削除する

タイの開始音
このタイを削除する

もし、1番括弧の最後の音符と2番括弧の最初の音符が偶然にも同じ高さだった場合、上記手順でタイを入力するとこの2つの音符までタイでつながれてしまいます。

この不要なタイは、**高速ステップ入力ツール** ♪ を使うと削除することができます（実際の手順は次ページ参照）。

●第2章　音符と休符

> 手　順

1　ツールを選択する

［メイン・ツール・パレット］で**高速ステップ入力ツール**♪を選択。

2　レイヤーを選択する

削除したいタイを入力したレイヤーを選択しておく。

3　[フレーム編集] 画面を開く

一度、楽譜の余白部分をクリックして、表示されている編集枠から抜ける。

[Ctrl]（[option]）キーを押しながら削除したいタイを入力した小節をクリックすると、［フレーム編集］画面が開く。

> ヒント　必ず一度編集枠を抜けてから、次の手順に進みます。

> ヒント　［フレーム編集］画面には、クリックした小節の選択しているレイヤーに入力されている音符や休符の詳細情報が表示されます。

4　音符を選択する

画面上部の［次へ］を、グレー表示になるまで何度か続けてクリックする。

> ヒント　［次へ］をクリックすると、クリックした小節の選択しているレイヤーに入力されている音符や休符が、小節の先頭から順に選択され、その詳細情報が表示されます。

> ヒント　［次へ］がグレー表示になると、クリックした小節の選択しているレイヤー内で一番最後の音符（休符）が選択されたことになります。

5　タイを削除する

画面右下の［タイ開始］をクリックしてチェックをはずす。

削除したいタイが和音に入力されている場合

下の［次へ］をクリックすると、和音の構成音を下から順に選択することができるので、タイを削除したい音符すべての［タイ開始］をクリックしてチェックをはずす。

> ヒント　この［次へ］は、選択されている音符が和音の場合にのみ、クリックできるようになります。

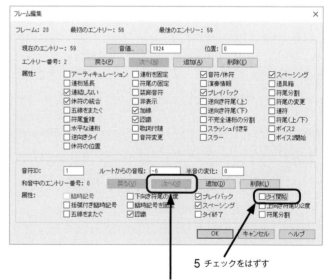

和音の構成音を下から順に選択する

5　チェックをはずす

6　画面を閉じる

［OK］をクリックして画面を閉じると、1番括弧最後の音符のタイが削除される。

124

タイを付点の後ろからはじめる

付点の後ろからはじめる

個別に調整したい場合は、**道具箱ツール** の**タイ・ツール** を使ってタイの両端の位置を調整します。
➡ 📖 第2章「タイの位置や形を調整する」p.122

ファイル全体で、すべてのタイを付点の後ろからはじめたい場合は、［ファイル別オプション］画面で設定しておきます。

手順

1 ［ファイル別オプション］画面を開く

［書類］メニューから［ファイル別オプション］を選択して［ファイル別オプション］画面を開き、左のリストから［タイ］をクリックして選択。

2 付点の後ろからはじめる

［タイの配置設定］欄の［付点の後から始める］をクリックしてチェックをつける。

> 💡ヒント すぐ下の［複付点の後から始める］にもチェックをつけると、複付点も避けることができます。

3 画面を閉じる

［OK］をクリックして画面を閉じると、ファイル内のすべてのタイが付点の後ろからはじまるよう調整される。

2 チェックをつける

● 第 2 章　音符と休符

5 ｜ 和音

和音を入力する

　マウス入力、ステップ入力、高速ステップ入力、それぞれの場合で説明します。どの手順の場合も、1音ずつ追加して入力していきます。

> 💡ヒント　MIDI キーボードを使った手順では、複数の鍵盤を同時に押さえると、和音を入力することができます。

マウス入力の場合

手　順

1　ツールを選択する

　［メイン・ツール・パレット］から**ステップ入力ツール♪**を選択。

2　音符を選択する

　［ステップ入力パレット］から音符をクリックして選択。

3　1つ目の音符を入力する

　通常の手順で、1つ目の音符を入力する。

> 💡ヒント　和音の中のどの音からでも入力をはじめることができます。

4　残りの音を追加する

　そのまま続けて、カーソルを次に入力したい高さにあわせ、クリックして追加していく。

> 💡ヒント　音符を追加すると同時に、追加した音符を含む和音が鳴ります。

> ⚠注意!!　この手順では、同度の音符を追加することはできません。

ステップ入力の場合

手順

1 パソコンキーボードの準備

入力モードを半角英数に、Windows の場合は NumLock キーをオンにしておく。

2 ツールを選択する

［メイン・ツール・パレット］から**ステップ入力ツール** ♪ を選択すると、ステップ入力カーソル（縦棒のついたピンク色の音符）が表示される。

3 1つ目の音符を入力する

通常の手順で1つ目の音符を入力する。

4 音程を指定して追加する

追加したい音程をメインキーボードの数字キーでタイプする。

指定した音程の音が、手順3で入力した音符の上に追加され、選択される。

> **ヒント** ここで 1 キーをタイプすると、同度の音を和音として追加することができます。

> **ヒント** Shift キーを押しながら数字キーをタイプすると、下に追加することができます。

> **ヒント** 3つ目以降の音符を追加する際は、直前に追加し、ピンク色に選択されている音が音程を数える際の基準となります。

高速ステップ入力の場合

手順

1 パソコンキーボードの準備

入力モードを半角英数に、Windows の場合は NumLock キーをオンにしておく。

2 ツールを選択する

［メイン・ツール・パレット］から**高速ステップ入力ツール** ♪ を選択すると、小節が □ で囲まれる。

3 1つ目の音符を入力する

通常の手順で1つ目の音符を入力する。

4 縦棒を戻す

← キーをタイプして、縦棒を戻し、手順3で入力した1つ目の音符にあわせる。

5 高さを指定する

↑ または ↓ キーをタイプして、横棒を追加したい高さにあわせる。

6 音を追加する

Enter （return）キーをタイプすると、指定した高さに音が追加される。

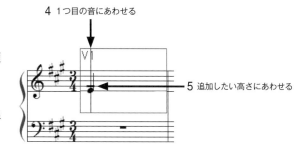

> **ヒント** → をタイプすると縦棒が次の入力タイミングに進み、続けて入力することができるようになります。

和音の一部だけ五線をまたぐ

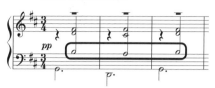

ピアノ譜など、1つの楽器で2つの五線を使用する楽譜では、和音のなかの一部の音だけ、五線をまたいで記譜されることがあります。そういう場合は、どちらか一方の五線に入力したあと、音符を選択して五線を移動します。

音符の移動に使用する**音符移動ツール**♪は、Windowsでは［上級者用ツール・パレット］に収められています。［ウィンドウ］メニューから［上級者用ツール・パレット］を選択して、パレットを開いておきます。

➡ 📖 第3章「五線をまたいで音符をつなぐ」p.192

手　順

1 和音を入力する
通常の手順で、メインとなる五線に和音の構成音をすべて入力しておく。

2 ツールを選択する
［上級者用ツール・パレット（メイン・ツール・パレット）］から**音符移動ツール**♪を選択。

3 ［五線をまたぐ］を選択
［音符移動］メニューから［五線をまたぐ］を選択してチェックをつける。

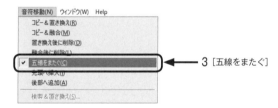

4 音符を選択
五線をまたぐ音符を入力した小節をクリックすると、すべての符頭に□が表示されるので、Shiftキーを押しながらクリックして、五線をまたぎたい音符に表示される□をすべて選択する。

5 音符を移動する
選択した□のどれか1つを移動先の五線の上までドラッグすると、選択していた音符が五線をまたいで表示される。

💡ヒント　細かい位置は気にせずに、ドラッグすると表示される□を移動先の五線に重なる位置までドラッグすればOKです。

連続した同じ音程の和音をすばやく入力する

同じ音程の和音が続くフレーズをすばやく入力する手順です。

手 順

1 どちらか一方の音を入力する

通常の手順で、重音のどちらか一方の音を入力しておく。

2 ツールを選択する

[メイン・ツール・パレット]から**選択ツール**を選択。

3 範囲を選択する

重音にしたい範囲を選択する。

4 [移調]画面を開く

[ユーティリティ]メニューから[移調]を選択して[移調]画面を開く。

5 音程を指定する

音符を追加する方向を[上向き]または[下向き]から選択し、[音程]欄で追加する音程を指定し、[元の音を残す]をクリックしてチェックをつけておく。

> **注意!!** [元の音を残す]にチェックをつけておかないと、選択した範囲の音符が指定した音程分だけ移動してしまいます。

6 画面を閉じる

[OK]をクリックして画面を閉じると、選択していた範囲の音符に、指定した音程の音が追加される。

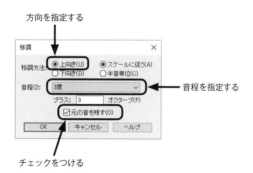

● 第2章　音符と休符

連打する和音をすばやく入力する

［リズムの細分化］プラグインを使うと、同じ和音を連打するフレーズもすばやく入力することができます。

手順

1 連打したい長さの音符で和音を入力する

通常の手順で、連打したい長さの音符で和音を入力しておく。

2 範囲を選択する

プラグインを実行したい範囲を選択する。

3 ［リズムの細分化］画面を開く

［プラグイン］メニューの［音符関連］から［リズムの細分化］を選択し、［リズムの細分化］画面を開く。

4 細分化する音符を選択する

［変更範囲］欄で細分化したい音符を選択。選択した範囲のすべての音符を細分化したい場合は［選択されたすべての音符］を選択。

> ヒント ［変更範囲］で最短と最長の音符を選択すると、細分化する音符を指定することができます

5 細分化後の音価を指定する

［次の音価に細分化］欄で、音符をクリックして細分化後の音価を指定する。

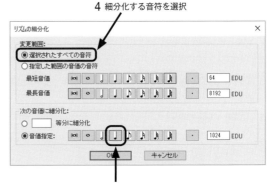

4 細分化する音符を選択

5 細分化後の音価を選択

> ヒント ［□等分に細分化］を利用すると、3連符や6連符などに細分化することもできます。

6 画面を閉じる

［OK］をクリックして画面を閉じると、指定した音価に細分化される。

6 | 連符

3連符を入力する

3連符の入力手順は、入力方法によって異なります。それぞれの場合で説明します。

マウス入力の場合

手順

1 ツールを選択する

[メイン・ツール・パレット]から**ステップ入力ツール**♪を選択。

2 音符と連符 ♫ を選択する

[ステップ入力パレット]から音符と**連符 ♫** をクリックして選択。

> 💡**ヒント** 休符からはじまる連符の場合は、[ステップ入力休符パレット]で休符を選択しておきます。

> ✋**注意!!** 1つ目の音符(または休符)は、必ず3連符の単位となる長さのものを選択します。

3 1つめの音符を入力する

カーソルを五線の上に移動すると、脇に連符の入力中であることを示す小さな3連符が表示された薄いグレーの音符が表示されるので、通常の手順でクリックして1つ目の音符を入力すると、同時に連符の数字と括弧が表示され、残りの拍が休符で埋められる。

4 残りの音符を入力する

通常の手順で、残りの拍にも音符を入力して3連符を完成させる。

> 💡**ヒント** 残りの音符を入力する際は、自動で挿入された休符に水平位置をあわせて入力するようにします。

> ✋**注意!!** 続けて通常の音符(または休符)を入力したい場合は、[ステップ入力パレット]の連符♫の選択を解除するのを忘れないようにしましょう。

> 💡**ヒント** デフォルトでは、すべての音符が連桁でつながれた連符の場合、すべての音符を入力すると連符の括弧が消え、数字だけになります。

> 💡**ヒント** 小節最後の連符がうまく入力できない場合は、[ステップ入力]メニューから[ステップ入力オプション]を選択し、表示される画面で[余分な拍をチェックする]のチェックをはずすと入力できるようになります。

上記手順で3連符以外の連符が入力されてしまうという場合は、[ステップ入力連符定義]画面を確認します。 ➡ 📖 第2章「複数の連符をすばやく入力する(ステップ入力ツールの場合)」**p.136**

ステップ入力の場合

手順

1 ツールを選択する

［メイン・ツール・パレット］から**ステップ入力ツール**♪を選択。

2 1つ目の音符（または休符）を入力する

通常の手順で1つ目の音符（または休符）を入力する。

> 注意!! 1つ目の音符（または休符）は、必ず3連符の単位となる長さで入力します。

3 3連符に指定する

メインキーボードまたはテンキーの[9]キーをタイプすると、手順2で入力した音符（または休符）に3連符の数字と括弧が表示され、残りの拍が休符で埋められる。

> 注意!! 連符の括弧が表示されない場合は、入力モードが半角英数になっているかどうか、Windows の場合はさらに NumLock キーがオンになっているかどうかを確認します。

4 残りの音符を入力する

通常の手順で、残りの音符（または休符）を入力する。

> ヒント デフォルトでは、すべての音符が連桁でつながれた連符の場合、すべての音符を入力すると連符の括弧が消え、数字だけになります。

> ヒント 小節最後の連符がうまく入力できない場合は、［ステップ入力］メニューから［ステップ入力オプション］を選択し、表示される画面で［余分な拍をチェックする］のチェックをはずすと入力できるようになります。

上記手順で「3連符以外の連符が入力される」という場合は、［ステップ入力連符定義］画面を確認します。➡ 📖 第2章「複数の連符をすばやく入力する（ステップ入力ツールの場合）」p.136

高速ステップの場合

手順

1 ツールを選択する

［メイン・ツール・パレット］から**高速ステップ入力ツール**♪を選択すると、小節が□で囲まれる。

2 3連符に指定する

[Ctrl]（[option]）+[3]キーをタイプすると、□の右上に連符の数字「3」が表示される。

> ヒント メインキーボードとテンキー、どちらの[3]キーでも同様に操作できます。

3 1つ目の音符を入力する

通常の手順で音符（または休符）を入力すると、連符の括弧といっしょに音符（または休符）が入力される。

4 残りの音符を入力する

残りの音符も通常の手順で入力する。

> ヒント 同じ手順で、[2]～[8]キーを使って2～8連符が入力できます。

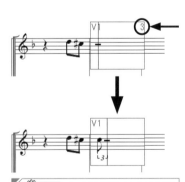

> 注意!! 1つ目の音符（または休符）は、必ず3連符の単位となる長さで入力します。

> ヒント デフォルトでは、すべての音符が連桁でつながれた連符の場合、すべての音符を入力すると連符の括弧が消え、数字だけになります。

3連符以外の連符を入力する

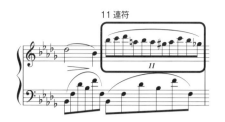

連符には、3連符以外にも5連符や7連符、ときには11連符、23連符なんていう連符も登場します。

また、4分音符＋8分音符の3連符など、連符の単位の長さとは異なる音符（または休符）ではじまる連符もあります。

これらの連符を入力する手順です。

マウス入力、ステップ入力の場合

手 順

1 ツールを選択する

［メイン・ツール・パレット］から**ステップ入力ツール**♪を選択。

2 1つ目の音符（または休符）を入力する

通常の手順で1つ目の音符（または休符）を通常の音符（休符）として入力する。

> **ヒント** この場合は、1つ目の音符（または休符）を3連符の場合のように連符の単位となる長さで入力する必要はありません。

3 ［ステップ入力連符定義］画面を開く

Alt（option）＋9キーをタイプして、［ステップ入力連符定義］画面を開く。

> **ヒント** メインキーボードとテンキー、どちらの9キーでも同様に操作できます。

4 連符を定義する

□に数字を入力して、入力したい連符を定義する。

← 4 連符を定義する

> **ヒント** ［クリックした音価］とは、手順2で入力した音符（または休符）の長さを指します。

> **ヒント** ［クリックした音価］をクリックするとリストが表示され、基準とする音符を選択することができます。

5 画面を閉じる

［OK］をクリックして画面を閉じると、手順2で入力した音符（または休符）に連符の数字と括弧が表示され、残りの拍が休符で埋められる。

6 残りの音符を入力する

残りの音符を通常の手順で入力する。

> **ヒント** デフォルトでは、すべての音符が連桁でつながれた連符の場合、すべての音符を入力すると連符の括弧が消え、数字だけになります。

●第2章　音符と休符

高速ステップ入力の場合

　高速ステップ入力の場合、連符の単位となる長さの音符（または休符）ではじまる2〜8連符であれば、3連符と同じ手順で対応する数字キーをタイプすれば、簡単に入力することができます。

　それ以外、9連符以上の連符や、4分音符＋8分音符の3連符などのように連符の単位の長さとは異なる音符（または休符）ではじまる連符を入力したい場合は、以下の手順で入力してください

【手順】

1　ツールを選択する

　［メイン・ツール・パレット］から**高速ステップ入力ツール**♪ を選択すると、小節が□で囲まれる。

2　［連符定義］画面を開く

　Ctrl（option）＋1キーをタイプして、［連符定義］画面を開く。

> ヒント　メインキーボードとテンキー、どちらの1キーでも同様に操作できます。

3　連符を定義する

　音符名をクリックすると表示されるリストから基準とする音符を選択し□に数字を入力して、入力したい連符を定義する。

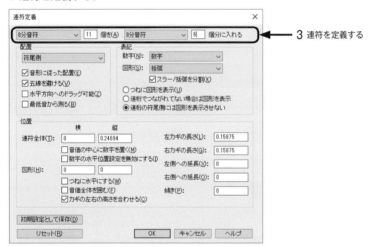

← 3 連符を定義する

4　画面を閉じる

　［OK］をクリックして画面を閉じると、□の右上に連符の数字が表示される。

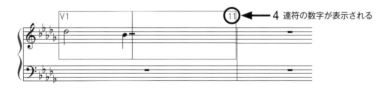

← 4 連符の数字が表示される

5　音符を入力する

　通常の手順で音符を入力すると、指定した連符として入力される。

> ヒント　デフォルトでは、すべての音符が連桁でつながれた連符の場合、すべての音符を入力すると連符の括弧が消え、数字だけになります。

134

入れ子になった連符を入力する

連符の中にさらに連符、という譜例のような入れ子になった連符は、内側の連符から順に入力していくとわかりやすいでしょう。

手 順

1 内側の連符を入力する

一番内側にある連符を通常の手順で入力する。

➡ 📖 第2章「3連符を入力する」p.131、「3連符以外の連符を入力する」p.133

2 ツールを選択する

[メイン・ツール・パレット]から連符ツール  を選択。

3 [連符定義]画面を開く

外側の連符の先頭の音符をダブルクリックし、[連符定義]画面を開く。

3 先頭の音符をダブルクリック

4 外側の連符を定義する

□に数字を入力して、入力したい連符を定義する。

5 画面を閉じる

[OK]をクリックして画面を閉じると、手順1で入力した連符に、さらに手順4で定義した連符の数字と括弧が追加される。

6 連符の数字や括弧の位置を整える

必要に応じて、連符の数字や括弧の位置や傾きなどを調整する。

➡ 📖 第2章「連符の括弧や数字の位置を反転する」p.139、「連符の括弧の位置や傾きを調整する」p.140、「連符の数字や括弧を音符の上に移動する」p.139

💡ヒント 上譜例のように連桁のつなぎ方を工夫すると、複雑な入れ子の連符も判読しやすくなります。

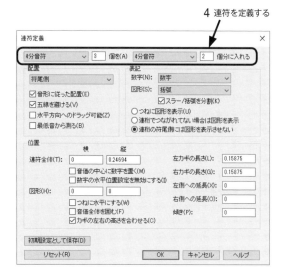

4 連符を定義する

複数の連符をすばやく入力する（ステップ入力ツールの場合）

高速ステップ入力の場合、2〜8連符であればショートカットが用意されているのでスムーズに入力することができます。➡ 📖 第2章「3連符を入力する」p.131

ここで紹介するのは、**ステップ入力ツール**♪を使って、複数の連符をすばやく入力するための手順です。

手順

1 ツールを選択する

［メイン・ツール・パレット］から**ステップ入力ツール**♪を選択。

2 ［ステップ入力連符定義］画面を開く

通常の手順で1つ目の連符の先頭の音符を入力し、Alt（option）＋9キーをタイプして、［ステップ入力連符定義］画面を開く。

3 連符の初期設定を設定する

［クリックした音価］をクリックすると表示されるリストから基準とする音符を選択し□に数字を入力して入力したい連符を定義し、画面左下の［ステップ入力連符の初期設定として保存］をクリックしてチェックをつける。

4 画面を閉じる

［OK］をクリックして画面を閉じる。

5 1つ目の連符を完成する

残りの音符を入力して、1つ目の連符を完成する。

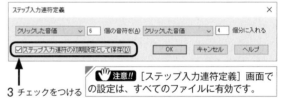

3 チェックをつける

注意!!　［ステップ入力連符定義］画面での設定は、すべてのファイルに有効です。

あとは［ステップ入力パレット］で音符といっしょに**連符**♫を選択しておけば、指定した連符を続けて入力することができます。

あるいは、上の譜例のように連符と通常の音符が交互に登場するようなときは、3連符の入力手順として説明した9キーを使った手順で、指定した連符が入力できるようになります。9キーをタイプすると、上記手順で設定した連符が定義されるようになります。

また、［ステップ入力連符定義］画面で［クリックした音価］ではなく［8分音符］など具体的な長さの音符を選択しておくと、4分音符＋8分音符の3連符などのように、連符の入力を単位の長さとは異なる音符や休符ではじめることができるようになります。

連符の括弧や数字を隠す

同じ連符が続く楽譜では、連符の括弧や数字は最初の連符にだけ表示され、以降の連符では省略されることがよくあります。連符の括弧や数字の表示・非表示は自由に設定できます。

個別に隠す

手 順

1 ツールを選択する

［メイン・ツール・パレット］から**選択ツール**を選択。

2 ［連符定義］画面を開く

隠したい連符の数字（または括弧）を右クリックすると表示されるメニューから、［連符定義の編集］を選択し、［連符定義］画面を開く。

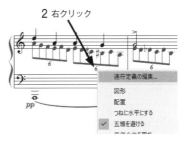

3 括弧や数字を隠す

［表記］欄の［数字］と［括弧］をクリックすると表示されるメニューから、それぞれ［表示しない］を選択する。

4 画面を閉じる

［OK］をクリックして画面を閉じると、選択していた連符の括弧と数字が表示されなくなる。

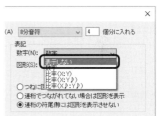

隠した括弧や数字を再度表示する

隠した括弧や数字を再度表示したい場合は、［メイン・ツール・パレット］の**連符ツール**を使います。

手 順

1 ツールを選択する

［メイン・ツール・パレット］から**連符ツール**を選択。

2 ［連符定義］画面を開く

連符の先頭の音符（または休符）をクリックすると連符の中央部分に□が表示されるので、この□をダブルクリックして［連符定義］画面を開く。

> **注意!!** 必ず連符の先頭の音符をクリックします。違う音符や休符をクリックして［連符定義］画面を開くと、あらたな連符が定義されてしまいます。

3 括弧や数字を表示する

［表記］の［数字］、［図形］欄で、それぞれ［数字］または［括弧］を選択する。

4 画面を閉じる

［OK］をクリックして画面を閉じると、数字または括弧が表示される。

まとめて隠す

範囲を指定して、まとめて連符の括弧や数字を隠すこともできます。

手順

1 ツールを選択する

［メイン・ツール・パレット］から**選択ツール**を選択。

2 範囲を選択する

連符の括弧や数字を隠したい範囲を選択する。

3 ［連符の変更］画面を開く

［ユーティリティ］メニューの［変更］から［連符］を選択し、［連符の変更］画面を開く。

4 括弧や数字を隠す

［表記］欄の［(変更なし)］をクリックすると表示されるメニューから、それぞれ［表示しない］を選択する。

5 画面を閉じる

［OK］をクリックして画面を閉じると、選択していた範囲の連符の括弧と数字が表示されなくなる。

入力前に設定しておく

入力前に、括弧や数字の表示方法を設定しておくこともできます。

手順

1 ［ファイル別オプション］画面を開く

Windowsの場合は、［メイン・ツール・パレット］の**連符ツール**を右クリックすると表示される［連符表記の初期設定編集］を選択。

Macの場合は、［メイン・ツール・パレット］の**連符ツール**をダブルクリック。

すると［ファイル別オプション－連符］画面が開く。

> **ヒント** ［書類］メニューの［ファイル別オプション］から開くこともできます。

2 括弧と数字の表示・非表示を設定する

［連符表記の初期設定］欄で、数字と括弧の表記方法を設定する。

> **ヒント** ［数字］または［括弧］を選択すると、数字や括弧が表示され、それぞれの欄で［表示しない］を選択すると、数字や括弧が表示されなくなります。

3 画面を閉じる

［OK］をクリックして画面を閉じると、指定した表記設定が以降に入力する連符に適用される。

> **注意!!** すでに入力してある連符には、上記手順での変更は適用されません。

連符の括弧や数字の位置を反転する

連符の括弧や数字は、入力した音符や休符にあわせて自動で最適な位置に入力されますが、これを手動で反転することもできます。

手順

1 **ツールを選択する**
  [メイン・ツール・パレット] から**選択ツール** を選択。

2 **反転する**
  連符の数字（または括弧）を右クリックすると表示されるメニューから［反転］を選択すると、選択していた連符の数字（または括弧）の位置が反転する。

2 ［反転］

連符の数字や括弧を音符の上に移動する

歌の楽譜などで、歌詞との衝突を避けるために、連符の数字や括弧をすべて音符の上に表示したいことがあります。そういう場合も、［ユーティリティ］メニューを使うと一括で変更することができます。

手順

1 **ツールを選択する**
  [メイン・ツール・パレット] から**選択ツール** を選択。

2 **範囲を選択する**
  連符の数字や括弧を移動したい範囲を選択。

3 **［連符の変更］画面を開く**
  ［ユーティリティ］メニューの［変更］から［連符］を選択し、［連符の変更］画面を開く。

4 **連符の括弧や数字を音符の上に移動する**
  ［配置］欄をクリックすると表示されるメニューから［音符の上］を選択。

5 **画面を閉じる**
  ［OK］をクリックして画面を閉じると、選択した範囲の連符の数字や括弧が音符の上に移動する。

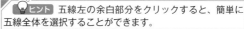

4 ［音符の上］

［ファイル別オプション－連符］画面で、入力前に設定しておくこともできます。
➡ 第2章「連符の括弧や数字を隠す」の「入力前に設定しておく」p.138

連符の括弧の位置や傾きを調整する

連符の括弧の位置や傾きを調整したい場合は、**連符ツール** を使って調整します。

ただし、デフォルトでは括弧の両端を左右にドラッグすることができません。括弧の長さを調整したい場合は、以下の手順で水平方向へのドラッグを可能にしてから調整します。

手順

1 ツールを選択する

［メイン・ツール・パレット］から**選択ツール**を選択。

2 ［連符定義］画面を開く

連符の数字（または括弧）を右クリックすると表示されるメニューから［連符定義の編集］を選択し、［連符定義］画面を開く。

3 水平にドラッグ可能にする

［配置］欄の［水平方向へのドラッグ可能］をクリックしてチェックをつける。

3 チェックをつける

ヒント ［ユーティリティ］メニューの［変更］から［連符］を選択し、［連符の変更］画面でまとめて変更することもできます。

4 画面を閉じる

［OK］をクリックして画面を閉じる。

5 ツールを選択する

［メイン・ツール・パレット］から**連符ツール**を選択。

6 レイヤーを選択する

調整したい連符を入力したレイヤーを選択。

➡ 第2章「複声部の入力」p.145

7 連符を選択する

調整したい連符の先頭の音符（または休符）をクリック。

注意!! 必ず連符の先頭の音符をクリックします。違う音符や休符をクリックすると［連符定義］画面が開き、あらたな連符が定義されてしまいます。

8 位置や傾きを調整する

連符の括弧や数字に表示される□や◇を選択し、ドラッグ、または矢印キーをタイプして調整する。

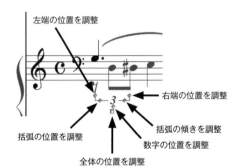

ヒント 両端の◇は、Shiftキーを押しながら左右にドラッグすると、カギの長さを変えずに、両端の水平位置だけを調整することができます。

連符の傾きがうまく調整できない場合は、連符の真ん中に表示されている□をダブルクリックすると開く［連符定義］画面で、［配置］欄の［五線を避ける］をクリックしてチェックをはずします。

この［五線を避ける］の設定も［連符の変更］画面や［ファイル別オプション］画面で一括して変更することができますが、思わぬ配置になってしまうことがあるので、通常は個別に変更するほうがよいでしょう。

7 | 装飾音符

装飾音符を入力する

　通常の音符よりも小さいサイズで記譜され、装飾的な細かい音型を表示するための装飾音符を入力します。

　複数の旗つきの装飾音符を続けて入力した場合、通常の音符と同様に自由につなげたり切り離したりすることができます。

➡ 📖 第3章「個別に連桁でつなぐ（連桁を切り離す）」p.182

マウス入力の場合

手順

1 ツールを選択する

　［メイン・ツール・パレット］から**ステップ入力ツール**♪を選択。

2 音符と装飾音符♪を選択する

　［ステップ入力パレット］から音符と**装飾音符**♪をクリックして選択。

3 クリックして入力する

　カーソルを五線の上に移動すると、脇に装飾音符が小さく表示された薄いグレーの音符が表示されるので、入力したい位置にあわせてクリックする。

　装飾音符が入力され、同時に入力した高さの音が鳴る。

> 💡**ヒント** 続けて通常の音符を入力すると、装飾音符が正しい位置に表示されるようになります。

4 スラッシュをつける

　そのまま手順3で入力した装飾音符の符頭をクリックすると、装飾音符にスラッシュが追加される。

> 💡**ヒント** 符頭をクリックするごとに、スラッシュなしの装飾音符→スラッシュつきの装飾音符→通常の音符の順に変わります。

> ⚠**注意!!** 小節内がすでに規定の拍数で埋められている場合は警告音が鳴り、通常の音符に戻すことができません。戻したい場合は、余分な音符（または休符）を削除してからおこなってください。

> ⚠**注意!!** 4分音符などの旗のつかない音符や、連桁でつながれた音符には、スラッシュを追加することはできません。

➡ 📖 第2章「すべての装飾音符にスラッシュをつける」p.143

ステップ入力の場合

手 順

1 通常の音符として入力する

通常の手順で、通常の音符として入力しておく。

2 装飾音符に変換する

[Alt]（[option]）+[G]キーをタイプするごとに、スラッシュなしの装飾音符→スラッシュつきの装飾音符→通常の音符の順に変わる。

➡ 📖 第2章「すべての装飾音符にスラッシュをつける」p.143

> **注意!!** 4分音符などの旗のつかない音符や、連桁でつながれた音符の場合、スラッシュつきの装飾音符には変換できません。

> **注意!!** 小節内がすでに規定の拍数で埋められている場合は警告音が鳴り、通常の音符に戻すことができません。戻したい場合は、余分な音符（または休符）を削除してからおこなってください。

> **ヒント** 続けて通常の音符を入力すると、装飾音符が正しい位置に表示されるようになります。

高速ステップ入力の場合

手 順

1 通常の音符として入力する

通常の手順で、通常の音符として入力しておく。

2 装飾音符に変換する

[G]キーをタイプするごとに、スラッシュなしの装飾音符→スラッシュつきの装飾音符→通常の音符の順に変わる。

➡ 📖 第2章「すべての装飾音符にスラッシュをつける」p.143

> **注意!!** 4分音符などの旗のつかない音符や、連桁でつながれた音符の場合、スラッシュつきの装飾音符には変換できません。

> **注意!!** 小節内がすでに規定の拍数で埋められている場合は、警告音が鳴り、通常の音符に戻すことができません。戻したい場合は、余分な音符（または休符）を削除してからおこなってください。

> **ヒント** 続けて通常の音符を入力すると、装飾音符が正しい位置に表示されるようになります。

小節の最後に装飾音符を入力する

装飾音符を小節の最後に入力したい場合は、マウス入力がオススメです。通常の手順でクリックするだけで、簡単に入力することができます。

➡  第2章「装飾音符を入力する」p.141

すべての装飾音符にスラッシュをつける

スラッシュつきの装飾音符だけが登場する楽譜では、［ファイル別オプション］画面で設定しておくと便利です。

注意!! 4分音符などの旗のつかない装飾音符や、連桁でつながれた装飾音符には、スラッシュはつきません。

手順

1 ［ファイル別オプション］画面を開く

［書類］メニューから［ファイル別オプション］を選択して［ファイル別オプション］画面を開き、左のリストから［装飾音符］をクリックして選択。

2 つねにスラッシュをつける

［つねに旗付き装飾音符にスラッシュを付ける］をクリックしてチェックをつける。

2 チェックをつける

3 画面を閉じる

［OK］をクリックして画面を閉じると、すべての旗つき装飾音符にスラッシュが追加される。

ヒント 以降に入力する装飾音符にも、すべてスラッシュがつきます。

●第2章　音符と休符

装飾音符のサイズを変更する

　デフォルトでは、装飾音符のサイズは通常の音符の75％に設定されています。これは［ファイル別オプション］画面で自由に変更できます。

手 順

1 ［ファイル別オプション］画面を開く

　［書類］メニューから［ファイル別オプション］を選択して［ファイル別オプション］画面を開き、左のリストから［装飾音符］をクリックして選択。

2 サイズを設定する

　［装飾音符のサイズ］欄右の□に数値を入力する。

> ヒント　装飾音符のサイズは、通常の音符に対するパーセンテージで設定されます。

3 画面を閉じる

　［OK］をクリックして画面を閉じると、すべての装飾音符が指定したサイズになる。

> ヒント　以降に入力する装飾音符もすべて、指定したサイズで入力されます。

8 複声部

複声部の入力

1つの五線に複数の声部を入力するには、Finale の「レイヤー」を使用します。レイヤーは1～4まであります。

Windowsの場合

画面左下の「1」～「4」のボタンで選択します。

Macの場合

画面左下の[レイヤー1]をクリックするとリストが表示され、レイヤーを選択できるようになります。

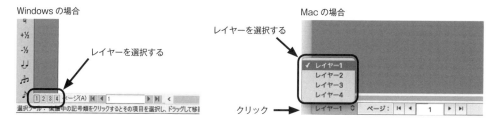

レイヤーを選択したあとの音符などの入力手順は、どのレイヤーでも同じです。

入力された音符や休符は、[レイヤー1]は黒、[レイヤー2]は赤、[レイヤー3]は緑、[レイヤー4]は青、というふうに色分け表示されます。

また、複数のレイヤーを使って入力した場合、[レイヤー1]の音符の符尾は上向きに、[レイヤー2]の音符の符尾は下向きに、また休符は五線の上下に分かれて入力されるよう、自動で調整されます。これは、[ファイル別オプション]画面の[レイヤー]で設定されています。

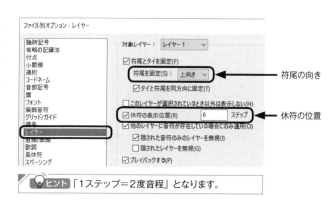

ヒント 「1ステップ＝2度音程」となります。

● 第2章　音符と休符

小節の一部だけで声部を分ける（休符を隠す）

小節の一部だけで声部を分けたい場合は、空欄にしたい拍を休符で埋めたあと、必要のない休符を隠します。

手　順

1 休符を入力する

空欄にしたい拍に休符を入力する。

> 💡ヒント　マウス入力、ステップ入力、高速ステップ入力、どの入力手順でも同じです（図はステップ入力の場合）。

2 休符を隠す

[H]（高速ステップ入力の場合は[H]または[O]）キーをタイプすると、直前に入力した休符が消える。

2 休符が消える

> 💡ヒント　同じ手順で音符を隠すこともできます。

> 💡ヒント　隠した休符は、［表示］メニューの［表示する項目］の［隠された音符／休符］にチェックをつけると薄いグレーで表示され、選択・編集できるようになります。

ただし、複数の声部を使った入力では、それぞれの声部の符尾が上、または下に固定され、休符の位置も上下に分けて入力されるように設定されています。そのため、小節の一部だけで声部を分けて入力したい場合は、上記手順で必要のない休符を隠したあと、必要に応じて符尾の向きや休符の位置を調整して見た目を整える必要があります。

➡ 📖 第3章「音符（休符）の高さを修正する」p.160、「符尾の向きを反転する」p.176、「複数のレイヤーの同位置の休符を1つにまとめる」p.161

休符の垂直位置

符尾の向き

　また、休符は、あとからでも隠すこともできます。
　隠したい休符を入力したレイヤーを選択し、マウス入力、ステップ入力の場合は[Ctrl]（[option]）キー＋クリックで休符を選択、高速ステップ入力では目的の休符が入力されている小節をクリックし、[→]または[←]キーで縦棒を休符にあわせたあと、[H]（高速ステップ入力の場合は[H]または[O]）キーをタイプします。これでOKです。

> 💡ヒント　[H]（高速ステップ入力の場合は[H]または[O]）キーをタイプするごとに表示、非表示が切り替わります。

小節の途中から声部を分ける
(ステップ入力の場合)

ここから声部が分かれている

ステップ入力では、位置を指定するだけで、簡単に小節の途中から声部を分けて入力することができます。

手 順

1 一方のレイヤーに入力する
すべての拍を音符や休符で埋めたいレイヤーを選択し、通常の手順で音符や休符を入力しておく。

2 声部を分けたい位置を指定する
［メイン・ツール・パレット］から**ステップ入力ツール** ♪ を選択し、Ctrl （option）＋クリックで、声部を分けたい位置に入力した音符（または休符）を選択。

2 音符（または休符）を選択

3 レイヤーを選択する。
次に小節の途中から音符（または休符）を追加したいレイヤーを選択すると、手順2で指定した位置にステップ入力カーソルが表示される。

3 ステップ入力カーソルが表示される

4 音符（または休符）を入力する
通常の手順で、音符（または休符）を入力する。

これで、小節の途中から声部を分けて入力することができます。
　［表示］メニューの［表示する項目］の中の［隠された音符／休符］にチェックをつけると、小節の前半部分が自動的に休符で埋められていることが確認できます。
　必要に応じて、音符の棒の向きや休符の位置を調整します。

➡ 📖 第3章「音符（休符）の高さを修正する」p.160、「符尾の向きを反転する」p.176

●第2章　音符と休符

4分の2拍子などの楽譜に全休符を入力する

（4分の2拍子）

　複声部を使った入力では、一方の声部が1小節まるまる休みの場合、あらためて全休符を入力することがあります。ところが、デフォルトでは拍子記号より長い音符や休符が入力されないように設定されているため、4分の3拍子や4分の2拍子など、1小節の長さが4分音符4つ分より短い場合、この全休符を入力するためには、ひと手間、必要になります。

　ステップ入力ツール♪ の場合は、マウス入力で入力します。ステップ入力では、拍子記号より長い音符や休符を入力することはできません。

ステップ入力ツール♪の場合
【手　順】

1 ツールを選択する
　［メイン・ツール・パレット］から**ステップ入力ツール♪** を選択。

2 拍子記号より長い休符の入力を可能にする
　［ステップ入力］メニューから［ステップ入力オプション］を選択して［ステップ入力オプション］画面を開き、［余分な拍をチェックする］をクリックしてチェックをはずす。

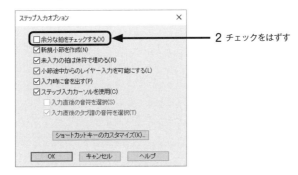
2 チェックをはずす

　［OK］をクリックして画面を閉じる。

3 レイヤーを選択する
　入力したいレイヤーを選択。➡ 📖第2章「複声部の入力」**p.145**

4 全休符を入力する
　［ステップ入力休符パレット］から全休符■をクリックして選択し、入力位置をクリックして入力する。

> 💡**ヒント**　［ステップ入力休符パレット］は、［ウィンドウ］メニューの［ステップ入力休符パレット］を選択してチェックをつけると開きます。

> ✋**注意!!**　入力したあとは、再度［ステップ入力オプション］画面を開いて、［余分な拍をチェックする］をクリックしてチェックをつけておきましょう。

高速ステップ入力ツール ♪ の場合

手　順

1 ツールを選択する

［メイン・ツール・パレット］から**高速ステップ入力ツール ♪** を選択。

2 レイヤーを選択する

入力したいレイヤーを選択。➡ 📖 第2章「複声部の入力」p.145

3 全音符を入力する

通常の手順で全音符を入力する。

4 余分な拍の処理方法を選択する

規定の拍数を越えていることを促す警告画面が表示されるので、［そのまま放置する］をクリックして選択し、［OK］をクリックして画面を閉じる。

5 全休符に変換する

BackSpace （clear）または R キーをタイプすると、直前に入力した全音符が全休符に変換される。

4分の6拍子などの場合

逆に、4分の6拍子など、1小節の長さが4分音符4つ分より長い拍子の場合は、未入力の拍を休符で埋めるオプションをオフにすると、全休符を小節の中央に入力できるようになります。

ステップ入力ツール ♪ の場合

手　順

1 ツールを選択する

［メイン・ツール・パレット］から**ステップ入力ツール ♪** を選択。

2「未入力の拍を休符で埋める」オプションをオフにする

［ステップ入力］メニューから［ステップ入力オプション］を選択して［ステップ入力オプション］画面を開き、［未入力の拍は休符で埋める］をクリックしてチェックをはずす。

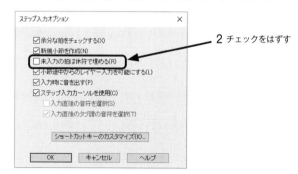

［OK］をクリックして画面を閉じる。

高速ステップ入力ツール♪の場合

手　順

1 ツールを選択する
［メイン・ツール・パレット］から**高速ステップ入力ツール♪**を選択。

2 「未入力の拍を休符で埋める」オプションをオフにする
［高速ステップ］メニューから［高速ステップ入力オプション］を選択して［高速ステップ入力オプション］画面を開き、［編集枠から抜けるときに休符で埋める］をクリックしてチェックをはずし、［OK］をクリックして画面を閉じる。

2 チェックをはずす

複声部の付点を上下に分ける

複声部を使って入力する場合、どちらの声部の付点かをはっきりするために、付点を上下に分けて入力することがあります。

これは、［ファイル別オプション］画面の［付点］で設定します。［複声部での付点の位置調整］にチェックをつけておくと、複声部を使って入力した場合に、付点の位置が調整されます。

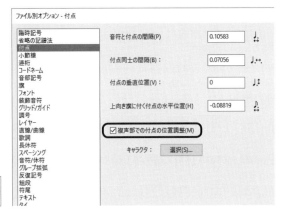

> **ヒント** デフォルトでは［複声部での付点の位置調整］にチェックがついています。

この［複声部での付点の位置調整］のチェックをはずすと、複声部を使った場合も付点の位置は調整されず、単一声部の場合と同じ位置に付点が入力されます。

チェックをつけた状態

チェックをはずした状態

第3章
音符と休符の編集

●第3章　音符と休符の編集

1 削除

個別に削除する

間違えて入力した音符や休符は、削除してしまいましょう。

▶ 手　順

1 ツールを選択する

［メイン・ツール・パレット］から**ステップ入力ツール**♪または**高速ステップ入力ツール**♪を選択。

2 レイヤーを選択する

削除したい音符（または休符）を入力したレイヤーを選択する。

➡ 📖 第2章「複声部の入力」p.145

3 音符（または休符）を選択する

マウス入力・ステップ入力の場合

[Ctrl]（[option]）キーを押しながらクリックして音符（または休符）を選択。

💡ヒント　和音内の1音だけを選択したいときは目的の符頭を、すべての音を選択したいときは符尾をクリックします。

高速ステップ入力の場合

目的の音符が入力されている小節をクリックし、→または←キーで縦棒を音符にあわせる。

💡ヒント　和音の中の1音だけを削除したい場合は、さらに横棒を目的の符頭にあわせます。

💡ヒント　和音の場合、横棒をどの符頭にもあわせずに削除すると、和音の音がすべて削除されます。

4 削除する

[Delete]（[delete]）キーをタイプすると、選択していた音符（または休符）が削除され、同じ小節内の以降の音符や休符が左詰めされる。

⚠️注意!!　削除する音符や休符に付随する記号や文字なども同時に削除されます。

まとめて削除する

まとめて削除する場合は、個別に削除する場合と使用するキーが異なるので注意しましょう。

手順

1 ツールを選択する

［メイン・ツール・パレット］の**選択ツール**　を選択。

2 範囲を選択する

音符や休符を削除したい範囲を選択する。

3 削除する

BackSpace（clear）キーをタイプすると、選択した範囲に入力されている内容が削除され、休符に置き換えられる。

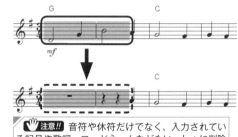

注意!! 音符や休符だけでなく、入力されている記号や歌詞、コードネームなどもいっしょに削除されます。

Mac で clear キーのないキーボードをお使いの場合

最近の Mac では、clear キーのないキーボードが標準になっているものが多いようです。その場合は、以下の手順を参照してください。

一部のパートだけで範囲を選択している場合

clear キーの代わりに delete キーを使用することができます。範囲を選択して delete キーをタイプすると、選択している範囲の内容だけが削除されます。

ただし、もともと五線が1つしかない楽譜の場合は、この手順では小節ごと削除されてしまうことがあります。次の「すべてのパートに渡って範囲を選択している場合」の項を参照してください。

すべてのパートに渡って範囲を選択している場合

この場合、delete キーをタイプすると、選択している範囲が小節ごと削除されてしまいます。

内容だけを削除したい場合は、範囲を選択したあと右クリックすると表示されるメニューから、［すべての項目を消去］を選択します。すると、選択範囲の内容だけが削除され、休符に置き換えられます。

→ 第3章「項目を指定して削除する」p.155

●第3章　音符と休符の編集

特定のレイヤーでのみ削除する

特定のレイヤーの音符や休符だけをまとめて削除することもできます。

手順

1 レイヤーを選択する

削除したいレイヤーを選択する。

➡ 📖 第2章「複声部の入力」p.145

2 選択したレイヤーだけを表示する

［書類］メニューから［編集中のレイヤーのみ表示］を選択してチェックをつけると、手順1で選択したレイヤーだけが表示される。

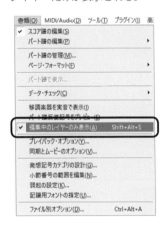

2 選択しているレイヤーの内容だけが表示される

3 ツールを選択する

［メイン・ツール・パレット］の**選択ツール** を選択。

4 範囲を選択する

音符や休符を削除したい範囲を選択する。

5 削除する

BackSpace （clear）キーをタイプすると、選択した範囲に入力されている内容が削除され、休符に置き換えられる。

➡ 📖 第3章「まとめて削除する」p.153

6 すべてのレイヤーを表示する

もう一度［書類］メニューから［編集中のレイヤーのみ表示］を選択してチェックをはずすと、すべてのレイヤーが表示され、選択していたレイヤーの内容だけが削除されていることが確認できる。

6 選択していたレイヤーの内容だけ削除される

項目を指定して削除する

項目を指定して削除することもできます。➡ 第3章「まとめて削除する」p.153

手 順

1 ツールを選択する

［メイン・ツール・パレット］の**選択ツール**を選択。

2 範囲を選択する

削除したい項目のある範囲を選択する。

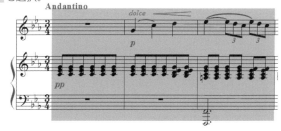

3 ［選択された項目を消去］画面を開く

［編集］メニューの［選択した項目のみ消去］を選択して［選択された項目を消去］画面を開く。

4 削除する項目を指定する

［すべてを解除］をクリックして一度すべてのチェックをはずしたあと、削除したい項目をクリックしてチェックをつける。

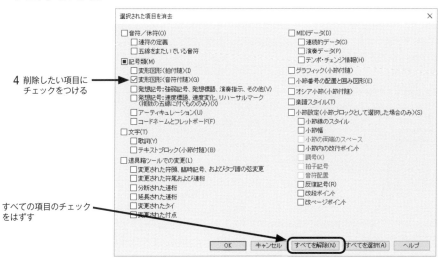

4 削除したい項目にチェックをつける

すべての項目のチェックをはずす

5 削除する

［OK］をクリックして画面を閉じると、選択した範囲の指定した項目だけが削除される。

音符付随の変形図形（ここではスラー）だけが削除された

デフォルトの全休符を削除する

新規ファイルを作成したときに、はじめから表示されている全休符は「デフォルトの全休符」といい、あとから入力した全休符とは区別します。

このデフォルトの全休符を削除する手順は通常の休符の場合と異なります。

五線単位でデフォルトの全休符を削除する

五線単位でデフォルトの全休符を削除したい場合は、[五線の属性]画面で設定します。

手順

1 ツールを選択する

[メイン・ツール・パレット]から**五線ツール**を選択。

2 [五線の属性]画面を開く

[五線]メニューから[五線の属性]を選択し、[五線の属性]画面を開く。

3 五線を選択する

[対象]欄をクリックすると表示されるリストから、デフォルトの全休符を削除したい五線を選択。

4 デフォルトの全休符を削除する

[オプション]欄の[未入力の小節には全休符を表示する]をクリックしてチェックをはずす。

> **ヒント** 手順3～4を繰り返して、デフォルトの全休符を隠したい五線すべてで、同様に設定します。

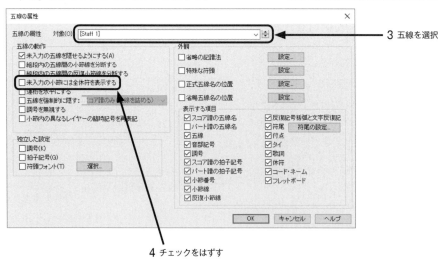

5 画面を閉じる

[OK]をクリックして画面を閉じると、設定した五線ではデフォルトの全休符が表示されなくなる。

特定の小節だけでデフォルトの全休符を隠す

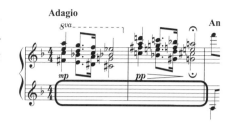

五線全体ではなく、特定の小節だけでデフォルトの全休符を表示したくない場合は、楽譜スタイルを利用します。

手順

1 ツールを選択する

［メイン・ツール・パレット］から**五線ツール**を選択。

2 小節を選択する

デフォルトの全休符を表示したくない小節を選択。

3 デフォルトの全休符を削除する

右クリックすると表示されるリストから、［空白の小節：レイヤー 1］（または［空白の小節：レイヤー 4］、［空白の小節：すべてのレイヤー］）のいずれかを選択すると、選択していた小節のデフォルトの全休符が表示されなくなる。

デフォルトの全休符が消える

> **ヒント** 再度デフォルトの全休符を表示する場合は、右クリックすると表示されるリストから、［楽譜スタイルの解除］の［スコア譜とパート譜］を選択します。

2 | 挿入

音符（休符）を挿入する

音符や休符は、あとから自由に挿入することができます。

ただしデフォルトでは、設定している拍子記号より長い音符や休符を入力することができません。そのため音符を挿入する際は、余分な音符（または休符）を削除してから挿入するようにします。

→ 第3章「1｜削除」p.152

ステップ入力ツールの場合

[手 順]

ステップ入力ツール ♪ の場合は、［ステップ入力パレット］または［ステップ入力休符パレット］から挿入したい音符（または休符）を選択したあと、挿入位置をクリックすればOKです。

> 注意!! ステップ入力カーソルを使って音符や休符を挿入することはできません。

このとき、既存の音符に重ならない位置でクリックします。

クリックして挿入

> 注意!! 既存の音符に重なる位置でクリックすると、既存の音符の音価が変更されたり、和音として挿入されてしまいます。

高速ステップ入力ツールの場合

[手 順]

1 ツールを選択する

［メイン・ツール・パレット］から**高速ステップ入力ツール** ♪ を選択する。

2 挿入位置を指定する

→または←をタイプして、縦棒を挿入位置のすぐ後ろの音符（または休符）にあわせる。

3 高さを指定する

音符の場合は、↑または↓キーをタイプして、横棒を入力したい高さに移動する。

またはMIDIキーボードで挿入したい高さの鍵盤を押さえる。

4 長さを指定して挿入する

Shiftキーを押しながら、メインキーボードで入力したい音符に対応した数字キーをタイプすると、指定した長さの音符が縦棒の直前に挿入される。

> ⚠注意!! Windowsの場合は、必ずメインキーボードで操作します。

> 💡ヒント Macの場合は、テンキーでも同様に挿入することができます。

休符の場合

←をタイプして縦棒を挿入した音符にあわせ、BackSpace（clear）またはRキーをタイプして休符に変換する。

音符（休符）をまとめて挿入する

既存の音符（休符）をまとめて、指定した五線の指定した位置に挿入することができます。

手 順

1 ツールを選択する

［メイン・ツール・パレット］から**選択ツール**▶を選択。

2 挿入したい音符（休符）を選択する

挿入したい音符（休符）を選択。

3 コピーする

［編集］メニューから［コピー］を選択し、選択した音符（休符）をコピーしておく。

4 挿入先を指定する

挿入位置のすぐ後ろの小節をクリックして選択。
または、ドラッグすると表示される枠で囲むようにして、挿入位置のすぐ後ろの音符（休符）を選択。

5 挿入する

［編集］メニューから［挿入］を選択すると、手順4で指定した小節（音符）の直前に、手順2でコピーした音符（休符）が挿入される。

> 💡ヒント 手順2で［編集］メニューの［カット］を使ってコピーすると、選択した音符（休符）を指定した位置に移動することができます。

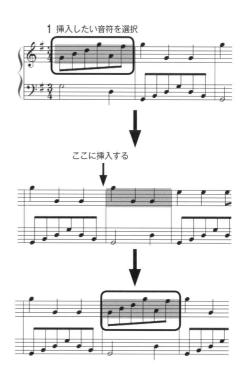

● 第3章　音符と休符の編集

3 | 高さ

音符（休符）の高さを修正する

音符や休符の高さはあとから自由に修正できます。

ステップ入力ツール♪の場合

手順

1 ツールを選択する

［メイン・ツール・パレット］から**ステップ入力ツール♪**を選択。

2 レイヤーを選択する

修正したい音符（または休符）を入力したレイヤーを選択する。

➡ 📖 第2章「複声部の入力」p.145

3 音符（または休符）を選択する

Ctrl（option）キーを押しながらクリックして音符（または休符）を選択。

4 高さを修正する

↑または↓キーをタイプして、高さ（休符の場合は垂直位置）を修正する。

音符の場合は、英語の音名をタイプして修正することもできる。

2 音符（または休符）を選択

💡ヒント　Shiftキーを押しながら矢印キーをタイプすると、1オクターヴ単位で移動できます。

💡ヒント　ドから順に「C（ド）、D（レ）、E（ミ）、F（ファ）、G（ソ）、A（ラ）、B（シ）」となります。

高速ステップ入力ツール♪の場合

手順

1 ツールを選択する

［メイン・ツール・パレット］から**高速ステップ入力ツール♪**を選択。

2 レイヤーを選択する

修正したい音符（または休符）を入力したレイヤーを選択する。

➡ 📖 第2章「複声部の入力」p.145

3 音符（または休符）をドラッグする

小節をクリックして□（編集枠）が表示されたら、Shiftキーを押しながら音符（または休符）を上下にドラッグして高さを修正する。

💡ヒント　音符の場合は、符頭をドラッグします。

⚠注意!!　Shiftキーを押さずにドラッグすると、左右にも移動してしまいます。必ずShiftキーを押しながらドラッグするようにします。

複数のレイヤーの同位置の休符を1つにまとめる

複数のレイヤーを使ったフレーズで同位置にある休符を1つにまとめることができます。

楽譜全体でまとめる

楽譜全体で同位置にある休符をすべて1つにまとめたい場合は、[ファイル別オプション]画面で設定します。

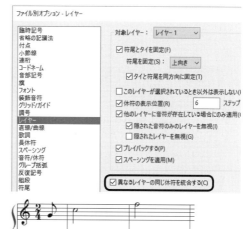

手順

1 [ファイル別オプション]画面を開く

[書類]メニューから[ファイル別オプション]を選択して[ファイル別オプション]画面を開き、左のリストから[レイヤー]をクリックして選択。

2 同位置の休符をまとめる

[異なるレイヤーの同じ休符を統合する]をクリックしてチェックをつける。

3 画面を閉じる

[OK]をクリックして画面を閉じると、同位置にある休符がすべて1つにまとめられる。

個別にまとめる

個別にまとめたい場合は、一方のレイヤーに入力した休符を隠し、残りのレイヤーの休符の高さを修正します。

休符を五線の中央（デフォルトの位置）に戻すには、**高速ステップ入力ツール** ♪ が便利です。ドラッグする代わりに、縦棒を休符にあわせ、テンキーの [*] キーをタイプするだけ。[*] キーをタイプするごとに、五線中央→［ファイル別オプション］画面の［レイヤー］で設定された位置、と交互に移動します。

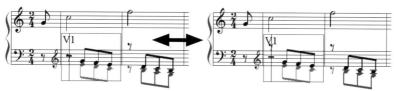

> 💡**ヒント** テンキーのついていないノートパソコンなどをお使いの場合は、[高速ステップ]メニューの[高速編集コマンド]から[休符のロック／解除]を選択すると、同様に操作できます。

> ⚠**注意!!** メインキーボードの [*] キーでは操作することができません。

→ 📘 第2章「小節の一部だけで声部を分ける（休符を隠す）」p.146、第3章「音符（休符）の高さを修正する」p.160

まとめて音符の高さを修正する

［ユーティリティ］メニューを使うと、複数の音符をまとめて移動することができます。

> **注意!!** この手順では、音符が移動するだけで、移調される（調号が変わる）わけではありません。

➡ 📖 第3章「移調する」p.164

手順

1 ツールを選択する

［メイン・ツール・パレット］の**選択ツール**を選択。

2 範囲を選択する

音符を修正したい範囲を選択しておく。

> **ヒント** 音符単位で範囲を選択しておくこともできます。

3 ［移調］画面を開く

［ユーティリティ］メニューの［移調］を選択し、［移調］画面を開く。

4 移動方向と幅を指定する

［移調方法］欄で移動方向を選択し、［音程］欄で移動幅を指定する。

［元の音を残す］をクリックしてチェックをはずしておく。

➡ 📖 第2章「連続した同じ音程の和音をすばやく入力する」p.129

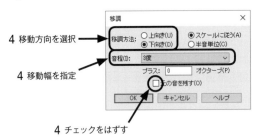

> **ヒント** ［半音単位］を選択すると、さらに細かく音程を指定することができます。

> **ヒント** ［プラス□オクターブ］欄の□に数値を入力し、1オクターヴ以上の音程を指定することもできます。

5 画面を閉じる

［OK］をクリックして画面を閉じると、選択していた音符が指定した分だけ移動する。

まとめて休符の高さを修正する

プラグインを利用すると、休符の垂直位置をまとめて修正することができます。

手 順

1 ツールを選択する

［メイン・ツール・パレット］の**選択ツール**　を選択。

2 範囲を選択する

修正したい範囲を選択しておく。

> **ヒント** 音符単位で範囲を選択しておくこともできます。

3 ［休符の移動］画面を開く

［プラグイン］メニューの［音符関連］から［休符の移動］を選択し、［休符の移動］画面を開く。

4 レイヤーを選択する

［レイヤー指定］欄右をクリックすると表示されるリストから、休符を移動したいレイヤーを選択する。

➡ 第2章「複声部の入力」p.145

5 移動幅を指定する

［休符の移動］をクリックして選択し、□に数値を入力して移動幅を指定する。

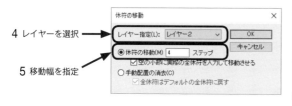

4 レイヤーを選択
5 移動幅を指定

> **ヒント** 1ステップ＝五線間の1/2となるため、ここに偶数を入力すると、五線に重ならないちょうどよい位置に移動することができます。

> **ヒント** プラスの値を入力すると上に、マイナスの値を入力すると下に移動します。

> **ヒント** ［手動配置の消去］を選択すると、休符の高さがデフォルトに戻ります。

6 画面を閉じる

［OK］をクリックして画面を閉じると、選択していた範囲の休符が、指定した幅だけ移動する。

● 第3章　音符と休符の編集

移調する

調号ごと楽譜を移調したい場合は、新しい調号を入力しなおします。

➡ 📖 第3章「まとめて音符の高さを修正する」p.162

手 順

1 ツールを選択する

［メイン・ツール・パレット］から**調号ツール**を選択。

2 ［調号］画面を開く

移調したい先頭小節をダブルクリックして、［調号］画面を開く。

3 調を選択する

［メジャー（長調）］または［マイナー（短調）］を選択し、［▲］または［▼］をクリックして調号を設定する。

> 💡ヒント　［▲］をクリックすると♯が1つ増え（または♭が1つ減り）、［▼］をクリックすると、♭が1つ増え（または♯が1つ減り）ます。

4 範囲を指定する

［変更する小節範囲］欄で、移調する小節範囲を指定する。

> 💡ヒント　各項の左側の□には、手順2でダブルクリックした小節番号が表示されます。

5 移動方向を選択する

［移調の設定］欄で［既存の音符を移調］をクリックして選択し、音符の移動方向を［上向き］または［下向き］から選択する。

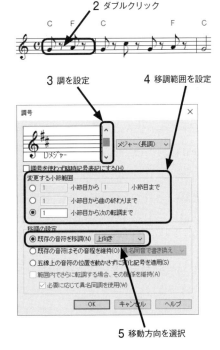

6 範囲内の転調箇所の移調指示

指定した範囲内で転調している場合は、［範囲内で転調する場合、その関係を維持］欄がアクティブになるので、クリックして選択する。

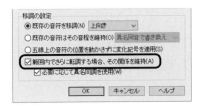

> 💡ヒント　ここにチェックをつけておくと、もとの調関係を維持したまま、全体を移調することができます。

7 画面を閉じる

［OK］をクリックして画面を閉じると、選択していた範囲が、指定した調に移調される。

異名同音に変更する

MIDIキーボードを使った入力などでは、希望とは異なる臨時記号入力されてしまうことがあります。その場合は、以下の手順で簡単に異名同音に変更することができます。

手 順

1 ツールを選択する

[メイン・ツール・パレット] から**ステップ入力ツール**♪または**高速ステップ入力ツール**♪を選択。

2 レイヤーを選択する

異名同音に変更したい音符を入力したレイヤーを選択する。

➡ 第2章「複声部の入力」p.145

3 音符を選択する

ステップ入力ツール♪の場合

[Ctrl]（[option]）キーを押しながらクリックして音符を選択。

3 音符を選択

高速ステップ入力ツール♪の場合

目的の音符が入力されている小節をクリックし、→または←キーで縦棒を音符にあわせ、↑または↓キーで横棒を符頭にあわせる。

4 異名同音に変更する

ステップ入力ツール♪の場合は[¥]キーを、**高速ステップ入力ツール**♪の場合はメインキーボードまたはテンキーの[9]キーをタイプすると、選択していた音符が異名同音に置き換えられる。

> 💡ヒント [ステップ入力] メニューの [ステップ入力編集コマンド] → [音符の編集] から [異名同音に変換する] を選択しても同様に操作できます。

> 💡ヒント [高速ステップ入力] メニューの [高速編集コマンド] から [異名同音に変換する] を選択しても同様に操作できます。

● 第3章　音符と休符の編集

4 長さ

音符（休符）の長さを修正する

デフォルトでは、設定している拍子記号より長い音符や休符を入力することができません。そのため、より長い音符（または休符）に修正したい場合は、余分な音符（または休符）を削除してから修正するようにします。

手順

1 ツールを選択する

［メイン・ツール・パレット］から**ステップ入力ツール** ♪（または**高速ステップ入力ツール** ♪）を選択。

2 レイヤーを選択する

修正したい音符（または休符）を入力したレイヤーを選択する。➡ 📖 第2章「複声部の入力」p.145

3 余分な音符（または休符）を削除しておく

より長い音符（または休符）に修正したい場合は、余分な音符（または休符）を削除しておく。

➡ 📖 第3章「1｜削除」p.152

4 長さを修正する

マウス入力、ステップ入力の場合

［ステップ入力パレット］から正しい長さの音符（休符の場合は［ステップ入力休符パレット］から正しい長さの休符）をクリックして選択。

> 💡 ヒント ［ステップ入力休符パレット］は、［ウィンドウ］メニューの［ステップ入力休符パレット］にチェックをつけると開きます。

カーソルを修正したい音符（または休符）にあわせてクリックすると、選択した音符（または休符）に置き換えられる。

高速ステップ入力の場合

目的の音符（または休符）が入力されている小節をクリックし、→または←キーで縦棒を音符（または休符）にあわせる。正しい長さに対応した数字キーをタイプすると、選択していた音符（または休符）の長さが修正される。

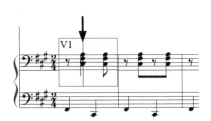

4 修正したい音符にあわせてクリック

まとめて音符（休符）の長さを修正する

［ユーティリティ］メニューを使うと、まとめて長さを修正することもできます。たとえば4分の4拍子で入力した楽譜を、あとから4分の2拍子に変更したい場合などに有効です。

手 順

1 ツールを選択する

［メイン・ツール・パレット］の**選択ツール**を選択。

2 範囲を選択する

範囲を選択しておく。

3 ［音価の変更］画面を開く

［ユーティリティ］メニューの［変更］から［音価］を選択し、［音価の変更］画面を開く。

4 変更する割合を指定する

［すべての音符を一括して変更する］を選択し、［100％］をクリックすると表示されるリストから、変更する割合を選択する。

> **ヒント** ［選択した音符のみ変更］を選択すると、変更する音価と変更後の音価を指定することができます。

5 ［小節の区切り直し］の有無

音価の変更といっしょに、拍子記号にあわせて小節を区切りなおしたい場合は［小節の区切り直し］をクリックしてチェックをつけ、区切りなおさない場合はチェックをはずす。

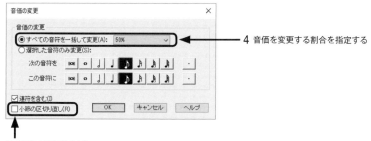

4 音価を変更する割合を指定する

5 ［小節の区切り直し］

6 画面を閉じる

［OK］をクリックして画面を閉じると、設定した割合で選択した範囲の音符や休符の長さが修正される。

音価を変更したあとは、必要に応じて拍子記号を変更するなどして楽譜を整えてください。

→ 第1章「拍子記号を入力する」p.58

●第3章　音符と休符の編集

5 音符サイズ

個別に音符サイズを編集する

音符や休符のサイズを個別に編集したい場合は、**サイズツール** % を使います。

音符サイズ

➡ 📖 第3章「まとめて音符サイズを編集する」p.169、「6｜符頭」p.170

手順

1 ツールを選択する

［メイン・ツール・パレット］から**サイズ・ツール** % を選択。

2 レイヤーを選択する

編集したい音符（または休符）を入力したレイヤーを選択する。➡ 📖 第2章「複声部の入力」p.145

3 ［音符の拡大縮小］画面を開く

編集したい音符（または休符）をクリックすると、［音符の拡大縮小］画面が開く。

> 💡ヒント　音符の場合は、棒の辺りをクリックします。
>
> 💡ヒント　連桁でつながれた音符の場合は、先頭の音符の棒の辺りをクリックします。
>
> 💡ヒント　休符をクリックした場合も［音符の拡大縮小］画面が開きます。
>
> ✋注意!!　クリックする場所によって開く画面が異なります。違う画面が開いてしまった場合は［キャンセル］をクリックして画面を閉じ、もう一度クリックしなおします。

3 音符をクリック

4 拡大（または縮小）率を指定する

☐に数値を入力して、拡大（または縮小）率を指定する。

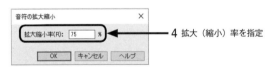
4 拡大（縮小）率を指定

5 画面を閉じる

［OK］をクリックして画面を閉じると、手順3でクリックした音符（または休符）が、指定した割合で拡大（または縮小）される。

> 💡ヒント　連桁でつながれた音符の場合は、つながれた音符すべてが指定したサイズに変更されます。

まとめて音符サイズを編集する

範囲を指定し、まとめてサイズを編集したい場合は、[ユーティリティ] メニューを使用します。

手順

1 ツールを選択する

[メイン・ツール・パレット] の **選択ツール** を選択。

2 レイヤーを選択する

特定のレイヤーだけで編集したい場合は、レイヤーを選択し、[書類] メニューの [編集中のレイヤーのみ表示] を選択してチェックをつけ、目的のレイヤーだけを表示しておく。 ➡ 第2章「複声部の入力」p.145

> **ヒント** すべてのレイヤーを表示した状態では、選択しているレイヤーに関係なく、すべてのレイヤーに入力されている音符と休符が以降の操作の対象となります。

3 範囲を選択する

編集したい範囲を選択する。

4 [音符サイズの変更] 画面を開く

[ユーティリティ] メニューの [変更] から [音符サイズ] を選択し、[音符サイズの変更] 画面を開く。

5 拡大（または縮小）率を指定する

□に数値を入力して、拡大（または縮小）率を指定する。

6 画面を閉じる

[OK] をクリックして画面を閉じると、選択していた範囲・レイヤーに入力されている音符と休符が、指定した割合で拡大（または縮小）される。

特定のレイヤーを選択していた場合は、再度 [書類] メニューから [編集中のレイヤーのみ表示] を選択してチェックをはずすと、すべてのレイヤーが表示されるようになります。

6 符頭

楽譜全体で符頭サイズを編集する

　子ども用の楽譜や初心者用の楽譜など、また小さめの五線を使用する楽譜では、符頭を標準より少し大きくすると見やすい楽譜になります。符頭サイズは［ファイル別オプション］画面で設定します。

➡ 📖 第3章「個別に符頭サイズを編集する」p.171

手　順

1 ［ファイル別オプション］画面を開く
　［書類］メニューから［ファイル別オプション］を選択して［ファイル別オプション］画面を開き、左のリストから［フォント］をクリックして選択。

2 ［フォント］画面を開く
　［楽譜関係］欄右をクリックすると表示されるリストから［符頭］を選択し、右の［フォント指定］をクリックすると、［フォント］画面が開く。

3 サイズを指定する
　［サイズ］欄の□に数値を入力してサイズを指定する。

💡 **ヒント** ±2ぐらいまでが適当でしょう。

✋ **注意!!** ここに入力できるのは整数のみです。

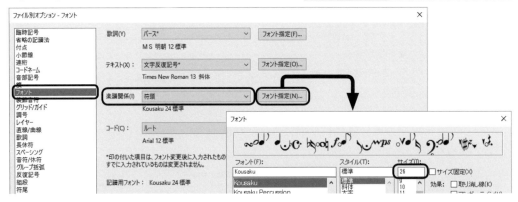

4 変更結果を確認する
　［OK］をクリックして［フォント］画面を閉じ、［ファイル別オプション］画面で［適用］をクリックすると変更が楽譜に反映される。

💡 **ヒント** ［適用］をクリックすると、画面を閉じずに変更結果を確認することができます。

💡 **ヒント** 手順2～4を繰り返し、希望のサイズになるよう編集します。

5 画面を閉じる
　希望のサイズに設定できたら［OK］をクリックして画面を閉じる。

💡 **ヒント** 同様にして付点や旗などのサイズを変更することもできます。

6 | 符頭

個別に符頭サイズを編集する

サイズツール % を使えば、特定の符頭サイズだけを個別に編集することができます。

➡ 📖 第3章「楽譜全体で符頭サイズを編集する」p.170、「まとめて符頭サイズを編集する」p.172

手順

1 ツールを選択する

［メイン・ツール・パレット］から**サイズツール** % を選択。

2 レイヤーを選択する

編集したい音符を入力したレイヤーを選択する。

➡ 📖 第2章「複声部の入力」p.145

3 ［符頭の拡大縮小］画面を開く

編集したい音符の符頭をクリックすると、［符頭の拡大縮小］画面が開く。

3 符頭をクリック

> 💡 **ヒント** 必ず符頭の真ん中辺りをクリックします。

> ✋ **注意!!** クリックする場所によって開く画面が異なります。違う画面が開いてしまった場合は［キャンセル］をクリックして画面を閉じ、もう一度クリックしなおします。

4 拡大（または縮小）率を指定する

□に数値を入力して、拡大（または縮小）率を指定する。

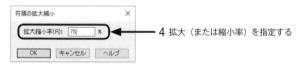

4 拡大（または縮小率）を指定する

5 画面を閉じる

［OK］をクリックして画面を閉じると、手順3でクリックした音符の符頭が、指定した割合で拡大（または縮小）される。

● 第3章　音符と休符の編集

まとめて符頭サイズを編集する

複数の音符の符頭サイズをまとめて変更したい場合は、プラグインを利用します。
　このプラグインを使用すると、和音内の一番上の符頭だけ、あるいは2番目と3番目だけ、というふうに、和音内の一部の符頭だけサイズを変更することもできます。

手順

1 ツールを選択する

［メイン・ツール・パレット］の**選択ツール**を選択。

2 範囲を選択する

符頭サイズを編集したい範囲を選択する。

ヒント　小節の一部だけ、また連桁でつながれた音符の一部だけでもOKです。

3 レイヤーを選択する

特定のレイヤーだけで編集したい場合は、編集したい符頭を入力したレイヤーを選択し、［書類］メニューから［編集中のレイヤーのみ表示］を選択してチェックをつけ、編集したいレイヤーだけを表示しておく。

➡ 第2章「複声部の入力」p.145

4 ［和音内の符頭サイズ変更］画面を開く

［プラグイン］メニューの［音符関連］から［和音内の符頭サイズ変更］を選択し、［和音内の符頭サイズ変更］画面を開く。

5 対象とする符頭を指定する

［対象とする符頭］欄でサイズを編集したい符頭を選択する。

6 和音内の特定の符頭だけを編集したい場合

［基準とする符頭］欄で、［和音の最高音］または［和音の最低音］をクリックして選択し、上の□に、基準として選択した符頭から数えて何番目の符頭を変更するのか、番号を入力する。

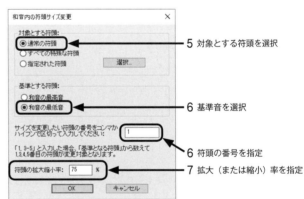

7 拡大（または縮小）率を指定する

［符頭の拡大縮小率］欄の□に数値を入力して、拡大（または縮小）率を指定する。

ヒント　複数の番号を指定したい場合は「,（コンマ）」で区切って、連続した番号を指定したい場合は「1-3」のように「-（ハイフン）」を使って指定します。

8 画面を閉じる

［OK］をクリックして画面を閉じると、選択した範囲内の手順5、6で指定した符頭が、指定した割合で拡大（または縮小）される。

符頭の種類を変更する

ドラム譜などのように、符頭の種類にあわせて音色も変えたい場合は、［パーカッション・レイアウト］を使用します。→ 第12章「ドラム譜の入力する高さや符頭の種類を編集する」p.422

それ以外、たとえば譜例のような弦楽器のハーモニクス記号などのように、符頭の種類だけを変更したい場合の手順です。

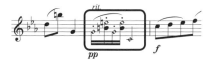

個別に符頭の種類を変更する

個別に符頭のタイプを変更したい場合は、**道具箱ツール** の**符頭変更ツール** を使用します。

Windowsの場合、**道具箱ツール** は［上級者用ツール・パレット］に収められています。［ウィンドウ］メニューから［上級者用ツール・パレット］を選択して、パレットを開いておきます。

手 順

1 ツールを選択する

［上級者用ツール・パレット（メイン・ツール・パレット）］から**道具箱ツール** を選択すると開く［道具箱ツール・パレット］から、**符頭変更ツール** を選択。

2 レイヤーを選択する

符頭の種類を変更したい音符を入力したレイヤーを選択する。→ 第2章「複声部の入力」p.145

3 ［キャラクタの選択］画面を開く

小節をクリックすると、小節内の選択したレイヤーに入力されているすべての符頭に□が表示されるので、変更したい符頭に表示される□をダブルクリックして、［キャラクタの選択］画面を開く。

> **ヒント** 同じ小節内であれば、Shiftキーを押しながらクリックすると複数の□を選択することができ、まとめて符頭の種類を変更できます。

4 符頭の種類を選択する

表示されるリストから、符頭の種類をクリックして選択。

> **ヒント** ここで空欄の項目を選択すると、符頭のない音符を作成できます。

5 画面を閉じる

［選択］をクリックして画面を閉じると、手順3でダブルクリックした符頭が、選択した種類の符頭に変更される。

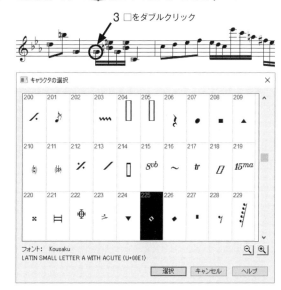

●第3章　音符と休符の編集

まとめて符頭の種類を変更する

複数の符頭の種類をまとめて変更したい場合は、[ユーティリティ]メニューを使用します。

手順

1 レイヤーを選択する

特定のレイヤーでのみ変更したい場合は、対象のレイヤーを選択し、[編集]メニューから[編集中のレイヤーのみ表示]を選択してチェックをつけ、対象のレイヤーだけを表示しておく。

➡ 📖 第2章「複声部の入力」p.145

2 ツールを選択する

[メイン・ツール・パレット]から**選択ツール**　を選択。

3 範囲を選択

符頭を変更したい範囲を選択。

4 [符頭の変更]画面を開く

[ユーティリティ]メニューの[変更]から[符頭]を選択し、[符頭の変更]画面を開く。

5 符頭を選択する

[検索]欄で[すべての符頭]を選択。

[変更]欄で変更後の符頭を選択。[選択した符頭]を選択して[選択]をクリックすると[キャラクタの選択]画面が開き、リストから変更後の符頭の種類を選択することができる。

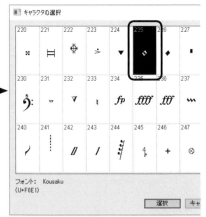

> 💡 ヒント　[変更]欄で[普通の符頭]を選択しておくと、特殊な符頭を通常の符頭に戻すことができます。

6 画面を閉じる

[Ctrl]（⌘）キーを押しながら[選択]をクリックしてすべての画面を閉じると、選択していた範囲内のすべての符頭が指定した符頭に変更される。

> 💡 ヒント　[Ctrl]（⌘）キーを押しながら[選択]をクリックすると、一度に複数の画面を閉じることができます。

6 ｜ 符頭

符頭をカラーで表示する

子ども用の楽譜などで見られるような、音名ごとに符頭を色分け表示した楽譜を作ることができます。カラープリンタを使用すれば、画面表示のまま、符頭をカラーで印刷することができます。

手 順

1 [スコア・マネージャー] 画面を開く

［ウィンドウ］メニューから［スコア・マネージャー］を選択し、［スコア・マネージャー］画面を開く。

2 五線を選択する

変更したい五線左に表示されている≡をクリックして選択。

3 符頭をカラーで表示する

［カラー符頭を使用］を選択してチェックをつける。

> ヒント 手順2～3を繰り返して、カラーで表示したい五線すべてでチェックをつけておきます。

4 [ファイル別オプション－音符／休符] 画面を開く

右の［設定］をクリックして［ファイル別オプション－音符／休符］画面を開く。

5 音名ごとの色を指定する

［カラー符頭］欄の音名をクリックすると［カラー］画面が開き、割り当てる色を選択できる。

3 チェックをつける

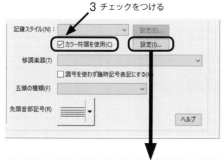

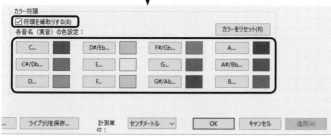

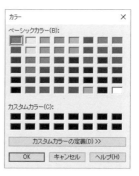

> ヒント ［符頭を縁取りする］にチェックをつけておくと、符頭が黒い線で縁取りされます。

> ヒント ［カラーをリセット］をクリックすると手動での変更が取り消され、デフォルト設定の色に戻ります。

6 画面を閉じる

色を指定したら、［OK］をクリックしてすべての画面を閉じると、手順3でチェックをつけた五線の符頭が、指定したカラーで表示される。

● 第3章　音符と休符の編集

7 | 符尾

符尾の向きを反転する

通常は、入力した高さやレイヤーによって、自動的に最適な向きで入力されますが、小節の一部だけで声部を分けて入力したい場合など、符尾の向きを手動で変更したいことがあります。符尾は簡単に反転できます。

手順

1　入力モードを半角英数にする

パソコンの入力モードを半角英数にしておく。

2　レイヤーを選択する

符尾を反転したい音符を入力したレイヤーを選択しておく。➡ 📖 第2章「複声部の入力」p.145

3　音符を選択する

マウス入力、ステップ入力の場合

[Ctrl]（[option]）キー＋クリックで音符を選択する。

> 💡ヒント　連桁でつながれた音符の場合は、先頭の音符をクリックして選択します。

3 音符を選択

高速ステップ入力の場合

目的の音符が入力されている小節をクリックし、→または←キーで縦棒を音符にあわせる。

> 💡ヒント　連桁でつながれた音符の場合は、先頭の音符に縦棒をあわせます。

3 縦棒をあわせる

4　符尾を反転する

[L]キーをタイプするごとに、符尾の向きが反転する。

> 💡ヒント　入力直後であれば、手順4だけで、直前に入力した音符の符尾を反転することができます。

> 💡ヒント　選択ツール🔲などで範囲を選択して、［ユーティリティ］メニューの［符尾の向き］から、［上向き符尾］［下向き符尾］［デフォルトの向きを使用］にまとめて変更することもできます。

符尾の向きを固定する

パーカッション譜などで、すべての音符の符尾の向きを上向き、または下向きに固定して入力したい場合は、[五線の属性] 画面で設定します。

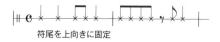
符尾を上向きに固定

手順

1 ツールを選択する

[メイン・ツール・パレット] から**五線ツール**を選択。

2 [五線の属性] 画面を開く

符尾を固定したい五線をダブルクリックして、[五線の属性] 画面を開く。

3 [符尾の設定] 画面を開く

[符尾の設定] をクリックして [符尾の設定] 画面を開く。

4 符尾の向きを選択する

[符尾の向き] 欄で [すべて上向き]、または [すべて下向き] をクリックして選択。

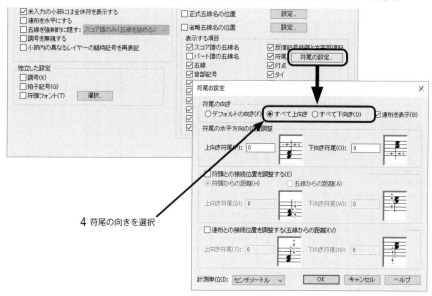

4 符尾の向きを選択

5 画面を閉じる

Ctrl（⌘）キーを押しながら [OK] をクリックして、すべての画面を閉じる。

> 💡ヒント Ctrl（⌘）キーを押しながら [OK] をクリックすると、一度に複数の画面を閉じることができます。

これで、入力するすべての音符の符尾が指定した向きに固定されます。

ただし、複数のレイヤーを使って入力した際は、レイヤーごとに設定されている符尾の向きが優先されます。→ 📖 第2章「複声部の入力」p.145

符尾を隠す

符尾のない音符を入力することもできます。

> **ヒント** 符尾と同時に連桁も表示されなくなります。

楽譜全体で符尾を隠す

楽譜全体で符尾を隠したい場合は、[五線の属性] 画面で五線ごとに設定します。

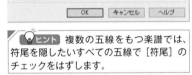

手 順

1 ツールを選択する

[メイン・ツール・パレット] から**五線ツール**を選択。

2 [五線の属性] 画面を開く

五線をダブルクリックするか、[五線] メニューから [五線の属性] を選択し、[五線の属性] 画面を開く。

3 符尾を隠す

[対象] 欄で五線を選択し、[表示する項目] 欄の [符尾] をクリックしてチェックをはずす。

4 画面を閉じる

[OK] をクリックして画面を閉じると、設定した五線では符尾が表示されなくなる。

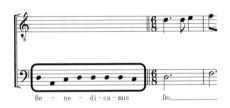

> **ヒント** 複数の五線をもつ楽譜では、符尾を隠したいすべての五線で [符尾] のチェックをはずします。

五線の一部で符尾を隠す

五線の一部だけで符尾を隠したい場合は、楽譜スタイルを利用します。

手 順

1 通常の手順で音符を入力する

通常の手順で、符尾のついた音符を入力しておく。

2 ツールを選択する

[メイン・ツール・パレット] から**五線ツール**を選択。

3 範囲を選択する

符尾を隠したい範囲を選択する。

4 [符尾なし音符] に設定する

右クリックすると表示されるリストから、[符尾なし音符] を選択すると、選択した範囲の音符の符尾が表示されなくなる。

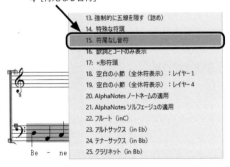

> **ヒント** 符尾と同時に連桁も表示されなくなります。

> **ヒント** 範囲内のすべてのレイヤーの音符が符尾なしになります。

符尾の長さを微調整する

音符や記号の込み入った楽譜などで、符尾の長さを調整したいことがあります。その場合は、**道具箱ツール**🔧の**符尾調整ツール**♪を使用します。この**符尾調整ツール**♪で調整できるのは、連桁でつながれていない音符の符尾だけです。

➡ 📖 第3章「連桁の傾きや垂直位置を調整する」p.189

Windowsの場合、**道具箱ツール**🔧は［上級者用ツール・パレット］に収められています。［ウィンドウ］メニューから［上級者用ツール・パレット］を選択して、パレットを開いておきます。

手順

1 ツールを選択する
［上級者用ツール・パレット（メイン・ツール・パレット）］から**道具箱ツール**🔧を選択すると開く［道具箱ツール・パレット］から、**符尾調整ツール**♪を選択。

2 レイヤーを選択する
符尾の長さを調整したい音符を入力したレイヤーを選択する。

➡ 📖 第2章「複声部の入力」p.145

3 符尾を選択する
小節をクリックすると選択したレイヤーに入力されている音符の符尾の両側に□が表示されるので、調整したい符尾の先端に表示される□をクリックして選択。

3 クリックして選択

> 💡**ヒント** 符尾の長さをデフォルトに戻したい場合は、□を選択したあと BackSpace （delete）キーをタイプすると手動での変更が取り消されデフォルトの長さに戻ります。

4 長さを調整する
↑または↓をタイプして長さを調整する。

> 💡**ヒント** 画面を拡大表示してから操作すると、調整しやすいでしょう。

手順4では□をドラッグして調整することもできますが、その際は、必ず Shift キーを押しながら□を上下にドラッグするようにします。Shift キーを押さずに操作すると、左右にもドラッグできるようになり、符尾が符頭から離れてしまうことがあるので注意が必要です。

特殊な符頭の符尾の接続位置を調整する

パーカッション譜などで使用する特殊な符頭、たとえば×などで、デフォルトでは符頭の中央に接続されている符尾を符頭の右端または左端に接続させたいことがあります。特殊な符頭の符尾の接続位置は、符頭ごとに編集、調整することができます。

手順

1 [ファイル別オプション]画面を開く

[書類]メニューから[ファイル別オプション]を選択して[ファイル別オプション]画面を開き、左のリストから[符尾]をクリックして選択。

2 [符尾の接続設定]画面を開く

[符尾の接続位置設定を有効にする]にチェックがついていることを確認し、[符尾の接続位置設定]をクリックして[符尾の接続設定]画面を開く。

> ヒント [符尾の接続位置設定を有効にする]にチェックがついていない場合は、クリックしてチェックをつけます。

3 符頭を選択する

符尾の接続位置を調整したい符頭をクリックして選択。

4 [符尾の接続編集]画面を開く

[編集]をクリックして[符尾の接続編集]画面を開く。

5 符尾の接続位置を調整する

左のプレビューで上向き、または下向きの符尾をドラッグして、符尾の接続位置を調整する。

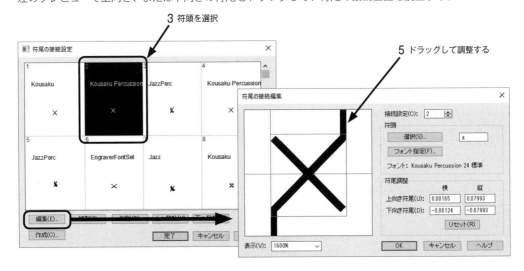

6 画面を閉じる

それぞれの画面で［OK］をクリックして画面を閉じると、選択した符頭の符尾の接続位置の変更が楽譜に反映される。

使用している符頭の種類を確認する

上記手順3で符頭の選択に迷った場合は、以下の手順で使用している符頭の種類を確認することができます。

手 順

1 ツールを選択する

［上級者用ツール・パレット（メイン・ツール・パレット）］から**道具箱ツール**を選択すると開く［道具箱ツール・パレット］から、**符頭変更ツール**を選択。

> **ヒント** Windowsの場合、**道具箱ツール**は［上級者用ツール・パレット］に収められています。［ウィンドウ］メニューから［上級者用ツール・パレット］を選択して、パレットを開いておきます。

2 レイヤーを選択

確認したい符頭を入力したレイヤーを選択しておく。

➡ 📖 第2章「複声部の入力」p.145

3 ［キャラクタの選択］画面を開く

小節をクリックすると選択したレイヤーに入力されている音符の符頭に□が表示されるので、確認したい符頭をダブルクリックし、［キャラクタの選択］画面を開く。

3 ダブルクリック

4 符頭のタイプを確認する

左下の［フォント］欄で、使用している符頭のフォントを確認する。

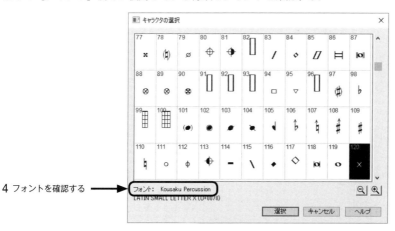

4 フォントを確認する

5 画面を閉じる

［OK］をクリックして画面を閉じる。

> **注意!!** ただし、Kousaku Percussionには2種類の「×」があるので注意が必要です。前項の手順で設定しても符尾の接続位置が変わらない場合は、もう一方の「×」を編集してみてください。

8 連桁

個別に連桁でつなぐ（連桁を切り離す）

入力した音符は、設定した拍子記号にあわせて自動的に連桁でつながれますが、これは個別に手動で変更することができます。

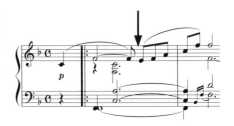

手順

1 入力モードを半角英数にする

パソコンの入力モードを半角英数にしておく。

2 レイヤーを選択する

連桁でつなぎたい（または連桁を切り離したい）音符を入力したレイヤーを選択しておく。

➡ 📖 第2章「複声部の入力」p.145

3 音符を選択する

マウス入力、ステップ入力の場合

[Ctrl]（[option]）キー＋クリックで連桁でつなぎたい（または連桁を切り離したい）右側の音符を選択する。

高速ステップ入力の場合

連桁でつなぎたい（または連桁を切り離したい）音符が入力されている小節をクリックし、→または←キーで、右側の音符に縦棒をあわせる。

4 連桁でつなぐ（連桁を切り離す）

メインキーボードの[/]キーをタイプすると、手順3で選択した音符が、直前の音符と連桁でつながれる（または連桁が切り離される）。

> 💡ヒント 高速ステップ入力の場合は、テンキーの[/]でも同様に操作できます。

> 💡ヒント 入力直後であれば、[/]キーをタイプするだけで、直前に入力した音符と連桁でつないだり切り離したりすることができます。

拍子記号によって連桁でつなぐ単位を変更する

8分音符を6つずつつなぐ

拍子記号ツール を使って、拍子記号によってつなぐ連桁の単位を変更することができます。

3拍子のワルツなどで8分音符を6つずつつなぎたい場合や、歌の楽譜などで8分音符を1つずつ切り離して入力したい場合などに有効です。

8分音符を1つずつ切り離す

手 順

1 ツールを選択する

[メイン・ツール・パレット]から**拍子記号ツール** を選択。

2 [拍子記号]画面を開く

先頭小節をダブルクリックして[拍子記号]画面を開く。

3 連桁でつなぐ単位を設定する

[拍の音符の種類]欄の[◀]または[▶]をクリックして連桁でつなぎたい単位の音符を選択し、[1小節内の拍数]欄の[◀]または[▶]をクリックして設定したい拍子記号分の長さになるよう調整する。

> 💡**ヒント** 8分音符を1つずつ切り離したい場合は8分音符を、8分音符を、たとえば6個ずつつなぎたい場合は付点2分音符を選択します。

> 💡**ヒント** [混合拍子]をクリックすると[混合拍子]画面が開き、もっと細かく自由に連桁でつなぐ単位を設定することができます。

4 [選択項目を増やす]

左のプレビューに楽譜に表示したい拍子記号が表示されている場合は、手順6に進む。

> 💡**ヒント** クリックすると、ボタンの名称が[選択項目を減らす]に変わります。

楽譜に表示したい拍子記号が表示されていない場合は、[選択項目を増やす]をクリックする。

5 楽譜に表示する拍子記号を設定する

画面が下に広がるので、[表示専用に別の拍子記号を使う]をクリックしてチェックをつけ、画面下に新しく表示された[拍の音符の種類]と[1小節内の拍数]を調整し、楽譜に表示する拍子記号を設定する。

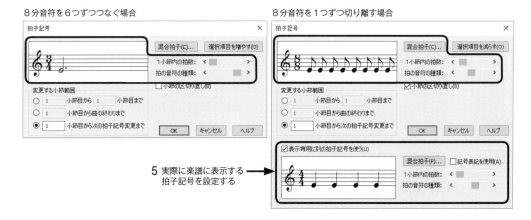

5 実際に楽譜に表示する拍子記号を設定する

6 すでに入力している音符にも適用する場合

すでに入力している音符も設定した単位でつなぎなおしたい場合は、［小節の区切り直し］をクリックしてチェックをつけておく。

6 ［小節の区切り直し］

> 💡ヒント　ここにチェックをつけずに画面を閉じると、以降に入力する音符にのみ、変更が適用されます。

7 範囲を設定する

［変更する小節範囲］欄で、設定した拍子記号を適用したい範囲を設定する。

8 画面を閉じる

［OK］をクリックして画面を閉じる。

> 💡ヒント　通常は、［□小節目（ダブルクリックした小節番号）から次の拍子記号変更まで］を選択しておくとよいでしょう。

> 💡ヒント　［小節の区切り直し］を選択してチェックをつけていた場合は、入力されていた音符が設定した単位でつなぎなおされます。

これで、以降に入力される音符が、設定した単位でつながれるようになります。

もし、手順6で［小節の区切り直し］にチェックをつけ忘れた場合も、あとから設定した単位で連桁をつなぎなおすことができます。→ 📖 第3章「連桁をつなぎなおす」p.186

特定の五線だけで拍子記号による連桁の単位を変更する

ピアノ伴奏のついた歌の楽譜などで、歌のパートだけ連桁でつなぐ単位を変更したい、という場合があります。特定の五線だけでつなぐ単位を変更したい場合は、［五線の属性］画面で設定しておきます。

手順

1 ツールを選択する

［メイン・ツール・パレット］から**五線ツール**を選択。

2 ［五線の属性］画面を開く

連桁の単位を変更したい五線をダブルクリックして、［五線の属性］画面を開く。

3 独立した拍子記号設定を可能にする

［対象］欄で目的の五線が選択されていることを確認し、画面左下の［独立した設定］欄の［拍子記号］をクリックしてチェックをつける。

3 チェックをつける

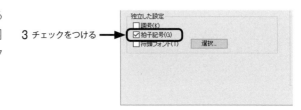

4 画面を閉じる

［OK］をクリックして画面を閉じる。

これで、選択した五線にだけ、連桁用の拍子記号を設定できるようになります。あとは前項を参照して、**拍子記号ツール**で連桁でつなぐ単位を設定すればOKです。

4分の4拍子で8分音符を2つずつつなぐ

デフォルトでは、4分の4拍子の場合、8分音符は4つずつつながれます。これを2つずつつなぐように設定したい場合は、[ファイル別オプション]画面で設定します。

手 順

1 [ファイル別オプション]画面を開く

[書類]メニューの[ファイル別オプション]を選択して[ファイル別オプション]画面を開き、左のリストから[連桁]をクリックして選択。

2 4分の4拍子で8分音符を2つずつつなぐ

[4分の4拍子で8分音符4つを連桁で連結する]をクリックしてチェックをはずす。

3 画面を閉じる

[OK]をクリックして画面を閉じると、以降に入力される8分音符は、2つずつ連桁でつながれるようになる。

すでに入力している音符にも[ファイル別オプション]での変更を適用したい場合は、連桁を再連結します。

→ 第3章「連桁をつなぎなおす」p.186

連桁をつなぎなおす

入力した音符を設定している拍子記号にあわせて、連桁をつなぎなおします。この際、手動で変更した連桁設定は取り消されます。

手順

1 ツールを選択する

[メイン・ツール・パレット] から**選択ツール**を選択。

2 範囲を選択する

連桁をつなぎなおしたい範囲を選択する。

3 連桁をつなぎなおす

[ユーティリティ]メニューの[連桁の再連結]から[音符の再連結]を選択すると、選択した範囲内の音符が、設定されている拍子記号にあわせて連結しなおされる。

つなぐ単位を指定して連桁をつなぎなおす

設定している拍子記号ではなく、つなぐ単位を指定して連桁をつなぎなおすこともできます。

手順

1 ツールを選択する

[メイン・ツール・パレット] から**選択ツール**を選択。

2 範囲を選択する

連桁をつなぎなおしたい範囲を選択する。

3 [拍子に従って再連結] 画面を開く

[ユーティリティ]メニューの[連桁の再連結]から[指定する拍子に従って再連結]を選択して[拍子に従って再連結]画面を開く。

4 連桁をつなぎなおす単位を指定する

[拍の音符の種類] 欄の [◀] または [▶] をクリックして連桁でつなぎたい単位の音符を選択し、[1小節の拍数] 欄の [◀] または [▶] をクリックして設定したい拍子記号分の長さになるよう調整する。

> **ヒント** 8分音符を1つずつ切り離したい場合は8分音符を、8分音符を、たとえば6個ずつつなぎたい場合は付点2分音符を選択します。

> **ヒント** [混合拍子] をクリックすると [混合拍子] 画面が開き、もっと細かく自由に連桁でつなぐ単位を設定することができます。

5 連桁をつなぎなおす

[OK] をクリックして画面を閉じると、選択していた範囲内の音符が、指定した単位で連結しなおされる。

歌詞にあわせて連桁をつなぎなおす

入力された歌詞にあわせて連桁をつなぎなおすこともできます。

手順

1　ツールを選択する

［メイン・ツール・パレット］から**選択ツール**を選択。

2　範囲を選択する

連桁をつなぎなおしたい範囲を選択する。

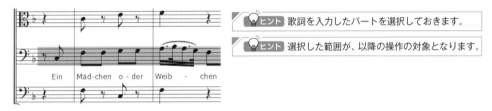

> **ヒント**　歌詞を入力したパートを選択しておきます。

> **ヒント**　選択した範囲が、以降の操作の対象となります。

3　［歌詞に従って再連結］画面を開く

［ユーティリティ］メニューの［連桁の再連結］から［歌詞に従って再連結］を選択し、［歌詞に従って再連結］画面を開く。

4　基準とする歌詞を選択

連桁の基準とする歌詞を選択。

5　拍子記号の連桁設定

［拍子記号で設定された拍の切れ目でも連桁を切り離す］をクリックして選択しておくと、歌詞だけでなく、拍子記号による連桁設定もあわせて考慮されるようになる。

6　連桁をつなぎなおす

［OK］をクリックして画面を閉じると、選択した範囲内の音符が、手順4で選択した歌詞にあわせて連結しなおされる。

16分音符以下の連桁だけを切り離す

16分音符以下の長さの音符で、一番外側の連桁はつないだまま内側の連桁だけを切り離したい場合は、**道具箱ツール**🔧の**連桁分断ツール**🎵を使用します。

Windowsの場合、**道具箱ツール**🔧は［上級者用ツール・パレット］に収められています。［ウィンドウ］メニューから［上級者用ツール・パレット］を選択して、パレットを開いておきます。

手 順

1 ツールを選択する

［上級者用ツール・パレット（メイン・ツール・パレット）］から**道具箱ツール**🔧を選択すると開く［道具箱ツール・パレット］から、**連桁分断ツール**🎵を選択。

2 レイヤーを選択する

連桁を切り離したい音符を入力したレイヤーを選択する。

➡ 📖 第2章「複声部の入力」p.145

3 ［連桁の分断方法の選択］画面を開く

小節をクリックすると、小節内の選択されたレイヤーに入力されている16分音符以下のすべての音符の上に□が表示される。

連桁を切り離したい位置の右側の音符に表示される□をダブルクリックして［連桁の分断方法の選択］画面を開く。

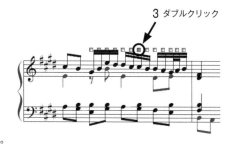

4 切り離したい連桁を選択

［選択された音価以下はすべて］をクリックして選択し、切り離したい最長音価をクリックしてチェックをつける。

一番外側（8分音符）だけつなぎたい場合は、［16分音符］をクリックすると、すべての音価にチェックがつく。

💡**ヒント**　［リセット］をクリックするとすべての音価のチェックがはずれ、切り離した連桁をもとどおりつなぎなおすことができます。

5 画面を閉じる

［OK］をクリックして画面を閉じると、選択した音価以下の連桁が切り離される。

連桁の傾きや垂直位置を調整する

連桁の傾きや垂直位置は、**道具箱ツール**の**連桁調整ツール**を使って調整します。

Windowsの場合、**道具箱ツール**は［上級者用ツール・パレット］に収められています。［ウィンドウ］メニューから［上級者用ツール・パレット］を選択して、パレットを開いておきます。

➡ 📘 第3章「符尾の長さを微調整する」p.179

手 順

1 ツールを選択する

［上級者用ツール・パレット（メイン・ツール・パレット）］から**道具箱ツール**を選択すると開く［道具箱ツール・パレット］から、**連桁調整ツール**を選択。

2 レイヤーを選択する

連桁を調整したい音符を入力したレイヤーを選択する。➡ 📘 第2章「複声部の入力」p.145

3 連桁の傾きを調整する

小節をクリックすると選択したレイヤーの連桁の両端に□が表示される。
右側の□を上下にドラッグして、傾きを調整する。

3 傾きを調整

4 連桁の垂直位置を調整する

連桁の左端に表示される□を上下にドラッグして、垂直位置を調整する。

4 垂直位置を調整

デフォルトに戻す

手動での調整を取り消して連桁の傾きや垂直位置をデフォルトに戻したい場合は、連桁の両端に表示される□のどちらか1つをクリックして選択し、`BackSpace`（`delete`）キーをタイプします。

小節線をまたいで連桁をつなぐ

小節線をまたいで連桁をつなぎたい場合は、プラグインを利用します。
　ただし、このプラグインはちょっと複雑な仕組みになっているので、音符の入力ミスがないか確認し、アーティキュレーションなどの必要な記号を入力し、小節割りやページ割りなどが確定してから実行するようにします。

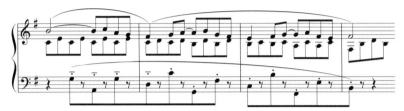

手順

1 ツールを選択する

［メイン・ツール・パレット］から**選択ツール**を選択。

2 範囲を選択する

小節線をまたいで連桁をつなぎたい範囲を選択する。

> **ヒント** 同じ小節内の連桁でつなぎたい音符は、通常の手順であらかじめつないでおきます。

> **注意!!** ページをまたぐ小節間ではこのプラグインを実行することはできません。

→ 第3章「ページをまたぐ小節間で小節線をまたいで連桁をつなぐ」p.191

3 プラグインを実行する

［プラグイン］メニューの［音符関連］から［パターソン・プラグイン］→［小節をまたぐ連桁］を選択すると、選択した範囲で小節をまたぐ旗つきの音符が連桁でつながれる。

このプラグインでは、同一ページ内であれば、五線をまたいで連桁をつなぐこともできます。この場合も、必ず小節割りを確定してからプラグインを実行するようにしてください。

小節をまたぐ連桁の解除

上記プラグインを使って小節線をまたいでつないだ連桁を切り離してもとに戻したい場合は、上記手順3で［パターソン・プラグイン］から［小節線をまたぐ連桁の解除］を選択します。

8 ｜ 連桁

ページをまたぐ小節間で小節線をまたいで連桁をつなぐ

　ページをまたぐ小節間で小節線をまたいで連桁をつなぐには、まず、つなぎたい小節を同じページに収めておく必要があります。パート数の多いオーケストラ譜やバンド譜などでは、1つのページに組段が1つしか配置できない場合があります。このような楽譜の場合も、やはり目的の小節を同じページに収めないと、プラグインを実行することができません。

　いろいろな方法が考えられますが、ページ・サイズを編集する方法が、一番手っ取り早く、簡単でわかりやすいでしょう。

手 順

1 ツールを選択する

　［メイン・ツール・パレット］から**ページ・レイアウト・ツール**を選択。

2 ［ページ・サイズ編集］画面を開く

　［ページ・レイアウト］メニューから［ページ・サイズ編集］を選択し、［ページ・サイズ編集］画面を開く。

3 対象ページを選択する

　［適用対象］欄で［□ページ目から□ページ目まで］を選択し、どちらの□にも、連桁をつなぎたい先頭小節を含むページ番号を入力。

> 💡**ヒント**　1ページ目の最終小節から2ページ目の先頭小節にかけて連桁でつなぎたい場合は［1ページ目から1ページ目まで］を設定します。

4 ページ・サイズを編集する

　［縦］欄右の□に、現在表示されている値の2倍の数値を入力する。

5 画面を閉じる

　［OK］をクリックして画面を閉じると、対象ページのみ縦のサイズが2倍になり、つなぎたい小節を含む2つの組段が1つのページに収まる。

3 連桁でつなぎたい先頭小節を含むページを指定する

4 縦のサイズを2倍にする

6 プラグインで連桁をつなぐ

　あとは通常の手順でプラグインを実行し、連桁をつなぐ。

➡ 📖 第3章「小節線をまたいで連桁をつなぐ」p.190

　つなぎ終わったら、もう一度［ページ・サイズ編集］画面を開き、もとのページ・サイズに戻しておきましょう。

五線をまたいで音符をつなぐ

五線をまたいで連桁でつなぎたい場合は、どちらか一方の五線にすべての音符を入力し、連桁でつないだあと、五線を移動します。移動する手順には2とおりの方法があります。

➡ 📖 第2章「和音の一部だけ五線をまたぐ」p.128

連桁の位置はそのままに、符頭だけ五線をまたぐ

連桁の位置はそのままに、符頭だけ五線をまたぎたい場合は、**音符移動ツール**♬を使います。

Windowsの場合、**音符移動ツール**♬は［上級者用ツール・パレット］に収められています。［ウィンドウ］メニューから［上級者用ツール・パレット］を選択して、パレットを開いておきます。

手 順

1 メインの五線に音符を入力しておく
メインとなる五線に必要な音符を入力し、必要な箇所は連桁でつないでおく。

2 ツールを選択する
［上級者用ツール・パレット（メイン・ツール・パレット）］から**音符移動ツール**♬を選択する。

3 ［五線をまたぐ］を選択
［音符移動］メニューから［五線をまたぐ］を選択してチェックをつける。

4 符頭を選択
小節をクリックすると、すべての符頭に□が表示されるので、[Shift]キーを押しながらクリックして、移動したい符頭に表示される□をすべて選択する。
または、ドラッグすると表示される枠で囲むようにして、すべての□を選択する。

5 音符を移動する
選択した□のどれか1つを移動先の五線の上までドラッグすると、選択していた音符が五線をまたいで表示される。

4 □をすべて選択

5 □を移動先の五線までドラッグ

> 💡 **ヒント** 細かい位置は気にせずに、ドラッグすると表示される□を移動先の五線に重なる位置までドラッグします。

音符を移動したあとは、必要に応じて符尾の向き、連桁の傾きや垂直位置などを調整して整えると、きれいに仕上がります。➡ 📖 第3章「符尾の向きを反転する」p.176、「連桁の傾きや垂直位置を調整する」p.189

8 | 連桁

連桁を２つの五線間に配置する

連桁を２つの五線間に配置したい場合は、プラグインを使います。

手 順

1 音符を入力しておく

どちらか一方の五線に必要な音符を入力し、必要な箇所は連桁でつないでおく。

2 レイヤーを選択する

移動したい音符を入力したレイヤーを選択し、［書類］メニューの［編集中のレイヤーのみ表示］を選択してチェックをつけておく。➡ 第２章「複声部の入力」p.145

> **ヒント** プラグインによる音符の移動では、表示されているすべてのレイヤーの音符が対象となります。

3 プラグインを起動する

［プラグイン］メニューの［TGツール］から［五線をまたぐ］を選択して［五線をまたぐ］画面を開く。

4 移動対象音域を設定する

［移動対象音域］欄で［すべて］を選択。

5 ツールを選択する

［メイン・ツール・パレット］から**選択ツール** を選択。

6 移動先の五線を選択する

［五線をまたぐ］画面の［音符の移動先］欄で、［上の五線］または［下の五線］をクリックして選択。

7 移動したい音符を選択する

ドラッグすると表示される枠で囲むようにして、移動したい音符を選択。

8 音符を移動する

［適用］をクリックすると、選択していた音符が手順６で指定した五線に移動し、連桁が２つの五線間に配置される。

9 画面を閉じる

必要な音符を移動し終わったら、［閉じる］をクリックして画面を閉じ、プラグインを終了する。

> **ヒント** ［五線をまたぐ］画面を開いたまま、手順６〜８を繰り返して、続けて操作することができます。

音符を移動し終わったら、必要に応じて連桁の高さや傾きを調整すると、きれいに仕上がります。

➡ 第３章「連桁の傾きや垂直位置を調整する」p.189

> **注意!!** 連桁調整用の□を表示させるには、移動先の小節ではなく、はじめに入力した小節をクリックします。

9 コピー

コピーの基本手順

クリック1つでコピーできます。

> **注意!!** すべての内容をコピーしたい場合は、[編集]メニューの[選択した対象項目のみペースト]にチェックがついていないかどうかを確認しておきます。

手順

1 コピーもとを選択する

コピーもとを選択。

2 コピーする

[Ctrl]([option])キーを押しながらコピー先の先頭小節をクリックすると、コピーもとと同じ拍位置からコピーもとの内容がペーストされる。

拍単位でコピー先を指定する

コピー先の先頭位置を拍単位で指定したい場合は、ドラッグしてコピーします。

手順

1 コピーもとを選択する

コピーもとを選択。

2 コピーする

手順1で選択した範囲をドラッグすると太い枠が表示されるので、その枠をコピー先にあわせたらマウスボタンから指を離すと、指定した位置からコピーもとの内容がペーストされる。

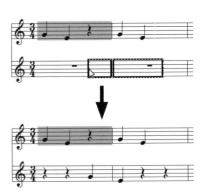

> **ヒント** Macの場合、ドラッグすると、黒い太枠といっしょにコピーもとのプレビューが表示されますが、このプレビューの位置は気にしなくて大丈夫です。その後ろに表示される太枠をコピーしたい拍位置にきっちりとあわせるようにしましょう。

太枠をコピー先の拍位置にあわせる

連続コピーする

［連続ペースト］を使えば、選択した内容を指定した回数だけ続けてペーストすることができます。
　横方向だけでなく縦方向にも範囲を指定することができるので、隣りあった五線であれば、複数のパートにまとめてコピーすることが可能です。

> **注意!!** すべての内容をコピーしたい場合は、［編集］メニューの［選択した対象項目のみペースト］にチェックがついていないかどうかを確認しておきます。

手順

1 コピーもとを選択する

コピーもとを選択。

2 クリップボードにコピーする

［編集］メニューの［コピー］を選択し、選択した内容をクリップボードにコピーする。

3 ペースト先の先頭位置を選択

ペースト先の先頭小節をクリックして選択。

> **ヒント** このとき、コピーもとと同じ長さの範囲を選択する必要はありません。先頭小節（または先頭の拍位置）を選択すればOKです。

4 ［連続ペースト］画面を開く

［編集］メニューの［連続ペースト］を選択して［連続ペースト］画面を開く。

5 回数を指定する

［横方向にペースト］、［縦方向にペースト］欄右の□に、それぞれペーストしたい回数を入力して指定する。

6 画面を閉じる

［OK］をクリックして画面を閉じると、指定した方向に指定した回数だけコピーもとの内容がペーストされる。

> **ヒント** ［縦方向にペースト］を指定すると、選択していた五線より下に向かって、指定した回数だけコピーされます。

● 第3章　音符と休符の編集

特定のレイヤーだけコピーする

特定のレイヤーの内容だけをコピーすることもできます。➡ 📖 第2章「複声部の入力」p.145

> 注意!! すべての内容をコピーしたい場合は、［編集］メニューの［選択した対象項目のみペースト］にチェックがついていないかどうかを確認しておきます。

● 手 順

1 レイヤーを選択する

コピーしたいレイヤーを選択し、［書類］メニューから［編集中のレイヤーのみ表示］を選択してチェックをつける。

2 コピーする

通常の手順でコピーすると、表示されているレイヤーの内容だけがだけコピーされる。

再度［書類］メニューの［編集中のレイヤーのみ表示］を選択してチェックをはずすと、選択していたレイヤーの内容だけコピーされたことが確認できます。

違うレイヤーにコピーする

同じ小節内であれば、レイヤー間でコピーすることができます。➡ 📖 第2章「複声部の入力」p.145

● 手 順

1 範囲を選択する

コピーしたい範囲を小節単位で選択する。

> 注意!! 小節の一部分だけ、違うレイヤーにコピーすることはできません。

2 ［レイヤー移動／コピー］画面を開く

［編集］メニューの［レイヤー移動／コピー］を選択し、［レイヤー移動／コピー］画面を開く。

3 コピーもと、コピー先のレイヤーを選択する

［コピー］をクリックして選択し、コピーもとのレイヤーとコピー先のレイヤーを選択する。

> ヒント ［移動］を選択すると、もとのレイヤーには音符が残らないので、レイヤーを間違えて音符を入力してしまった場合に便利です。

4 画面を閉じる

［OK］をクリックして画面を閉じると、コピーもとに選択したレイヤーの内容が、コピー先に指定したレイヤーにペーストされる。

項目を指定してコピーする

コピーする項目を指定することもできます。

指定した項目を［連続コピー］したり、項目と同時にコピーするレイヤーを指定することもできます。

➡ 📖 第3章「連続コピーする」p.195、「特定のレイヤーだけコピーする」p.196

手 順

1 ［ペースト対象項目］画面を開く。

［編集］メニューの［ペースト対象項目の選択］を選択して［ペースト対象項目の選択］画面を開く。

2 コピーする項目を選択する

コピーしたい項目にだけチェックをつける。

> 💡ヒント ［すべてを解除］をクリックすると、全項目のチェックがはずれ、目的の項目だけを選択しやすくなります。

［すべてを解除］

3 画面を閉じる

［OK］をクリックして画面を閉じる。

4 ［選択した対象項目のみペースト］

［編集］メニューの［選択した対象項目のみペースト］にチェックがついていることを確認する。

チェックがついていない場合は、選択してチェックをつける。

5 コピーする

通常の手順でコピーすると、選択した項目だけがペーストされる。

続けてすべての内容をコピーしたい場合は、［選択した対象項目のみペースト］のチェックをはずしてからコピーするようにします。

ファイル間でコピーする

別ファイルへも、ドラッグ＆ドロップで簡単にコピーできます。ここでも特定のレイヤーだけを指定したり、コピー項目を指定しておくことができます。

➡ 📖 第3章「特定のレイヤーだけコピーする」p.196、「項目を指定してコピーする」p.197

> ✋注意!! すべての内容をコピーしたい場合は、［編集］メニューの［選択した対象項目のみペースト］にチェックがついていないかどうかを確認しておきます。

手 順

1 コピーもととコピー先を表示しておく

コピーもとと、コピー先の先頭位置が表示されるよう、ウィンドウの位置を調整しておく。

> 💡ヒント Windows の場合は、［ウィンドウ］メニューの［左右に並べて表示］または［上下に表示］を利用すると簡単に調整できます。

2 コピーもとを選択する

コピーもとを選択。

3 コピーする

手順1で選択した範囲をドラッグすると太い枠が表示されるので、その枠をコピー先にあわせたらマウスボタンから指を離す。

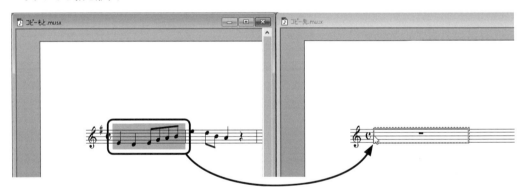

指定した位置に、コピーもとの内容がペーストされる。

オリジナルの記号をコピーする

新しく作成した発想記号やコードネームのサフィックスなどを別ファイルで使用したい場合に、このファイル間でのコピーが役に立ちます。

任意の小節にコピーしたい記号を入力しておき、それらを新しいファイルにコピーするだけ。これでOK です。コピーしたい項目だけを指定しておけば、余分な音符などをコピーせずにすみます。

コピーした記号は、コピー先ファイルの［発想記号の選択］画面や［コードサフィックスの選択］画面に自動的に登録されるので、通常の手順で入力できるようになります。

第4章
歌詞

● 第4章　歌詞

1 歌詞の入力手順

楽譜に直接タイプする（日本語）

日本語の歌詞を楽譜に直接タイプして入力しましょう。**歌詞ツール** を使用します。楽譜に直接歌詞を入力する際は、先に音符や休符を入力しておく必要があります。

手順

1 パソコンキーボードの準備

入力モードを全角にしておく。

2 ツールを選択する

［メイン・ツール・パレット］から**歌詞ツール** を選択。

> 💡ヒント 歌詞ツール を選択すると開く［歌詞］画面は、開いたまま以下の手順を進めることができます。入力の邪魔にならない場所に移動しておくとよいでしょう。

3 ［楽譜へ直接タイプ］を選択する

［歌詞］メニューの［楽譜へ直接タイプ］を選択し、チェックをつける。

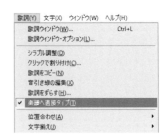

4 レイヤーを選択する

歌詞を入力したい音符を入力したレイヤーを選択する。

➡ 📖 第2章「複声部の入力」p.145

5 入力開始位置を指定する

歌詞を入力したい先頭の音符をクリックすると、音符の下にカーソルが点滅する。

> 💡ヒント 歌詞は、レイヤーごとに個別に入力することができます。

6 歌詞を入力する

文字を入力し、必要に応じてスペースキーをタイプして変換し、[Enter]（[return]）キーで確定しておく。

> 💡ヒント ここで[↓]キーをタイプすると、カーソルが1段下がり、2番の歌詞を入力することができます。さらに[↓]キーをタイプするごとにカーソルが下に移動し、複数番の歌詞を必要なだけ入力することができます。

7 カーソルを移動する

[Tab]キーをタイプするとカーソルが次の音符の下に移動するので、手順6～7を繰り返して必要な歌詞を入力する。

> 💡ヒント 日本語の歌詞で使われる音引き線「ー」は、ほかの文字と同様に[ー]キーをタイプして入力します。

8 入力を終了する

楽譜の余白部分をクリックすると、歌詞入力モードから抜ける。

> 💡ヒント ここで[Tab]キーの代わりに[Enter]（[return]）キーをタイプしてカーソルを移動することもできます。

楽譜に直接タイプする（欧文）

欧文（英語など）の歌詞も、日本語と同様の手順で楽譜に直接タイプして入力できます。楽譜に直接歌詞を入力する際は、先に音符や休符を入力しておく必要があります。

手順

1 パソコンキーボードの準備
入力モードを半角英数にしておく。

2 歌詞を入力する
日本語の場合と同様に、［メイン・ツール・パレット］から歌詞ツール を使ってタイプして入力する。

> ヒント 欧文の歌詞の場合は、スペースキーを Tab キーの代用として使うことができます。

➡ 第4章「楽譜に直接タイプする（日本語）」p.200、「欧文の特殊文字を入力する」p.203

ハイフンを入力する
ハイフンを入力したい位置では、Tab キーの代わりに -（ハイフン）キーをタイプしてカーソルを移動する。

音引き線を入力する
音引き線を入力したい位置では、何も入力せずに Tab キーをタイプしてカーソルを移動する。

3 入力を終了する
楽譜の余白部分をクリックして歌詞入力モードから抜けると、歌詞を入力せずに移動した音符の下には音引き線（「＿＿」）が、-（ハイフン）キーで移動した箇所には「-（ハイフン）」が挿入される。

音引き線が表示されない

欧文の歌詞で、入力モードから抜けても音引き線が表示されない場合は、以下の点を確認します。

［歌詞］メニューから［歌詞オプション］を選択すると［ファイル別オプション－歌詞］画面が開くので、右下の［音引き線の設定］をクリックし、［音引き線］画面を開きます。

［自動音引き線を使用］にチェックがついていることを確認し、ついていない場合は、クリックしてチェックをつけます。

［アンダースコア「＿」をタイプしたときのみ使用］にもチェックがついている場合は、クリックしてチェックをはずします。

［OK］をクリックして画面を閉じると、歌詞の入力されていない音符の下に音引き線が表示されるようになります。

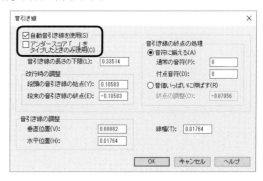

● 第4章　歌詞

クリックで割り付ける

通常のテキストとして入力した歌詞を、音符をクリックして順に割り付けていくことができます。

手順

1 ツールを選択する

［メイン・ツール・パレット］から**歌詞ツール**を選択。

2 ［歌詞］画面を開く

［歌詞］メニューから［歌詞ウィンドウ］を選択し、［歌詞］画面を開く。

3 歌詞番号を指定する

［歌詞］欄右側の▲▼をクリック、または□に数字を入力し、これから入力する歌詞番号を指定する。

4 歌詞テキストを入力する

□に必要な歌詞を入力する。

日本語の歌詞の場合
1つの音符に割りつける文字と文字の間に半角スペースを入力しておく。

欧文の歌詞の場合
ハイフンを入力したい位置では、あらかじめ「-（ハイフン）」を入力しておく。

5 ［クリックで割り付け］を選択

［歌詞］メニューから［クリックで割り付け］を選択してチェックをつける。

6 開始位置を指定する

［歌詞］画面で最初に割りつけたい文字の左側をクリックし、カーソルを移動する。

7 レイヤーを選択する

歌詞を割りつけたいレイヤーを選択しておく。

➡ 第2章「複声部の入力」p.145

8 歌詞を音符に割りつける

先頭の音符から順にクリックすると、カーソル右の文字から順に割りつけられていく。

[Ctrl]（[option]）キーを押しながら先頭の音符をクリックすると、一括ですべての歌詞を割りつけることができます。

6 開始位置にカーソルを移動する

3 歌詞番号を選択

> **ヒント** ほかのファイルなどから、テキスト・データをコピー＆ペーストして入力することもできます。

> **ヒント** 最初の文字が表示されていない場合は、スクロールバーをドラッグして調整します。

8 音符をクリック

> **ヒント** 一括で割りつけると、タイでつながれた音符と休符は飛ばされます。

間違えた場合は、［編集］メニューの［取り消し］で直前に入力した歌詞を削除したあと、もう一度クリックして割り付けなおします。 ➡ 第4章「歌詞をずらす」p.213

欧文の特殊文字を入力する

ウムラウト（ü/ö）やアクサン・テギュ（á/é）など、欧文の特殊文字は、［キャラクタの選択］画面から挿入します。

手順

1 ツールを選択する

［メイン・ツール・パレット］から**歌詞ツール**を選択。

2 ［キャラクタの選択］画面を開く

通常の手順で特殊文字を挿入したい位置にカーソルを移動し、［文字］メニューから［キャラクタの挿入］を選択して［キャラクタの選択］画面を開く。

3 特殊文字を入力する

入力したい文字をダブルクリックすると、カーソル位置にダブルクリックした文字が挿入される。

> **ヒント** 画面右下、「+」の表示された虫めがねマークをクリックするとリストが拡大され、文字が探しやすくなります。

上記手順で、［歌詞］画面に入力することもできます。Windowsの場合、［歌詞］画面左上の［文字］メニューからも同様に操作できます。入力した文字は、クリックで割り付けて入力することができます。

➡ 第4章「クリックで割り付ける」p.202

また、上記手順で入力した特殊文字が文字化けするなど、うまく入力できない場合は、歌詞のフォントを「Verdana（Times New Roman）」などの欧文フォントに変更してください。

➡ 第4章「歌詞のフォントを変更する」p.211

歌詞の文字間に半角スペースを挿入する

通常歌詞では、半角スペースは音符間の区切りとして認識されますが、メニューから選択すれば、1つの音符に割り当てる歌詞の文字間に、半角スペースを挿入することができます。

手順

1 ツールを選択する
［メイン・ツール・パレット］から**歌詞ツール**を選択。

2 歌詞を入力する
通常の手順で歌詞を入力し、スペースを挿入したい位置にカーソルを移動しておく。

3 スペースを挿入する
［文字］メニューから［シラブルにスペースを挿入］を選択すると、カーソル位置に半角スペースが挿入される。

> **ヒント** Windows の場合は、メイン画面上メニューバーの［文字］メニュー、［歌詞］画面の［文字］メニュー、どちらでも操作できます。

> **ヒント** Mac の場合、［文字］メニューはメイン画面上のメニューバーにあります。

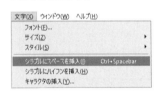

続けて残りの歌詞を通常の手順で入力する。

> **ヒント** 同様にして［シラブルにハイフンを挿入］を選択すれば、歌詞の文字間にハイフンを挿入することもできます。ただし、通常の手順で挿入するハイフンと少し見た目が異なります。

上記手順で挿入した半角スペースは、日本語フォントを指定していた場合、文字化けして表示されてしまうことがあります。

文字化けしてしまった場合は、挿入したスペースを選択して「Verdana」や「Times New Roman」などの欧文フォントに指定すると、きちんと表示されるようになります。

→ 第4章「歌詞のフォントを変更する」p.211

リズムの異なる歌詞を入力する

歌詞番号によってリズムが異なる場合、異なるリズムを小さな音符で表示し、そこに歌詞を入力して示すことがあります。

➡ 📖 第2章「8｜複声部」p.145、第3章「5｜音符サイズ」p.168

縮小した音符にそのまま歌詞を入力すると、歌詞も同じ割合で縮小されてしまいます。ほかの文字と同じサイズで入力するためには、歌詞入力用のダミーの休符を入力する必要があります。

手順

1 レイヤーを選択する

使用していないレイヤーを選択。➡ 📖 第2章「複声部の入力」p.145

> 💡ヒント ふだん、あまり使用しない［レイヤー3］または［レイヤー4］を選択するとよいでしょう。

2 ダミーの休符を入力する

歌詞を入力したいタイミングで休符を入力する。

> ⚠注意!! 音符を入力すると、必要のない箇所に音引き線「＿＿」が表示されてしまうことがあるので、休符を入力するようにします。

3 ツールを選択する

［メイン・ツール・パレット］から**歌詞ツール** 🎵 を選択。

4 歌詞を入力する場所を選択する

手順1で選択したレイヤーであること、入力したい歌詞番号であることを確認し、歌詞を入力する。

> 💡ヒント 歌詞は、レイヤーごとに管理されています。あとで修正・編集する際にわかりやすいよう、リズムを分けたい部分でのみ、手順1で選択したレイヤーの音符に歌詞を入力するとよいでしょう。

5 音符や休符を隠す

手順2で入力した必要のないダミーの休符を隠すなどして、見た目を整える。

➡ 📖 第2章「小節の一部だけで声部を分ける（休符を隠す）」p.146

> 💡ヒント ［表示］メニューの［表示する項目］から［隠された音符／休符］を選択してチェックをつけると、隠した音符や休符が薄く表示され、選択・編集できるようになります。

● 第4章　歌詞

2　歌詞を編集する

歌詞を修正する

入力ミスを見つけたら、修正しておきましょう。

手順

1　ツールを選択する
［メイン・ツール・パレット］から**選択ツール**を選択。

2　歌詞を選択する
修正したい歌詞をダブルクリックすると、選択され、反転表示になる。

3　修正する
正しい歌詞を入力する。

> **ヒント**　ここで Delete キーをタイプすると、選択している歌詞を削除することができます。

> **ヒント**　歌詞ツールで選択することもできますが、その際は［歌詞］メニューの［楽譜へ直接タイプ］にチェックをつけ、レイヤーを選択し、音符をクリックしたあと矢印キーで修正したい歌詞を選択します。

まとめて歌詞を削除する

歌詞をまとめて削除したい場合は、［歌詞］画面で操作します。

手順

1　ツールを選択する
［メイン・ツール・パレット］から**歌詞ツール**を選択。

2　［歌詞］画面を開く
［歌詞］メニューから［歌詞ウィンドウ］を選択し、［歌詞］画面を開く。

3　歌詞番号を指定する
［歌詞］欄右側の▲▼をクリック、または □ に数字を入力し、削除したい歌詞番号を指定する。

4　削除する
Ctrl（⌘）＋ A キーをタイプして歌詞全体を選択し、Delete キーをタイプして歌詞を削除すると、同時に楽譜上の歌詞が削除される。

> **ヒント**　手順3〜4を繰り返して、複数番の歌詞を続けて削除することができます。

音引き線の長さを調整する

自動で挿入される音引き線「___」の長さは、あとから自由に調整することができます。

手順

1 ツールを選択する

［メイン・ツール・パレット］から**歌詞ツール**を選択。

2 ［音引き線の編集］を選択

［歌詞］メニューから［音引き線の編集］を選択してチェックをつける。

3 長さを調整する

音引き線に表示される□を左右にドラッグして長さを調整する。

> **ヒント** □を選択してDeleteキーをタイプすると、音引き線を削除することができます。

3 ドラッグする

歌詞の垂直位置をドラッグして調整する

音符や休符などに歌詞が重ならないよう、見やすい位置に歌詞の垂直位置を調整します。

手順

1 ツールを選択する

［メイン・ツール・パレット］から**歌詞ツール**を選択。

2 ［楽譜へ直接タイプ］を選択する

［歌詞］メニューから［楽譜へ直接タイプ］を選択し、チェックをつける。

3 歌詞を選択する

音符をクリックし、↑または↓キーをタイプして、位置を調整したい番号の歌詞を選択する。

> **ヒント** ページ単位または組段単位で調整したい場合は、移動したいページまたは組段に入力されている音符をクリックして歌詞を選択します。

4 垂直位置を調整する

楽譜全体で移動する

一番左の▷をドラッグすると、楽譜に入力されているすべての歌詞が移動する。

特定のページで移動する

左から2番目の▷をドラッグすると、ページ内の歌詞が移動する。

特定の段でのみ移動する

左から3番目の▷をドラッグすると、▷が表示されている段の歌詞だけが移動する。

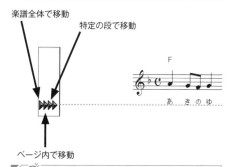

> **ヒント** 右端の▷をドラッグすると、次に入力する歌詞の垂直位置を指定することができます。

●第4章　歌詞

歌詞の垂直位置を数値で調整する

　歌詞間の距離を保ったまま全体の垂直位置を調整したい、というような場合は、ドラッグではなく数値で調整します。歌詞の垂直位置の調整の際は計測単位を「スペース」に設定しておくと、キリのいい数値でデフォルト値が表示されるので、調整しやすいでしょう。

➡ 📘 第8章「計測単位を指定する」p.320

手　順

1　ツールを選択する

［メイン・ツール・パレット］から**歌詞ツール**を選択。

2　［楽譜へ直接タイプ］を選択する

［歌詞］メニューから［楽譜へ直接タイプ］を選択し、チェックをつける。

3　歌詞を選択する

音符をクリックし、↑または↓キーをタイプして、位置を調整したい番号の歌詞を選択する。

💡**ヒント**　ページ単位または組段単位で調整したい場合は、移動したいページまたは組段に入力されている音符をクリックして歌詞を選択します。

4　［歌詞のベースライン調整］画面を開く

［歌詞］メニューから［歌詞のベースライン調整］を選択し、［歌詞のベースライン調整］画面を開く。

5　歌詞を選択する

［歌詞のベースライン調整］画面の［種類］、［セット番号］欄で調整したい歌詞番号を選択すると、選択した歌詞番号の垂直位置が［距離］欄右の□に表示される。

💡**ヒント**　歌詞のベースラインの基準点（距離＝0）は、五線の第三線です。プラスの値を入力すると五線の上方向に、マイナスの値を入力すると下方向に移動します。

6　距離を設定する

楽譜全体で移動する

［距離］欄の一番上の□に数値を入力する。

💡**ヒント**　すべての歌詞番号の距離を同じ割合で増減すると、歌詞間の距離を保ったまま、垂直位置を調整することができます。

特定の五線でのみ移動する

［距離］欄2番目の□に、［全体］で設定されている位置から、さらに移動する距離を入力する。

💡**ヒント**　□の右に、調整したい五線名が表示されていることを確認します。

特定の段でのみ移動する

［距離］欄の3番目の□に、［全体］で設定されている位置から、さらに移動する距離を入力する。

💡**ヒント**　□の右に、調整したい組段番号が表示されていることを確認します。

7　画面を閉じる

［OK］をクリックして画面を閉じると、歌詞が指定した位置に移動する。

歌詞の水平位置を調整する

楽譜全体で調整する

歌詞の水平位置を楽譜全体で調整したい場合は、[ファイル別オプション]画面で設定します。

手 順

1 ツールを選択する

[メイン・ツール・パレット]から**歌詞ツール**を選択。

2 [ファイル別オプション－歌詞]画面を開く

[歌詞]メニューから[歌詞オプション]を選択し、[ファイル別オプション－歌詞]画面を開く。

> **ヒント** [書類]メニューの[ファイル別オプション]から開くこともできます。

3 水平位置を調整する

[シラブル位置合わせ]欄で水平位置を調整したい項目をクリックしてチェックをつけ、[位置合わせ]欄をクリックすると表示されるリストから、[左揃え]、[中央揃え]または[右揃え]を選択。

> **ヒント** シラブル（syllable）とは「音節」を意味する英語です。

> **ヒント** [文字揃え]欄では、さらにシラブル内の文字揃えを設定することもできます。

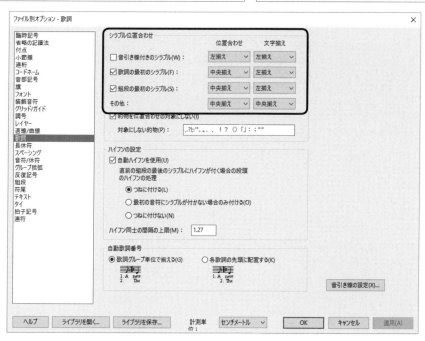

4 画面を閉じる

[OK]をクリックして画面を閉じると、選択したシラブルが指定した水平位置に揃えられる。

> **ヒント** [OK]の代わりに[適用]をクリックすると、画面を閉じずに変更内容を楽譜に反映させ、確認することができます。

209

特定の文字だけで調整する

特定の歌詞だけで水平位置を調整することもできます。

手順

1 ツールを選択する

［メイン・ツール・パレット］から**歌詞ツール**を選択。

2 レイヤーを選択する

調整したい歌詞を入力したレイヤーを選択しておく。

3 ［シラブル調整］を選択

［歌詞］メニューから［シラブル調整］を選択し、チェックをつけると歌詞に□が表示される。

4 水平位置を調整する

調整したい歌詞に表示される□を右クリックすると表示されるリスト上の［左揃え］、［中央揃え］または［右揃え］を選択。

ヒント デフォルトは、［ファイル別オプション］で設定された位置（文字揃え）を指します。

または、□をクリックして選択し、Shiftキーを押しながら左右にドラッグ、または←→キーをタイプして自由に調整することもできる。

ヒント Shiftキーを押しながらドラッグすると移動方向を上下、または左右に固定することができます。

歌詞の位置をデフォルトに戻す

上記手順で歌詞に表示される□を右クリックすると表示されるメニューから［手動調性の解除］を選択、または□を選択してBackSpace（clear）キーをタイプすると、手動での調整が取り消され、選択した歌詞がデフォルトの位置に戻ります。

2 | 歌詞を編集する

歌詞のフォントを変更する

入力前に指定する

歌詞を入力する前であれば、[ファイル別オプション]画面で指定することができます。

手 順

1 [ファイル別オプション-フォント]画面を開く

[書類]メニューから[ファイル別オプション]を選択して[ファイル別オプション]画面を開き、左のリストから[フォント]をクリックして選択。

2 歌詞を選択する

[歌詞]欄で、フォントを変更したい歌詞を選択

3 [フォント]画面を開く

[フォント指定]をクリックして[フォント]画面を開く。

4 フォントを指定する

[フォント]画面の[サンプル]を参考に、[フォント]、[スタイル]、[サイズ]などを指定する。

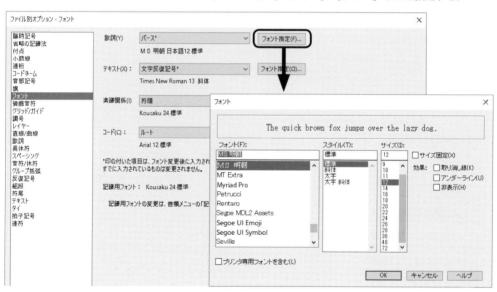

5 画面を閉じる

[OK]をクリックしてすべての画面を閉じる。

この操作以降、指定したフォントで歌詞が入力されるようになります。

注意!! すでに入力されている歌詞には反映されません。

入力後に変更する

入力した歌詞のフォントを変更したい場合は、［歌詞］画面で設定します。

手 順

1 ツールを選択する

［メイン・ツール・パレット］から**歌詞ツール**を選択。

2 ［歌詞］画面を開く

［歌詞］メニューの［歌詞ウィンドウ］を選択し、［歌詞］画面を開く。

3 歌詞を選択する

フォントを変更したい歌詞番号を選択し、Ctrl（⌘）＋Aキーをタイプして歌詞全体を選択する。

> ヒント 歌詞の一部だけを選択してフォントを変更することもできます。

4 ［フォント］画面を開く

［歌詞］画面の［文字］メニューから［フォント］を選択し、［フォント］画面を開く。

> ヒント Macの場合、［文字］メニューはメイン画面上のメニューバーにあります。

5 フォントを指定する

［フォント］画面のサンプルを参考に、［フォント］、［スタイル］、［サイズ］などを指定する。

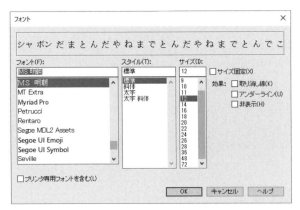

> ヒント Macの場合、［文字］メニューの［フォント］、［スタイル］、［サイズ］を選択すると表示されるリストから、それぞれ選択して指定します。

6 画面を閉じる

［OK］をクリックして画面を閉じると、［歌詞］画面、楽譜の両方で、選択していた歌詞が指定したフォントに変更される。

歌詞をずらす

［クリックで割り付け］を利用して一括で歌詞を割り付けた場合など、歌詞位置が前後にずれて入力されてしまうことがあります。その際も、クリックして歌詞を前後にずらすことができます。

手順

1 ツールを選択する

［メイン・ツール・パレット］から**歌詞ツール** を選択。

2 歌詞番号を指定する

［歌詞］メニューから［編集する歌詞を選択］を選択して［編集する歌詞を選択］画面を開き、［歌詞セット番号］欄の □ にずらしたい歌詞番号を入力。
［OK］をクリックして画面を閉じる。

3 ［歌詞をずらす］画面を開く

［歌詞］メニューから［歌詞をずらす］を選択し、［歌詞をずらす］画面を開く。

4 ずらす方向を指定する

［歌詞をずらす方向］欄右の［▼］をクリックすると表示されるリストから、［左］または［右］を選択する。

5 ずらす範囲を選択する

楽譜の最後まですべての歌詞をずらしたい場合は、［オプション］欄の［曲の最後まで歌詞を1つずつシフトする］をクリックして選択。

歌詞の入力されていない音符の直前の歌詞までを、指定した方向にずらしたい場合は、［次にシラブルが付いていない音符までシフトする］を選択。

> **ヒント** シラブル（syllable）とは「音節」を意味する英語です。

6 画面を閉じる

［OK］をクリックして画面を閉じる。

7 歌詞をずらす

［右］を指定した場合

音符をクリックすると、クリックした位置から指定した範囲までの歌詞が1つずつ順に右にずれる。

> **ヒント** クリックした音符の下にあった歌詞は右にずれ、歌詞がなくなり空欄になります。

［左］を指定した場合

音符をクリックすると、すぐ後ろの音符に入力されている歌詞から指定した範囲までの歌詞が順に左にずれる。

> **ヒント** 手順5で［歌詞をシフトとともにローテーションする］を選択していた場合、クリックした位置に入力されていた歌詞が直後の歌詞に置き換えられます

> **注意!!** 歌詞をずらして歌詞が変更された場合も、［歌詞］画面には反映されません。

● 第 4 章　歌詞

3 そのほか

歌詞番号を入力する

入力した歌詞の先頭に、自動で歌詞番号を挿入することができます。

手 順

1 ツールを選択する
［メイン・ツール・パレット］から**歌詞ツール**を選択。

2 歌詞番号を挿入する
［歌詞］メニューの［自動歌詞番号］を選択すると表示される［バース］、［コーラス］、［セクション］から、歌詞番号が必要なものを選択してチェックをつけると、選択した歌詞の先頭に、歌詞番号が自動で挿入される。

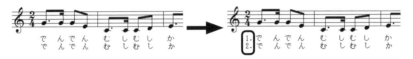

自動歌詞番号の位置

自動で挿入される歌詞番号の位置は、［歌詞］メニューから［歌詞オプション］を選択すると開く［ファイル別オプション－歌詞］画面で設定されています。

注意!! 自動で挿入した歌詞番号の位置は、手動で調整することはできません。

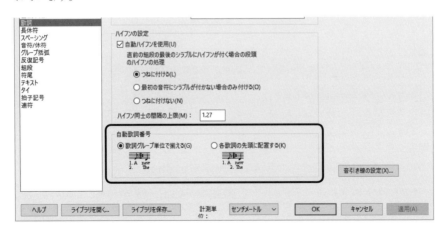

手動で歌詞番号を入力する

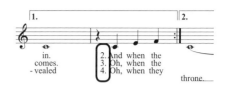

歌詞番号は、手動で入力することもできます。たとえば2番の歌詞が1番の歌詞の最後からはじまる場合などは、自動で挿入することができません。該当する歌詞の前に「2」などのように通常の歌詞として手動で挿入します。

また譜例のように歌詞番号に続く歌詞の文字数が違う場合などは、以下の手順でレイヤーを変えて入力しておくと、歌詞番号だけで位置を調整することができるので便利です。

手順

1 レイヤーの選択

使用していないレイヤーを選択。

➡ 📖 第2章「複声部の入力」p.145

💡ヒント ふだん、あまり使用しない［レイヤー3］または［レイヤー4］を選択するとよいでしょう。

2 ダミーの休符を入力する

歌詞番号を入力したいタイミングに、休符を入力して隠しておく。

⚠注意!! 音符を入力すると、必要のない箇所に音引き線「＿＿」が表示されてしまうことがあるので、休符を入力するようにします。

3 ツールを選択する

［メイン・ツール・パレット］から**歌詞ツール** 🎤 を選択。

4 歌詞番号を入力する

ダミーの休符を入力したレイヤーが選択されていることを確認し、通常の歌詞と同じ手順で歌詞番号を入力しておく。

5 ［シラブル調整］を選択

［歌詞］メニューから［シラブル調整］を選択してチェックをつけると、入力した歌詞番号に□が表示される。

6 水平位置を調整する

歌詞番号を入力したダミーの休符をクリック、またはドラッグすると表示される枠で囲むようにして、歌詞番号に表示される□をすべて選択。

💡ヒント このとき、五線の上をクリックするようにします。加線のついた音符の場合は、五線上で、希望の拍位置をクリックすると選択できます。

[Shift]キーを押しながら左右にドラッグ、または[←][→]キーをタイプして歌詞位置の水平位置を調整する。

➡ 📖 第4章「歌詞の水平位置を調整する」p.209

💡ヒント [Shift]キーを押しながらドラッグすると移動方向を上下、または左右に固定することができます。

●第4章　歌詞

複数番の歌詞を結ぶ括弧「{」や「}」を入力する

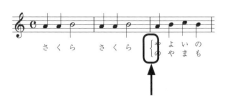

複数番の歌詞を結ぶ括弧「{」や「}」は、**発想記号ツール** _mf_ で作成、入力します。

▼手　順

1 ツールを選択

［メイン・ツール・パレット］から**発想記号ツール** _mf_ を選択。

2 ［発想記号の設計］画面を開く

括弧を入力したい位置をダブルクリックして［発想記号の選択］画面を開く。

💡ヒント　ダブルクリックする際は、カーソルに表示される矢印が、括弧を入力したい五線を指す位置でダブルクリックするようにします。

左のリストから［その他］をクリックして選択し、［その他の発想記号の作成］をクリックして［発想記号の設計］画面を開く。

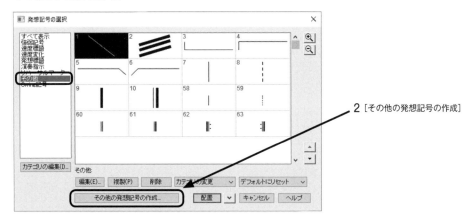

2 ［その他の発想記号の作成］

3 フォントを［Symbol］に指定する

［フォント］欄をクリックすると表示されるリストから［Symbol］を選択。

4 括弧を作成する

［文字］メニューの［挿入］から［キャラクタ］を選択し、［キャラクタの選択］画面を開く。

リストの下のほうに必要なパーツが用意されているので、1つずつ順にダブルクリックして選択し、［発想記号の設計］画面の□に入力していく。

「{」の場合は［236 ⌈］、［237 ⎨］、［238 ⌊］の順に、「}」の場合は［252 ⌉］、［253 ⎬］、［254 ⌋］、の順に選択する。

💡ヒント　Macの場合、［文字］メニューはメイン画面上のメニューバーにあります。

括弧を長くしたい場合は、1文字目と2文字目の間、2文字目と3文字目の間に同じ数の［239 │］を挿入して調整する。

💡ヒント　挿入する［239 │］の数によって、括弧のおおまかな長さを調整します。

💡ヒント　画面右下、「+」の表示された虫めがねマークをクリックするとリストが拡大され、探しやすくなります。

必要なパーツを入力したら、1文字ごとに改行して挿入したパーツが縦に並ぶよう調整する。

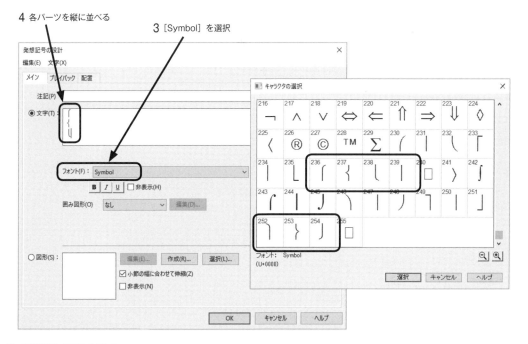

5 ［行送り］画面を開く

［発想記号の設計］画面で入力したパーツをすべて選択し、［文字］メニューから［行送り］を選択して［行送り］画面を開く。

6 行送りを調整する

［自動設定］を選択し、右の□の数値を調整して、縦に並べたパーツがすき間なくつながるように調整する。

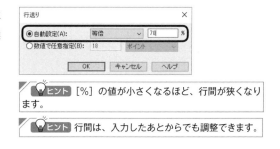

> ヒント ［%］の値が小さくなるほど、行間が狭くなります。

> ヒント 行間は、入力したあとからでも調整できます。

7 括弧を入力する

［発想記号の設計］画面で［OK］をクリックして画面を閉じると［発想記号の選択］画面に戻るので、作成した括弧が選択されていることを確認し、［配置］をクリック。
手順2でダブルクリックした位置に作成した括弧が入力される。

8 括弧の位置や長さを調整する

位置を調整する

括弧に表示される□をドラッグして位置を調整する。

括弧の長さを調整する

括弧に表示される□を右クリックすると表示されるメニューから［文字発想記号定義の編集］を選択すると［発想記号の設計］画面が開くので、行送りや［239 | ］の数で括弧の長さを調整する。

● 第4章　歌詞

日本語の歌詞を結ぶ ⌢（スラー）を入力する

　日本語の歌詞では、1つの音符に複数の文字を割り付けた場合や、「どうして」の「どう」、「ぼうし」の「ぼう」など、「お」のように発音する「う」を含む歌詞下に ⌢（スラー）をつけて示すことがあります。

　この ⌢（スラー）は、**変形図形ツール**のスラーを応用して入力します。

手順

1 ツールを選択する

　［メイン・ツール・パレット］から**変形図形ツール**を選択すると開く［変形図形ツール・パレット］から**スラー・ツール**を選択。

2 ［小節に割り付け］を選択

　［変形図形］メニューから［拍に割り付け］を選択してチェックをつける。

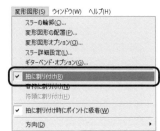

> 💡ヒント　これでスラーを小節に割り付けて入力することができるようになります。

3 スラーを入力する

　Shift キーを押したながら、通常の手順でスラーを入力する。

➡ 📖 第6章「変形図形入力の基本手順」p.266

> 💡ヒント　Shift キーを押しながらドラッグすると方向が固定され、水平にスラーを入力することができます。

4 位置を調整する

　必要に応じて、スラーに表示される□や◇をドラッグして位置や形を調整する。

➡ 📖 第6章「スラーの形や位置を調整する」p.269

　入力が終わったら、［変形図形ツール・パレット］で**スラー・ツール**が選択されていることを確認し、［変形図形］メニューから［音符に割り付け］を選択してチェックをつけ、音符に割り付ける通常のスラーに戻しておきましょう。

218

音節間に挿入するハイフンの調整

　英語などの欧文の歌詞で、単語を音節単位で区切る場合に挿入される「-（ハイフン）」の詳細は、［ファイル別オプション-歌詞］画面で設定されています。

　［ファイル別オプション-歌詞］画面は、［メイン・ツール・パレット］から**歌詞ツール**　を選択し、［歌詞］メニューから［歌詞オプション］を選択して開くことができます。

段頭のハイフンの有無

　［自動ハイフンを使用］をクリックしてチェックをつけると、以下の3つのオプションから段頭のハイフンの有無が選択できるようになります。

　［つねに付ける］を選択すると、段頭にはつねにハイフンが表示されます。

　［最初の音符にシラブルが付かない場合にのみ付ける］を選択すると、段頭の最初の音符に歌詞（シラブル、音節）が割り当てられていないときのみ、段頭にハイフンが表示されます。

　［つねに付けない］を選択すると、どんな場合も段頭にはハイフンが表示されません。

ハイフンの数

　1つの単語が複数の音符にまたがる場合に表示されるハイフンの数は、［ハイフン同士の間隔の上限］によって設定されています。

　この数値を大きくするとハイフン間の距離が広がり、結果的に挿入されるハイフンの数が少なくなります。逆に小さくするとハイフン間の距離が狭くなり、挿入されるハイフンの数が増えます。

　使用する単位は画面下の［計測単位］欄で選択することができます。

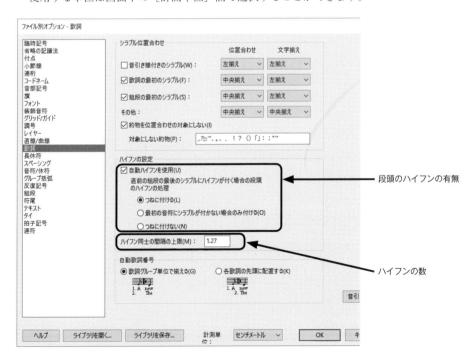

●第4章　歌詞

歌詞をテキストデータとして書き出す（欧文の場合）

英語など、欧文の歌詞の場合は、［歌詞の書き出し］を利用して、入力した歌詞をテキストデータとして書き出すことができます。

注意!! 日本語の歌詞の場合は、文字間に半角スペースが残るなど、編集が必要になります。

注意!! 欧文の場合でも、アクサンやウムラウトなどの特殊な文字がある場合は、フォント環境などにより文字化けすることがあります。

手順

1 ツールを選択する
［メイン・ツール・パレット］から**歌詞ツール**を選択。

2 ［歌詞の書き出し］画面を開く
［歌詞］メニューから［歌詞の書き出し］を選択し、［歌詞の書き出し］画面を開く。

3 歌詞を選択する
［対象とする歌詞］欄で、書き出したい歌詞を選択すると、下の□に選択した歌詞が表示される。

4 ハイフンとアンダースコアを取り除く
［ハイフンとアンダースコアを取り除く］をクリックしてチェックをつけると、ハイフンなどが取り除かれる。

5 歌詞の書き出し方法を選択する
［内容をクリップボードにコピー］または［テキストファイルに保存］のどちらかの方法を選択してクリック。

6 保存、またはペーストする

［内容をクリップボードにコピー］の場合

テキスト・ツールを選択して任意の場所にカーソルを表示し、コピーした歌詞を貼り付ける。
または任意のソフト（Wordやメールなど）を立ち上げ、クリップボードにコピーした内容をペーストし、任意のソフトに従って保存する。

［テキストファイルに保存］の場合
保存画面が開くので、ファイル名を入力し、保存場所を指定して保存する。

第5章
コードネーム

● 第5章　コードネーム

1 コードネームの入力手順

楽譜へ直接タイプする

コードネームは、通常のテキストのようにパソコンキーボードでタイプして入力します。

手　順

1　パソコンキーボードの準備

パソコンの入力モードを半角英数にしておく。

2　ツールを選択する

[メイン・ツール・パレット] から**コード・ツール** を選択。

3　入力開始位置を指定する

コードネームを入力したい位置をクリックすると、カーソルが表示される。

> 💡ヒント　クリックしてもカーソルが表示されない場合は、[コード] メニューの [手動入力] にチェックがついているかどうかを確認します。

> 💡ヒント　コードネームは、音符や休符の入力されていない空の小節にも、拍単位で入力できます。

4　コードネームを入力する

パソコンキーボードをタイプしてコードネームを入力する。

♯（シャープ）を入力したい場合は Shift + 3 キーで「#」を、♭（フラット）を入力したい場合は B キーをタイプして小文字の「b」を入力する。

5　カーソルを移動する

スペースキーをタイプしてカーソルを次の入力位置に移動すると、コードネームが正しく表示される。

> 💡ヒント　Tab キーをタイプすると、小節単位でカーソルを移動することができます。

> 💡ヒント　Shift キーを押しながらスペースキーまたは Tab キーをタイプすると、カーソルが前に移動します。

手順4～5を繰り返して必要なコードネームを入力する。

6　入力を終了する

楽譜の余白部分をクリックすると、カーソルが消え、入力モードから抜ける。

一覧から選択して入力する

コードネームに○や∅、△などの特殊な記号を入力したい場合は、一覧から選択して入力します。

手順

1 入力モードを半角英数にする
パソコンの入力モードを半角英数にしておく。

2 ツールを選択する
[メイン・ツール・パレット]から**コード・ツール**を選択。

3 入力位置を指定する
コードネームを入力したい位置をクリックすると、カーソルが表示される。

4 ルート音を入力する
コードネームのルート音をタイプして入力する。

> **ヒント** クリックしてもカーソルが表示されない場合は、[コード]メニューの[手動入力]にチェックがついているかどうかを確認します。

> **ヒント** コードネームは、音符や休符の入力されていない空の小節にも、拍単位で入力できます。

5 [コード・サフィックスの選択]画面を開く
そのまま続けて「：0」をタイプしたあと、Enter（return）キーをタイプすると[コード・サフィックスの選択]画面が開く。

6 コード・サフィックスを選択する
入力したいコード・サフィックスをダブルクリックすると画面が閉じ、選択したコード・サフィックスが入力される。

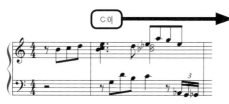

> **注意!!** Windowsの場合、[コード]メニューの[MIDI入力を使用]にチェックがついていると、ダブルクリックしても[コード・サフィックスの選択]画面が閉じません。その場合は、右上の[×]をクリックすると画面を閉じることができます。

[コード・サフィックスの選択]画面をよく見ると、それぞれのサフィックスに番号が振られています。手順5で「：(コロン)」のあと、続けてこの番号をタイプすると、[コード・サフィックスの選択]画面を開かずに目的のコード・サフィックスを入力することができます。よく使う記号の番号を覚えておくと便利です。

また、「△7」を下揃えにしたり「(♭9)」をコードの右上に配置したい場合など、サフィックスの位置を調整したい場合は、[コード・サフィックス編集]画面で調整することができます。

→ 第5章「"on ○"を使ったオンコード」p.227

●第5章　コードネーム

MIDIキーボードで入力する

　MIDIキーボードで押さえた鍵盤に応じて、コードネームを入力することもできます。使用するMIDIキーボードを接続するなどの準備をしてから以下の手順に進んでください。

手　順

1 ツールを選択する

　［メイン・ツール・パレット］から**コード・ツール**を選択。

2 ［MIDI入力を使用］を選択

　［コード］メニューから［MIDI入力を使用］を選択してチェックをつける。

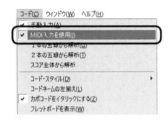

3 入力開始位置を指定する

　コードネームを入力したい位置をクリックすると、カーソルが表示される。

💡**ヒント**　コードネームは、音符や休符の入力されていない空の小節にも、拍単位で入力できます。

4 MIDIキーボードでコードを押さえる

　MIDIキーボードでコードを押さえると、押さえた鍵盤に応じてコードネームが入力され、カーソルが次の入力位置に進む。

💡**ヒント**　必要に応じてスペースキーまたは Tab キーをタイプして、カーソルを次の入力位置に移動します。

コードネームを学習させる

　MIDIキーボードを使った入力で希望どおりのコードネームが入力できない、という場合は、以下の手順でコードネームを学習させることができます。

手　順

1 ツールを選択する

　［メイン・ツール・パレット］から**コード・ツール**を選択。

2 ［学習コードの編集］画面を開く

　［コード］メニューから［学習コードの編集］を選択し、［学習コードの編集］画面を開く。

1 | コードネームの入力手順

3 調を設定する

［調の設定］をクリックすると開く［調号］画面で、学習させたいコードを使用する調を設定し、［OK］をクリックして画面を閉じる。

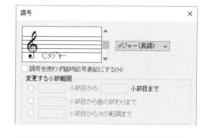

💡ヒント デフォルトでは、編集中の楽譜と同じ調が選択されています。

4 MIDIキーボードでコードを押さえる

［学習］をクリックして［実際に弾く］画面が表示されたら、学習させたいコードを MIDI キーボードで押さえる。

⚠注意!! 2つ以上の鍵盤を同時に押さえます。1つの鍵盤にコードネームを割り当てることはできません。

5 コードネームを定義する

［コード定義］画面が開くので、［コードネーム］欄に入力したいコードネームを入力する。

💡ヒント パソコンの入力モードは半角英数に設定しておきます。

💡ヒント ［詳細定義を表示］をクリックすると画面が下に広がり、表示される［サフィックス］欄で［選択］をクリックすると［コード・サフィックスの選択］画面が開き、一覧から選択して入力することもできます。

［OK］をクリックして画面を閉じると、［学習コードの編集］画面に戻り、学習させたコードネームが画面中央に表示される。

💡ヒント 手順4～5を繰り返すと、続けて複数のコードを学習させることができます。

6 画面を閉じる

［OK］をクリックして［学習コードの編集］画面を閉じる。

これで、以降は手順4と同じ鍵盤を押さえると、定義したコードネームが入力できるようになります。

● 第5章　コードネーム

オンコードを入力する

　ベース音を指定したオンコードの記譜方法には、「スラッシュを使ったオンコード」、「アンダーバーを使ったオンコード」、"on ○" を使ったオンコード」の3つのタイプがあります。

> 💡ヒント　オンコードは「分数コード」と呼ばれることもあります。

> 💡ヒント　パソコンの入力モードは半角英数に設定しておきます。

■ スラッシュを使ったオンコード

　「C/E」などのようにスラッシュを使ったオンコードは、通常のコードネームと同様にタイプして入力します。

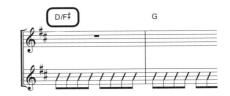

手順

1 基本部分を入力する

通常の手順で、コードネームの基本部分を入力する。

2 ベース音を入力する

続けて「／（スラッシュ）」を入力したあと、ベース音をタイプして入力する。

> 💡ヒント　「／（スラッシュ）」に続く部分はベース音として認識され、移調の際も正しく移調されます。

3 カーソルを移動する

楽譜の余白部分をクリックして入力モードから抜けるか、またはスペースキー（または Tab キー）をタイプしてカーソルを次の入力位置に移動すると、コードネームが正しく表示される。

■ アンダーバーを使ったオンコード

　「C/E」などのように、分数のような形で記譜するオンコードもタイプして入力します。

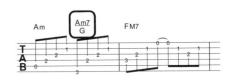

手順

1 基本部分を入力する

通常の手順で、コードネームの基本部分を入力する。

2 ベース音を入力する

Shift ＋ □ キーをタイプして「＿（アンダーバー）」を入力したあと、ベース音をタイプして入力する。

> 💡ヒント　「＿（アンダーバー）」に続く部分はベース音として認識され、移調の際も正しく移調されます。

3 カーソルを移動する

楽譜の余白部分をクリックして入力モードから抜けるか、またはスペースキー（または Tab キー）をタイプしてカーソルを次の入力位置に移動すると、コードネームが正しく表示される。

1 | コードネームの入力手順

"on ○" を使ったオンコード

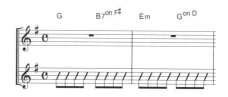

コードネームのあとに「on ○」と記してオンコードを指示する場合があります。これは、サフィックスとして新規に登録しておけば、入力することができます。

ただし、スラッシュやアンダーバーのときと異なり、「on」に続く部分はベース音として認識されず、あとで移調した場合も「on ○」の部分は移調されないので注意が必要です。

手順

1 基本部分を入力する
通常の手順で「on ○」直前までの基本部分を入力しておく。

2 [コード定義] 画面を開く
入力したコードネームに表示される□を右クリックし、[コード定義の編集] を選択して [コード定義] 画面を開く。

3 [コード・サフィックスの選択] 画面を開く
[詳細定義を表示] をクリックし、表示される [サフィックス] 欄で [選択] をクリックして [コード・サフィックスの選択] 画面を開く。

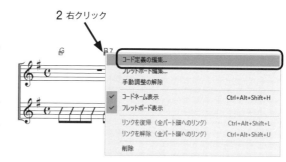

💡ヒント クリックすると画面が下に広がり、ボタンの名称が [詳細定義を隠す] に変わります。

4 サフィックスを複製する
入力したサフィックスが選択されていることを確認し、[複製] をクリックして複製しておく。
サフィックスがつかないコードネームの場合は、何もせずに次の手順に進む。

5 [コード・サフィックス編集] 画面を開く
複製したサフィックスが選択されていることを確認し、[編集] をクリックして [コード・サフィックス編集] 画面を開く。
サフィックスがつかないコードネームの場合は、[作成] をクリックして [コード・サフィックス編集] 画面を開く。

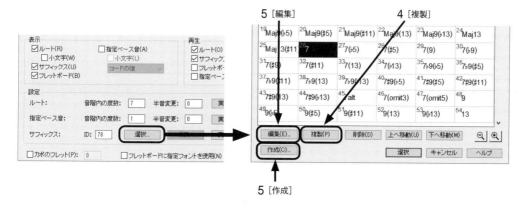

6 「on ○」を右肩つきに設定する

［次へ］をクリックして、左のプレビューに表示されている□を複製したサフィックスの後ろに移動する。右上の□に「on ○」最初の「o（小文字のオー）」を入力し、［縦］欄の□に「1s」を入力。

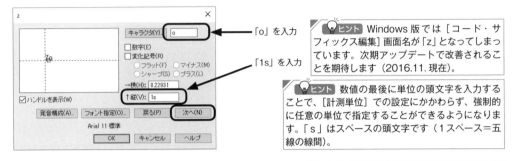

［次へ］をクリックし、残りの「n」、「半角スペース」、「ベース音」の順に入力し、すべての文字で［縦］欄を「1s」に設定する。

7 臨時記号を入力したい場合

臨時記号を入力したい場合は、［次へ］をクリックして□を移動したあと、右上の□に半角スペースを1つ入力し、［変化記号］をクリックしてチェックをつけ、入力したい変化記号をクリックして選択。
ほかの文字と同様に、［縦］欄に「1s」を入力する。

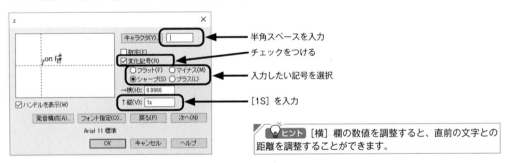

8 画面を閉じる

［OK］をクリックすると［コード・サフィックスの選択］画面に戻るので、作成した「on ○」つきのサフィックスが選択されていることを確認し、［選択］をクリック。［コード定義］画面で［OK］をクリックすると、作成した「on ○」つきのサフィックスが入力される。

作成した「on ○」は、コード・サフィックスとして登録されるので、次回からは［コード・サフィックスの選択］画面から選択して入力することができます。

➡ 📖 第5章「一覧から選択して入力する」p.223

2 | コードネームを編集する

コードネームを削除する

必要のないコードネームは削除します。

手 順

1 ツールを選択する
［メイン・ツール・パレット］から**コード・ツール** または**選択ツール** を選択。

2 コードネームを選択する
コード・ツール の場合は、削除したいコードネームに表示される□をクリックして選択。
選択ツール の場合は、削除したいコードネームをクリックして選択。

3 削除する
Delete キーをタイプすると、選択していたコードネームが削除される。

コードネームを修正する

入力ミスを見つけたら、修正しておきましょう。

手 順

1 ツールを選択する
［メイン・ツール・パレット］から**コード・ツール** を選択。

2 コードネームを選択する
修正したいコードネームに表示される□をダブルクリックすると、コードネームが反転表示され編集できるようになる。

3 修正する
入力と同じ手順で正しいコードネームを入力する。

●第5章　コードネーム

新しいコード・サフィックスを定義する

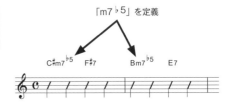

［コード・サフィックスの選択］画面のリストにないサフィックスを入力したい場合は、あらたにサフィックスを定義すると、入力できるようになります。

通常の手順で入力したい文字（例の場合は ○m7b5）をタイプして入力すると、新しいサフィックスを追加するかどうかを確認する画面が表示されます。［はい］をクリックすると［コード・サフィックス編集］画面を開くので、位置などの詳細を設定します。

➡ 📖 第5章「"on ○"を使ったオンコード」p.227

コードネームの垂直位置を調整する

楽譜全体で、あるいは1段分のコードネームをまとめて移動して垂直位置を調整したい場合は、**コード・ツール** を選択すると楽譜左に表示される▷を利用します。

手順

1 ツールを選択する

［メイン・ツール・パレット］から**コード・ツール**を選択すると、楽譜左に▷▷▷▷が表示される。

> 💡ヒント　▷▷▷▷は、五線をクリックすると、クリックした五線の左に移動します。

2 移動する

楽譜全体で移動する
一番左の▷をドラッグすると、楽譜に入力されているすべてのコードネームが移動する。

特定のページで移動する
左から2番目の▷をドラッグすると、ページ内のコードネームが移動する。

特定の段でのみ移動する
左から3番目の▷をドラッグすると、▷が表示されている段のコードネームだけが移動する。

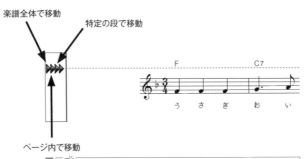

> 💡ヒント　右端の▷をドラッグすると、次に入力するコードネームの垂直位置をあらかじめ指定しておくことができます。

個別に入力位置を調整する

　同じ段に入力したコードネームは水平に揃っているほうがきれいに見えますが、どうしても他の音符や記号とぶつかってしまうという場合は、個別に移動して位置を調整することもできます。

手順

1 ツールを選択する
　［メイン・ツール・パレット］から**コード・ツール**を選択。

2 コードネームを選択する
　コード・ツールの場合は、移動したいコードネームに表示される□をクリックして選択。

3 移動する
　ドラッグ、または矢印キーをタイプしてコードネームの位置を調整する。

> **ヒント** ドラッグすると表示される破線を目安にして移動します。

> **ヒント** [Shift]キーを押しながらドラッグすると移動方向を上下、または左右に固定することができます。

コードネームのフォントを変更する

　コードネームに使用するフォントを変更するには、その部分によって手順が異なります。
　ルート音や臨時記号に使用するフォントは、［ファイル別オプション－フォント］画面の［コード］欄で変更できますが、ルート音に続くコード・サフィックスのフォントを変更したい場合は、［サフィックス・フォントの変更］画面から設定します。

手順

1 ツールを選択する
　［メイン・ツール・パレット］から**コード・ツール**を選択。

2 ［サフィックス・フォントの変更］画面を開く
　［コード］メニューから［サフィックス・フォントの変更］を選択し、［サフィックス・フォントの変更］画面を開く。

3 フォントを選択する
　［フォントの検索］欄で変更したいフォントを、［次のフォントに置き換え］欄で置換後のフォントを選択。

> **ヒント** ［選択されたフォント］を選択しておくと、特定のフォントだけを置換することができます。

4 置換する
　［サフィックスの文字間を調整］をクリックしてチェックをつけ、［OK］をクリックして画面を閉じると、選択したフォントが指定したフォントに置換される。

> **注意!!** チェックをつけずに置換すると、置換したフォント、サイズなどによっては文字間がくずれてしまうことがあります。

3 フレットボード

フレットボードを表示する

コードネームには、フレットボードを表示することができます。

手順

1 ツールを選択する

[メイン・ツール・パレット]から**コード・ツール** を選択。

2 コードネームを中央揃えにする

[コード]メニューの[コードネームの左揃え]のチェックをはずしておく。

> **ヒント** チェックをはずしておくと、コードネームとフレットボードが中央揃えで入力されます。

3 フレットボードを表示する

[コード]メニューから[フレットボードを表示]を選択してチェックをつけると、入力されているコードネームの下にフレットボードが表示される。

希望のフレットボードが表示されない場合

フレットボードは、いくつかのタイプから選択することができます。

手順

1 ツールを選択する

[メイン・ツール・パレット]から**コード・ツール** を選択。

2 [コード定義]画面を開く

コードネーム、またはフレットボードに表示される□を右クリックすると表示されるメニューから[コード定義の編集]を選択し、[コード定義]画面を開く。

3 [フレットボード選択]画面を開く

[フレットボード]欄の[選択]をクリックして、[フレットボード選択]画面を開く。

3 | フレットボード

4 **フレットボードを選択する**

表示されるリストから、希望のフレットボードをクリックして選択。

5 **画面を閉じる**

[Ctrl]（⌘）を押しながら［選択］をクリックすると、すべての画面が閉じ、フレットボードが選択したタイプに変更される。

> ヒント [Ctrl]（⌘）キーを押しながら［選択］をクリックすると、一度に複数の画面を閉じることができます。

> ヒント 希望のフレットボードがない場合は、［作成］をクリックしてオリジナルのフレットボードを作成することもできます（次項参照）。

オリジナルのフレットボードを作成する

フレットボードは自由に編集したり、または新規に作成したりすることができます。

手 順

1 **ツールを選択する**

［メイン・ツール・パレット］から**コード・ツール**を選択。

2 **［コード定義］画面を開く**

コードネームまたはフレットボードに表示される□を右クリックすると表示されるメニューから［コード定義の編集］を選択し、［コード定義］画面を開く。

3 **［フレットボード編集］画面を開く**

［フレットボード］欄の［選択］をクリックすると開く［フレットボード選択］画面で［編集］（新規に作成する場合は［作成］）をクリックして［フレットボード編集］画面を開く。

● 第5章　コードネーム

4 楽器を選択する

［楽器］欄をクリックすると表示されるリストから、楽器を選択する。

4 楽器を選択する

ヒント　［楽器編集］をクリックすると［フレットボード楽器定義］画面が開き、選択した楽器の弦の数や調弦方法などを確認、編集することができます。

5 フレット番号を指定する

必要に応じて［フレット番号］欄の［表示］をクリックしてチェックをつけ、［番号］右の□に表示したいフレット番号を入力。

6 フレットボードを編集または作成する

［○］、［●］、［×］、［◇］や［1］〜［4］、［T］をクリックして選択し、フレットボード上をクリックすると、選択した記号が入力される。

ヒント　同じ記号でクリックすると、入力されている記号が削除されます。

セーハ記号［⌒］は、始点から終点までドラッグして指を離すと、指定した範囲に入力される。

5 フレット番号を指定する

ヒント　設定したフレット番号がフレットボード右上に表示されます。

ヒント　［再生］をクリックするとフレットボードが再生され、音を確認することができます。

7 画面を閉じる

各画面で［OK（または選択）］をクリックして画面を閉じると、手順2で選択したフレットボードが、作成したフレットボードに置き換わる。

楽器を変更する

デフォルトでは、標準的なギターのフレットボードが表示されますが、これをほかの楽器、たとえば4弦のベースや、民族楽器のバンジョーやウクレレなどのフレットボードなどに変更することができます。

ウクレレのフレットボード

手順

1 ツールを選択する

［メイン・ツール・パレット］から**コード・ツール** Cw' を選択。

2 ［フレットボード編集］画面を開く

コードネームまたはフレットボードに表示される□を右クリックすると表示されるメニューから、［フレットボード編集］を選択し、［フレットボード編集］画面を開く。

3 楽器を選択する

［楽器］欄をクリックすると表示されるリストから、楽器を選択する。

> **ヒント** ［楽器編集］をクリックすると［フレットボード楽器定義］画面が開き、選択した楽器の弦の数や調弦方法などを確認、編集することができます。

4 画面を閉じる

［OK］をクリックして画面を閉じると、手順2でクリックしたコードネームと同じタイプのものに表示されているフレットボードが、指定した楽器のものに変更される。

> **注意!!** 楽器の変更がフレットボードに反映されない場合は、［表示］メニューの［描き直し］を選択して実行すると、変更内容が楽譜に反映されます。

必要に応じて手順2～3を繰り返して、ほかのタイプのフレットボードも、楽器を変更する。

フレットボードのサイズを編集する

フレットボードの表示サイズは［ファイル別オプション］画面で編集できます。

手順

1 ［ファイル別オプション－コードネーム］画面を開く

［書類］メニューから［ファイル別オプション］を選択して［ファイル別オプション］画面を開き、左のリストから［コードネーム］をクリックして選択。

2 サイズを指定する

［フレットボードの拡大縮小率］欄の□に数値を入力して、フレットボードの表示サイズを指定する。

3 画面を閉じる

［OK］をクリックして画面を閉じると、フレットボードが指定したサイズになる。

💡ヒント ［適用］をクリックすると、画面を閉じずに変更内容を楽譜に反映させることができます。

特定のフレットボードを隠す

楽譜全体でフレットボードを隠したい場合は、［コード］メニューの［フレットボードを表示］を選択してチェックをはずせばOKですが、たとえば、初出の箇所にだけフレットボードを表示したいということもあります。

フレットボードは、個別に隠すこともできます。

手順

1 ツールを選択する

［メイン・ツール・パレット］から**コード・ツール** を選択。

2 フレットボードを隠す

フレットボードを隠したいコードネームまたはフレットボードに表示される□を右クリックし表示されるメニューから、［フレットボード表示］を選択してチェックをはずす。

選択したコードネームのフレットボードが、薄く表示されるようになる。

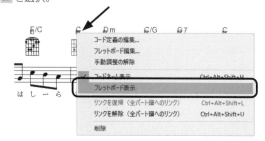

画面では薄く表示されたままになり完全には消えませんが、印刷すると、指定したフレットボードは印刷されなくなります。

第6章
音楽記号

1　発想記号

発想記号入力の基本手順

発想記号ツール *mf* を使った入力の基本手順です。

➡ 📖 第6章「［速度標語］、［速度変化］、［リハーサルマーク］
の表示パートを編集する」p.247

▶ 手　順

1　ツールを選択する

［メイン・ツール・パレット］から**発想記号ツール** *mf* を選択。

2　［発想記号の選択］画面を開く

発想記号を入力したい位置をダブルクリックすると、［発想記号の選択］画面が開く。

💡 ヒント　このとき、カーソルに表示される矢印が、発想記号を入力したい五線を指す位置でダブルクリックするようにします。

3　カテゴリを選択する

左のリストから、カテゴリをクリックして選択する。

4　記号を選択する

入力したい発想記号をダブルクリックすると画面が閉じ、選択した記号がカテゴリごとの設定に従って配置される。

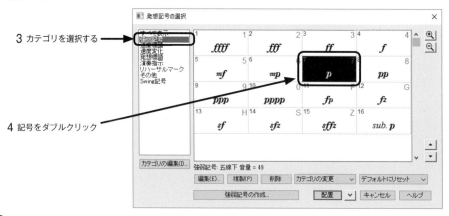

5　位置を調整する

必要に応じて、記号に表示される□をドラッグして位置を調整する。

💡 ヒント　複数の五線をもつ楽譜で、複数の五線に表示される記号の場合、最上段の記号をドラッグするとすべての五線で記号が移動します。2番目以降の記号をドラッグすると、その記号だけが移動します。

マクロ機能を利用して発想記号を入力する

［発想記号の選択］画面で記号の右上に表示されている数字やアルファベットが、それぞれの記号に割り当てられているマクロキーです。よく使う記号のマクロキーを覚えておくと、入力がスムーズになります。

→ 📖 第6章「［速度標語］、［速度変化］、［リハーサルマーク］の表示パートを編集する」p.247

手順

1 ツールを選択する

［メイン・ツール・パレット］から**発想記号ツール** _mf_ を選択。

2 マクロキーで入力する

入力したい発想記号に割り当てられているマクロキーを押しながら入力位置をクリックすると、発想記号が入力される。

> 💡ヒント このとき、カーソルに表示される矢印が、発想記号を入力したい五線を指す位置でクリックします。

マクロキーをカスタマイズする

自分の覚えやすいキーをマクロキーとして割り当てることができます。

手順

1 ツールを選択する

［メイン・ツール・パレット］から**発想記号ツール** _mf_ を選択。

2 マクロキーをタイプする

Shift キーを押しながら、割り当てたい数字キーまたはアルファベットキーをタイプすると、［発想記号の選択］画面が開く。

> 💡ヒント このとき、指定したキーにデフォルトで割り当てられている記号があれば、その記号が選択されています（割り当てられている記号がない場合は、画面左上の記号が選択されています）。

3 記号を選択する

左のリストからカテゴリを選択し、割り当てたい記号をダブルクリックして画面を閉じる。

これで選択した発想記号に手順2でタイプした数字キーまたはアルファベットキーがマクロキーとして割り当てられました。

五線の適当な箇所でダブルクリックして［発想記号の選択］画面を開くと、手順3で選択した記号の右上に設定したマクロキーが表示されていることが確認できます。

もしデフォルトで同じキーに他の記号が割り当てられていた場合、もとの記号のマクロ機能は無効になり、記号右上は空欄になります。

複数の五線に一括で発想記号を入力する

となりあった五線であれば、複数の五線の同じ拍位置に、まとめて発想記号を入力することができます。➡第6章 📖「[速度標語]、[速度変化]、[リハーサルマーク]の表示パートを編集する」p.247

手順

1 ツールを選択する
［メイン・ツール・パレット］から**発想記号ツール** を選択。

2 入力範囲を選択する
ドラッグすると表示される枠で、発想記号を入力したい五線の拍位置を囲むようにして選択すると、［発想記号の選択］画面が開く。

3 記号を選択する
左のリストからカテゴリを選択し、入力したい発想記号をダブルクリックすると画面が閉じ、選択した記号が手順2で指定した五線の拍位置に一括で入力される。

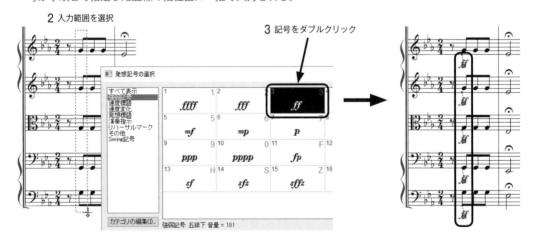

マクロキーを使って一括で入力する

この手順にさらにマクロ機能をプラスすると、もっとすばやく記号を入力することができます。

上記手順1で**発想記号ツール** を選択したら、入力したい記号に割り当てられているマクロキーを押したまま、ドラッグすると表示される枠で発想記号を入力したい五線の拍位置を囲むようにして選択します。これで、［発想記号の選択］画面を開かずに、記号を一括で入力することができます。

1 | 発想記号

上（または下）の五線に発想記号をコピーする

複数の五線をもつ楽譜では、同じ拍位置に同じ発想記号が記されていることがよくあります。となりあった五線であれば、1つの五線に入力したら、あとはコピーでサクッと入力することができます。

➡ 📖 第3章「項目を指定してコピーする」p.197 も参照
➡ 📖 第6章「［速度標語］、［速度変化］、［リハーサルマーク］の表示パートを編集する」p.247

手順

1 ツールを選択する

［メイン・ツール・パレット］から**発想記号ツール** *mf* を選択。

2 記号を選択する

コピーしたい記号に表示される□をクリックして選択。

> **ヒント** ドラッグすると表示される枠で囲むようにして選択、または Shift キーを押しながら□をクリックすると、複数の記号を選択することができます。

> **ヒント** 入力直後は□が選択されているので、そのまま次の手順に進みます。

3 コピーする

Ctrl （ option ）+ ↑ （または ↓ ）キーをタイプするごとに、上（または下）の五線の同じ拍位置に、入力した（または選択した）発想記号がコピーされる。

すべての五線に発想記号を割り付ける

発想記号をすべての五線の同じ拍位置にすばやく入力する手順です。

手順

1 ツールを選択する

［メイン・ツール・パレット］から**発想記号ツール** *mf* を選択。

2 記号を選択する

割り付けたい記号に表示される□をクリックして選択。

3 すべての五線に割り付ける

選択した□のどれか1つを右クリックすると表示されるメニューから［すべての五線に割り付け］を選択すると、選択していた記号がすべての五線に割り付けられる。

> **ヒント** ドラッグすると表示される枠で囲むようにして選択、または Shift キーを押しながら□をクリックすると、複数の記号を選択することができます。

五線を指定して発想記号を割り付ける

五線を指定して入力した発想記号を割り付けることができます。

➡ 📖 第6章「[速度標語]、[速度変化]、[リハーサルマーク] の表示パートを編集する」p.247

手 順

1 ツールを選択する
[メイン・ツール・パレット] から**発想記号ツール** _mf_ を選択。

2 記号を選択する
割り付けたい記号に表示される□をクリックして選択。

> 💡ヒント ドラッグすると表示される枠で囲むようにして選択、または Shift キーを押しながら□をクリックすると、複数の記号を選択することができます。

3 [五線別に割り付け] 画面を開く
選択した□のどれか1つを右クリックすると表示されるメニューから [五線別に割り付け] を選択し、[五線別に割り付け] 画面を開く。

4 割り付ける五線を指定する
割り付けたい五線名左の「・」をクリックして「×」にし、選択した五線に応じて [名前] 欄に「piano Ⅰ+Ⅱ」など、わかりやすい名前を入力する。

> 💡ヒント [×] が表示されたパートに選択している記号が割り付けられます。

> 💡ヒント 「×」を再度クリックすると「・」に戻すことができます。

> ⚠注意!! [名前] 欄には、半角英数で入力します。

> 💡ヒント [新規] をクリックすると、あらたに割り付けるグループを作成できます。

5 画面を閉じる
[OK] をクリックして画面を閉じると、指定した五線に選択した記号が割り付けられる。

手順4で入力した名前は、[五線に割り付け] 画面の [編集対象] 欄にリストアップされ、次回からはここから選択するだけで割り付けるパートを選択できるようになります。

発想記号を置き換える

入力位置を変えずに、発想記号を置き換えることができます。

[発想記号の選択] 画面から指定する場合

手順

1 ツールを選択する

[メイン・ツール・パレット] から**発想記号ツール** _mf_ を選択。

2 記号を選択する

置き換えたい記号に表示される□をダブルクリックして、[発想記号の選択] 画面を開く。

> **注意!!** この手順では、複数の記号を一度に置き換えることはできません。

3 記号を置き換える

左のリストからカテゴリを選択し、表示されるリストから置き換えたい発想記号を選択し [配置] をクリック、またはダブルクリックすると画面が閉じ、選択していた記号が置き換えられる。

マクロキーを利用する場合

手順

1 ツールを選択する

[メイン・ツール・パレット] から**発想記号ツール** _mf_ を選択。

2 記号を選択する

置き換えたい記号に表示される□をクリックして選択。

> **ヒント** ドラッグすると表示される枠で囲むようにして選択、または [Shift] キーを押しながら□をクリックすると、複数の記号を選択することができます。

3 記号を置き換える

置き換えたい記号に割り当てられているマクロキーをすばやく2回タイプすると、選択していた記号が指定した記号に置き換えられる。

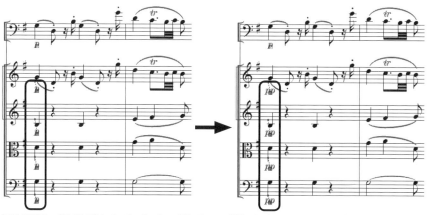

記号を選択し、割り当てられているマクロキー（例では _pp_ ＝ [8] キー）をすばやく2回タイプする

● 第6章　音楽記号

発想記号の添付先を変更する

発想記号ツール *mf* を使って入力した音楽記号を選択すると、記号から五線に向けて青い破線が表示され、どの五線のどの位置に添付されているかを確認することができます。デフォルトでは、ドラッグすると、記号の添付先を簡単に変更することができます。**発想記号ツール** *mf* 、**選択ツール** ▸ 、どちらでも可能です。ただし、下記手順2のチェックの有無で動作が変わるので、注意してください。

手　順

1　［環境設定－編集］画面を開く
　［編集］メニュー（［Finale］メニュー）から［環境設定］を選択すると開く［環境設定］画面の左のリストから［編集］をクリック。

2　［インジケーター付き項目の所属変更を抑制］のチェックの有無を確認する
　［移動可能項目］欄の［インジケーター付き項目の所属変更を抑止］にチェックがついていないことを確認する。
　チェックがついている場合は、クリックしてチェックをはずし、［OK］をクリックして画面を閉じる。

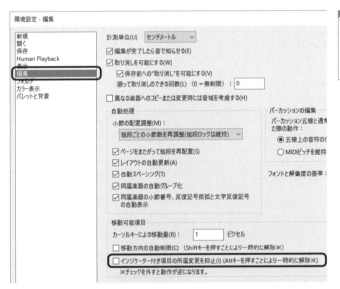

💡ヒント　［インジケーター付き項目の所属変更を抑止］のチェックをつけると、何もキーを押さえずにドラッグすると、添付先を変更せずに、記号の位置だけを修正できるようになります。

発想記号の添付先を変更せずに位置を調整する

　デフォルトでは、[Alt]（[option]）キーを押しながらドラッグすると、添付先を変更せずに、記号の位置だけを変更できるようになります。ツールは、**発想記号ツール** *mf* 、**選択ツール** ▸ 、どちらでも OK です。
　ただし前項同様、［環境設定］画面での設定に注意してください。

装飾音符に発想記号を添付する

装飾音符にも、発想記号を添付することがでます。

手 順

1 もとの音符に発想記号を入力する
通常の手順で、装飾音符のもとの音符に発想記号を入力しておく。

2 [発想記号の割り付け]画面を開く
手順1で入力した発想記号に表示される□を右クリックすると表示されるメニューから、[発想記号割付の編集]を選択し、[発想記号の割り付け]画面を開く。

3 添付したい装飾音符を指定する
[割り付ける装飾音符]欄の□に、添付したい装飾音符に対応する番号を入力。

4 画面を閉じる
[OK]をクリックして画面を閉じると、選択した発想記号が指定した装飾音符に添付される。

縮小(拡大)した音符に通常サイズの発想記号を入力する

カデンツァなど、**サイズ・ツール** % を使って縮小(または拡大)した音符に入力する発想記号を、通常のサイズで表示させることができます。

手 順

1 発想記号を入力する
通常の手順で縮小(または拡大)した音符に発想記号を入力する。

2 [発想記号の割り付け]画面を開く
手順1で入力した発想記号に表示される□を右クリックすると表示されるメニューから、[発想記号割付の編集]を選択し、[発想記号の割り付け]画面を開く。

3 発想記号を通常サイズに指定する
[音符の拡大縮小率に比例させる]欄をクリックしてチェックをはずす。

4 画面を閉じる
[OK]をクリックして画面を閉じると、発想記号が音符の拡大縮小に関係なく、通常サイズで表示されるようになる。

ヒント 添付先の音符にあわせて、縮小(または拡大)された発想記号が入力されます。

●第6章　音楽記号

発想記号の背景を隠す

どうしても発想記号が小節線にかかってしまう場合は、背景の小節線を隠すことができます。

手　順

1　ツールを選択する

［メイン・ツール・パレット］から**発想記号ツール** を選択。

2　［発想記号の設計］画面を開く

目的の記号に表示される□を右クリックすると表示されるメニューから［文字発想記号定義の編集］を選択し、［発想記号の設計］画面を開く。

3　囲み図形を選択する

［囲み図形］欄右の［なし］をクリックすると表示されるリストから［長方形］を選択。

4　［囲み図形作成］画面を開く

右の［編集］をクリックして［囲み図形作成］画面を開く。

5　背景を隠す範囲を設定する

［背景を隠す］をクリックしてチェックをつけ、左のプレビューに囲み図形が表示されるので、図形に表示されている□をドラッグして隠したい範囲を設定する。

6　線幅を「0」にする

［線幅］欄右の□に「0」を入力する。

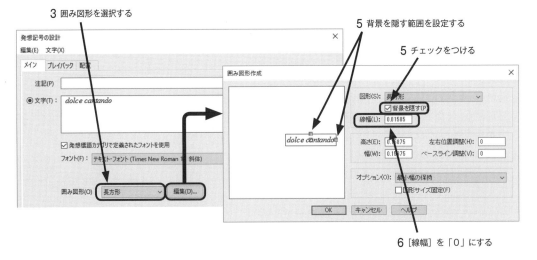

7　画面を閉じる

それぞれの画面で［OK］をクリックして画面を閉じると、手順2で選択した発想記号の背景の小節線などが隠される。

1 | 発想記号

［速度標語］、［速度変化］、［リハーサルマーク］の表示パートを編集する

　複数のパートをもつ楽譜では、［速度標語］や［速度変化］、［リハーサルマーク］カテゴリから入力する記号は、特定のパートにだけ表示されることが一般的です。この表示パートを編集したい場合は、それぞれのカテゴリを編集します。

手　順

1　［発想記号カテゴリの設計］画面を開く
［書類］メニューから［発想記号カテゴリの設計］を選択し、［発想記号カテゴリの設計］画面を開く。

2　カテゴリを選択
左のリストから表示パートを編集したいカテゴリをクリックして選択

3　［カテゴリ用表示セット］画面を開く
［カテゴリ用表示セット］欄右の［編集］をクリックして［カテゴリ用表示セット］画面を開く。

4　表示セットを選択する
［対象］欄右をクリックすると表示されるリストから、表示セットをクリックして選択。

5　表示パートを指定する
［スコア］、［パート］欄をクリックし、表示したいパートは［×］、表示したくないパートは［・］にする。

6　セット名を入力する
［セット名］欄の□に、たとえば「Top + Vn」など、わかりやすい名前を入力する。

> ヒント　デフォルトでは［速度標語］、［速度変化］、［リハーサルマーク］とも［Score List 1］が選択されています。すべてのカテゴリを同じパートに表示したい場合は［Score List 1］を、個別に設定したい場合はそれ以外を選択、編集するとよいでしょう。

> ヒント　セット名は半角英数で、端的に内容を反映したものを入力するとよいでしょう。

> ヒント　Windows版では、最上段の五線は［Top Staff］、最下段の五線は［Bottom Staff］と英語表記になっています（2016.11.現在）。

> ヒント　通常［パート］欄はデフォルトのまま、［最上段の五線］のみ［×］でよいでしょう。

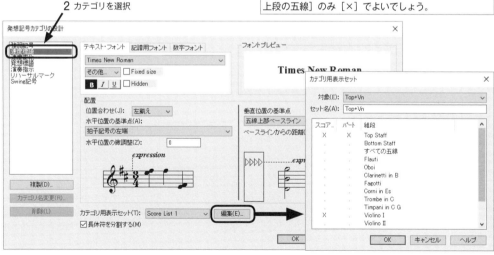

2 カテゴリを選択

7　画面を閉じる
［OK］をクリックして画面を閉じる。

247

強弱記号を五線の上に配置する

合唱譜や歌の楽譜などで、歌詞との衝突を避けるために強弱記号を五線の上に入力したいことがあります。この場合、強弱記号を1つずつ移動するのではなく、五線の上に配置するように設定したカテゴリをあらたに作成しておくと便利です。

実はこのヴォーカル用強弱記号は、[Libraries] フォルダに用意されています。既存のライブラリを読み込むだけで簡単に新しいカテゴリを追加することができます。

手 順

1 ファイルを開いておく

ライブラリを読み込みたいファイルを開いておく。

2 ライブラリを開く

［ファイル］メニューの［ライブラリを開く］を選択すると表示される画面で、［Kousaku フォント用］フォルダの［ボーカル用強弱記号］をダブルクリックすると、選択したライブラリが読み込まれる。

> **ヒント** ［ヴォーカル用強弱記号］ライブラリは、Kousaku フォント用のほかには、Maestro フォント用と Jazz フォント用のものが用意されています。

楽譜の任意の場所でダブルクリックして［発想記号の選択］画面を開くと、左のリストの一番下に新しい［強弱記号］というカテゴリがもう1つ追加されていることが確認できます。この新しく追加された［強弱記号］カテゴリから強弱記号を選択して入力すると、五線の上に配置されます。

[Libraries] フォルダの保存場所

上記の手順でメニューから操作すると、デフォルトではすばやく［Libraries］フォルダが開きます。

これは、［環境設定－フォルダ］画面の［ライブラリ］欄で［Libraries］フォルダが指定されているためです（Mac の場合［ライブラリ］欄のチェックがはずれ、ファイルの参照先が変更できないようになっています）。

> **ヒント** ライブラリを保存する際も、［環境設定－フォルダ］画面の［ライブラリ］で指定された [Libraries] フォルダが開きます。

カテゴリの名前を変更する

同じ名前が2つあると入力の際に戸惑ってしまいます。新しく追加したヴォーカル用の［強弱記号］カテゴリの名前を変更しておきましょう。

手 順

1 ［発想記号カテゴリの設計］画面を開く

［書類］メニューから［発想記号カテゴリの設計］を選択し、［発想記号カテゴリの設計］画面を開く。

2 ［カテゴリ名の設定］画面を開く

左のリストから新しく追加した［強弱記号］カテゴリをクリックして選択し、［カテゴリ名変更］をクリックして［カテゴリ名の設定］画面を開く。

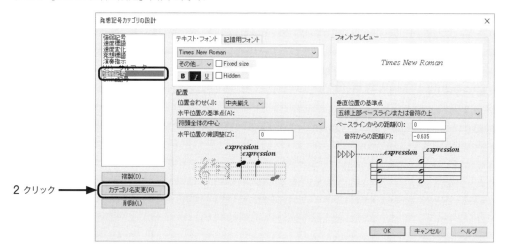

3 カテゴリ名を変更する

「強弱記号（五線上）」など、わかりやすい名前を入力する。

注意!! 長すぎると、リストに表示しきれない場合があります。

4 画面を閉じる

［OK］をクリックして画面を閉じる。

これで、五線下に配置する［強弱記号］と、五線上に配置する［強弱記号（五線上）］が設定できました。
あとは、入力位置にあわせてカテゴリを選択して記号を入力すれば、五線上に配置するものと下に配置するものを使い分けることができます。

●第6章　音楽記号

強弱記号を新規に作成する
（カテゴリ設定に沿って新規作成する）

右譜例のような「*sempre* **ppp**」、そのほかにも「*più* **p**」や「**rf**」など、リストにない強弱記号を入力したい場合は、新規に作成してから入力します。

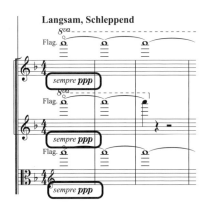

手 順

1 ツールを選択する

［メイン・ツール・パレット］から**発想記号ツール**を選択。

2 ［発想記号の選択］画面を開く

発想記号を入力したい位置をダブルクリックすると、［発想記号の選択］画面が開く。

> 💡ヒント　このとき、カーソルに表示される矢印が、発想記号を入力したい五線を指す位置でダブルクリックするようにします。

3 カテゴリを選択する

左のリストから［強弱記号］をクリックして選択。

4 ［発想記号の設計］画面を開く

［強弱記号の作成］をクリックして、［発想記号の設計］画面を開く。

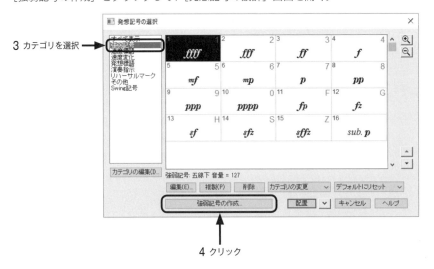

4 クリック

5 テキストを入力する場合

「*sempre*」や「*più*」など、通常のテキストを入力したい場合は、［フォント］欄をクリックすると表示されるリストから［テキスト・フォント（Times New Roman 13 斜体）］を選択し、上の□に文字をタイプして入力する。

1 | 発想記号

> **ヒント** 「ù」や「ö」などの欧文の特殊文字を入力したい場合は、[文字] メニューの [挿入] から [キャラクタ] を選択すると表示される [キャラクタの選択] 画面から選択して入力します。Mac の場合 [文字] メニューはメイン・メニューに用意されています。

6 [記譜用フォント] に変更

6 強弱記号を入力する場合

「f」や「p」などの強弱記号を入力する場合は、[フォント] 欄をクリックすると表示されるリストから [記譜用フォント (Kousaku 24 標準)] を選択。

> **ヒント** 1つの強弱記号の中に、複数のフォントを混在させることができます。

[文字] メニューの [挿入] から [キャラクタ] を選択すると表示される [キャラクタの選択] 画面で、入力したい記号をダブルクリックして選択すると入力できる。

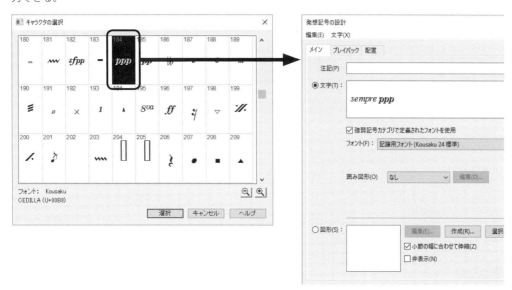

7 作成した強弱記号を入力する

[OK] をクリックして画面を閉じると [発想記号の選択] 画面に戻るので、作成した強弱記号が選択されていることを確認し、[配置] をクリック。

手順2でダブルクリックした位置に、作成した強弱記号が入力される。

●第6章　音楽記号

速度標語を新規に作成する
（既存の記号を複製して編集する）

速度標語も強弱記号と同様にして新しく記号を作成することができます。

➡ 📖 第6章「強弱記号を新規に作成する（カテゴリ設定に沿って新規作成する）」p.250

強弱記号の場合と同様、［フォント］欄には［テキスト・フォント］と［記譜用フォント］、さらに［数字フォント］の3種類が用意されています。

メトロノーム記号で使用する音符には［記譜用フォント］を使用しますが、［音符を挿入］をクリックすると表示されるリストから選択すれば、簡単に音符を挿入することができます。

ところで、デフォルトでリストに用意されている速度標語では、テキスト部分には［テキスト・フォント（Times New Roman 16 太字）］が使用されていますが、メトロノーム記号は「Rentaro」という日本語版 Finale オリジナルのフォントで作成されており、カテゴリで設定された［記譜用フォント］と少し見た目が異なります。リストにある記号と同じスタイルであらたに作成したい場合は、リストの中からよく似た記号（メトロノーム記号のみ、またはテキスト＋メトロノーム記号など）を複製して編集します。

手順

1 ツールを選択する

［メイン・ツール・パレット］から**発想記号ツール** *mf* を選択。

2 ［発想記号の選択］画面を開く

発想記号を入力したい位置をダブルクリックすると、［発想記号の選択］画面が開く。

> 💡 **ヒント** このとき、カーソルに表示される矢印が、発想記号を入力したい五線を指す位置でダブルクリックするようにします。

252

3 カテゴリを選択する

左のリストから［速度標語］をクリックして選択。

4 もととなる記号を複製する

これから作成したい記号によく似たタイプの記号を選択し、［複製］をクリックして複製する。

5 ［発想記号の設計］画面を開く

複製された記号が選択されていることを確認し、［編集］をクリックして［発想記号の設計］画面を開く。

> **ヒント** 複製した記号は、もとの記号のすぐ後ろにリストアップされます。

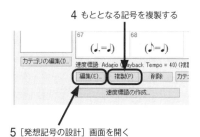

4 もととなる記号を複製する

5 ［発想記号の設計］画面を開く

6 テキスト（数字）を修正する

修正したい箇所をドラッグして選択し、反転表示にしてから、作成したい速度標語をタイプして入力する。

7 音符を修正する

複製した記号の音符部分をドラッグして選択して反転表示にしてから、［文字］メニューの［挿入］から［キャラクタ］を選択すると表示される［キャラクタの選択］画面で、入力したい音符をダブルクリックして選択。

> **ヒント** 音符は 33 ～ 39 に、付点は 179 にリストアップされています。そのほか「～」や「くらい」、「約」なども用意されています。

> **ヒント** 表示が小さくて見づらい場合は、画面右下、真ん中に「＋」が表示された虫めがねボタンをクリックすると拡大表示され、記号が探しやすくなります。

8 作成した速度標語を入力する

［OK］をクリックして画面を閉じると［発想記号の選択］画面に戻るので、作成した速度標語が選択されていることを確認し、［配置］をクリック。

手順2でダブルクリックした位置に、作成した速度標語が入力される。

9 位置を調整する

必要に応じて、□をドラッグして位置を調整する。

> **ヒント** 複数の五線をもつ楽譜で、複数の五線に表示される速度標語の場合、最上段の記号をドラッグするとすべての五線で記号が移動します。2番目以降の記号をドラッグすると、その記号だけが移動します。

必要に応じて作成した速度標語のプレイバック・テンポも設定することができます。

➡ 📖 第9章「発想記号でテンポを指定する」p.361

肩文字のついた発想記号を作成する

「I⁰ Tempo」や「Même mouvᵗ」などの「⁰」や「ᵗ」は、肩文字に設定することで、作成、入力することができます。

手順

1 ツールを選択する

［メイン・ツール・パレット］から**発想記号ツール** を選択。

2 ［発想記号の選択］画面を開く

発想記号を入力したい位置をダブルクリックして、［発想記号の選択］画面を開く。

> 💡ヒント このとき、カーソルに表示される矢印が、発想記号を入力したい五線を指す位置でダブルクリックするようにします。

3 ［発想記号の設計］画面を開く

左のリストからカテゴリを選択し、［（選択したカテゴリ名）の作成］をクリックして［発想記号の設計］画面を開く。

4 文字をタイプして入力する

通常の手順で、作成したい発想記号をタイプして入力する。

5 文字を選択する

肩文字にしたい文字をドラッグして選択し、反転表示にする。

6 ［キャラクタ設定］画面を開く

［（選択したカテゴリ名）カテゴリで定義されたフォントを使用］をクリックしてチェックをはずすと表示される［キャラクタ設定］をクリックし、［キャラクタ設定］画面を開く。

> 💡ヒント ［キャラクタ設定］画面では、選択した文字のフォントやサイズ、スタイルなどの詳細を設定することができます。

7 肩文字に設定する

［サイズ］欄で、他の文字より少し小さめのサイズに設定し、［肩文字］欄右の□に「1スペース」を目安に数値を入力し、選択した文字を肩文字に設定する。

［OK］をクリックして画面を閉じ、［発想記号の設計］画面のプレビューで確認しながら調整する。

> 💡ヒント 指定した数値分、選択した文字のベースラインが上がります。

> 💡ヒント ここで入力する数値のデフォルトの単位は、［編集］メニューの（［Finale］メニューの）の［計測単位］で選択されている単位になります。

> 💡ヒント 数値の最後に単位の頭文字（センチなら「c」、スペースなら「s」など）を入力することで、［計測単位］での設定にかかわらず、強制的に任意の単位で指定することができるようになります。

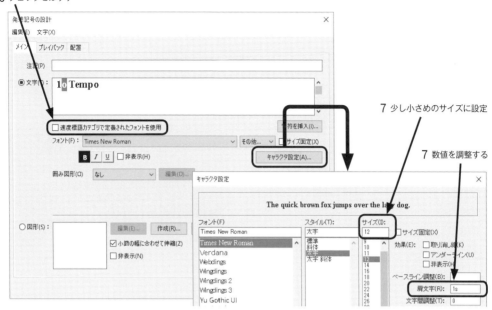

8 作成した速度標語を入力する

［OK］をクリックして画面を閉じると［発想記号の選択］画面に戻るので、作成した速度標語が選択されていることを確認し、［配置］をクリック。

手順2でダブルクリックした位置に、作成した速度標語が入力される。

日本語による発想記号を作成する

日本語による発想記号も、もちろん作成できます。

作成したい発想記号に適したカテゴリを選択して［発想記号の設計］画面を開いたら、［（選択したカテゴリ名）カテゴリで定義されたフォントを使用］をクリックしてチェックをはずします。

これで、［フォント］欄右をクリックすると表示されるリストにはシステム内の全フォントがリストアップされるので、日本語用フォントを選択すれば、日本語が入力できるようになります。

リハーサルマークを入力する

リハーサルマークは、ショートカットを使うと、とても簡単に入力できます。

手順

1 ツールを選択する

［メイン・ツール・パレット］から**発想記号ツール** を選択。

2 リハーサルマークを入力する

Mキーを押しながら、小節をクリック。

> 💡ヒント　リハーサルマークは、左小節線の上に入力されます。

> 💡ヒント　入力したリハーサルマークは、曲の先頭から順に通し番号になるよう、自動で調整されます。

> 💡ヒント　作成したリハーサルマークは、一番上の記号をドラッグすると、すべての記号が同時に移動します。2番目以降の記号をドラッグすると、その記号だけが移動します。

リハーサルマークを振りなおす

入力したリハーサルマークは、あとから自由に振りなおすことができます。

手順

1 ［リハーサルマークの振り直し］画面を開く

振りなおしたい先頭のリハーサルマークを右クリックすると表示されるメニューから、［リハーサルマークの振り直し］を選択して［リハーサルマークの振り直し］画面を開く。

2 開始するリハーサルマークを指定する

［□から振り直す］左の○をクリックして選択し、□に開始するリハーサルマークを小文字のアルファベット（たとえば F からはじめたい場合は「f」など）を入力して指定する。

> 💡ヒント　□右の［▲］または［▼］をクリックして開始するリハーサルマークを指定することもできます。

3 画面を閉じる

［OK］をクリックして画面を閉じると、手順2で選択したリハーサルマークから、指定した番号ではじまる通し番号になるよう、以降のリハーサルマークが振りなおされる。

1 | 発想記号

「'（ダッシュ）」のついたリハーサルマークを入力する

「'（ダッシュ）」のついたリハーサルマークを入力したいこともあります。A' と B' は［発想記号の選択］画面のリストに用意されているのでそこから選択して入力できますが、それ以外、たとえば C' などを入力したい場合は、以下の手順で個別に作成してから入力します。

手順

1 ツールを選択する

［メイン・ツール・パレット］から**発想記号ツール** *mf* を選択。

2 ［発想記号の選択］画面を開く

発想記号を入力したい位置をダブルクリックすると、［発想記号の選択］画面が開く。

> ヒント このとき、カーソルに表示される矢印が、発想記号を入力したい五線を指す位置でダブルクリックするようにします。

3 カテゴリを選択する

左のリストから［リハーサルマーク］をクリックして選択。

4 ［発想記号の設計］画面を開く

［リハーサルマークの作成］をクリックして［発想記号の設計］画面を開く。

5 フォントを選択する

［フォント］欄右をクリックすると表示されるリストから、［記譜用フォント（Rentaro 26 標準）］をクリックして選択。

6 「'（ダッシュ）」つきのリハーサルマークを作成する

パソコンの入力モードを半角英数に設定し、Shift キーを押しながらアルファベットキーをタイプすると、「'（ダッシュ）」つきのリハーサルマークが入力できる。

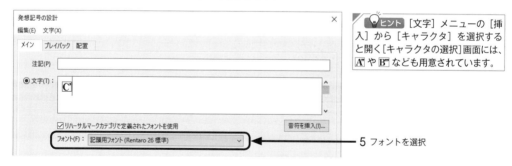

> ヒント ［文字］メニューの［挿入］から［キャラクタ］を選択すると開く［キャラクタの選択］画面には、A' や B' なども用意されています。

5 フォントを選択

7 作成したリハーサルマークを入力する

［OK］をクリックして画面を閉じると［発想記号の選択］画面に戻るので、作成したリハーサルマークが選択されていることを確認し、［配置］をクリック。

手順2でダブルクリックした位置に、作成したリハーサルマークが入力される。

> ヒント リハーサルマークは、左小節線の上に入力されます。

> ヒント 作成したリハーサルマークは、一番上の記号をドラッグすると、すべての記号が同時に移動します。2番目以降の記号をドラッグすると、その記号だけが移動します。

2 アーティキュレーション

アーティキュレーション入力の基本手順

アーティキュレーション・ツール を使った音楽記号入力の基本手順です。

手順

1 ツールを選択する
[メイン・ツール・パレット] から**アーティキュレーション・ツール** を選択。

2 レイヤーを選択する
アーティキュレーションを入力したい音符を入力したレイヤーを選択する。
➡ 第2章「複声部の入力」p.145

3 [アーティキュレーション選択] 画面を開く
アーティキュレーションを入力したい音符をクリックして、[アーティキュレーション選択] 画面を開く。

4 記号を選択する
表示されるリストから、入力したいアーティキュレーションをダブルクリックすると画面が閉じ、選択したアーティキュレーションが手順3でクリックした音符に入力される。

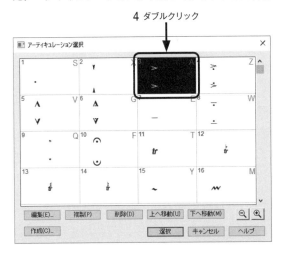

2 | アーティキュレーション

マクロ機能を利用してアーティキュレーションを入力する

［アーティキュレーション選択］画面で記号の右上に表示されている数字やアルファベットが、それぞれの記号に割り当てられているマクロキーです。よく使う記号のマクロキーを覚えておくと、記号の入力がスムーズになります。

▶ 手 順

1 ツールを選択する

［メイン・ツール・パレット］から**アーティキュレーション・ツール** を選択。

2 レイヤーを選択する

アーティキュレーションを入力したい音符を入力したレイヤーを選択する。

➡ 第2章「複声部の入力」p.145

3 マクロキーで入力する

入力したいアーティキュレーションに割り当てられているマクロキーを押しながら音符をクリックすると、アーティキュレーションが入力される。

マクロキーで便利なのはなんといっても、鍵盤楽器の楽譜で使用する「指番号」でしょう。入力したい指番号の数字、たとえば「1」なら 1 キー、「2」なら 2 キーを押しながらクリックするだけで、簡単に指番号が入力できます。

マクロキーをカスタマイズする

自分の覚えやすいキーをマクロキーとして割り当てることができます。

▶ 手 順

1 ツールを選択する

［メイン・ツール・パレット］から**アーティキュレーション・ツール** を選択。

2 マクロキーをタイプする

Shift キーを押しながら、割り当てたい数字キーまたはアルファベットキーをタイプすると、［アーティキュレーション選択］画面が開く。

> 💡 ヒント このとき、指定したキーにデフォルトで割り当てられている記号が選択されています。

3 記号を選択する

割り当てたい記号をダブルクリックして画面を閉じる。

これで選択したアーティキュレーションに手順2でタイプした数字キーまたはアルファベットキーがマクロキーとして割り当てられました。任意の音符をクリックして［アーティキュレーション選択］画面を開くと、手順2で選択した記号の右上に設定したマクロキーが表示されていることが確認できます。

もしデフォルトで同じキーに他の記号が割り当てられていた場合、もとの記号のマクロ機能は無効になり、記号右上は空欄になります。

複数の音符に一括でアーティキュレーションを入力する

複数の音符に一括でアーティキュレーションを入力することができます。

ただし以下の手順では、すでにアーティキュレーションを入力した音符を含む範囲に入力することができません。

➡ 📖 第6章「マクロキーを使って一括で入力する」p.261

手順

1 ツールを選択する

［メイン・ツール・パレット］から**アーティキュレーション・ツール**を選択。

2 レイヤーを選択する

特定のレイヤーの音符にだけ入力したい場合は、入力したいレイヤーを選択し、［書類］メニューから［編集中のレイヤーのみ表示］を選択してチェックをつけ、目的のレイヤーだけを表示しておく。

> ✋注意!! 以降の操作は、表示されているすべてのレイヤーの音符が対象となります。

3 入力範囲を選択する

ドラッグすると表示される枠で、アーティキュレーションを入力したい音符を囲むようにして選択すると、［アーティキュレーション割り付け］画面が開く。

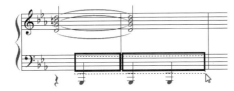

> 💡ヒント 加線のついた音符の場合、入力したい範囲の五線を囲むようにして選択します。

> 💡ヒント 選択した範囲がグレーの枠で囲まれます。

4 音符を指定する

必要に応じて、アーティキュレーションを入力する音符を指定する。

［すべての音符］
　選択した範囲内のすべての音符にアーティキュレーションが割り付けられる。

［音価の範囲を指定］
　アーティキュレーションを割り付ける音価を指定することができる。

［タイの開始音にも付ける］
　タイでつながれた先頭の音符にも選択したアーティキュレーションが入力される。

［タイの中間音、終了音にも付ける］
　タイでつながれた音符の中間音や終了音にもアーティキュレーションが入力される。

5 記号を選択する

［選択］をクリックすると［アーティキュレーション選択］画面が開くので、入力したいアーティキュレーションをクリックして選択。

2 | アーティキュレーション

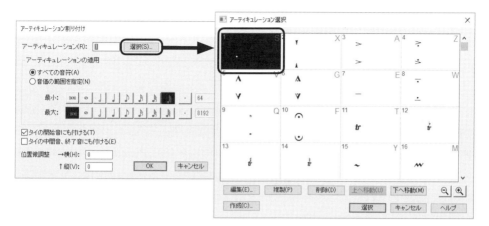

6 画面を閉じる

[Ctrl]（[⌘]）キーを押しながら［選択］をクリックしてすべての画面を閉じると、選択した範囲内に一括でアーティキュレーションが割り付けられる。

> **ヒント** レイヤーを選択していた場合は、再度［書類］メニューから［編集中のレイヤーのみ表示］を選択してチェックをはずすと、選択していたレイヤーにのみ入力されたことが確認できます。

> **ヒント** [Ctrl]（[⌘]）キーを押しながら［選択］をクリックすると、一度に複数の画面を閉じることができます。

マクロキーを使って一括で入力する

この手順にさらにマクロ機能をプラスすると、もっとすばやく記号を入力することができます。

> **ヒント** マクロキーを使った手順では、すでにアーティキュレーションが入力された音符を含む範囲にも、あらたにアーティキュレーションを追加することができます。

> **注意!!** この手順では、割り当てる音符を指定することはできません。

手順

1 ツールを選択する

［メイン・ツール・パレット］から**アーティキュレーション・ツール**を選択。

2 レイヤーを指定する

特定のレイヤーの音符にだけ入力したい場合は、入力したいレイヤーを選択し、［書類］メニューから［編集中のレイヤーのみ表示］を選択してチェックをつける。

> **注意!!** 以降の操作は、表示されているすべてのレイヤーの音符が対象となります。

3 マクロキーで割り当てる

入力したいアーティキュレーションに割り当てられているマクロキーを押したまま、ドラッグすると表示される枠でアーティキュレーションを入力したい音符を囲むようにして指定すると、割り当てられたアーティキュレーションが指定した音符に一括で入力される。

臨時記号つきの ∿ や 〜 を入力する

∿ や 〜 につける臨時記号をアーティキュレーションとして作成し、∿ や 〜 とは別に入力したあと、位置を調整します。

手 順

1 ツールを選択する

[メイン・ツール・パレット] から**アーティキュレーション・ツール**を選択。

2 ∿ や 〜 を入力する

通常の手順で、∿ や 〜 など、目的の装飾記号を入力しておく。

> **ヒント** ∿ や ∿、〜、〜 といった装飾記号は、[アーティキュレーション選択] 画面の 16～19 にリストアップされています。

> **ヒント** 装飾記号を入力したい音符を入力したレイヤーを選択しておきます。

3 [アーティキュレーション設計] 画面を開く

臨時記号を入力したい位置でクリックして [アーティキュレーション選択] 画面を開き、[作成] をクリックして [アーティキュレーション設計] 画面を開く。

> **ヒント** あとから調整できるので、おおよその位置をクリックすれば OK です。

> **ヒント** このとき、カーソルに表示される矢印が、臨時記号を入力したい音符を指す位置でクリックします。

4 [キャラクタの選択] 画面を開く

[記号] 欄の [メイン] 右で [キャラクタ] が選択されていることを確認し、[メイン] をクリックして [キャラクタの選択] 画面を開く。

5 臨時記号を選択する

表示されるリストから必要な臨時記号をダブルクリックして選択し、画面を閉じる。

> **ヒント** デフォルトの Kousaku フォントを使用している場合、ここでは小さめの臨時記号、♯ なら 73、♭ は 105、♮ は 233 を選択します。

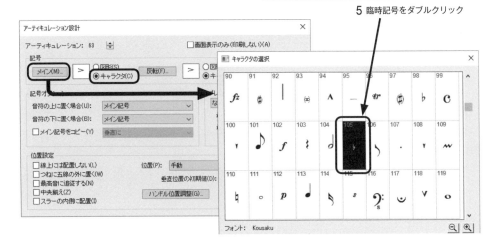

5 臨時記号をダブルクリック

6 入力位置の設定

［アーティキュレーション設計］画面に戻るので、［位置設定］欄の［つねに五線の外に置く］と［中央揃え］をクリックして選択し、［位置］右をクリックすると表示されるリストから［手動］を選択する。

> 💡ヒント ［手動］を選択すると、クリックした位置に配置されます。

7 サイズを指定する

［フォント選択］をクリックすると表示される［フォント］画面で、必要に応じて選択した臨時記号のサイズを指定し、［OK］をクリックして画面を閉じる。

> 💡ヒント 臨時記号は、装飾記号より少し小さめのサイズがよいでしょう。

> 💡ヒント 手順5で、Kousakuフォントの小さめの臨時記号を選択した場合は、デフォルトのサイズのままでよいでしょう。

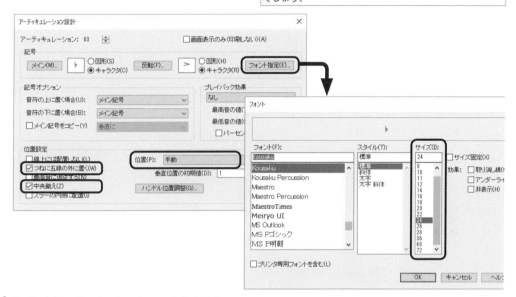

8 作成したアーティキュレーションを入力する

[Ctrl]（⌘）キーを押しながら［OK］をクリックするとすべての画面が閉じ、手順3でクリックした位置に作成した臨時記号が入力される。

> 💡ヒント [Ctrl]（⌘）キーを押しながら［OK］をクリックすると、一度に複数の画面を閉じることができます。

9 垂直位置を調整する

[↑]または[↓]キーをタイプして、垂直位置を調整する。

[Shift]キーを押しながら入力した臨時記号に表示される□を上下にドラッグして位置を調整することもできる。

> 💡ヒント 入力直後は□が選択されているので、そのまま矢印キーでの移動が便利です。他の記号や音符に重なって□が見づらい場合もすぐに移動できます。

> 💡ヒント [Shift]キーを押しながらドラッグすると方向が固定され、中央揃えを保ったまま、垂直位置を調整することができます。

> ✋注意!! あらたに作成して入力した臨時記号はプレイバックに反映されません。

矢印つきのアルペジオ記号を入力する

アルペジオ記号は［アーティキュレーション選択］画面に用意されていますが、矢印つきのものはありません。そこで、アルペジオ記号を入力したあと、アーティキュレーションとして作成した矢印を追加して位置をそろえます。

注意!! あらたに作成、入力した矢印は、プレイバックには反映されません。

手順

1 ツールを選択する

［メイン・ツール・パレット］から**アーティキュレーション・ツール**を選択。

2 アルペジオ記号を入力する

通常の手順でアルペジオ記号を入力する。

ヒント アルペジオ記号では、上に表示される□をドラッグすると全体の位置を、下の□をドラッグすると記号の長さを調整できます。

3 ［アーティキュレーション設計］画面を開く

手順2でアルペジオ記号を入力した音符をクリックして［アーティキュレーション選択］画面を開き、［作成］をクリックして［アーティキュレーション設計］画面を開く。

4 矢印を作成する

［記号］欄の［メイン］右で［キャラクタ］が選択されていることを確認し、［メイン］をクリック。

表示される［キャラクタの選択］画面で上向き矢印（図はKousaku、89番の［▲]）をダブルクリックして選択。

同様に、［反転］をクリックし、下向き矢印（図はKousaku、121番の［▼]）をダブルクリックして選択。

ヒント ［フォント］をクリックすると、矢印に使用するフォントの種類やサイズを指定することができます。

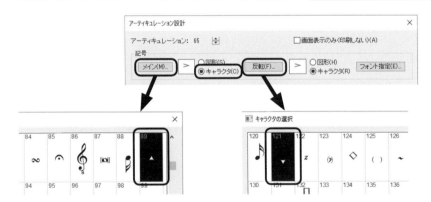

［記号オプション］欄の［音符の上に置く場合］を［メイン記号］に、［音符の下に置く場合］を［反転した記号］に設定。

ヒント 反転時の記号を設定しておくと、上向き、下向き、両方に使える矢印が作成できます。

2 | アーティキュレーション

5 入力位置の設定

［位置設定］欄では［位置］を［手動］に設定する。

6 作成した矢印を入力する

Ctrl（⌘）キーを押しながら［OK］をクリックするとすべての画面が閉じ、手順3でクリックした音符に作成した矢印が入力される。

> **ヒント** Ctrl（⌘）キーを押しながら［OK］をクリックすると、一度に複数の画面を閉じることができます。

7 位置を調整する

矢印に表示される□をドラッグして位置を調整する。

> **ヒント** 手順4［記号オプション］の設定により、ドラッグにあわせて矢印の向きが自動で切り替わります。

装飾音符に指番号を入力する

通常の手順で装飾音符に指番号を入力すると、装飾音符と同じ割合で、指番号も縮小されてしまいます。

通常の音符と同じサイズで入力するには、同じ小節内の通常サイズの音符に入力したあと、ドラッグして位置を調整します。

> **注意!!** 必ず同じ小節内の音符に入力してから移動します。違う小節に入力すると、小節を移動した際に記号もいっしょに移動してしまいます。

3 変形図形

変形図形入力の基本手順

スラーやクレッシェンド、デクレッシェンドなどのように、入力する場所によって伸びたり縮んだりする記号は**変形図形ツール**を使って入力します。**変形図形ツール**を使った記号の入力には、ちょっとコツがあります。

[変形図形パレット]

手順

1 ツールを選択する

[メイン・ツール・パレット]から**変形図形ツール**を選択すると[変形図形パレット]が表示されるので、入力したい記号に適したツールをクリックして選択。

2 変形図形を入力する

記号の始点をダブルクリックし、2回目のクリックのときに指を離さずそのままドラッグし、終点までドラッグしたら指を離す。

> **ヒント** カーソルに表示される矢印が、変形図形を入力したい五線を指す位置でダブルクリックします。

> **ヒント** Shift キーを押しながらドラッグするとドラッグする方向が上下、または左右に固定され、まっすぐな記号が入力できます。

スラーのように音符に対して入力する変形図形の場合は、始点の音符をダブルクリックし、2回目のクリックのときに指を離さずそのままドラッグし、終点の音符が選択された状態になったら指を離す。

> **ヒント** 音符に対して入力する変形図形ツールを選択すると、カーソルの+に小さな音符または符玉が表示されます。

> **ヒント** 音符に対して入力する変形図形の場合、始点の音符をダブルクリックすると、隣の音符まで記号がすばやく入力されます。

> **ヒント** 段やページをまたぐ場合も、始点から終点までの最短距離をドラッグするだけで簡単に入力できます。

> **ヒント** 入力した図形を選択すると青いラインが表示され、付随先が確認できます。

また、前バージョンまでは「小節付随」だったクレッシェンドやデクレッシェンド、トリルなどの両端は拍に付随するようになったため、左右の位置を微調整したい場合は、入力したあと、両端に表示される□を選択して矢印キー、または Shift キー＋ドラッグで調整する。

同じタイミングに同じ長さの変形図形を入力する

複数のパートをもつ楽譜では、同じタイミングで、同じ長さのクレッシェンドやデクレッシェンドといった変形図形が入力されることがあります。

1つのパートに入力した変形図形をコピーする方法と、入力した変形図形のタイミングと長さをあとからそろえる方法と、2とおりの手順があります。

変形図形をコピーする

［選択した対象項目のみペースト］を利用して、入力した変形図形だけをコピーします。［ペースト対象項目］画面では、コピーしたい記号にあわせて［変形図形（拍付随）］、または［変形図形（音符付随）］を選択します。

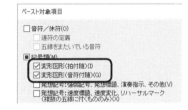

→ 📕 第3章「項目を指定してコピーする」p.197

変形図形を垂直に整列する

入力した変形図形を同じタイミング、同じ長さにそろえたい場合は［垂直に整列］すると、始点と終点の位置がそろえられます。

手 順

1 ツールを選択する
［メイン・ツール・パレット］から**変形図形ツール** を選択。

2 記号を選択する
Shift キーを押しながら、整列したい変形図形に表示される□をクリックして選択。

3 垂直に整列する
基準にしたい記号に表示されている□を右クリックすると表示されるメニューから、［垂直に整列］を選択すると、選択していた記号が右クリックした記号を基準にして垂直に整列される。

変形図形を水平に整列する

同じ段の同じ五線に入力した変形図形であれば、水平に整列することができます。

手順

1 ツールを選択する

［メイン・ツール・パレット］から**変形図形ツール**を選択。

2 記号を選択する

Shiftキーを押しながら、整列したい変形図形に表示される□をクリックして選択。

3 水平に整列する

基準にしたい記号に表示されている□を右クリックすると表示されるメニューから、［水平に整列］を選択すると、右クリックした記号を基準にして水平に整列される。

スラーの向きを反転する

スラーの向きは、簡単に反転することができます。

手順

1 ツールを選択する

［メイン・ツール・パレット］から**変形図形ツール**を選択。

2 スラーを選択する

反転したいスラーに表示される□をクリックして選択。

3 反転する

右クリックすると表示されるメニューの［方向］から［反転］を選択、またはFキーをタイプすると、選択したスラーの向きが反転する。

> **ヒント** ［スラーの手動調整を解除］を選択すると、手動での調整が取り消され、デフォルトに戻ります。

スラーの形や位置を調整する

入力したスラーの形や位置は、自由に編集することができます。

手順

1. **ツールを選択する**
   [メイン・ツール・パレット]から**変形図形ツール**を選択。

2. **スラーを選択する**
   反転したいスラーに表示される□をクリックして選択するとスラーがグレーの枠で囲まれ、◇が表示される。

3. **スラーの形や位置を編集する**
   図を参照して、□や◇をドラッグして形や位置を調整する。

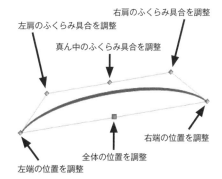

S字スラーを入力する

◇をドラッグして調整すると、譜例のようなS字スラーを入力することもできます。

スラーをデフォルトに戻す

調整がうまくいかなかった場合は、スラーに表示される□を右クリックすると表示されるメニューから[スラーの手動調整を解除]を選択すると、手動での調整が取り消され、デフォルトに戻ります。

点線スラーを入力する

点線スラーは、これまでの[点線カーブ]のほかに、新しく[点線スラー]が追加されました。どちらの場合も、点線の長さやその間隔は、[変形図形]メニューから[変形図形オプション]を選択すると開く[変形図形オプション]画面の[点線の長さ]や[点線の間隔]で自由に設定できます。

> **注意!!** [変形図形オプション]画面の[点線の長さ]や[点線の間隔]は、[変形図形パレット]に用意されている図形のすべての点線に対して共通です。

[点線カーブ]

[点線スラー]

両端が細く、まん中がふくらんでいる

クレッシェンド（デクレッシェンド）の開き具合を調整する

クレッシェンドやデクレッシェンドの開き具合を調整します。

楽譜全体で開き具合を調整する

楽譜全体でクレッシェンド（デクレッシェンド）の開き具合を調整したい場合は、［変形図形オプション］画面で設定します。

手 順

1 ツールを選択する
［メイン・ツール・パレット］から**変形図形ツール**を選択。

2 ［変形図形オプション］画面を開く
［変形図形］メニューから［変形図形オプション］を選択し、［変形図形オプション］画面を開く。

3 単位を選択する
［計測単位］欄右をクリックすると表示されるリストから、単位を選択。

4 開き具合を調整する
［クレッシェンド／デクレッシェンド］欄の［開いている側の幅］右□に数値を入力して開き具合を調整する。

5 画面を閉じる
［OK］をクリックして画面を閉じると、楽譜内のすべてのクレッシェンド（デクレッシェンド）の開き具合が指定した幅になる。

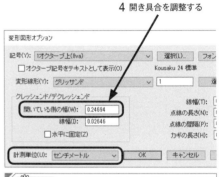

4 開き具合を調整する

注意!! 手動で調整したものには、ここでの変更は適用されません。

個別に開き具合を調整する

個別にクレッシェンド（デクレッシェンド）の開き具合を調整することもできます。

手 順

1 ツールを選択する
［メイン・ツール・パレット］から**変形図形ツール**を選択。

2 クレッシェンド（デクレッシェンド）を選択する
開き具合を調整したいクレッシェンド（またはデクレッシェンド）に表示される□をクリックして選択。

3 開き具合を調整する
図を参照して、◇を上下にドラッグして開き具合を調整する。

3 開き具合を調整する

点線つきの発想記号を入力する

譜例のような点線つきの発想記号は、[変形図形パレット]の**特殊ライン・ツール**を使って入力します。

手 順

1 ツールを選択する

[メイン・ツール・パレット]から**変形図形ツール**を選択。

2 [変形線形の選択]画面を開く

Ctrl（option）キーを押しながら[変形図形パレット]の**特殊ライン・ツール**をクリックし、[変形線形の選択]画面を開く。

3 点線つきの rit. を複製する

点線付きの rit. を入力する場合は、ここで点線つきの rit. をダブルクリックして選択し、手順8に進んでください。

点線付きの rit. 以外の発想記号を入力したい場合は、点線付きの rit. をクリックして選択し、[複製]をクリックして選択して複製する。

4 [変形線形のスタイル]画面を開く

複製した点線つき rit. が選択されていることを確認し、[編集]をクリックして[変形線形のスタイル]画面を開く。

> **ヒント** 複製した点線つきの rit. は、リストの最後にリストアップされます。

> **ヒント** ここで選択されている変形図形が**特殊ライン・ツール**に割り当てられます。

5 発想記号を入力する

[左開始テキスト]右の[編集]をクリックすると開く画面で、点線の先頭に表示したい文字を入力し、[OK]をクリックして画面を閉じる。

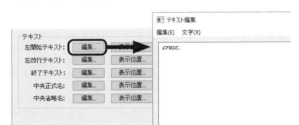

> **ヒント** [文字]メニューの[フォント]、[サイズ]などから使用するフォントやサイズを変更することができます。

> **ヒント** Mac の場合、[文字]メニューはメイン画面上のメニューバーにあります。

● 第6章　音楽記号

6 文字の位置を調整する

必要に応じて、［表示位置］をクリックして［変形線形テキストの位置調整］画面を開き、プレビューに表示される文字をドラッグして位置を調整する。

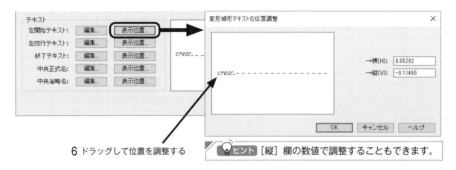

6 ドラッグして位置を調整する

💡ヒント　［縦］欄の数値で調整することもできます。

7 点線を設定する

［線幅］、［点線の長さ］、［点線の間隔］の数値を調整して、点線を設定する。

💡ヒント　これらの画面の数値の単位は、［編集］メニュー（Macの場合は［Finale］メニュー）の［計測単位］で設定されています。

💡ヒント　数値の最後に単位の頭文字（スペースなら「s」、センチメートルなら「c」など）を入力すると、［計測単位］での設定にかかわらず、強制的に任意の単位で指定することができるようになります。

💡ヒント　［水平に固定］にチェックをつけておくと、常にまっすぐな記号が入力できます。

💡ヒント　設定を変更するとすぐに右下のプレビューに反映されるので、目で確認しながら調整できます。

8 作成した発想記号を入力する

Ctrl（⌘）キーを押しながら［OK］をクリックするとすべての画面が閉じるので、通常の手順で作成した点線付きの発想記号を入力する。

特殊ライン・ツール⊕で入力した点線つきの cresc. や rit.、dim. などは、発想記号ツール mf で入力した場合と同様に、Human Playback 機能を使うと認識され、プレイバックに反映されます。

→ 📖 第9章「4｜Human Playback」**p.364**

3 ｜ 変形図形

図形「「」を作成する

［変形図形パレット］にもよく似た図形が用意されていますが、これらのツールを使った場合、譜例のような縦向きのカギつきラインを入力することができません。

特殊ライン・ツール を使って作成します。

作成、入力の手順は点線つき発想記号の場合と同じです。ここでは、図形「──」を複製して編集します。

➡ 📖 第6章「点線つきの発想記号を入力する」p.271

以下、［変形線形スタイル］画面での設定のポイントのみ説明しています。

手 順

1 ［水平に固定］のチェックをはずす

［水平に固定］をクリックしてチェックをはずす。

> 💡ヒント　チェックをはずすと、譜例のように、縦方向に伸びる図形を作成することができます。

2 フックの向きと長さを設定する

必要に応じて［始点］、［終点］の［フック］を選択し、□にフックの長さを入力する。

> 💡ヒント　プラスの値を入力するとフックが上向きに、マイナスの値を入力すると下向きになります。

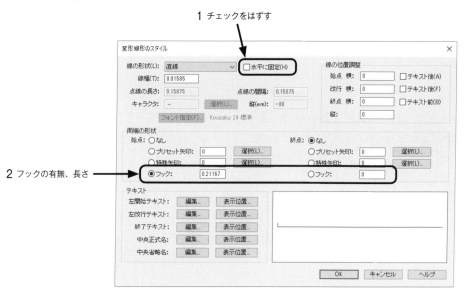

フックが思った方向とは逆になってしまう場合は、再度［変形線形のスタイル］画面を開き、［フック］の値がプラスの場合はマイナスに、マイナスの場合はプラスに直します。

4 反復記号

反復小節線を入力する

繰り返しを指示する反復小節線は、**反復記号ツール** :|| で入力します。

手順

1 ツールを選択する

[メイン・ツール・パレット]から**反復記号ツール** :|| を選択。

2 範囲を選択する

反復小節線で繰り返したい範囲を選択。
開始反復小節線（または終了反復小節線）だけ
を入力したい場合は、目的の小節を選択。

> **ヒント** 複数のパートをもつ楽譜の場合も、任意の1パートで範囲を選択すればOKです。

3 反復小節線を入力する

[反復記号]メニュー、または選択した小節を右クリックして表示されるメニューから[反復小節線（ストレート）の作成]を選択。
または[開始反復小節線の作成]または[終了反復小節線の作成]を選択。
選択していた範囲に、指定した反復小節線が入力される。

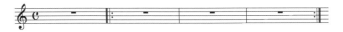

入力と同時に、プレイバックも設定されます。

反復小節線のプレイバック設定は、終了反復小節線に設定されます。デフォルトでは、[一番手前の開始反復小節線]（ない場合は曲の先頭）に戻って2回繰り返すよう、設定されています。

➡ 第6章「反復小節線で繰り返す回数を指定する」p.276、「楽譜の演奏順序を確認する」p.289

小節の途中に反復小節線を入力する

弱起（アウフタクト）小節をもつ楽譜などで、小節線の途中に反復小節線を入力したいことがあります。これはプラグインを利用すると簡単に入力できます。

弱起（アウフタクト）小節を含む範囲に反復小節線を入力したい場合、弱起小節は**拍子記号ツール**で設定しておく必要があります。

➡ 📖 第1章「弱起（アウフタクト）を設定する」p.60

手 順

1 ツールを選択する

［メイン・ツール・パレット］から選択ツール を選択。

2 範囲を選択する

反復小節線で繰り返したい範囲を選択する。

> 💡ヒント　複数のパートをもつ楽譜の場合も、任意の1パートで範囲を選択すればOKです。

3 プラグインを実行する

［プラグイン］メニューの［小節関連］から［小節途中の反復小節線］を選択すると、手順2で選択した範囲の先頭と最後に反復小節線が入力される。

4 開始反復小節線を削除する

必要に応じて、開始反復小節線をクリックして選択し、Delete キーをタイプして削除する。

反復小節線で区切られた左右の小節は、それぞれ個別の小節になっているので、入力した反復小節線の位置で改行したり改ページしたりすることも可能です。また、反復小節線で区切られた後半部分の小節は、小節番号に数えないよう設定されています。

反復小節線で繰り返す回数を指定する

　反復小節線のプレイバック設定は、終了反復小節線に設定されています。通常は指定された範囲を2回繰り返すよう設定されていますが、希望の回数だけ繰り返すこともできます。

手　順

1　ツールを選択する

　［メイン・ツール・パレット］から**反復記号ツール**を選択。

2　［反復小節線の機能設定］画面を開く

　終了反復小節線に表示される□をダブルクリックして［反復小節線の機能設定］画面を開く。

3　反復回数を指定する

　［動作］欄で［この小節を□回演奏する］が選択されていることを確認し、□に繰り返したい回数を入力する。

4　画面を閉じる

　［OK］をクリックして画面を閉じる。

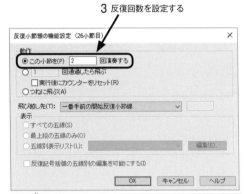

3　反復回数を設定する

ヒント　デフォルトでは、［一番手前の開始反復小節線］（ない場合は曲の先頭）から終了反復小節線までを指定した回数だけ繰り返すよう設定されています。

　これで、指定した回数だけ繰り返し演奏されるようになります。

➡ 第6章「楽譜の演奏順序を確認する」p.289

1番括弧、2番括弧つき反復小節線を入力する

　1番括弧、2番括弧つきの反復小節線も**反復記号ツール**で入力します。

手　順

1　ツールを選択する

　［メイン・ツール・パレット］から**反復記号ツール**を選択。

2　開始反復小節線を入力する

　必要に応じて開始反復小節線を入力しておく。

➡ 第6章「反復小節線を入力する」p.274

3　1番括弧でくくる範囲を選択する

　1番括弧でくくりたい範囲を選択する。

ヒント　複数のパートをもつ楽譜の場合も、任意の1パートで範囲を選択すればOKです。

4 括弧つき反復小節線を入力する

［反復記号］メニュー、または選択した小節を右クリックして表示されるメニューから［反復小節線（1、2番括弧付き）の作成］を選択すると、手順2で選択していた範囲が1番括弧でくくられ、範囲の最後に終了反復小節線が入力され、直後に2番括弧が入力される。

5 位置や長さを調整する

必要に応じて、反復記号括弧の長さや位置を調整する。

➡ 📖 第6章「反復記号括弧の長さを調整する」p.280、「反復記号括弧の垂直位置を調整する」p.280

入力と同時に、プレイバックも設定されます。プレイバック設定は、終了反復小節線と1番括弧に設定されています。➡ 📖 第6章「楽譜の演奏順序を確認する」p.289

終了反復小節線のプレイバック設定

1番括弧のプレイバック設定

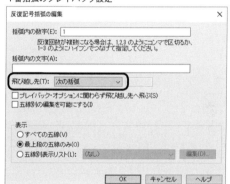

2番括弧を閉じる

デフォルトでは、2番括弧の右側は開いたままです。これを閉じるには、Shiftキーを押しながら、2番括弧の右端に表示されている□を下にドラッグします。

> 💡 ヒント □をドラッグすると表示される破線を目安にして、カギの長さを調整します。

3番以降の括弧を作成する

場合によっては、3番括弧や4番括弧が必要になることがあるかもしれません。3番以降の括弧も、**反復記号ツール**で作成します。

手順

1 ツールを選択する

［メイン・ツール・パレット］から**反復記号ツール**を選択。

2 括弧でくくりたい範囲を選択する

括弧でくくりたい範囲を選択する。

> **ヒント** 複数のパートをもつ楽譜の場合も、任意の1パートで範囲を選択すればOKです。

3 反復記号括弧を作成する

［反復記号］メニューから［反復記号括弧の作成］を選択すると［反復記号括弧の作成］画面が開くので、［括弧内の数字］欄に反復記号括弧に表示したい数字を入力する。
括弧の最後に終了反復小節線が必要な場合は、［終了反復小節線の作成］をクリックしてチェックをつける。
［OK］をクリックして画面を閉じると、手順2で選択した範囲に指定した数字の反復記号括弧が入力される。

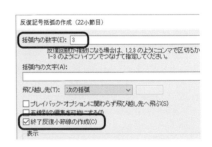

プレイバックのための設定

［反復小節線（1、2番括弧付き）の作成］で作成した2番括弧には、プレイバックのための設定がされていません。3番以降の括弧を作成した場合は、以下の手順で2番括弧にもプレイバック設定をしておくと、入力した反復記号括弧が正しくプレイバックされるようになります。

→ 第6章「楽譜の演奏順序を確認する」p.289

手順

1 ツールを選択する

［メイン・ツール・パレット］から**反復記号ツール**を選択。

2 ［反復記号括弧の編集］画面を開く

2番括弧の「2」に表示される□をダブルクリックして、［反復記号括弧の編集］画面を開く。

> **注意!!** 必ず数字に表示される□をダブルクリックします。

3 プレイバック設定をおこなう

［飛び越し先］欄右をクリックすると表示されるリストから、［次の括弧］を選択。

4 画面を閉じる

［OK］をクリックして画面を閉じる。

反復記号括弧の数字を編集する

譜例のように、括弧に複数の番号を振ることもできます。変更した番号は、きちんとプレイバックにも反映されます。

➡ 📖 第6章「楽譜の演奏順序を確認する」p.289

手順

1 ツールを選択する

[メイン・ツール・パレット]から**反復記号ツール**を選択。

2 [反復記号括弧の編集]画面を開く

編集したい数字に表示される□をダブルクリックして、[反復記号括弧の編集]画面を開く。

> 注意!! 必ず数字に表示される□をダブルクリックします。

3 数字を編集する

[括弧内の数字]欄右の□に、括弧に表示したい数字を入力する。

複数の番号を入力したい場合

「1,2」のように、「,(コンマ)」で区切って入力する。

連番を入力したい場合

「1-3」のようにハイフンで区切って入力する。

> 注意!! 数字、「,(コンマ)」、「-(ハイフン)」は、すべて半角で入力します。

4 画面を閉じる

[飛び越し先]欄が[次の括弧]になっていることを確認し、[OK]をクリックして画面を閉じると、手順2でダブルクリックした数字が指定した数字になる。

反復記号括弧の長さを調整する

　反復記号ツールを選択すると、反復記号括弧には複数の□が表示されます。括弧の長さを調整したい場合は、次図を参照して□を上下左右にドラッグして調整します。このとき、括弧の形を保ったまま調整するために、Shiftキーを押しながらドラッグするようにしましょう。

> **注意!!** 必ずShiftキーを押しながらドラッグするようにしましょう。

> **ヒント** Shiftキーを押しながらドラッグすると、ドラッグする方向が上下、または左右に固定できます。

> **ヒント** 括弧でくくる小節の長さによっては、1番括弧の2つの括弧は重なって入力されることもあります。

> **ヒント** ドラッグすると表示される破線を目安にして移動します。

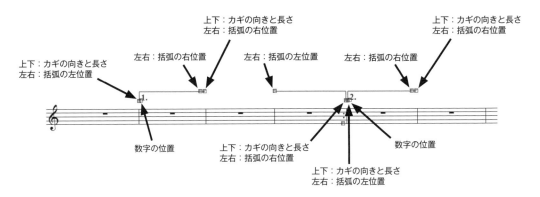

　デフォルトでは1番括弧右端と2番括弧左端の□が重なって表示されることがあります。その場合は、画面表示を拡大し、2番括弧左に表示される□2つを選択して右にずらすと1番括弧右端の□が表示され、選択できるようになります。

反復記号括弧の垂直位置を調整する

すべてのパートで位置を調整する

　複数の五線をもつ楽譜で、すべてのパートに渡って反復記号括弧の位置を調整したい場合は、以下の手順で調整します。

手順

1 ツールを選択する

　［メイン・ツール・パレット］から**選択ツール**を選択。

> **ヒント** 特定の反復記号括弧だけを移動したい場合は、**選択ツール**が便利です。

2 移動する

Shift キーを押しながら、五線の一番左にある反復記号括弧を上下にドラッグして位置を調整する。

> **注意!!** 必ず Shift キーを押しながらドラッグするようにしましょう。

> **ヒント** ドラッグすると表示される破線を目安にして移動します。

3 反復記号括弧を整列する

反復記号括弧が入力されている小節をすべて選択し、右クリックすると表示されるメニューから［反復記号］→［反復記号括弧の整列］を選択すると、選択した範囲に入力されている反復記号括弧が一番左の反復記号括弧を基準にして整列される。

> **注意!!** ［五線別の編集を可能にする］と、上記手順で反復記号括弧を整列することはできません。

> **注意!!** 閉じていない1番括弧を基準に整列すると、手動で閉じた2番括弧がもとに戻ってしまいます。その場合は、再度、右端の□を下にドラッグして括弧を閉じます。

五線別に位置を調整する

五線別に位置を調整することもできます。

手 順

1 ツールを選択する

［メイン・ツール・パレット］から**反復記号ツール**を選択。

2 五線別の編集を可能にする

反復記号括弧に表示される□のどれか1つを右クリックすると表示されるメニューから、［五線別の編集を可能にする］を選択してチェックをつける。

> **注意!!** ［五線別の編集を可能にする］と、上記手順で反復記号括弧を整列することはできません。

これで、五線ごとに位置を調整できるようになります。

位置の調整は、**選択ツール**、**反復記号ツール**、どちらでも可能です。

選択ツールの場合は、複数の括弧を同時に選択することができません。複数の括弧を水平に揃えたい場合は、定規やガイドを目安に作業するとよいでしょう。

➡ 第8章「定規を表示する」p.320、「ガイドを表示する」p.321

反復記号ツールの場合は、複数の括弧を選択して同時に移動することができます。ただし、移動したい括弧に表示される□をすべて選択しておく必要があります。1つでも選択し忘れると括弧の形が変わってしまうなどするので、注意が必要です。

選択ツール、**反復記号ツール**、どちらの場合もやはり Shift キーを押しながら上下にドラッグして位置を調整します。

> **ヒント** ドラッグすると表示される破線を目安にして移動します。

● 第6章　音楽記号

D.C. や *D.S.*、𝄋 などの文字反復記号を入力する

D.C. や *D.S.*、𝄋 などは、**反復記号ツール** を使って文字反復記号として入力します。

▶ 手 順

1 ツールを選択する

［メイン・ツール・パレット］から**反復記号ツール**を選択。

2 ［反復記号の選択］画面を開く

反復記号を入力したい位置をダブルクリックして［反復記号の選択］画面を開く。

> 💡ヒント　五線下に配置したい場合は五線の下を、五線上に配置したい場合は五線の上をダブルクリックします。どちらの場合もカーソルに表示される矢印が記号を入力したい小節を指す位置でダブルクリックします。

> 💡ヒント　あとから位置を調整できるので、だいたいの位置で OK です。

3 文字反復記号を選択

［文字反復記号］リストから、入力したい文字反復記号をダブルクリックして選択。

> 💡ヒント　［作成］をクリックすると［文字反復記号の作成］画面が開き、リストにない文字反復記号を作成することができます。

4 表示パートとプレイバック時の動作を指定する

［文字反復記号の機能設定］画面が開く。

ここではプレイバック時の動作と、選択した文字反復記号の表示パートを指定する。

➡ 📖 第6章「反復記号括弧と文字反復記号の表示パートを指定する」p.285、「文字反復記号のプレイバック設定」p.287

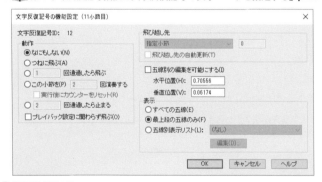

5 画面を閉じる

［OK］をクリックして画面を閉じると、手順2でダブルクリックした位置に、選択した文字反復記号が入力される。

6 位置を調整する

記号に表示される□をドラッグして位置を調整する。

➡第6章 📖「文字反復記号の位置を五線別に調整する」p.284

> 💡ヒント　ドラッグすると表示される破線を目安に位置を調整します。

4 ｜ 反復記号

「to ⊕」を入力する

日本の楽譜でよく見られる、コーダへ飛ぶことを指示する「to ⊕」の入力手順です。

手 順

1 ツールを選択する

［メイン・ツール・パレット］から**反復記号ツール** を選択。

2 ［反復記号の選択］画面を開く

反復記号を入力したい位置をダブルクリックして［反復記号の選択］画面を開く。

> **ヒント** 五線下に配置したい場合は五線の下を、五線上に配置したい場合は五線の上をダブルクリックします。どちらの場合もカーソルに表示される矢印が記号を入力したい小節を指す位置でダブルクリックします。

> **ヒント** あとから位置を調整できるので、だいたいの位置で OK です。

3 「to #」を編集する

リストから［to #］をクリックして選択し、［編集］をクリックすると開く［文字反復記号の作成］画面で、［代用記号（#）の置き換え］欄で［飛び越し先の文字反復記号 ID］を選択。

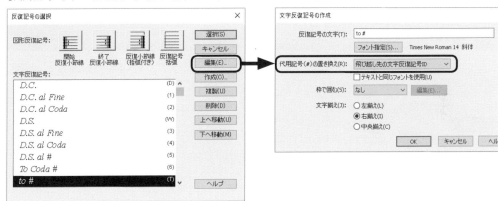

Ctrl（⌘）キーを押しながら［OK］をクリック。

> **ヒント** Ctrl（⌘）キーを押しながら［OK］をクリックすると、一度に複数の画面を閉じることができます。

4 飛び越し先の文字反復記号 ID を指定する

［文字反復記号の機能設定］画面が開くので、［飛び越し先］欄で［文字反復記号 ID］を選択し、□に飛び越し先の文字反復記号 ⊕ に割り当てられた ID 番号「11」を入力。

→ 第6章「文字反復記号のプレイバック設定」p.287

> **ヒント** ［文字反復記号 ID］は、目的の記号をダブルクリックすると開く［文字反復記号の機能設定］画面で確認できます。

5 画面を閉じる

［OK］をクリックして画面を閉じると「#」が指定した文字反復記号に置き換わり、「to ⊕」が入力される。

「⊕Coda」を入力する

日本の楽譜でよく見られる「コーダ」を示す「⊕**Coda**」を入力したい場合は、「⊕」と「Coda」を別々に作成して入力したあと、位置を揃えます。

「⊕」は［文字反復記号］リストに用意されています。

「Coda」は用意されていないため、［作成］をクリックしてあらたに作成します。

> 💡ヒント　同様に「to ⊕」を入力すれば、「to」と「⊕」の位置を個別に調整することができます。

> 💡ヒント　前項同様、「to #」を編集して作成することもできます。このとき［文字反復記号の機能設定］画面では、［飛び越し先］欄で［文字反復記号ID］を指定してから［動作］欄で［なにもしない］を選択します。先に［動作］で［なにもしない］を選択してしまうと、［飛び越し先のID］を指定することができません。

入力した「⊕」と「Coda」は、それぞれ別の文字反復記号として認識されているので、表示パートを指定したい場合などは、それぞれ個別に設定する必要があります。

文字反復記号の位置を五線別に調整する

デフォルトでは、□をドラッグするとすべての五線に表示されている文字反復記号が同時に移動します。これを五線単位で位置が調整できるように設定することもできます。

手 順

1　ツールを選択する

［メイン・ツール・パレット］から**反復記号ツール**　を選択。

2　［五線別の編集を可能にする］

五線別に位置を調整したい文字反復記号に表示される□を右クリックすると表示されるメニューから、［五線別の編集を可能にする］を選択してチェックをつける。

これで、五線別に文字発想記号の位置を調整することができるようになります。

反復記号括弧と文字反復記号の表示パートを指定する

　複数の五線をもつ楽譜では、反復記号括弧や文字反復記号は特定の五線にだけ表示することがあります。これらの表示パートは、[五線の属性]画面と[文字反復記号の機能設定]画面で設定できます。
　まず、[五線の属性]画面で全体の表示パートを設定したあと、[文字反復記号の機能設定]画面で記号ごとに表示するパートを指定するとよいでしょう。

五線ごとに表示／非表示を設定する

プラグインでの設定が便利です。

手順

1 [五線の属性の一括変更]画面を開く

[プラグイン]メニューの[作曲・編曲関連]から[五線の属性の一括変更]を選択し、[五線の属性の一括変更]画面を開く。

2 表示パートを設定する

左上のリストで、反復記号括弧と文字反復記号を表示したいパートを選択し、[表示する項目]欄の[反復記号括弧と文字反復記号]を何度かクリックしてチェックをつけ、[適用]をクリックする。

💡ヒント [Shift]キーを押しながらクリックすると隣りあった複数のパートを、[Ctrl]([⌘])キーを押しながらクリックすると離れた複数のパートを選択することができます。

3 非表示パートを設定する

左上のリストで、反復記号括弧と文字反復記号を表示したくないパートを選択し、[表示する項目]欄の[反復記号括弧と文字反復記号]を何度かクリックしてチェックをはずして□を空欄にし、[適用]をクリックする。

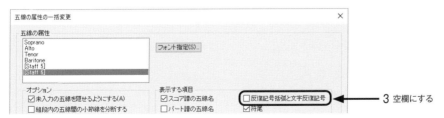

4 画面を閉じる

[OK]をクリックして画面を閉じる。

💡ヒント [OK]をクリックすると画面が閉じます。

記号単位で表示パートを設定する

記号単位で表示パートを設定したい場合は、[反復記号括弧の編集]画面、または[文字反復記号の機能設定]画面で設定します。

手順

1 ツールを選択する

[メイン・ツール・パレット]から反復記号ツール を選択。

2 [反復記号括弧の編集](または[文字反復記号の機能設定])画面を開く

反復記号括弧の数字(または文字反復記号)に表示される□をダブルクリックし、[反復記号括弧の編集](または[文字反復記号の機能設定])画面を開く。

3 表示パートを指定する

[表示]欄から[すべての五線]、または[最上段の五線のみ]を選択する。

> **注意!!** [すべての五線]を選択した場合も、[五線の属性]画面で非表示に設定されている五線には表示されません。

表示パートを自由に設定する

[反復記号括弧の編集](または[文字反復記号の機能設定])画面の[表示]欄から[五線別表示リスト]を選択し、[(なし)]をクリックすると表示されるリストから[新規五線リスト]を選択すると[五線別表示リスト]画面が開く。

各項目の[スコア譜]または[パート譜]をクリックすると[ ]→[×]→[F]の順に切り替わるので、文字反復記号を表示したいパート欄を[F]、表示したくないパートを[ ]にする。

[リスト名称]欄に、わかりやすい名前を入力する。

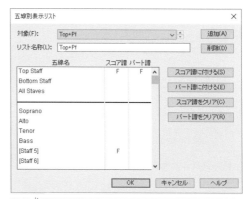

> **ヒント** [F]に設定すると、[五線の属性]画面での設定に関係なく、強制的に表示させることができます。

> **注意!!** [リスト名称]は半角英数で入力します。

> **ヒント** Windows版では、最上段の五線は[Top Staff]、最下段の五線は[Bottom Staff]、すべての五線は[All Staves]と英語表記になっています(2016.11.現在)。

> **ヒント** ここで作成した表示リストは、[反復記号括弧の編集]、[文字反復記号の機能設定]画面、両方に共通です。次回からは[五線別表示リスト]で作成した表示リストを選択するだけで表示パートを設定することができます。

4 画面を閉じる

Ctrl(⌘)キーを押しながら[OK]をクリックするとすべての画面が閉じ、手順2でクリックした反復記号括弧(または文字反復記号)が指定したパートにだけ表示されるようになる。

> **ヒント** Ctrl(⌘)キーを押しながら[OK]をクリックすると、一度に複数の画面を閉じることができます。

文字反復記号のプレイバック設定

　文字反復記号のプレイバック設定は、[文字反復記号の機能設定]画面でおこないます。入力途中でも、あるいは入力したあとでも、どちらでも設定することができます。あとから設定する場合は、[メイン・ツール・パレット]の**反復記号ツール**を選択し、記号に表示される□をダブルクリックすると、それぞれの[文字反復記号の機能設定]画面を開くことができます。

　記号によって設定方法が異なるので、記号別に設定例を説明しています。プレイバック設定は受け入れ側ではなく、差し出す側の記号に設定します。

D.C.

　[1小節目]に[つねに飛ぶ]よう設定します。
　弱起（アウフタクト）の設定をした楽譜では[＃1]と入力すると、先頭小節に飛びます。

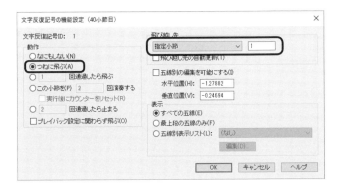

D.S.

　𝄋（デフォルトの[文字反復記号ID]は「12」）に[つねに飛ぶ]よう設定します。[文字反復記号ID]は、目的の記号をダブルクリックすると開く[文字反復記号の機能設定]画面で確認できます。

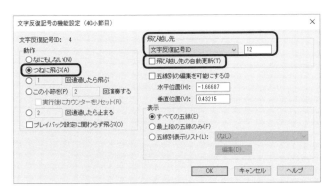

> **ヒント** 飛び越し先は小節番号で指定することもできます。

> **ヒント** 飛び越し先を小節番号で指定する場合、[飛び越し先の自動更新]にチェックをつけておくと、飛び越し先が固定され、小節を挿入、削除した場合も自動的に小節番号が更新され、もとの飛び越し先を維持することができます。

● 第6章　音楽記号

Fine

D.C. や *D.S.* で繰り返したあと、ここで演奏が止まるように設定します。

何回目の演奏時に止まるかを指定する

to ⊕

D.C. や *D.S.* で繰り返したあとコーダパートに飛ぶよう設定します。

［飛び越し先］は、「to⊕」を文字反復記号 ID を使って作成・入力した場合は［文字反復記号 ID］で、「to」「⊕」を個別に作成した場合は［文字反復記号 ID］、小節番号、どちらでも指定できます。

何回目の演奏時に飛ぶかを指定する

💡ヒント　［文字反復記号 ID］は、目的の記号をダブルクリックすると開く［文字反復記号の機能設定］画面で確認できます。

💡ヒント　飛び越し先を小節番号で指定する場合、［飛び越し先の自動更新］にチェックをつけておくと、飛び越し先が固定され、小節を挿入、削除した場合も自動的に小節番号が更新され、もとの飛び越し先を維持することができます。

　飛び越し先を小節番号で指定する場合は、［メイン・ツール・パレット］の**小節ツール**を選択し、小節をダブルクリックすると開く［小節の属性］画面の［対象となる小節］欄に表示される番号を入力します。弱起（アウフタクト）小節などでは、「#」のついた番号が表示されます。

288

𝄋、Coda など

受け入れ側の 𝄋、Coda などは、すべて［なにもしない］に設定します。

楽譜の演奏順序を確認する

　反復記号を入力した楽譜では、演奏順序を確認したいことがあります。短い楽譜ならプレイバックして確認してもよいですが、長い楽譜になるとプレイバックするのでは大変です。
　そんなときも［演奏順序のチェック］画面を開けば、小節番号で確認することができます。

手 順

1 ツールを選択する

　［メイン・ツール・パレット］から**反復記号ツール**を選択。

2 ［演奏順序のチェック］画面を開く

　［反復記号］メニューから［演奏順序のチェック］を選択し、［演奏順序のチェック］画面を開くと、楽譜の演奏順序が小節番号で表示される。

　楽譜の演奏順序が小節番号で記されています。反復記号を入力した小節番号さえチェックしておけば、この画面で簡単に演奏順序をチェックすることができます。
　小節番号は、**小節ツール**を選択して目的の小節をダブルクリックすると、［小節の属性］画面の［対象となる小節］欄で簡単に確認できます。［弱起の設定］で弱起を設定した小節や、［小節の属性］画面で小節番号に数えないよう設定した小節を含む場合、それらの小節では「＃＋もとの通し番号」という形で示されます。

● 第6章　音楽記号

1小節、2小節単位の反復記号 ％ や ％％ を入力する

％ や ％％ など、小節単位の繰り返しを指示する反復記号は、楽譜スタイルを使って入力します。

● 手 順

1 ツールを選択する

［メイン・ツール・パレット］から**五線ツール**を選択。

2 範囲を選択する

％ や ％％ で繰り返したい範囲を選択。

3 小節単位の反復記号を入力する

選択した小節の上で右クリックすると表示されるメニューから、［1小節の繰り返し表記］（または［2小節の繰り返し表記］）を選択すると、選択していた小節に ％ （または ％％ ）が入力される。

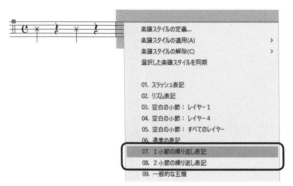

💡**ヒント** ％ は小節の中央に、％％ は右小節線の上に配置されます。

✋**注意!!** 入力された ％ や ％％ は、そのままではプレイバックには反映されません。

💡**ヒント** 繰り返す内容をコピー＆ペーストしてから楽譜スタイルを適用すると、記号どおり繰り返してプレイバックさせることができます。

4小節単位の反復記号 ////・ を入力する

4小節のくり返し記号「////・」は、**発想記号ツール**で作成して入力します。

💡**ヒント** 繰り返す内容をコピー＆ペーストしてから以下の手順で記号を入力すると、記号どおり繰り返してプレイバックさせることができます。

● 手 順

1 全休符を隠す

////・ を入力したい小節に楽譜スタイルを適用し、デフォルトの全休符を削除する。

➡ 📙 第3章「デフォルトの全休符を削除する」p.156

💡**ヒント** ［空白の小節：レイヤー1］または［空白の小節：レイヤー4］を適用します。［空白の小節：すべてのレイヤー］では、このあと入力する ////・ も表示されなくなってしまいます。

290

2 ツールを選択する

［メイン・ツール・パレット］から**発想記号ツール** *mf* を選択。

3 ［発想記号の設計］画面を開く

𝄇 を入力したい位置をダブルクリックすると、［発想記号の選択］画面が開く。

左のリストから［その他］をクリックして選択し、［その他の発想記号の作成］をクリックして［発想記号の設計］画面を開く。

4 𝄇 を作成する

［フォント］欄で［Kousaku］を選択し、［サイズ］を［24］に設定したら、［文字］メニューの［挿入］から［キャラクタ］を選択すると表示される［キャラクタの選択］画面で 136 番の［𝄇］をダブルクリックして選択して画面を閉じると、選択したくり返し記号が［発想記号の設計］画面の□に入力される。

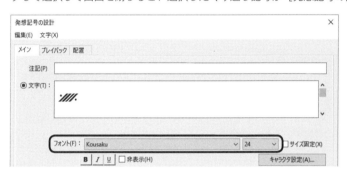

> **ヒント** Mac の場合、［文字］メニューはメイン画面上のメニューバーにあります。

5 配置を設定する

［配置］タブをクリックし、［位置あわせ］を［中央揃え］に、［水平位置の基準点］を［右小節線］、［水平位置の微調整］を［0］に設定し、［垂直位置の基準点］欄を［五線の第5線］に、さらに［垂直位置の微調整］欄右の□に「-3s」を入力し、-3スペースに設定し、［OK］をクリックして画面を閉じる。

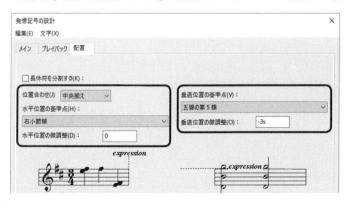

> **ヒント** 数値の最後に単位の頭文字を入力することで、［計測単位］での設定にかかわらず、強制的に任意の単位で指定することができるようになります。「s」はスペースの頭文字です（1スペース＝五線の線間）。

6 作成した 𝄇 を入力する

［発想記号の選択］画面に戻るので、作成した［𝄇］が選択されていることを確認し、［配置］をクリックすると、作成した［𝄇］が入力される。

● 第6章　音楽記号

╱ や ╱╱ などをレイヤー単位で入力する

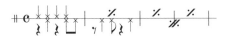

╱ や ╱╱ などをレイヤー単位で入力したい場合は、**発想記号ツール** _mf_ で作成して入力します。

手順

1 全休符を隠す

╱ や ╱╱ を入力したい小節の全休符を隠す。

一方のレイヤーにのみ繰り返し記号を入力したい場合
全休符を入力して非表示に設定する。➡ 📖 **第2章「小節の一部だけで声部を分ける（休符を隠す）」p.146**

両方のレイヤーに繰り返し記号を入力したい場合
楽譜スタイルを適用し、デフォルトの全休符を隠す。➡ 📖 **第3章「デフォルトの全休符を削除する」p.156**

2 ツールを選択する

［メイン・ツール・パレット］から**発想記号ツール** _mf_ を選択。

3 ╱（または ╱╱）を作成する

［発想記号の設計］画面を開き、╱（または ╱╱）を作成する。

［╱］は［キャラクタの選択］画面の212番に、［╱╱］は199番に用意されている。

➡ 📖 **第6章「4小節単位の反復記号 ╱╱╱╱ を入力する」p.290**

4 水平位置を設定する

［╱］の場合

［配置］タブをクリックし、［位置あわせ］を［中央揃え］に、［水平位置の基準点］を［記譜部分の中央］、［水平位置の微調整］を「0」に設定する。

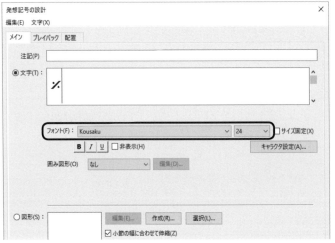

4 | 反復記号

[∥] の場合

[配置] タブをクリックし、[位置あわせ] を [中央揃え] に、[水平位置の基準点] を [右小節線]、[水平位置の微調整] を「0」に設定する。

5 垂直位置を設定する

レイヤー1に入力したい場合

[垂直位置の基準点] を [五線の第5線] に設定し、[垂直位置の微調整] 欄に「-1.5s」を入力する。

レイヤー2に入力したい場合

[垂直位置の基準点] を [五線の第5線] に設定し、[垂直位置の微調整] 欄に「-4.5s」を入力する。

> **ヒント** 数値の最後に単位の頭文字を入力することで、[計測単位] での設定にかかわらず、強制的に任意の単位で指定することができるようになります。「s」はスペースの頭文字です（1スペース＝五線の線間）。

6 作成した ∠ （または ∥ ）を入力する

[OK] をクリックして画面を閉じると [発想記号の選択] 画面に戻るので、作成した [∠]（または [∥]）が選択されていることを確認し、[配置] をクリックすると、作成した繰り返し記号が入力される。

必要に応じて、休符の高さや符尾の向きを調整します。

→ 第3章「音符（休符）の高さを修正する」p.160、「符尾の向きを反転する」p.176

● 第6章　音楽記号

5 ｜ 記号入力テクニック

ブレスマークを入力する

「V」や「'」といったブレスマークは［アーティキュレーション選択］画面にも用意されていますが、以下の手順で発想記号として作成、登録しておくと、よりスマートに入力することができます。

手　順

1 ツールを選択する

［メイン・ツール・パレット］から**発想記号ツール** を選択。

2 ［発想記号の選択］画面を開く

発想記号を入力したい位置をダブルクリックすると、［発想記号の選択］画面が開く。

> ヒント　このとき、カーソルに表示される矢印が、発想記号を入力したい五線を指す位置でダブルクリックするようにします。

3 カテゴリを選択する

左のリストから［その他］をクリックして選択。

4 ［発想記号の設計］画面を開く

［その他の発想記号の作成］をクリックして［発想記号の設計］画面を開く。

5 ブレスマークを作成する

［フォント］欄で［Kousaku］を選択し、［サイズ］を［24］に設定したら、［文字］メニューの［挿入］から［キャラクタ］を選択すると表示される［キャラクタの選択］画面で44番の［'］、または178番の［V］をダブルクリックして選択して画面を閉じると、選択したブレスマークが［発想記号の設計］画面の▢に入力される。

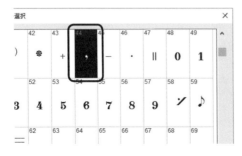
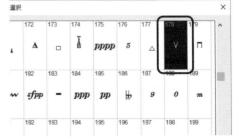

5 | 記号入力テクニック

6 配置を設定する

［配置］タブをクリック。

［位置合わせ］と［水平位置の基準点］はデフォルトのまま、［左揃え］、［クリックした位置］にする。

右の［垂直位置の基準点］を［五線の第5線］に設定する。

「 ⸴ 」の場合は、さらに［垂直位置の微調整］欄に「1s」を入力する。

> 💡ヒント 数値の最後に単位の頭文字を入力することで、[計測単位]での設定にかかわらず、強制的に任意の単位で指定することができるようになります。「s」はスペースの頭文字です（1スペース＝五線の線間）。

⸴ の場合

V の場合

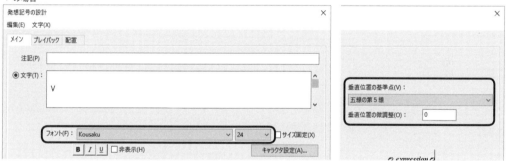

7 作成したブレスマークを入力する

［OK］をクリックして画面を閉じると［発想記号の選択］画面に戻るので、作成したブレスマークが選択されていることを確認し、［配置］をクリック。

手順2でダブルクリックした位置上に、作成したブレスマークが入力される。

作成したブレスマークは、ダブルクリックした拍位置で、［垂直位置の基準点］に設定した五線の第5線のすぐ上に、ぴったりと揃えて入力されます。

また、必要に応じて作成したブレスマークにマクロキーを割り当てておけば、さらにスピーディーに入力できるようになります。

➡ 📖 第6章「マクロ機能を利用して発想記号を入力する」p.239

●第6章　音楽記号

全休符にフェルマータを入力する

　新規に楽譜を作成したときから表示されているデフォルトの全休符には、アーティキュレーションを入力することができません。実際の全休符に置き換えてからフェルマータなどのアーティキュレーションを入力します。

　ところがデフォルトでは、4分の3拍子や4分の2拍子など、4分音符4つより短い拍子の楽譜では、拍子記号より長い全休符を入力するのにはひと手間必要です。また逆に、4分音符4つより長い拍子記号の楽譜では、そのままでは余計な休符が挿入されてしまいます。

　そんなときはプラグインを利用すると、どんな拍子の楽譜でも、すばやく実際の全休符に置き換えることができます。

➡ 📖 第2章「4分の2拍子などの楽譜に全休符を入力する」p.148

手　順

1 ツールを選択する

　［メイン・ツール・パレット］から**選択ツール**を選択。

2 範囲を選択する

　全休符に置き換えたい小節を選択。

3 全休符に置き換える

　［プラグイン］メニューの［音符関連］から［実際の全休符に変更］を選択すると、選択した小節内のデフォルトの全休符が実際の全休符に置き換えられる。

4 フェルマータを入力する

　置き換えた全休符に、通常の手順でフェルマータを入力する。

> 💡ヒント　同様に、プラグインの［デフォルトの全休符に変更］を使用すれば、実際の全休符をデフォルトの全休符に置き換えることもできます。

　ただし休符の場合は、一括でアーティキュレーションを割り付けることができません。

　譜例のように複数のパートにわたって全休符にフェルマータを入力したい場合は、任意の1パートで入力したあと、［連続ペースト］を利用するとすばやく入力することができます。

➡ 📖 第3章「連続コピーする」p.195

5 | 記号入力テクニック

小節線の上にフェルマータを入力する

小節線の上につけられるフェルマータはその演奏効果によって、いくつかの手順が考えられます。

直前の音符（または休符）を伸ばして演奏したい場合

伸ばして演奏したい音符（または休符）に通常の手順で入力したあと、ドラッグして小節線の真上にくるよう位置を調整します。ただし、必要な音符をすべて入力し、小節割りなどのレイアウトを確定してから位置を調整するようにします。

また、デフォルトの ⌒ では、ドラッグする位置によって記号の向きが逆になったり、思うように位置を変更できないことがあります。その場合は以下の手順で小節線の上に配置するフェルマータを作成して入力するとよいでしょう。

手順

1 ツールを選択する

［メイン・ツール・パレット］から**アーティキュレーション・ツール**を選択。

2 ［⌒］を複製する

伸ばしたい音符（または休符）をクリックすると表示される［アーティキュレーション選択］画面で［⌒］をクリックして選択し、［複製］をクリックして複製する。

3 ［アーティキュレーション設計］画面を開く

複製された［⌒］が選択されていることを確認し、［編集］をクリックして［アーティキュレーション設計］画面を開く。

4 記号を編集する

［記号オプション］欄の［音符の下に置く場合］を［メイン記号］に設定し、［位置設定］欄の［つねに五線の外に置く］をクリックしてチェックをはずす。

5 画面を閉じる

Ctrl（⌘）キーを押しながら［OK］をクリックして画面を閉じると、手順2でクリックした音符に作成した［⌒］が入力される。

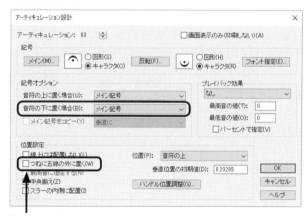

4 チェックをはずす

💡ヒント 新しく作成したアーティキュレーションは、選択画面のリストの最後にリストアップされます。

これで、上下にドラッグしてもフェルマータの向きが変わらず、自由に位置を調整することができるようになります。ドラッグして小節線の真上にくるように調整しましょう。

フェルマータの位置に空白を挟みたい場合

フェルマータの位置で演奏しない空白を挟みたい場合は、空白分の長さに設定した小節を挿入し、発想記号として作成したフェルマータを入力します。

ただし以下の手順は、必要な音符をすべて入力し、小節割りなどのレイアウトを確定してから実行するようにしてください。

手順

1 小節を挿入する

空白を挟みたい位置に、空の小節を1つ挿入する。➡ 第1章「楽譜の途中に小節を挿入する」p.77

2 ツールを選択する

［メイン・ツール・パレット］から**拍子記号ツール**を選択。

3 空白の長さを設定する

手順1で挿入した小節をダブルクリックして［拍子記号］画面を開き、［選択項目を増やす］をクリックし、新しく表示されるプレビューに現在の拍子記号が表示されていることを確認し、［表示専用に別の拍子記号を使う］をクリックしてチェックをつける。

［変更する小節範囲］を挿入した小節のみに指定し、上の［1小節内の拍数］と［拍の音符の種類］を調整して、挿入したい空白の長さに設定する。

［小節の区切り直し］をクリックしてチェックをはずしておく。

［OK］をクリックして画面を閉じる

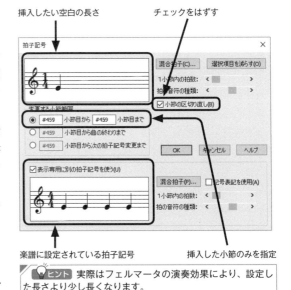

ヒント 実際はフェルマータの演奏効果により、設定した長さより少し長くなります。

4 ツールを選択する

［メイン・ツール・パレット］から**五線ツール**を選択。

5 挿入した小節の全休符を削除する

手順1で挿入した小節の全休符を削除する。

➡ 第3章「デフォルトの全休符を削除する」p.156

6 ツールを選択する

［メイン・ツール・パレット］から**発想記号ツール**を選択。

5 ｜ 記号入力テクニック

7 フェルマータを作成、入力する

ブレスマークと同様の手順で、フェルマータを作成、入力する。フェルマータは、「Kousaku」フォント、サイズ「24」に設定したあと、[Shift]＋[U]をタイプすると入力できる。

➡ 第6章「ブレスマークを入力する」p.294

[配置] タブでは、[位置あわせ] を [中央揃え] に、[水平位置の基準点] を [右小節線]、[垂直位置の基準点] を [五線の第5線] にし、[垂直位置の微調整] は「1s」に設定し、入力する。

ヒント 新しく作成した発想記号は、選択画面のリストの最後にリストアップされます。

8 ツールを選択する

[メイン・ツール・パレット] から**小節ツール**を選択。

9 挿入した小節を隠す

手順1で挿入した小節をダブルクリックして [小節の属性] 画面を開き、[小節線] 欄で [なし] を選択し、[小節幅] 欄右の□に「0」を入力、[オプション] 欄の [小節番号にカウントする] をクリックしてチェックをはずす。

[OK] をクリックして画面を閉じると、手順1で挿入した小節が消える。

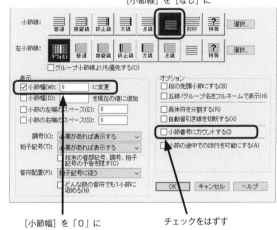

[小節線] を [なし] に

[小節幅] を「0」に　　チェックをはずす

注意!! 再度スペーシングを実行すると、小節幅が計算しなおされ、隠した小節が表示されるようになります。

これで、プレイバックするとフェルマータの部分では、設定した長さの空白が挿入されます。

直前の小節線を複縦線に設定した場合など、必要に応じて入力したフェルマータの位置を微調整してください。

● 第6章　音楽記号

「Fine」の代わりにフェルマータを入力したい場合

「Fine」の代用としてフェルマータが使用されることがあります。この場合のフェルマータは、**反復記号ツール** を使って作成、入力すると、「Fine」と同じプレイバック効果を設定することができます。

手順

1 ツールを選択する

［メイン・ツール・パレット］から**反復記号ツール** を選択する。

2 反復記号を入力したい位置をダブルクリックして［反復記号の選択］画面を開く。

> ヒント　五線下に配置したい場合は五線の下を、五線上に配置したい場合は五線の上をダブルクリックします。どちらの場合もカーソルに表示される矢印が記号を入力したい小節を指す位置でダブルクリックします。

> ヒント　あとから位置を調整できるので、だいたいの位置で OK です。

3 ［文字反復記号の作成］画面を開く

［作成］をクリックして［文字反復記号の作成］画面を開く。

4 フェルマータを作成する

［フォント指定］をクリックすると表示される［フォント］画面で、「Kousaku」、「標準」、サイズを「24」に設定し、[OK]をクリックして画面を閉じる。

［文字反復記号の作成］画面に戻るので、［反復記号の文字］欄の□に、Shift＋Uキーをタイプして大文字の「U」を入力する。

[OK]をクリックして画面を閉じると［反復記号の選択］画面に戻り、フェルマータが作成され、選択されていることが確認できる。

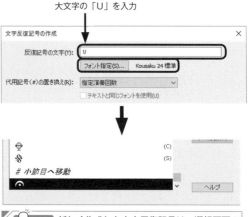

大文字の「U」を入力

> ヒント　新しく作成した文字反復記号は、選択画面のリストの最後にリストアップされます。

5 プレイバック時の動作と表示パートを指定する

［選択］をクリックすると［文字反復記号の機能設定］画面が開くので、表示パートとプレイバック効果を設定する。

➡ 📖 第6章「反復記号括弧と文字反復記号の表示パートを指定する」p.285、「文字反復記号のプレイバック設定」p.287

6 画面を閉じる

[OK]をクリックして画面を閉じると、手順2でダブルクリックした位置、指定したパートに、選択した文字反復記号が入力される。

7 位置を調整する

記号に表示される□をドラッグして、目的の小節線の上にくるよう位置を調整する。

> ヒント　ドラッグすると表示される破線を目安に位置を調整します。

5 | 記号入力テクニック

2音間にトレモロ記号を入力する

単音につけるトレモロ記号は**アーティキュレーション・ツール**で入力できますが、譜例のように2つの音符の間にトレモロ記号を入力したい場合は、プラグインを利用します。

手順

1 音符を入力する

トレモロを演奏したい長さの半分の音価で2つの音符を入力しておく。

2 ツールを選択する

［メイン・ツール・パレット］から**選択ツール**を選択。

3 範囲を選択する

トレモロを入力したい範囲を選択する。

4 ［簡易トレモロ］画面を開く

［プラグイン］メニューの［TGツール］から［簡易トレモロ］を選択し、［簡易トレモロ］画面を開く。

5 連桁の数を設定する

［連桁の本数］右の□に作成したいトレモロの連桁の数を入力する。

6 トレモロを作成する

［適用］をクリックすると、選択した範囲の2音間に、指定した連桁数のトレモロが作成される。

💡ヒント 入力した音符は、自動的に適切な長さ（トレモロを演奏する長さ）に修正されます。

7 画面を閉じる

［閉じる］をクリックして画面を閉じる。

一番外側の連桁だけをつないだトレモロ記号を入力する

2音間に入力するトレモロ記号で、一番外側の連桁だけをつなぎ、あとは符尾から離して表記したい場合は、前項の手順で2音間にトレモロを入力したあと、以下の手順で連桁の長さを調整します。

ここで使用する**道具箱ツール**は、Windowsでは［上級者用ツール・パレット］に収められています。［ウィンドウ］メニューから［上級者用ツール・パレット］を選択して、パレットを開いておきます。

手順

1 ツールを選択する

［上級者用ツール・パレット（メイン・ツール・パレット）］から**道具箱ツール**を選択すると開く［道具箱ツール・パレット］から、**連桁伸縮ツール**を選択。

2 レイヤーを選択する

目的の音符を入力したレイヤーを選択する。

3 ［延長する連桁の選択］画面を開く

小節をクリックすると連桁の両端に□が表示される。長さを調整したい連桁に表示される□のどちらかをダブルクリックし、［延長する連桁の選択］画面を開く。

4 長さを調整したい連桁を選択する

長さを調整したい連桁をクリックしてチェックをつけ、［OK］をクリックして画面を閉じる。

5 連桁の長さを調整する

連桁の両端に表示される□を左右にドラッグして、長さを調整する。

> 💡 ヒント □を左右にドラッグすると、もとの連桁の傾きを保ったまま、長さだけが調整できます。

> ✋ 注意!! □を左右にドラッグしても□の位置は変わらず、連桁の長さだけが変更されます。

> 💡 ヒント 画面左下の［メッセージバー］に表示される数値を目安にして、両端の位置を調整します。

> 💡 ヒント □をクリックして選択してDeleteキーをタイプすると、連桁は音符の棒にくっつきます。

調整した連桁の長さは、［選択した対象項目のみペースト］を利用するとコピーすることができます。このとき、［ペースト対象項目］画面では［延長された連桁］にのみ、チェックをつけておきます。

➡ 📖 第3章「項目を指定してコピーする」p.197

連符のトレモロ記号を入力する

単音を連打するトレモロの場合

通常の手順で連符に設定した、トレモロを演奏する長さの音符にトレモロ記号を入力します。プレイバックも設定された連符のトレモロできちんと演奏されます。

入力と同時に括弧の有無を設定できるので、**高速ステップ入力ツール** ♪ での入力が便利です。ここでは**高速ステップ入力ツール** ♪ での入力手順を説明していますが、もちろん**ステップ入力ツール** ♪ でも同様に入力することができます。その場合は、入力後、連符の括弧を隠すなどの調整が必要になります。

手 順

1 ツールを選択する

[メイン・ツール・パレット]から**高速ステップ入力ツール** ♪ を選択。

2 演奏したい連符を設定する

縦棒と横棒を入力位置に移動し、[Ctrl]([option])+[1]キーをタイプして、[連符定義]画面を開き、演奏したい連符に設定し、[図形]欄右をクリックすると表示されるメニューから[表示しない]を選択し、[OK]をクリック。

3 トレモロを演奏したい長さの音符を入力する

□右上に設定した連符の数字が表示されていることを確認し、トレモロを演奏したい長さの音符を入力する。

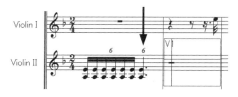

> **ヒント** 入力した音符の上に、設定した連符の数字が表示されます。

4 ツールを選択する

[メイン・ツール・パレット]から**アーティキュレーション・ツール** を選択。

5 トレモロ記号を入力する

手順2で入力した音符に通常の手順でトレモロ記号を入力する。

> **注意!!** 作成した連符のトレモロをコピーすると、連符設定がコピーされず、トレモロ記号のついた通常の音符としてコピーされてしまいます。

2音間に連符のトレモロ記号を入力する場合

単音の場合と基本的な手順は同じです。

演奏したい連符に設定し、トレモロを演奏したい長さの半分の音符で2つの音符を入力したあと、プラグインを使ってトレモロ記号を入力すると、2つの音符が正しい長さ（トレモロを演奏したい長さ）に修正され、2音間に指定した連桁数のトレモロ記号が入力されます。

➡ 📖 第6章「2音間にトレモロ記号を入力する」p.301

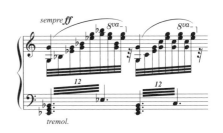

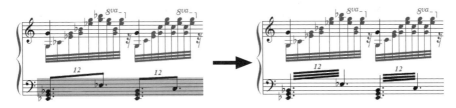

臨時記号つきのトリルを入力する

臨時記号のついたトリルは、［変形線形の選択］画面に用意されています。

手順

1 ツールを選択する

［メイン・ツール・パレット］から**変形図形ツール**を選択すると、［変形図形パレット］が開く。

2 ［変形線形の選択］画面を開く

Ctrl（option）キーを押しながら**特殊ライン・ツール**をクリックして、［変形線形の選択］画面を開く。

3 臨時記号つきのトリルを選択する

リストから、目的の臨時記号がついたトリルをダブルクリックして選択し、画面を閉じる。

4 臨時記号つきのトリルを入力する

通常の手順で選択した臨時記号つきトリルを入力する。

> 💡ヒント 臨時記号はプレイバックにも反映されます。

> 💡ヒント 右端の位置を調整すれば、波線のつかないトリルを入力することもできます。

> 💡ヒント アーティキュレーション・ツールでも、波線のつかない臨時記号つきのトリル「tr」を入力できます。

トリルの見た目を変更する

デフォルトのトリル「*tr*」は、国内の楽譜でよく目にする「*tr*」に変更できます。

臨時記号なしの場合

手 順

1 [変形図形オプション] 画面を開く

［メイン・ツール・パレット］から**変形図形ツール**を選択し、［変形図形］メニューから［変形図形オプション］を選択し、［変形図形オプション］画面を開く。

2 トリルの見た目を選択する

［記号］欄で［トリル・テキスト］を選択し、右の［選択］をクリックすると開く［キャラクタの選択］画面で、［*tr*］（96 番）をクリックして選択。

3 画面を閉じる

［選択］、［OK］の順にクリックしてそれぞれの画面を閉じる。

臨時記号つきの場合

手 順

1 臨時記号つきのトリルを選択する

［メイン・ツール・パレット］から**変形図形ツール**を選択し、Ctrl（option）キーを押しながら［変形図形パレット］の**特殊ライン・ツール**をクリックして［変形線形の選択］画面を開き、臨時記号のついたトリルをクリックして選択。

2 [変形線形のスタイル] 画面を開く

［編集］をクリックして［変形線形のスタイル］画面を開く。

3 トリルの見た目を選択する

［左開始テキスト］右の［編集］をクリックして［テキスト編集］画面を開く。
「*tr*」をドラッグして選択し、Shift + @ キーをタイプすると「*tr*」が入力できる。

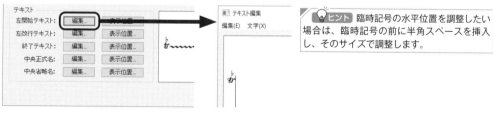

> **ヒント** 臨時記号の水平位置を調整したい場合は、臨時記号の前に半角スペースを挿入し、そのサイズで調整します。

4 画面を閉じる

Ctrl（⌘）キーを押しながら［OK］をクリックしてすべての画面を閉じる。

> **ヒント** Ctrl（⌘）キーを押しながら［OK］をクリックすると、一度に複数の画面を閉じることができます。

> **ヒント** 右端の位置を調整すれば、波線のつかないトリルを入力することもできます。

> **ヒント** アーティキュレーション・ツールの「*tr*」も同様に「*tr*」に変更することができます。

ペダル記号を入力する

ペダル記号にはいろいろなタイプがあります。入力するタイプによって使用するツールが異なります。

「℘.」、「✽」を入力する

「℘.」、「✽」を1つずつ個別に入力したい場合は、**アーティキュレーション・ツール**で入力します。

「℘.」と「✽」をセットで水平にそろえて入力したい場合

「℘.」と「✽」をひと組のセットとして水平にそろえて入力したい場合は、[変形図形パレット]の**特殊ライン・ツール**で入力するのが簡単です。入力の手順は、臨時記号のついたトリルの場合と同じです。[変形線形の選択]画面で「℘.   ✽」を選択してから入力します。

➡ 📖 第6章「臨時記号つきのトリルを入力する」p.304

💡ヒント 始点には「℘.」が、終点には「✽」が入力されます。

💡ヒント ほかの変形図形と同様に、始点や終点に表示される◇をドラッグすると「℘.」と「✽」の位置を調整することができます。

「⌐‾‾‾‾‾‾‾‾∧‾‾‾‾‾‾‾‾¬」を入力する

これらのラインは、[変形線形の選択]画面に用意されている線を組み合わせて入力します。

➡ 📖 第6章「臨時記号つきのトリルを入力する」p.304

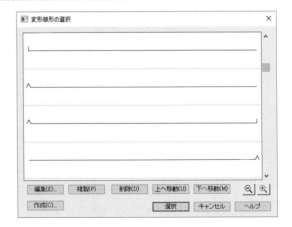

入力した複数のラインを水平にそろえ、両端の位置を調整します。調整の際は、画面表示を拡大して作業すると、きれいに調整することができます。

➡ 📖 第6章「変形図形を水平に整列する」p.268

第7章
文字

● 第7章　文字

1 曲情報

［スコア・マネージャー］画面で曲情報を入力する

新規ファイルを作成した際に表示されている［タイトル］、［作曲者］、［著作権］などの文字や、［セットアップ・ウィザード］で入力したタイトルなどは、［スコア・マネージャー］画面でまとめて入力、または修正できます。

手順

1 ［スコア・マネージャー］画面を開く

［ウィンドウ］メニューから［スコア・マネージャー］を選択し、［スコア・マネージャー］画面を開き、［ファイル情報］タブをクリックして選択。

💡ヒント　ここでは、ファイルを作成した日付や修正日、アプリケーション名やそのバージョンなどを確認することができます。

2 ［タイトル］などを入力する

［タイトル］など必要な情報を入力する。ほかの欄をクリックすると、楽譜上の該当する文字が入力したものに置き換えられる。

1　［ファイル情報］タブ

1 ｜ 曲情報

［スコア・マネージャー］画面の曲情報を楽譜に挿入する

　新規ファイルを開いた際に薄いグレーで表示されている［タイトル］、［作曲者］、［著作権］などの文字を削除してしまった場合、［スコア・マネージャー］で曲情報を入力しても、そのままでは楽譜に何も入力されません。［スコア・マネージャー］で入力後、以下の手順で必要な曲情報を楽譜に挿入します。

手順

1 ツールを選択する
［メイン・ツール・パレット］から**テキスト・ツール T** を選択。

2 挿入位置を指定する
文字を挿入したい位置でダブルクリックすると、カーソルが表示される。

> ヒント　位置はあとから調整できるので、おおよその位置で OK です。

3 文字を挿入する
［文字］メニューの［挿入］を選択し、表示されるリストから挿入したい情報を選択すると、カーソル位置に［スコア・マネージャー］画面で入力した文字が挿入される。

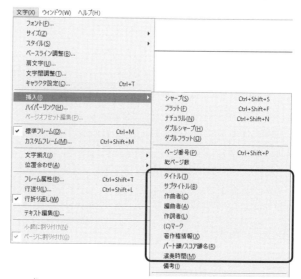

> ヒント　［ファイル情報］で何も入力していない項目を選択した場合、［サブタイトル］、［作曲者］など、その項目名が挿入されます。

　挿入した文字は、その種類に関わらず、すべて［ファイル別オプション−フォント］画面［テキスト］欄の［テキストブロック］に割り当てられたフォント、スタイル、サイズで入力されます。

➡ 第7章「文字のフォントやサイズを編集する」p.314

テキスト・ツールで曲情報を入力する

　テキスト・ツール T を使って、直接、楽譜上で曲情報を入力、修正することができます。

　入力した情報は、［スコア・マネージャー］にも反映されます。［スコア・マネージャー］と連動した曲情報のテキストは薄いグレーで網掛け表示され、通常のテキストと区別されます。

［スコア・マネージャー］と連動したテキスト

Sonata No.1

通常のテキスト

通常のテキスト

　入力した文字は、必要に応じて、フォントやスタイル、サイズ、入力位置などを調整します。

➡ 第7章「文字のフォントやサイズを編集する」p.314、「文字の入力位置を調整する」p.316

309

テキストの途中に臨時記号を挿入する

文字の途中にも、簡単に臨時記号を挿入することができます。

手順

1 ツールを選択する
[メイン・ツール・パレット]から**テキスト・ツール** T を選択。

2 カーソルを表示する
通常の手順で、入力位置にカーソルを表示する。

3 臨時記号を挿入する
[文字]メニューの[挿入]から臨時記号を選択すると、カーソル位置に選択した臨時記号が挿入される。

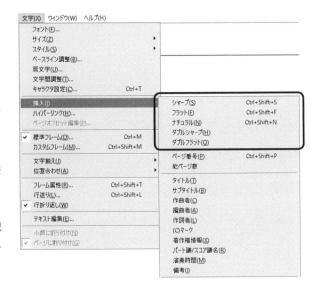

著作権情報に「©」を入力する

著作権情報の表示によく使われる「©」マークは、**テキスト・ツール** T を使って楽譜上で直接挿入することができます。

挿入手順は前項の臨時記号と同じです。[文字]メニューの[挿入]から[(c)マーク]を選択すると、カーソル位置に「©」が挿入されます。

➡ 📖 第7章「テキストの途中に臨時記号を挿入する」p.310

> 💡**ヒント** 同じ手順で、欧文の特殊文字「ü」や「à」などを入力することもできます。欧文の特殊文字「ü」や「à」などを入力したい場合は、[挿入]から[キャラクタ]を選択すると開く[キャラクタの選択]画面から選択して入力します。

> ⚠**注意!!** 「©」などの欧文フォント特有の記号が、文字化けしてうまく表示されない場合は、欧文フォントを指定してください。また、文字列全体を欧文フォントに指定しておくと、「©」の前後に欧文を入力した際に、全体のバランスがきれいになります。

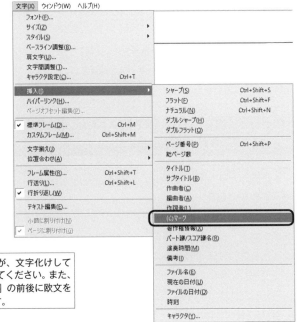

2 | ページ番号

ページ番号を入力する

デフォルトでは、2ページ目以降のページ下、中央にページ番号が表示されています。これを削除してしまった場合も、あとから簡単にページ番号を入力することができます。

1 ← ページ番号

手順

1 ツールを選択する

[メイン・ツール・パレット]から**テキスト・ツール** T を選択。

2 文字の割り付け先を指定する

[文字]メニューから[ページに割り付け]を選択してチェックをつける。

> **ヒント** ページ番号は小節ではなくページに割り付けます。

3 入力位置を指定する

入力位置をダブルクリックすると、カーソルが点滅する。

> **ヒント** 位置はあとから調整できるので、おおよその位置で OK です。

4 ページ番号を挿入する

[文字]メニューの[挿入]から[ページ番号]を選択すると、カーソル位置にページ番号が挿入される。

> **ヒント** ページ番号は、[ファイル別オプション-フォント]画面、[テキスト]欄の[テキストブロック]に割り当てられたフォント、スタイル、サイズで挿入されます。

> **ヒント** 同じ[挿入]メニューの[総ページ]を利用すると、「現在のページ番号／総ページ数」といった表示も可能になります。

5 [フレーム属性]画面を開く

楽譜の余白部分をクリックして入力モードから抜け、挿入したページ番号に表示される□を右クリックすると表示されるメニューから[フレーム属性の編集]を選択し、[フレーム属性]画面を開く。

6 割り付けページを指定する

［割り付け先］欄で［ページ］が選択されていることを確認する。

2ページ目以降のすべてのページに割り付けたい場合

［適用するページ範囲］を選択し、1つめの□に「2」を入力し、2つめの□は空欄のままにする。

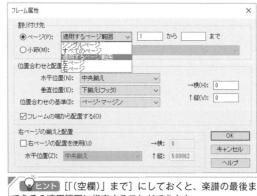

ヒント ［「（空欄）」まで］にしておくと、楽譜の最後までをその適用範囲に指定することができます。

すべてのページに割り付けたい場合

［すべてのページ］を選択。

7 位置を設定する

［位置あわせと配置］欄で、ページ番号の位置を設定する。➡ 第7章「文字の入力位置を調整する」p.316

8 画面を閉じる

［OK］をクリックして画面を閉じると、指定したページ、位置に、ページ番号が入力される。

開始ページ番号を指定する

複数の楽曲からなる作品などでは、ページ番号を「4」からはじめたいなど、開始ページ番号を指定したい場合があります。

手順

1 ツールを選択する

［メイン・ツール・パレット］から**テキスト・ツール** T を選択。

2 ページ番号を選択する

先頭ページのページ番号に表示される□をクリックして選択。

3 ［ページオフセット］画面を開く

［文字］メニューから［ページオフセット編集］を選択し、［ページオフセット］画面を開く。

4 開始番号を指定する

□に現在のページ番号に追加したい値を入力し、開始ページ番号を指定する。

ヒント たとえば、4ページからスタートしたい場合は、ここに「3」を入力します。

5 画面を閉じる

［OK］をクリックして画面を閉じると、指定した値にあわせて、ページ番号が書き換えられる。

3 | プレーンテキスト

プレーンテキストを入力する

曲の解説文や弾き方のアドヴァイス、メモなど、プレーンテキストを入力する手順です。

手順

1 ツールを選択する
［メイン・ツール・パレット］から**テキスト・ツール** T を選択。

2 文字の割り付け先を指定する
［文字］メニューから［ページに割り付け］（または［小節に割り付け］）を選択してチェックをつける。

3 入力位置を指定する
入力位置をダブルクリックすると、カーソルが点滅する。

4 文字を入力する
入力したい文字をタイプして入力し、枠の外をクリックすると入力モードから抜け、文字を囲んでいた破線が消える。

> **ヒント** 通常の文字と同様に、Enter （return）キーをタイプして、文字の途中で改行することができます。

> **注意!!** 楽譜に直接タイプして入力した曲情報は、［ファイル情報］画面に反映されません。

このテキスト・ツール T では、手順2で［小節に割り付け］を選択すると、発想記号のように小節に割り付けて文字を入力することができます。

> **ヒント** テキスト・ツール T で小節に割り付けた文字は赤で表示されます。

しかし、小節に割り付けたい場合は、**発想記号ツール** *mf* のほうが便利でオススメです。
理由は3つあります。
発想記号ツール *mf* では、割り付け先の小節が青い波線で表示され、目で確認できます。
また、入力前に［発想記号の設計］画面でその入力位置を細かく指定しておくこともできるうえに、［複製］すれば同じスタイル（フォントやサイズ、入力位置の指定など）を利用できるのも便利です。
さらに、同じ楽譜内でまったく同じ文字を繰り返して使いたい場合も、**発想記号ツール** *mf* ならリストから選択するだけで簡単に入力できるからです。

ページに割り付ける場合は**テキスト・ツール** T 、小節に割り付ける場合は**発想記号ツール** *mf* 、というふうに使い分けるとよいでしょう。

● 第7章　文字

4 文字の編集

文字のフォントやサイズを編集する

テキスト・ツール T を使って入力した文字のフォントやサイズを変更する手順を説明します。

手　順

1 ツールを選択する

［メイン・ツール・パレット］から**テキスト・ツール** T を選択。

2 文字を選択する

フォントやサイズを変更したい文字に表示される□をクリックして選択。

文字の一部分だけでフォントやサイズを変更したい場合は、□をダブルクリックしてから、変更したい部分をドラッグして反転表示させる。

Windows の場合

3 ［フォント］画面を開く

［文字］メニューから［フォント］を選択し、［フォント］画面を開く。

4 フォント、スタイル、サイズを指定する

それぞれの欄で、フォント、スタイル、サイズを指定する。

> **ヒント**　［文字］メニューから［スタイル］または［サイズ］を選択すると、スタイルまたはサイズだけを変更できます。

5 画面を閉じる

［OK］をクリックして画面を閉じると、手順2で選択していた文字が指定したフォント、スタイル、サイズになる。

Mac の場合

3 フォント、サイズ、スタイルを指定する

［文字］メニューから［フォント］、［サイズ］、または［スタイル］を選択し、表示されるリストからフォント、サイズまたはスタイルを選択すると、選択したフォント、サイズまたはスタイルに変更される。

> **ヒント**　［サイズ］から［その他］を選択すると［フォントサイズ］画面が開き、リストにないサイズ（ただしプラスの整数のみ）を指定することもできます。

4 | 文字の編集

フォントを一括で変更する

楽譜内で使われている文字、**テキスト・ツール** T で作成した文字だけでなく、歌詞や発想記号なども含めて、一括でフォントを変更することができます。

手　順

1 [フォント・ユーティリティ] 画面を開く

［書類］メニューの［データ・チェック］から［フォント・ユーティリティ］を選択し、［フォント・ユーティリティ］画面を開く。

2 検索フォントを指定する

［検索対象フォント］をクリックしてチェックをつけ、右の［フォント指定］をクリックすると開く［フォント］画面で検索したいフォントを指定する。

> ヒント　同時に［スタイル］や［サイズ］を指定しておくこともできます。

3 置換フォントを指定する

［次のフォントで置き換え］右の［フォント指定］をクリックすると開く［フォント］画面で置換後のフォントを指定する。

> ヒント　ここでも同時に［スタイル］や［サイズ］を指定しておくことができます。

4 置換する

［適用］をクリックすると、手順2で指定したフォントが、手順3で指定したフォントに置換される。

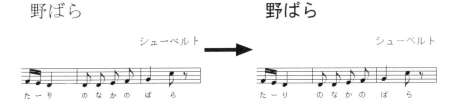

5 画面を閉じる

［OK］をクリックして画面を閉じる。

●第7章　文字

文字の入力位置を調整する

ドラッグして調整する

テキスト・ツール T を使って入力した文字の入力位置は、ドラッグして自由に調整できます。位置の調整は、テキスト・ツール T だけでなく、選択ツール ▶ でも可能です。

どちらの場合も、微調整したいときは矢印キーでの調整が便利です。

位置を指定して調整する

［右揃え］や［左揃え］、［中央揃え］など、位置を指定して調整することもできます。

▎手　順

1　ツールを選択する
［メイン・ツール・パレット］から**テキスト・ツール** T を選択。

2　文字を選択する
位置を調整したい文字に表示される□をクリックして選択。

3　基準を選択する
［文字］メニューの［位置合わせ］から［ページ・マージンに合わせる］を選択してチェックをつける。

> ヒント　［ページの端に合わせる］を選択すると、ページの端が位置あわせの基準になります。

4　位置を調整する
［文字］メニューの［位置合わせ］から位置を選択。
水平位置を調整したい場合は、［左揃え］、［中央揃え（水平）］または［右揃え］を、垂直位置を調整したい場合は、［上揃え］、［中央揃え（垂直）］または［下揃え］を選択してチェックをつける。
手順2で選択していた文字が、指定した位置に揃えられる。

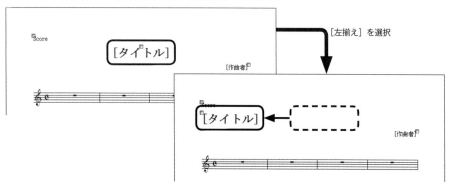

4 ｜ 文字の編集

文字をすべてのページに表示する

長い楽譜などでは、2ページ目以降のすべてのページにも小さくタイトルを表示しておきたいことがあります。**テキスト・ツール** T で入力した文字は、ページを指定して表示させることができます。

手順

1 ツールを選択する

［メイン・ツール・パレット］から**テキスト・ツール** T を選択。

2 先頭ページに文字を入力する

文字を表示したい先頭ページに必要な文字を入力しておく。

3 ［フレーム属性］画面を開く

楽譜の余白をクリックして入力モードから抜け、手順2で入力した文字に表示される□を右クリックすると表示されるメニューから［フレーム属性の編集］を選択し、［フレーム属性］画面を開く。

4 割り付けページを指定する

［割り付け先］欄で［ページ］を選択し、［適用するページ範囲］を選択し、文字を表示したいページ範囲を設定する。

> ヒント ［「(空欄)」まで］に設定すると、最後のページまでをその適用範囲に指定することができます。

> ヒント ［左ページ］または［右ページ］を選択すると、指定した範囲の左ページだけ（または右ページだけ）に表示することができます。

5 位置を指定する

必要に応じて［位置あわせと配置］欄で、文字の入力位置を指定する。

→ 第7章「文字の入力位置を調整する」p.316

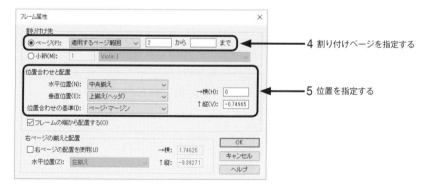

6 画面を閉じる

［OK］をクリックして画面を閉じると、指定したページ範囲に、入力した文字が表示される。

> ヒント 入力した文字は、指定したすべてのページの同じ位置に表示されます。

見開きページで左右対称に配置する

たとえばページ番号などを、左ページでは左下隅に、右ページでは右下隅に配置したいことがあります。このように、入力した文字の配置を見開きページで左右対称に設定することができます。

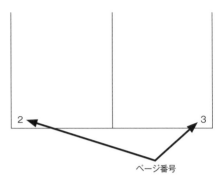

手順

1 ツールを選択する

［メイン・ツール・パレット］から**テキスト・ツール** T を選択。

2 ［フレーム属性］画面を開く

位置を調整したい文字に表示される□を右クリックすると表示されるメニューから［フレーム属性の編集］を選択し、［フレーム属性］画面を開く。

3 左ページの配置を指定する

［位置あわせと配置］欄の［水平位置］で［左揃え］を選択し、［垂直位置］欄で垂直位置を［上揃え］、［中央揃え（垂直）］または［下揃え］から選択。

➡ 📖 第7章「文字の入力位置を調整する」p.316

> 💡ヒント 左右ページともここで選択した垂直位置が適用されます。

4 右ページの配置を指定する

［右ページの揃えと配置］欄の［右ページの配置を使用］をクリックしてチェックをつけ、［水平位置］欄で［右揃え］を選択する。

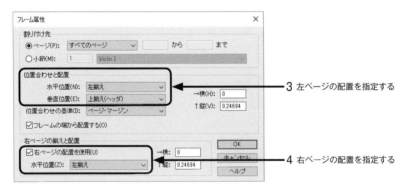

5 画面を閉じる

［OK］をクリックして画面を閉じると、手順2でクリックした文字が、見開きページで左右対称に配置される。

第8章
レイアウト

第8章 レイアウト

1 レイアウトに便利な機能

計測単位を指定する

レイアウトの際は、いろいろな場面で数値を利用しますが、その単位は［計測単位］で選択します。

手 順

1 単位を選択する

Windows の場合
［編集］メニューの［計測単位］から使用したい単位を選択。

Mac の場合
［Finale］メニューの［計測単位］から使用したい単位を選択。

ヒント ［EVPU］と［スペース］は、五線の線間を基準とした Finale 独自の単位で、1スペース＝ 24EVPU ＝五線の線間となります。

定規を表示する

レイアウトの目安となる定規を表示しておくこともできます。定規で使用する単位は、［計測単位］で選択されている単位になります。➡ 第8章「計測単位を指定する」p.320

手 順

1 定規を表示する

［表示］メニューの［表示する項目］から［定規］を選択してチェックをつけると、楽譜の左と上に定規が表示される。

1 | レイアウトに便利な機能

ガイドを表示する

位置あわせの目安となるガイドを表示しておくと便利です。

手 順

1 定規を表示する

定規を表示しておく。

> **注意!!** 定規を表示しないと、ガイドを表示することはできません。

➡ 第8章「定規を表示する」p.320

2 ガイド表示をオンにする

［表示］メニューの［グリッド／ガイド］から［ガイドを表示］を選択してチェックをつける。

3 ガイドを表示する

画面左または上に表示されている定規の上でダブルクリックすると、▶または▼が表示され、ダブルクリックした位置に水色のガイドが表示される。

4 位置を調整する

必要に応じて▶または▼をドラッグして、ガイドの位置を調整する。

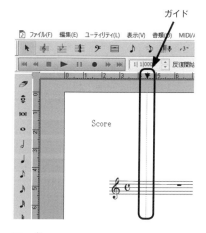
ガイド

> **ヒント** ▶や▼をクリックして選択し[Delete]キーをタイプすると、選択していたガイドを削除することができます。

> **ヒント** ▲や▼を右クリック（Macの場合は[control]キー＋クリック）して、［水平ガイドの再配置］または［垂直ガイドの再配置］を選択すると開く画面で、位置を数値で指定して変更することもできます。

位置を指定してガイドを配置する

位置を数値で指定してガイドを配置することもできます。

手 順

1 定規を表示する

定規を表示しておく。

> **注意!!** 定規を表示しないと、ガイドを表示することはできません。

➡ 第8章「定規を表示する」p.320

2 ［新規水平ガイド］（または［新規垂直ガイド］）画面を開く

画面の左または上に表示されている定規の上で右クリック（Macの場合は[control]キー＋クリック）すると表示されるメニューから［新規ガイド］を選択し、［新規水平ガイド］（または［新規垂直ガイド］）画面を開く。

3 ガイドの位置を指定する

［ガイドの位置］右の□に数値を入力する。

4 画面を閉じる

［OK］をクリックして画面を閉じると、指定した位置にガイドが作成される。

> **ヒント** ［計測単位］で指定した単位が選択されていますが、クリックすると表示されるリストから選択して変更することもできます（ただし定規の目盛りは変わりません）。

●第8章　レイアウト

2 ページ・サイズ

ページ・サイズを指定する

　楽譜のページ・サイズは、[セットアップ・ウィザード]で指定しておくことができますが、以下の手順であとから自由に変更することができます。このページ・サイズによって、五線サイズや1ページに収める組段の数などが変わります。

> 注意!! 実際にプリンタで印刷する際に使用する用紙サイズとは異なります。

手 順

1 ツールを選択する
　[メイン・ツール・パレット]から**ページ・レイアウト・ツール**を選択。

2 [ページ・サイズ編集]画面を開く
　[ページ・レイアウト]メニューから[ページ・サイズ編集]を選択し、[ページ・サイズ編集]画面を開く。

3 ページ・サイズを指定する
　左上の[▼]をクリックすると表示されるリストからページ・サイズを選択し、[縦長](または[横長])をクリックして選択。

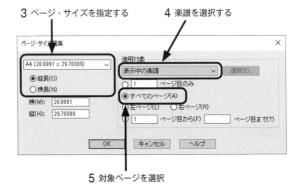

3 ページ・サイズを指定する　　4 楽譜を選択する

5 対象ページを選択

4 楽譜を選択する
　複数のパートをもつ楽譜で、パート譜を含む楽譜の場合は、ページ・サイズを編集する楽譜を選択する。

　[表示中の楽譜]………編集中の楽譜だけでページ・サイズを編集する場合
　[選択した楽譜]………[選択]をクリックすると開く[楽譜の選択]画面で、楽譜を選択できる
　[すべてのパート譜]…すべてのパート譜でページ・サイズを編集する場合
　[すべての楽譜]………スコア、パート譜で、すべてのページ・サイズを編集する場合

5 対象とするページ範囲を指定する
　通常は[すべてのページ]をクリックして選択。

6 画面を閉じる
　[OK]をクリックして画面を閉じると、楽譜が再配置され、選択したページ・サイズ、向きになる。

ページの余白サイズを設定する

楽譜周りの余白サイズを設定します。ページいっぱいに配置するよりも、余白をとってゆったりと配置したほうが、より読みやすい楽譜になります。

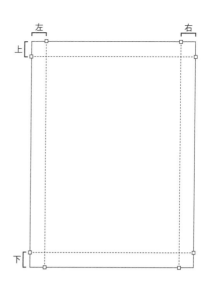

手 順

1 ツールを選択する

［メイン・ツール・パレット］から**ページ・レイアウト・ツール**を選択。

2 ［ページ・マージン編集］画面を開く

［ページ・レイアウト］メニューの［ページ・マージン］から［ページ・マージン編集］を選択し、［ページ・マージン編集］画面を開く。

3 余白サイズを設定する

［上］、［左］、［右］、［下］、それぞれの欄の□に数値を入力して余白サイズを設定する。

> **ヒント** ここでの数値には［計測単位］で選択した単位が使用されます。

4 対象ページを指定する

［適用対象］欄で、余白サイズを適用したいページ範囲を指定する。

> **ヒント** ［適用するページの範囲］を［「（空欄）」まで］に設定すると、最後のページまでをその適用範囲に指定することができます。

5 余白サイズを適用する

［適用］をクリックすると、設定した余白サイズが楽譜に適用される。

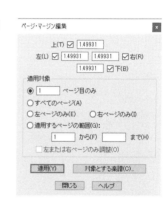

> **ヒント** ［適用］をクリックすると、画面を閉じずに設定結果を確認することができるので便利です。

> **ヒント** ほかのツールを選択するか、または［閉じる］をクリックすると［ページ・マージン編集］画面が表示されなくなります。

　余白サイズは、**ページ・レイアウト・ツール**を選択すると楽譜の四隅に表示される□をドラッグして調整することもできます。このとき、定規を表示しておくと調整の際の目安になり、便利です。

→ 第8章「定規を表示する」p.320

● 第8章　レイアウト

タイトルのための余白を設定する

1ページ目1段目の上は、タイトルなどを入力するためにほかのページより広めに余白を取ります。この余白の設定は［組段マージン編集］画面でおこないます。

タイトルのための余白サイズ

手順

1 ツールを選択する

［メイン・ツール・パレット］から**ページ・レイアウト・ツール** を選択。

2 ［組段マージン編集］画面を開く

［ページ・レイアウト］メニューの［組段］から［（組段）マージン編集］を選択し、［組段マージン編集］画面を開く。

3 組段を選択する

組段1を囲む点線の中をクリックすると、組段1が選択され、［組段マージン編集］画面に組段1の現在の設定値が表示される。

> ヒント　組段左に表示される数字は、組段の番号を表しています。

> ヒント　［適用対象］欄が、組段1から組段1までになります。

> ヒント　ここでの数値には［計測単位］で選択した単位が使用されています。

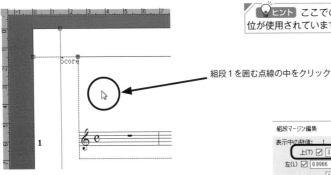

組段1を囲む点線の中をクリック

4 余白サイズを設定する

［上］欄右の□に数値を入力して余白サイズを設定する。

> ヒント　ページ・マージンから組段1、最上段の五線の第5線までの距離が、ここで設定する余白サイズになります。

5 余白サイズを適用する

［適用］をクリックすると、設定した余白サイズが楽譜に適用される。

> ヒント　［適用］をクリックすると、画面を閉じずに設定結果を確認することができるので便利です。

> ヒント　ほかのツールを選択するか、または［閉じる］をクリックすると［組段マージン編集］画面が表示されなくなります。

324

3 | 五線サイズ

五線サイズを指定する

　五線サイズとは、五線の一番下の線から一番上の線までの距離で表します。曲の編成やページ・サイズなどにあわせて、見やすいサイズに設定しましょう。

手順

1 ツールを選択する

　［メイン・ツール・パレット］から**ページ・レイアウト・ツール** を選択。

2 ［組段の拡大縮小］画面を開く

　［ページ・レイアウト］メニューから［組段の拡大縮小］を選択し、［組段の拡大縮小］画面を開く。

3 五線サイズを指定する

　［五線サイズ］欄の［五線の大きさ］右の□に数値を入力して五線サイズを指定する。

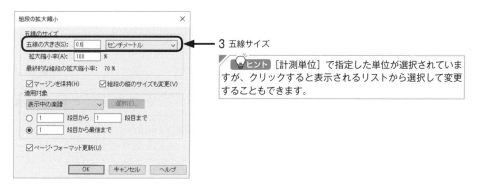

　ヒント ［計測単位］で指定した単位が選択されていますが、クリックすると表示されるリストから選択して変更することもできます。

4 画面を閉じる

　［五線サイズ］欄の［拡大縮小率］が「100％」、［適用対象］欄が「１段目から最後まで」になっていることを確認し、［OK］をクリックして画面を閉じると、五線が指定したサイズになる。

　ヒント 五線サイズの変更にあわせて、音符や記号のサイズも自動的に調整されます。

五線が指定したサイズにならない場合

五線が指定したサイズにならない場合は、以下の手順でページや五線の拡大縮小率を確認します。

手順

1 ツールを選択する

［メイン・ツール・パレット］から **サイズ・ツール %** を選択。

2 ページの拡大縮小率を確認する

ページの余白部分をクリックして［ページ全体の拡大縮小］画面を開き、［拡大縮小率］が「100%」になっているかどうかを確認する。

> **ヒント** 違う場合は、すべてのページの［拡大縮小率］を「100%」に設定しなおします。

［OK］をクリックして画面を閉じる。

3 五線の拡大縮小率を確認する

五線をクリックして［五線の拡大縮小］画面を開き、［拡大縮小率］が「100%」になっているかどうかを確認する。

> **ヒント** 違う場合は、すべての組段で五線の［拡大縮小率］を「100%」に設定しなおします。

［OK］をクリックして画面を閉じる。

上記の2点を確認しても、印刷すると五線が指定したサイズにならない場合は、印刷の際に楽譜に指定したページ・サイズと異なる用紙サイズを選択していないか、また、［用紙サイズに合わせて拡大縮小］などのメニューにチェックがついていないかどうかを確認してください。

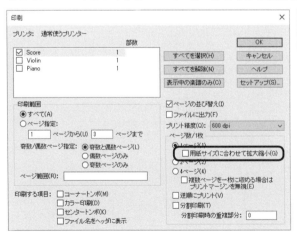

> **ヒント** Mac では、［詳細を表示］をクリックすると［用紙サイズに合わせて拡大縮小］などのメニューが表示されるようになります。

特定の五線だけサイズを変更する

特定の五線だけサイズを変更したい場合は、**サイズ・ツール** %　を使用します。

手 順

1 ツールを選択する

［メイン・ツール・パレット］から**サイズ・ツール** % を選択。

2 ［五線の拡大縮小］画面を開く

先頭の組段で、サイズを変更したい五線をクリックすると、［五線の拡大縮小］画面が開く。

> 💡 **ヒント** 音符や休符が入力されていない、五線の余白部分をクリックします。

> ⚠️ **注意!!** クリックする位置によっては違う画面が開くことがあります。その場合は［キャンセル］をクリックして画面を閉じ、もう一度クリックしなおします。

3 拡大縮小率を指定する

［拡大縮小率］欄右の□に数値を入力し、選択した五線の拡大縮小率を指定する。

4 適用範囲を指定する

［適用する組段の範囲］欄で、「1段目から最後まで」をクリックして選択。

> 💡 **ヒント** ［適用する組段の範囲］欄の□には手順2でクリックした組段数が表示されます。

5 画面を閉じる

［OK］をクリックして画面を閉じると、手順2でクリックした五線が指定した割合で拡大（または縮小）される。

> 💡 **ヒント** 手順2でクリックした五線に入力されている音符や記号もすべて、同じ割合で拡大（または縮小）されます。

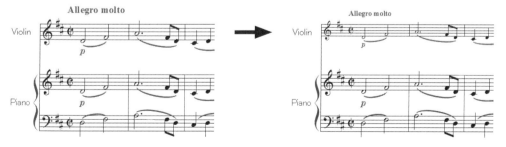

● 第8章　レイアウト

4　小節割り

小節を移動する

小節は自由に上や下の段に移動することができます。

▶ 手　順

1 ツールを選択する

［メイン・ツール・パレット］から**選択ツール**を選択。

2 小節を選択する

移動したい小節をクリックして選択。

複数の小節を移動したいときは、上に移動したい場合は最終小節を、下に移動したい場合は先頭小節をクリックして選択。

> 💡ヒント　複数の五線をもつ楽譜の場合も、任意の1パートで小節を選択すれば OK です。

3 小節を移動する

↑（または↓）キーをタイプすると、選択していた小節が上（または下）に移動する。

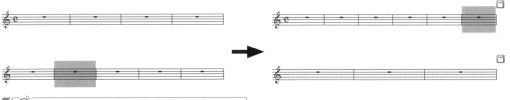

> 💡ヒント　**選択ツール**と同様に、**調号ツール**、**拍子記号ツール**、**音部記号ツール**、**小節ツール**、**MIDIツール**でも小節を移動できます。

鍵マーク

小節を移動すると五線の右上に鍵マークが表示されます。これは、小節がロックされたことを示す記号で、画面表示のみ、印刷されることはありません。

どうしても気になるという場合は、［表示］メニューの［表示する項目］から［レイアウト関連のアイコン］を選択してチェックをはずすと表示されなくなります。

1段の小節数を指定する

1段に収める小節数を指定して配置しなおすこともできます。

手順

1 [小節のはめ込み] 画面を開く

[ユーティリティ] メニューから [小節のはめ込み] を選択し、[小節のはめ込み] 画面を開く。

2 1段に収める小節数を指定する

[一段ごとに □ 小節ずつ配置して組段をロック] を選択し、□ に1段に収めたい小節数を入力する。

3 適用範囲を指定する

[適用対象] 欄で、小節数を固定したい小節範囲を指定する。
楽譜全体に適用したい場合は [すべての小節] をクリックして選択。

4 画面を閉じる

[OK] をクリックして画面を閉じると、1段の小節数が指定した数になるよう、小節割りが整えられる。

任意の小節を1段にまとめる

任意の小節を1段にまとめることができます。

手順

1 ツールを選択する

[メイン・ツール・パレット] から**選択ツール**を選択。

2 1段にまとめたい小節を選択

1段にまとめて配置したい小節をすべて選択。

> 💡ヒント 複数の五線をもつ楽譜の場合も、任意の1パートで小節を選択すればOKです。

3 1段にまとめる

[ユーティリティ] メニューから [小節のはめ込み] を選択し、[小節のはめ込み] 画面を開き、[選択した小節を一段にはめ込む] をクリックして選択。
[OK] をクリックして画面を閉じると、選択していた小節が1つの段にまとめられる。

●第8章　レイアウト

5 音符の配置

自動スペーシング

デフォルトでは、入力した音符や休符は見やすいよう、自動でレイアウトされます。この設定は［環境設定－編集］画面で確認できます。

手　順

1 ［環境設定－編集］画面を開く
［編集］メニュー（［Finale］メニュー）から［環境設定］を選択して［環境設定］画面を開き、左のリストから［編集］をクリックして選択。

2 自動スペーシング
［自動処理］欄の［レイアウトの自動更新］と［自動スペーシング］にチェックがついていることを確認する。

3 画面を閉じる
確認できたら［OK］をクリックして画面を閉じる。

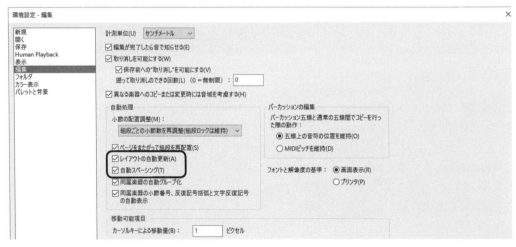

このため、**ステップ入力ツール** ♪ で音符や休符を入力すると、また**高速ステップ入力ツール** ♪ では編集枠を抜けるタイミングで、スペーシングが適用され、レイアウトが更新されていきます。
この［自動レイアウト］や［レイアウトの自動更新］のチェックをはずしておくと、手動でスペーシングを実行しない限り、スペーシングされなくなり、音符や休符の入力にあわせて小節が移動するなどのレイアウトの更新もおこなわれなくなります。

手動でスペーシングを適用する

　音符や休符は、デフォルトでは入力と同時にきれいに配置（スペーシング）されますが、念のため、すべての音符や休符、記号などを入力し終わったら、手動で再度スペーシングしなおしておくことをオススメします。

手 順

1 楽譜全体を選択する

　Ctrl（⌘）+ A キーをタイプ指定、楽譜全体を選択する。

> **ヒント** 楽譜全体を選択する際は、選択ツール や小節ツール など、小節を選択できるツールを使います。

> **ヒント** 特定の範囲だけを選択して再スペーシングすることもできます。このときは、全パートに渡って小節単位で選択します。

2 再スペーシングする

　［ユーティリティ］メニューの［スペーシング］から［音符単位によるスペーシング］を選択すると、楽譜全体が再スペーシングされる。

> **ヒント** 場合によっては（リズム譜など）、［拍単位によるスペーシング］や［音価比率によるスペーシング］を選択します。

スペーシングで衝突を回避する項目

　スペーシングの際に［衝突を避ける項目］は、［ファイル別オプション－スペーシング］画面で設定されています。

　ただし［コードネーム］にチェックをつけた場合も、空の小節に入力したコードネームはその対象になりません。

同度の音符を左右にずらして配置する

異なる符頭のみずらした場合

複数のレイヤーに入力した同じ高さの音符の符頭を左右にずらして配置したい場合は、[ファイル別オプション]画面で設定してからスペーシングしなおします。

➡ 📖 第2章「複声部の入力」p.145

手順

1 [ファイル別オプション-スペーシング]画面を開く
　[書類]メニューから[ファイル別オプション]を選択して[ファイル別オプション]画面を開き、左のリストから[スペーシング]をクリックして選択。

2 同度の符頭をずらして配置する
　すべての符頭をずらす場合
　[衝突を避ける項目]欄の[同度の符頭]で[すべての符頭]をクリックして選択する。

　異なる符頭のみずらす場合
　[衝突を避ける項目]欄の[同度の符頭]で[異なる符頭のみ]をクリックして選択する。

3 画面を閉じる
　[OK]をクリックして画面を閉じる。

💡 ヒント　同じ高さの音符の符頭をすべて同じ位置に重ねて配置したい場合は、[避けない]を選択します。

4 再スペーシングする
　範囲を選択して再スペーシングすると、選択した範囲内に入力されている同度の音符が左右にずれて配置される。➡ 📖 第8章「手動でスペーシングを適用する」p.331

　再スペーシングしても変更結果が楽譜に反映されない場合は、上記[ファイル別オプション-スペーシング]画面の[手動の配置情報]欄がデフォルトでは[そのまま]になっているためです。[消去]を選択して再スペーシングすると、[同度の符頭]欄で設定された配置になります。

　ただし、**道具箱ツール**🔧の**音符配置ツール**♪を使って移動していた場合などは、手動での変更が取り消されてしまうので、注意が必要です。➡ 📖 第8章「手動で音符を左右に移動する」p.333

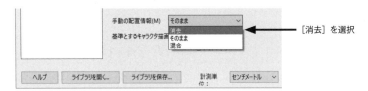

[消去]を選択

手動で音符を左右に移動する

入力した音符や休符は、手動で左右に移動して位置を調整することができます。

同じ拍位置の音符をすべて同時に移動する

同じ拍位置に入力されている音符や休符をすべていっしょに移動したい場合は、「拍図表」を利用します。拍図表は、[スペーシング]が適用された小節にのみ作成されます。[自動スペーシング]をオフにしている場合は、目的の小節に手動でスペーシングを適用してから以下の手順に進んでください。

> 注意!! ただし、[音価比率によるスペーシング]では拍図表は作成されません。

➡ 第8章「手動でスペーシングを適用する」p.331

また、この拍図表での調整は、再度スペーシングを適用すると取り消されてしまいます。すべての入力がすみ、小節割りなどのレイアウトがすべて整ってから調整するようにしましょう。

手順

1 ツールを選択する

[メイン・ツール・パレット]から**小節ツール**を選択。

2 拍図表を表示する

右小節線に□が2つ表示されるので、下の□をクリックすると小節の上に拍図表が表示される。

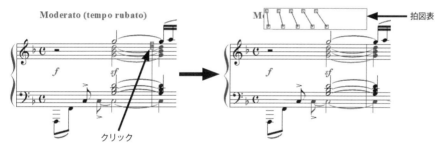

3 音符を移動する

移動したい音符の上に表示される2つの□のうち、下側の□を左右にドラッグすると、同じ拍位置に入力されているすべての音符が同時に移動する。

> ヒント Shift キーを押しながらドラッグすると、ドラッグした□より右にあるすべての□を同時に移動することができます。

> ヒント 音符に付随する記号や歌詞、コードネームなどもいっしょに移動します。

> 注意!! 再度スペーシングを適用すると、拍図表での変更は取り消されてしまいます。

拍図表が表示されない

スペーシングを適用しても拍図表が表示されない場合は、[小節の属性]画面左下の[音符配置]欄を確認します。通常は[拍図表を使用]が選択されているはずです。ほかの項目が選択されている場合は、[拍図表を使用]を選択します。

●第8章　レイアウト

特定の音符（または休符）だけを移動する

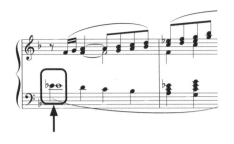

たとえば、譜例のように1度、または2度で隣りあった音符は、少し間を空けて配置したほうが、それぞれの音符が読み取りやすくなります。特定の音符だけを左右に移動したい場合は、**道具箱ツール**の**音符配置ツール**を使用します。

Windowsの場合、**道具箱ツール**は［上級者用ツール・パレット］に収められています。［ウィンドウ］メニューから［上級者用ツール・パレット］を選択して、パレットを開いておきます。

手　順

1　ツールを選択する
［上級者用ツール・パレット（メイン・ツール・パレット）］から**道具箱ツール**を選択すると開く［道具箱ツール・パレット］から、**音符配置ツール**を選択。

2　レイヤーを選択する
移動したい音符を入力したレイヤーを選択する。

3　音符（または休符）を選択する

小節をクリックすると、選択したレイヤーに入力されているすべての音符（または休符）の上に□が表示されるので、移動したい音符（または休符）の上に表示される□をクリックして選択。

> **ヒント**　ドラッグすると表示される枠で囲むようにすると、複数の□を選択することができます。

4　音符（または休符）を移動する
選択した□を左右にドラッグ、または→←キーをタイプすると、それにあわせて音符（または休符）が移動する。

> **ヒント**　ほんの少しだけ移動したい場合は、矢印キーが便利です。

音符配置ツールで移動した音符や休符は、デフォルトでは再度スペーシングを適用した場合も、その位置を保ったままになります。これは、［ファイル別オプション－スペーシング］画面で、［手動の配置情報］欄が［そのまま］になっているためです。

> **ヒント**　［手動の配置情報］欄で［消去］を選択して、再スペーシングを適用すると、手動での調整が取り消されます。

音符や休符の位置をデフォルトに戻したい

音符配置ツールで移動した音符や休符をもとの位置に戻したい場合は、上記手順3で□を選択したあと、Deleteキーをタイプします。すると移動が取り消され、デフォルトの位置に戻ります。

334

6 五線の配置

楽譜全体で五線間の距離を広げる（狭くする）

複数の五線をもつ楽譜で、五線間の距離を広げたい、あるいは逆に少し狭くしたいという場合は、[五線の間隔] 画面で操作すると、現在の五線間の距離の比率を保ったまま調整することができます。たとえば楽器群間をほかより少し広めに配置している場合など、その広めの設定を保ったまま、全体を少し広げたい、という場合に便利です。

手順

1 ツールを選択する

［メイン・ツール・パレット］から**五線ツール**を選択。

2 ［五線の間隔変更］画面を開く

［五線］メニューから［五線の間隔］を選択し、［五線の間隔変更］画面を開く。

3 広げる（狭くする）割合を指定する

［1本目の位置］欄で［現在の位置を変えない］を選択し、［選択された各五線の直上の五線との間隔］欄では［パーセントで指定］を選択し、現在の距離を100%として□に数値を入力して五線間の距離を広げる（または狭くする）割合を指定する。

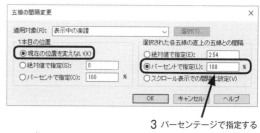

3 パーセンテージで指定する

ヒント ［絶対値で指定］を選択すると、具体的な数値で距離を指定することもできます。

4 画面を閉じる

［OK］をクリックして画面を閉じると、楽譜全体で五線間の距離が指定した割合で広がる（または狭くなる）。

注意!! 楽譜全体で、五線間の距離が調整され、配置しなおされます。

ヒント 組段間の距離は保ったまま、五線間だけが指定した割合だけ拡大（または縮小）されます。

特定の五線前の距離を広げる（狭くする）

上記手順の前に、五線を選択しておくと、選択した五線前の距離だけを広げたり狭くしたりすることもできます。あとから楽器群間を広げたい、また歌詞を挿入するスペースを空け忘れた、というときに便利です。

すべての五線を均等に配置する

複数の五線をもつ楽譜で、すべての五線を均等に配置したい場合も［五線の間隔］画面で操作します。

手 順

1 ツールを選択する

［メイン・ツール・パレット］から**五線ツール**を選択。

2 ［五線の間隔変更］画面を開く

［五線］メニューから［五線の間隔］を選択し、［五線の間隔変更］画面を開く。

3 五線間の距離を指定する

［1本目の位置］欄で［現在の位置を変えない］を選択し、［選択された各五線の直上の五線との間隔］欄では［絶対値で指定］を選択。

右の□に、五線と五線の間の距離（単位：スペース）に「4」をプラスした値のあと、「s」を入力する。

ヒント ここでいう「直上の五線との間隔」は、五線の第5線から次の五線の第5線までの距離を指します。

ヒント たとえば五線と五線の間の余白を8スペース（五線2つ分）空けたい場合は、「8＋4＝12」で「12s」と入力します。

ヒント 数値の最後に単位の頭文字を入力することで、［計測単位］での設定にかかわらず、強制的に任意の単位で指定することができるようになります。「s」はスペースの頭文字です（1スペース＝五線の線間）。

ヒント デフォルトで表示される数値の単位は［計測単位］で選択されている単位ですが、スペースでの設定が一番わかりやすいでしょう。もちろん、他の単位でも設定可能です。

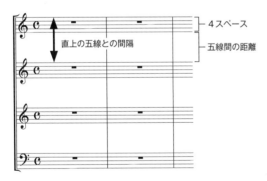

4 画面を閉じる

［OK］をクリックして画面を閉じると、楽譜全体の五線間の距離が指定した値になるよう、再配置される。

ヒント 組段間の距離は保ったまま、五線間だけが指定した距離で均等に配置しなおされます。

ヒント あらかじめ五線を選択しておくと、選択した五線前だけが指定した距離になるよう調整されます。

五線位置を手動で調整する

五線の位置は、手動で調整することができます。

楽譜全体で五線を移動する

以降の五線間の距離を保ったまま、楽譜全体にわたって、五線を移動して位置を調整します。

手 順

1 ツールを選択する

［メイン・ツール・パレット］から**五線ツール** を選択。

2 五線を選択する

五線左の余白部分をクリックし、移動したい五線全体を選択する。

3 五線を移動する

選択した五線左上に表示される□を上下にドラッグして位置を調整する。

> **ヒント** 選択した五線より下に配置されているすべての五線が、もとの距離を保ったまま、楽譜全体にわたって同時に移動します。

> **ヒント** 数値が表示されない場合は、［五線］メニューの［ドラッグ時に距離を表示］を選択してチェックをつけます。

> **ヒント** ドラッグすると破線と数値が表示されるので、それらを目安に調整します。

> **ヒント** ここで表示される数値の単位は、［計測単位］で選択されている単位です。

2回目のクリックのときに指を離さずそのまま上下にドラッグする

特定の組段内でのみ五線を移動する

楽譜全体ではなく、特定の組段でのみ、以降の五線間の距離を保ったまま五線を移動して位置を調整します。

手 順

1 ツールを選択する

［メイン・ツール・パレット］から**五線ツール** を選択。

2 五線を選択する

移動したい五線左上に表示される□をクリックして選択。

3 五線を移動する

選択した□を上下にドラッグして位置を調整する。

> **ヒント** 選択した五線より下に配置されているすべての五線が、もとの距離を保ったまま、同時に移動します。

> **ヒント** 数値が表示されない場合は、［五線］メニューの［ドラッグ時に距離を表示］を選択してチェックをつけます。

> **ヒント** ドラッグすると破線と数値が表示されるので、それらを目安に調整します。

> **ヒント** ここで表示される数値の単位は、［計測単位］で選択されている単位です。

上下にドラッグする

特定の五線だけを移動する

ほかの五線は移動せずに、特定の五線だけを移動することもできます。選択した五線上下のスペースが調整されます。

手順

1 ツールを選択する

［メイン・ツール・パレット］から**五線ツール**を選択。

2 五線を選択する

五線全体を移動する場合

五線左の余白部分をクリックし、移動したい五線全体を選択する。

特定の組段でのみ移動する場合

移動したい五線左上に表示される□をクリックして選択。

3 五線を移動する

[Alt]（[option]）キーを押しながら、選択した五線左上に表示される□を上下にドラッグすると、選択した組段の五線だけが上下に移動する。

> ヒント　五線全体で選択した場合は、選択したどの□をドラッグしても、同じ結果が得られます。

> ヒント　ドラッグすると破線と数値が表示されるので、それらを目安に調整します。

> ヒント　数値が表示されない場合は、［五線］メニューの［ドラッグ時に距離を表示］を選択してチェックをつけます。

> ヒント　ここで表示される数値の単位は、［計測単位］で選択されている単位です。

五線全体を選択した場合

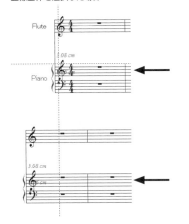

特定の組段でのみ選択した場合

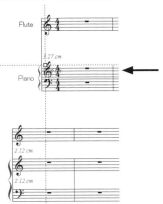

五線の左位置を調整する

　長いパート名を入力した場合などは、五線の左位置を調整してパート名がページにちょうどよく収まるよう五線左の余白を調整します。通常は、1段目と2段目以降に分けて調整します。

手 順

1 ツールを選択する

［メイン・ツール・パレット］から**ページ・レイアウト・ツール** を選択。

2 ［組段マージン編集］画面を開く

［ページ・レイアウト］メニューの［組段］から［(組段) マージン編集］を選択し、［組段マージン編集］画面を開く。

3 組段1を選択する

組段1を囲む点線の中をクリックすると、［組段マージン編集］画面に選択した組段1の現在の設定値が表示される。

> ヒント ［適用対象］欄が、組段1から組段1までになります。

> ヒント ここでの数値には［計測単位］で選択した単位が使用されています。

4 組段1の左位置を調整する

［左］右の□に、ページマージンからの距離を入力し、［適用］をクリックすると設定した値が楽譜に反映される。

> ヒント ［左］を「0」に設定すると、五線左端がページ・マージンにぴったりとそろえられます。

> ヒント ［適用］をクリックすると画面を閉じずに設定値を楽譜に反映させることができるので、楽譜を確認しながらちょうどよい値になるよう、調整します。

5 組段2～最後までを選択する

組段2を囲む点線の中をクリックすると、［組段マージン編集］画面に選択した組段2の現在の設定値が表示される。
［適用対象］欄の［対象範囲の最初の組段］が［2］になっていることを確認し、［対象範囲の最後の組段］右の□を空欄にする。

> ヒント ［対象範囲の最後の組段］を「(空欄)」に設定すると、最後の組段までをその適用範囲に指定することができます。

6 組段2～最後までの左位置を調整する

［組段マージン編集］画面で［上］、［右］、［下］、［組段間の距離］のチェックをクリックしてはずし、［左］だけにチェックをつけ、［左］右の□に、ページマージンからの距離を入力して［適用］をクリックすると、組段2～最後までの左位置が調整されるので、ちょうどよい値になるよう調整する。

> ヒント チェックをつけた欄の値だけが楽譜に適用されます。

> ヒント ほかのツールを選択するか、または［閉じる］をクリックすると［組段マージン編集］画面が表示されなくなります。

7 組段の配置

組段を均等に配置する

　組段とは、左端が1本の小節線でつながれたひとまとまりの五線のことを指します（ただし五線が1本しかない場合、デフォルトではこの左端の小節線が表示されません）。
　この組段をページ内に均等に配置する手順です。

手順

1 ツールを選択する
　［メイン・ツール・パレット］から**ページ・レイアウト・ツール**を選択。

2 ［組段の均等配置］画面を開く
　［ページ・レイアウト］メニューから［組段の均等配置］を選択し、［組段の均等配置］画面を開く。

3 対象ページを指定する
　［適用対象］欄で、均等配置したいページ範囲を指定する。

4 分配方法を選択する
　［組段の分配方法］欄で、［各ページの現在の組段の数を保持する］をクリックして選択。

5 画面を閉じる
　［OK］をクリックして画面を閉じると、指定したページ内の組段が、均等に配置される。

ヒント ［OK］をクリックしても均等に配置されない場合は、ページ内の組段が指定した割合に達していないためです。［組段の均等配置］画面で占拠率を低めに設定すると、均等配置されるようになります。

数を指定して組段を均等配置する

　［組段の均等配置］画面では、ページ内の組段数を指定して配置することもできます。

　前項手順4では、［1ページの組段数を□段に固定する］を選択し、□に配置したい組段数を入力します。
　［OK］をクリックして画面を閉じると、指定した数の組段がページ内に均等配置されます。

組段前後の距離を調整する

組段前後の距離を調整するには、2とおりの方法があります。

特定の組段だけを移動する

前後の組段に影響を与えず、特定の組段だけを手動で移動することができます。

手 順

1 ツールを選択する

[メイン・ツール・パレット]から**ページ・レイアウト・ツール**を選択。

2 組段を移動する

[Shift]+[Ctrl]（[option]）キーを押しながら、移動したい組段を囲む点線の中を上下にドラッグすると、選択した組段位置だけが上下に移動する。

> **ヒント** 前後の組段は移動せず、もとの位置を保ったまま、選択した組段前後の距離が調整されます。

> **注意!!** 調整後に組段の均等配置を実行すると、手動での調整が取り消されてしまうので注意が必要です。

組段前の余白を数値で調整する

[組段マージン編集]画面を使うと、組段前後の距離を数値で調整することができます。

　距離を調整したあとに組段の均等配置を実行すると、ここで指定した距離を保ったまま、組段を均等に配置することができます。加線の多い組段、歌詞のたくさん入力された組段、また繰り返し括弧を入力した組段などを含むページで、組段をきれいに配置したい場合などに便利です。

> **ヒント** 組段を均等配置すると、組段を囲む点線間の距離が均等になるように調整されます。

手 順

1 ツールを選択する

[メイン・ツール・パレット]から**ページ・レイアウト・ツール**を選択。

2 [組段マージン編集]画面を開く

[ページ・レイアウト]メニューの[組段]から[(組段)マージンの編集]を選択し、[組段マージン編集]画面を開く。

3 組段を選択する

調整したい組段を囲む点線の中をクリックすると、[組段マージン編集]画面に選択した組段の現在の設定値が表示される。

4 前後の距離を調整する

[上]または[下]の□の値を調整して[適用]をクリックすると、選択していた組段前（または後）の距離が調整される。

> **ヒント** この[上]または[下]は、最上位の五線上（最下位の五線下）から、組段を囲む点線までの距離を指します。

> **ヒント** [適用]をクリックすると、画面を閉じずに変更内容を楽譜に反映し、確認することができます。

組段を次ページに送る

指定した組段を次ページに送りたい場合は、[改ページ] を挿入します。

手 順

1 ツールを選択する
[メイン・ツール・パレット]から**ページ・レイアウト・ツール**を選択。

2 組段を選択する
改ページしたい組段を囲む点線の中でクリックし、組段を選択。

3 改ページする
[ページ・レイアウト] メニューから [改ページの挿入] を選択すると、手順2で選択した組段が次ページに送られ、以降の組段が再配置される。

改ページした組段の左上には、メモ帳のような改ページマークが表示されます。
鍵マーク同様、これは、改ページマークが挿入されたことを示す記号で、画面表示のみ、印刷されることはありません。

➡ 第8章「小節を移動する」鍵マーク p.328

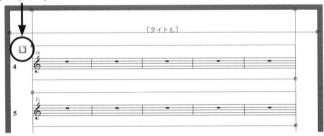

改ページマーク

どうしても気になるという場合は、[表示] メニューの [表示する項目] から [レイアウト関連のアイコン] を選択してチェックをはずすと表示されなくなります。

改ページを取り消す

改ページを取り消したい場合は、上記手順1～2を参照し、改ページマークの表示された組段を選択し、[ページ・レイアウト] メニューから [改ページの削除] を選択します。

> **注意!!** [改ページの削除] は、改ページの挿入された組段を選択したときのみ、選択できるようになります。

8 特殊なレイアウト

コーダの前で五線を切り離す

コーダの直前で五線を切り離してコーダ部分を独立させたい場合、プラグインで設定します。

注意!! すべてのレイアウトが確定してから実行するようにしましょう。

手順

1 ツールを選択する

［メイン・ツール・パレット］から**選択ツール**を選択。

2 コーダの先頭小節を選択

コーダの先頭小節を選択。

3 ［コーダ切れ作成］画面を開く

［プラグイン］メニューの［小節関連］から［コーダ切れの作成］を選択し、［コーダ切れの作成］画面を開く。

4 コーダ前の余白サイズを設定する

［コーダ部分との間隔］右の□に数値を入力し、切り離したコーダ前の余白スペースを設定する。

5 作成する文字反復記号を選択する

必要に応じて作成したい文字反復記号を選択し、選択した文字反復記号を入力する小節番号を指定する。

ヒント 画面のプレビューとは異なり、日本式の「⊕」や「𝄋」マークがそれぞれ作成されます。

ヒント プレイバックのための設定も同時におこなわれます。

6 画面を閉じる

［OK］をクリックして画面を閉じると、手順2で選択した小節の前で五線が切り離され、同時に選択した文字反復記号が指定した位置に入力される。

ヒント 入力された文字反復記号は、右クリックすると表示されるメニューから［文字反復記号定義の編集］を選択すると表示される［文字反復記号の作成］画面で、その文字をあとから編集することができます。

コーダ前の余白サイズを調整する

コーダ前の余白サイズをあとから調整したい場合は、**ページ・レイアウト・ツール**を使います。

手順

1 ツールを選択する

［メイン・ツール・パレット］から**ページ・レイアウト・ツール**を選択。

2 余白サイズを調整する

コーダ部分の組段を囲む破線左上に表示される□、またはコーダ直前の組段を囲む破線右下に表示される□をクリックして選択し、または→←キーをタイプして余白サイズを調整する。

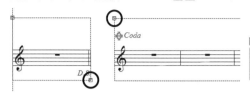

> 💡ヒント □をドラッグして調整することもできますが、その際は Shift キーを押しながら左右にドラッグし、上下に動かさないよう気をつけます。

コーダ部分のグループ名を隠す

切り離したコーダ前の五線名は、プラグインの実行と同時に楽譜スタイル「TG Hide Staff Name」が適用され表示されなくなります。ところがグループ名はそのまま残ってしまいます。このグループ名を隠す手順です。

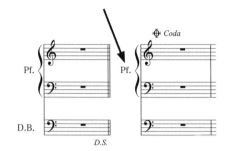

手順

1 ツールを選択する

［メイン・ツール・パレット］五線ツール 𝄞 を選択。

2 コーダ部分のグループ名を隠す

コーダ部分のグループ名に表示される□をダブルクリックして［グループ属性］画面を開き、［グループ名表示］をクリックしてチェックをはずし、［OK］をクリックして画面を閉じる。

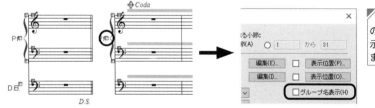

> 💡ヒント 選択したグループのすべてのグループ名が非表示になり、括弧だけが表示されます。

3 コーダ前の組段にグループ名を表示する

［五線］メニューの［グループ］から［グループ化］を選択して［グループ属性］画面を開く。

［先頭五線］、［最終五線］でグループの範囲を設定し、［対象となる小節］欄でコーダ直前までの小節範囲を指定する。

［正式グループ名］、［省略グループ名］を入力し、［グループ名表示］をクリックしてチェックをつける。

➡ 📖 第1章「括弧を追加する」p.69、「グループ名を入力する」p.80

［OK］をクリックして画面を閉じる。

> 💡ヒント コーダ前の組段にグループ名が表示されます。

> 💡ヒント 括弧の種類は［なし］のままで OK です。

8 | 特殊なレイアウト

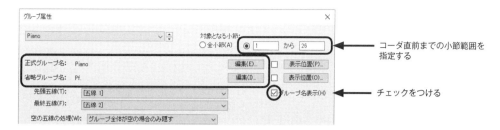

4 コーダ以降の組段にグループ名表示するためのグループを作成する

同様にして、再度［五線］メニューの［グループ］から［グループ化］を選択して［グループ属性］画面を開き、コーダ以降の組段にグループ名を設定する。

これで、コーダ部分のグループ名だけが非表示になります。

コーダ切れをもとに戻す

［コーダ切れの作成］プラグインを実行すると、コーダ前後が2つの組段に分断されます。これをもとに戻す手順のポイントは、「それぞれの組段マージンをデフォルトに戻す」、「小節割りを戻す」、この2点です。組段マージンをもとに戻すには、通常の組段のマージン設定をコピーするのが簡単です。

手順

1 ツールを選択する

［メイン・ツール・パレット］から**ページ・レイアウト・ツール**を選択。

2［組段マージン編集］画面を開く

［ページ・レイアウト］メニューの［組段］から［(組段) マージンの編集］を選択し、［組段マージン編集］画面を開く。

3 組段マージンをデフォルトに戻す

組段1以外の通常の組段をクリックするとクリックした組段の設定値が表示されるので、［適用対象］欄でコーダ前後の組段を指定し、［適用］をクリック。

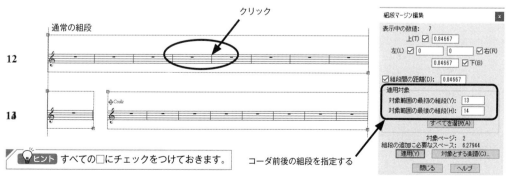

ヒント すべての□にチェックをつけておきます。

あとは小節を移動すればOKです。➡ 第8章「小節を移動する」p.328

345

小節の途中で改行する

小節の途中で改行したい場合は、プラグインを使うと簡単です。

ここで説明するプラグインでは、分割点を拍で指定します。そのため、右図のように1小節を1拍として設定している楽譜では、このプラグインを使用することができません。

その場合は、分割したい小節でのみ、区切りたい拍に設定された拍子記号を適用してから以下の手順に進んでください。［表示専用に別の拍子記号を使う］と、楽譜の表示を変えずに拍だけを変えることができます。

➡ 📖 第1章「弱起（アウフタクト）を設定する」p.60

手 順

1 ツールを選択する

［メイン・ツール・パレット］から**選択ツール**を選択。

2 小節を選択

改行したい小節をクリックして選択。

> ヒント 複数の五線をもつ楽譜の場合も、任意の五線で小節を選択すればOKです。

3 ［小節の分割］画面を開く

［プラグイン］メニューの［小節関連］から［小節の分割］を選択し、［小節の分割］画面を開く。

4 分割位置を指定する

□に拍数を入力して、分割したい拍位置を指定し、［分割部分の小節線］欄で［非表示］または［点線］を選択し、［分割した後半の小節を次の段に送る］をクリックしてチェックをつける。

> ヒント 小節線の種類は、あとから自由に変更できます。

5 画面を閉じる

［OK］をクリックして画面を閉じると、指定した拍位置で小節が分割され、改行される。

分割した前後の小節は、それぞれ独立した小節として認識されているため、通常の手順で小節線の種類を変更することができます。

また、このプラグインを使って小節を分割すると、後半の小節は、自動的に小節番号にカウントされないように設定されます。

8 | 特殊なレイアウト

小節左の余白を調整する

　小節内の先頭の音符に臨時記号が複数ついていたり2度で重なる音符があると、小節前の余白が狭く、アルペジオ記号を挿入できない場合があります。こういう場合は［小節の属性］画面で小節前の空きを調整します。

手 順

1 ツールを選択する

［メイン・ツール・パレット］から**小節ツール**を選択。

2 ［小節の属性］画面を開く

小節前の空きを調整したい小節をダブルクリックして［小節の属性］画面を開く。

3 小節左の余白を指定する

［小節の左端のスペース］をクリックしてチェックをつけ、□に数値を入力して余白サイズを指定する。

> **ヒント** プラスの値を入力すると余白が広くなり、マイナスの値を入力すると狭くなります。

> **ヒント** ここで表示される数値の単位は、［計測単位］で選択されている単位です。

> **ヒント** 数値の最後に単位の頭文字を入力することで、［計測単位］での設定にかかわらず、強制的に任意の単位で指定することができるようになります。

4 画面を閉じる

［OK］をクリックして画面を閉じると、選択していた小節左の余白スペースが調整される。

> **ヒント** 楽譜を確認しながら、ちょうどよい値になるよう調整しましょう。

> **ヒント** 再度スペーシングを適用した場合も、ここで設定した余白サイズは保たれます。

347

● 第8章　レイアウト

組段ごとに五線の数が異なる楽譜を作成する

　Finaleでは、組段ごとに五線を増やしたり減らしたりすることはできません。
　まず、必要最大数の五線を用意し、組段ごとに必要のない空の五線を隠します。これによって、組段ごとに五線の数が異なる楽譜を作成することができます。
　すべての音符を入力し、小節割りを確定してから以下の手順に進んでください。

手 順

1　ツールを選択する

　［メイン・ツール・パレット］から**五線ツール**を選択。

2　五線を選択する

　隠したい五線左上の□をクリックして選択。

　　　　ヒント　ドラッグすると表示される枠で囲むようにすると、複数の□を選択することができます。

　楽譜全体で空の五線をすべて隠したい場合は、楽譜全体を選択しておく。

3　空の五線を隠す

　選択した□を右クリックすると表示されるメニューから、［空の五線を隠す］を選択する。

　　　　ヒント　五線を隠した位置には薄いグレーで破線が表示され、隠れている五線があることが示されます。

　　　　注意!!　破線は、五線ツールを選択しているときにのみ、表示されます。

再度表示する

　隠した五線を再度表示させたい場合は、破線に表示される□を右クリックし、表示されるメニューから表示したい五線を選択します。

　楽譜全体で空の五線を再表示したい場合は、楽譜全体を選択し、五線左上の□を右クリックして［空の五線を表示］または［すべての五線を表示］を選択します。

五線が隠せない

上記手順で五線が隠せない場合は、以下の3点を確認します。

全休符をチェックする

隠すことができるのは、デフォルトの全休符が表示されている未入力の五線だけです。同じ全休符でも実際の全休符が入力されていると「空の五線」とは認識されません。プラグインを使えば、すばやくデフォルトの全休符に置き換えることができます。

● 手　順

1 ツールを選択する
［メイン・ツール・パレット］から**選択ツール**を選択。

2 範囲を選択
デフォルトの全休符に置き換えたい範囲を選択。

3 デフォルトの全休符に置き換える
［プラグイン］メニューの［音符関連］から［デフォルトの全休符に変更］を選択すると、手順2で選択した範囲の全休符がすべてデフォルトの全休符に置き換えられる。

［五線の属性］画面をチェックする

次に［五線の属性］画面を確認します。

● 手　順

1 ツールを選択する
［メイン・ツール・パレット］**五線ツール**を選択。

2 ［五線の属性］画面を開く
隠したい五線をダブルクリックして［五線の属性］画面を開く。

3 ［オプション］欄を確認する
［五線］欄で隠したい五線が選択されていることを確認し、［五線の動作］欄の［未入力の五線を隠せるようにする］にチェックがついているかどうかを確認する。
チェックがついていない場合は、クリックしてチェックをつける。

4 画面を閉じる
［OK］をクリックして画面を閉じる。

●第8章　レイアウト

[グループ属性] 画面を確認する

グループに指定されている五線の場合は、［グループ属性］画面も確認します。

■ 手　順

1 ツールを選択する

［メイン・ツール・パレット］**五線ツール** を選択。

2 ［グループ属性］画面を開く

［五線］メニューの［グループ］から［属性の編集］を選択して［グループ属性］画面を開く。

3 ［グループの最適化］欄を確認する

左上のリストから隠したい五線の属しているグループを選択し、［空の五線の処理］欄が［空の五線のみ隠す］が選択されているかどうかを確認する。

違う項目が選択されている場合は［空の五線のみ隠す］に設定する。

> ヒント　［グループ全体が空の場合のみ隠す］を選択すると、グループ内のすべての五線が空の場合にのみ、五線を隠すことができるようになります。

> 注意!!　［隠さない］が選択されている場合、グループ内の五線は隠すことができません。

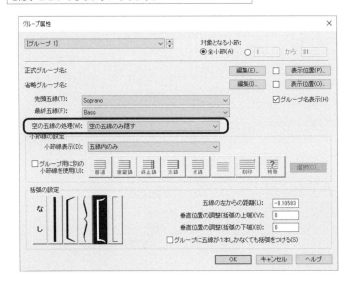

4 画面を閉じる

隠したい五線が属しているグループをすべて確認したら、［OK］をクリックして画面を閉じる。

> ヒント　上記3点を確認しても隠せない場合は、五線左上の□をクリックして選択したあと、［五線］メニューから［空の五線を隠す］を選択して適用すると、隠せることがあります。

組段間に「∥」を配置する

複数の五線をもつ楽譜では、1ページに複数の組段を配置した際に、組段間に「∥」を配置して組段の区切りを示すことがあります。Finaleでは、この「∥」を「組段セパレータ」といい、プラグインを使って簡単に配置することができます。

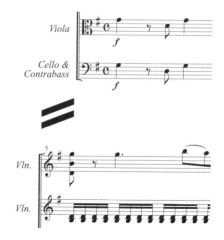

手順

1 [組段セパレータの配置] 画面を開く

[プラグイン] メニューの [作曲・編曲関連] から [組段セパレータの配置] を選択し、[組段セパレータの配置] 画面を開く。

2 配置するページ、水平位置を指定する

[配置するページ] 欄で [すべてのページ] を選択し、[水平位置] 欄では [左側] にのみチェックをつける。

> **ヒント** 通常組段セパレータは、組段の左側に記譜されます。

> **ヒント** [表示されているページ] または [範囲を指定] を選択し、配置するページを指定することもできます。

3 画面を閉じる

[OK] をクリックして画面を閉じると、指定した範囲内の複数の組段を配置したページに組段セパレータが配置される。

> **ヒント** [セパレータを除去] をクリックすると、指定した範囲内に入力されている組段セパレータを削除することができます。

「∥」のサイズをあとから編集する

「∥」は、テキストとして入力されます。**選択ツール** で入力した「∥」をダブルクリックすると、**テキスト・ツール** に切り替わり、編集できるようになります。

「∥」のサイズをあとから編集したい場合は、通常のテキストと同様に、フォントサイズで指定します。

→ 第7章「文字のフォントやサイズを編集する」p.314

> **ヒント** 作成時に、[組段セパレータの配置] 画面の [フォントサイズ] 欄であらかじめサイズを指定しておくこともできます。

●第8章　レイアウト

空白ページを挿入する

楽譜の最初にタイトルページを挿入したい場合や、楽譜の最後に歌詞テキストだけを記したページを挿入したい場合は、［空白ページの挿入］を使用します。五線の表示されない、真っ白な空白ページを挿入することができます。

手順

1 ツールを選択する

［メイン・ツール・パレット］から**ページ・レイアウト・ツール**を選択。

2 ［空白ページの挿入］画面を開く

［ページ・レイアウト］メニューから［空白ページの挿入］を選択し、［空白ページの挿入］画面を開く。

3 挿入するページ数を指定する

一番上の□に挿入したい空白ページのページ数を入力する。

4 挿入位置を指定する

空白ページを挿入したい位置を指定する。

5 画面を閉じる

［OK］をクリックして画面を閉じると、指定した位置に、指定した分の空白ページが挿入される。

> ヒント　挿入した「空白ページ」には組段を挿入することはできません。

空白ページを削除する

［空白ページの挿入］を使用して挿入した空白ページを削除します。

手順

1 ツールを選択する

［メイン・ツール・パレット］から**ページ・レイアウト・ツール**を選択。

2 ［空白ページの挿入］画面を開く

［ページ・レイアウト］メニューから［空白ページの削除］を選択し、［空白ページの削除］画面を開く。

3 削除するページを指定する

削除したい空白ページを指定する。

4 画面を閉じる

［OK］をクリックして画面を閉じると、指定した空白ページが削除される。

第9章
プレイバックとReWire

第9章 プレイバックとReWire

1 プレイバックする

［プレイバック・コントローラー］の操作

　［プレイバック・コントローラー］には、オーディオ・プレイヤーととてもよく似たボタンが並んでいます。操作方法もだいたい同じです。

　［再生］をクリックするとプレイバックがはじまります。デフォルトでは演奏にあわせてカーソルが移動し、演奏位置をナビゲートしてくれます（カーソル位置にあわせて自動的にスクロールされます）。

　楽譜の最後まで演奏し終わるか、または［停止］をクリックするとプレイバックが止まります。

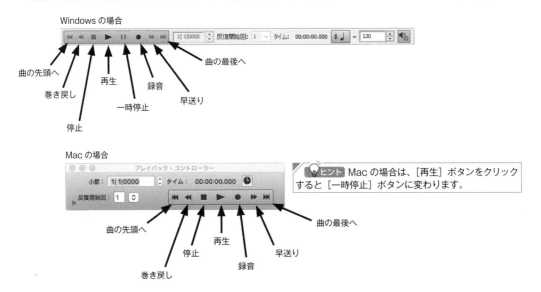

> **ヒント** Macの場合は、［再生］ボタンをクリックすると［一時停止］ボタンに変わります。

　［プレイバック・コントローラー］は、［ウィンドウ］メニューの［プレイバック・コントローラー］にチェックをつけたりはずしたりすることで、開いたり閉じたりできます。

1 | プレイバックする

任意の位置からプレイバックする

任意の位置からプレイバックしたい場合は、ショートカットキーを使った方法が簡単です。

> **ヒント** どのツールを選択しているときでも以下の手順でプレイバックすることができます。

手順

1 Mac の場合の準備

Mac の場合は、[プレイバック・コントローラー] 左上の赤い「×」をクリックして [プレイバック・コントローラー] を閉じておく。

> **ヒント** [ウィンドウ] メニューから [プレイバック・コントローラー] を選択してチェックをつけると、再度、開くことができます。

2 開始位置をクリックする

スペースキーを押したまま開始位置をクリックすると、クリックした小節からプレイバックがはじまる。

> **ヒント** 複数のパートをもつ楽譜では、クリックした位置からすべてのパートがプレイバックされます。

> **ヒント** Windows では、スペースキーを押すとカーソルが耳の形になります。

> **注意!!** クリックしてもプレイバックがはじまらない場合は、[スコア・マネージャー] 画面、または [ミキサー] 画面、[スタジオ表示] の [パート・コントローラー] などで、プレイバックしたい五線がミュートされていないかどうかを確認してください。

3 プレイバックを止める

楽譜上をクリックするとプレイバックが止まる。

> **ヒント** クリックする位置は、楽譜上であればどこでも OK です。

特定の五線だけをプレイバックする

特定の五線だけをプレイバックしたい場合も、ショートカットキーを使います。

> **ヒント** どのツールを選択しているときでも以下の手順でプレイバックすることができます。

手順

1 開始位置をクリックする

Shift キー＋スペースキーを押したまま、プレイバックしたい五線の開始位置をクリックすると、クリックした小節からクリックした五線のみプレイバックされる。

> **ヒント** Windows では、スペースキーを押すとカーソルが耳の形になります。

> **注意!!** クリックしてもプレイバックがはじまらない場合は、[スコア・マネージャー] 画面、または [ミキサー] 画面、[スタジオ表示] の [パート・コントローラー] などで、プレイバックしたい五線がミュートされていないかどうかを確認してください。

2 プレイバックを止める

楽譜上をクリックするとプレイバックが止まる。

> **ヒント** クリックする位置は、楽譜上であればどこでも OK です。

●第9章　プレイバックとReWire

プレイバックする五線を指定する

　たとえば合唱譜で歌のパートだけをプレイバックしたい、あるいはピアノ伴奏だけをプレイバックして確認したいという場合は、[スコア・マネージャー]画面、または[ミキサー]画面、[スタジオ表示]の[パート・コントローラー]などで、プレイバックしたい五線を指定し、必要な五線だけがプレイバックされるように設定します。

手　順

1 [スコア・マネージャー]画面を開く
　[ウィンドウ]メニューから[スコア・マネージャー]を選択し、[スコア・マネージャー]画面を開く。

2 プレバックする五線を指定する
　プレイバックしたい五線の[S]欄をクリックして●を表示すると、指定した五線だけがプレイバックされる。

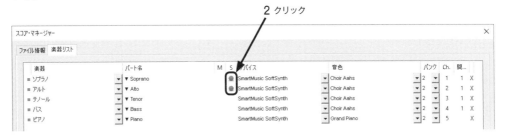

　[ミキサー]画面、[スタジオ表示]の[パート・コントローラー]でも手順は同じです。
　[ミキサー]画面は[ウィンドウ]メニューの[ミキサー]にチェックをつけると開きます。[パート・コントローラー]は[スタジオ表示]に切り替えると、それぞれの五線の左に表示されます。
　[ミキサー]画面、[パート・コントローラー]でも、[SOLO]または[S]欄をクリックして〇を点灯すると、点灯した五線だけがプレイバックされます。

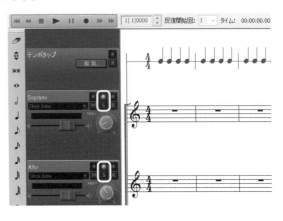

2 音色

音色を変更する

通常、選択した楽器に最適な音色が自動で割り振られますが、音色は、あとから自由に変更することもできます。➡ 第9章「ARIA Player で音色を変更する」p.368

手 順

1 [スコア・マネージャー]画面を開く
[ウィンドウ]メニューから[スコア・マネージャー]を選択してチェックをつけ、[スコア・マネージャー]画面を開く。

2 チャンネルを指定する
必要に応じて[チャンネル]欄に他の音色で使用していないチャンネル番号を入力する。

3 音色を選択する
[音色]欄をクリックすると表示されるリストから、使用したい音色をクリックして選択。

> **注意!!** 1つのチャンネルに対して割り当てられるのは1音色だけです。

> **ヒント** 使用できるチャンネルは「1」~「16」まで。そのうち「10」はパーカッション専用チャンネルです。

> **ヒント** たとえばピアノ・パートの大譜表などで、2つの五線に異なるチャンネルを割り振れば、それぞれに違う音色を割り当てることができるようになります。

> **注意!!** 選択した音色でプレイバックされない場合は、[MIDI / Audio]メニューの[プレイバックに VST を使用(プレイバックに Audio Units を使用)]にチェックがついているかどうかを確認してください。

●第9章　プレイバックとReWire

音色を一括で割り当てなおす

楽譜上のすべてのパートには、サウンドマップにしたがって自動で最適な楽器を再割り当てすることができます。正しい音色でプレイバックしなくなった旧バージョンのファイルも、これによって正しくプレイバックできるようになります。

> **注意!!** 正しい音色でプレイバックされない場合は、[MIDI／Audio] メニューの [プレイバックにVSTを使用（プレイバックにAudio Unitsを使用）] にチェックがついているかどうかを確認してください。

手順

1 [プレイバックサウンドの再割り当て] を実行する

[MIDI／Audio] メニューから [プレイバックサウンドの再割り当て] を選択。

既存の設定を書き換えてもよいかどうかをたずねられるので、[はい] をクリック。

[サウンドマップの優先順位] に従って、各楽器に適した音色が割り当てなおされる。

[サウンドマップの優先順位] を変更する

[プレイバックサウンドの再割り当て] では、[サウンドマップの優先順位] に従って音色が割り当てられます。

Finale に付属の Garritan Instruments for Finale には、高品質に録音された生楽器の音が多数収録さ

> **注意!!** Garitan Instruments for Finale は、Finale本体とは別にインストールする必要があります。

れており、リアルな音でプレイバックされる反面、メモリ消費が大きく、オーケストラ・スコアなどパートが多い場合には、かなりのコンピュータ負荷となり、動作がとても重く不安定になってしまうことがあります。そういうときは、もう1つの SmartMusic SoftSynth を優先するように設定しておくと、入力や再生の際の動作がスムーズに改善されることがあります。

手順

1 [サウンドマップの優先順位] 画面を開く

[MIDI／Audio] メニューから [サウンドマップの優先順位] を選択し、[サウンドマップの優先順位] 画面を開く。

2 SmartMusic SoftSynth を優先する

[SmartMusic SoftSynth] をクリックして選択し、[▲] をクリックしてリストの最上位に移動する。

[OK] をクリックして画面を閉じる。

3 音色を割り当てなおす

[プレイバックサウンドの再割り当て] を実行すると、各楽器に [SmartMusic SoftSynth] の音色が優先して割り当てられる。

> **注意!!** ここでの設定は、以降作成するすべてのファイルに有効です。

358

五線の途中で音色を変更する

［ユーティリティ］メニューの［楽器の部分変更］を使うと、音色と同時に、選択した楽器に適した移調楽器の設定や五線名など、必要な項目がすべて同時に変更されます。

➡ 第1章「五線の一部でだけ楽器を変更する」p.40

もし、移調楽器の設定や五線名は変更せず、音色だけを変えたいのであれば、**発想記号ツール** で設定することもできます。

手 順

1 ツールを選択する

［メイン・ツール・パレット］から**発想記号ツール** を選択。

2 ［発想記号の選択］画面を開く

発想記号を入力したい位置をダブルクリックし、［発想記号の選択］画面を開く。

> ヒント このとき、カーソルに表示される矢印が、発想記号を入力したい五線を指す位置でダブルクリックするようにします。

3 カテゴリを選択する

左のリストから［演奏指示］をクリックして選択。

4 ［発想記号の設計］画面を開く

［演奏指示の作成］をクリックして、［発想記号の設計］画面を開く。

5 持ち替え指示を入力する

［文字］を選択し、□に変更後の楽器名など、楽譜に表示する文字を入力する。

> ヒント 臨時記号は、［文字］メニューの［挿入］を選択すると表示されるリストから選択して入力します。

> ヒント 何も入力せずに作成すると、楽譜に記号を表示せずに音色だけを変更することができます。

6 音色を設定する

［プレイバック］タブをクリックし、［タイプ］欄で［パッチ］を選択すると下に音色を選択する［GM］欄が表示されるので、クリックすると表示されるリストから、音色を選択する。

7 記号を配置する

［OK］をクリックして画面を閉じると［発想記号の選択］画面に戻るので、作成した記号が選択されていることを確認し、［配置］をクリック。手順2でダブルクリックした位置に作成した記号が入力される。

プレイバックすると、記号の割り付け位置から指定した音色に変更されます。

> ヒント もとの音色に戻す場合も同様に、もとの音色に設定した発想記号を入力します。

> 注意!! 発想記号による音色の変更は、［スコア・マネージャー］画面に表示されません。

●第9章　プレイバックと ReWire

3 テンポ

［プレイバック・コントローラー］でテンポを指定する

　プレイバックするテンポを設定した発想記号を入力していない楽譜では、［プレイバック・コントローラー］でテンポを指定することができます。

手順

1 テンポの基準となる音符を選択する

　［プレイバック・コントローラー］の音符をクリックすると表示されるリストから、テンポの基準となる音符を選択。

Mac の場合

　［プレイバック・コントローラー］左側にある薄いグレーの［▶］をクリックすると［テンポ］欄が表示されるので、音符をクリックして選択する。

> **ヒント** ［▼］をクリックすると、［プレイバック・コントローラー］がもとのサイズに戻ります。

2 テンポを指定する

選択した音符右の□に数値を入力してテンポを指定する。

Windows の場合

Mac の場合

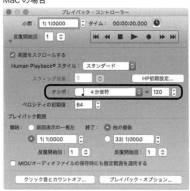

　再生すると、指定したテンポでプレイバックされます。
　もし、指定どおりのテンポで演奏できない場合は、入力されている発想記号のプレイバック設定を確認し、［テンポ］が選択されている場合は［なし］に設定するか、あるいは記号そのものを削除します。

➡ 📖 第9章「発想記号でテンポを指定する」p.361

3 | テンポ

発想記号でテンポを指定する

発想記号ツール *mf* で入力した記号には、プレイバックするテンポを設定しておくことができます。この方法を使うと、1つのファイルの中で自由にテンポを変化させることができます。

手 順

1 ツールを選択する
[メイン・ツール・パレット]から**発想記号ツール** *mf* を選択。

2 [発想記号の設計]画面を開く
プレイバックするテンポを設定したい記号に表示される□を右クリックすると表示されるメニューから[文字発想記号定義の編集]を選択し、[発想記号の設計]画面を開く。

3 テンポを設定する

テンポを数値で指定する
[プレイバック]タブをクリックし、[タイプ]欄右をクリックすると表示されるリストから[テンポ]を選択し、テンポの基準となる音符を選択。
[効果]欄では[絶対値で指定]を選択し、□に数値を入力してテンポを指定する。

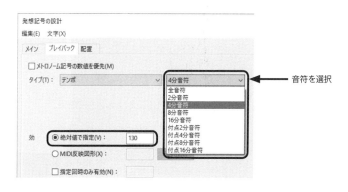

メトロノーム記号を活かす
発想記号として入力したメトロノーム記号のテンポ設定を活かしたい場合は、[メトロノーム記号の数値を優先]にチェックをつける。

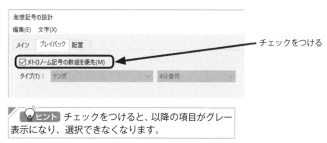

> **ヒント** チェックをつけると、以降の項目がグレー表示になり、選択できなくなります。

4 画面を閉じる
[OK]をクリックして画面を閉じる。

これで、発想記号を割り付けた位置から、指定したテンポでプレイバックされるようになります。

●第9章　プレイバックと ReWire

［テンポタップ］でテンポを指定する

［スタジオ表示］の際に表示される［テンポタップ］パートにテンポ情報を録音して、楽譜全体、あるいは楽譜の一部のテンポを自由に指定することができます。➡ 📖 序章「［スタジオ表示］」p.14

手順

1 ［スタジオ表示］に切り替える
［表示］メニューから［スタジオ表示］を選択し、スタジオ表示に切り替える。

2 テンポの基準となる音符を入力する
ステップ入力ツール♪、または**高速ステップ入力ツール**で、［テンポタップ］パートの五線に、テンポの基準となる音符を入力しておく。

3 ツールを選択する
［メイン・ツール・パレット］から**リアルタイム入力ツール**を選択。

4 録音開始位置をクリック
テンポタップ・パートで、テンポ情報を録音したい先頭小節をクリックすると小節先頭に緑のカーソルが表示される。

5 テンポ情報を録音する
演奏したいテンポでパソコンキーボードのスペースキーを叩く。
録音が終わったら楽譜の余白部分をクリックする。

6 以降の演奏テンポを指定する
［レコーディング終了時のテンポ］画面が開き、［テンポ］欄に録音終了時のテンポが表示されるので、必要に応じて、以降の演奏テンポを入力し、［OK］をクリックして画面を閉じる。

もし思ったように録音できなかった場合は、再度録音しなおすと新しい情報が上書きされます。

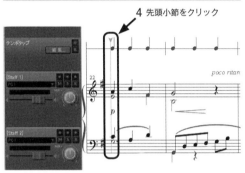
💡ヒント　デフォルトでは、設定した拍子記号の拍が音符で示されています。

4 先頭小節をクリック

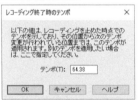

💡ヒント　［テンポタップ］パートの［編集］をクリックすると、録音したテンポ情報がグラフで表示されます。再度［編集］をクリックするとグラフ画面が閉じます。Mac の場合は別ウィンドウ（［MIDI ツール・ウィンドウ］）で開き、［閉じる］をクリックすると閉じます。

録音したテンポ情報を削除する

テンポタップを使って録音したテンポ情報を削除してデフォルトに戻したい場合は、**MIDI ツール**を使います。

Windows の場合、**MIDI ツール**は［上級者用ツール・パレット］に収められています。［ウィンドウ］メニューから［上級者用ツール・パレット］を選択して、パレットを開いておきます。

362

3 | テンポ

手 順

1 ツールを選択する

［上級者用ツール（メイン・ツール・パレット）］から MIDI ツール を選択。

2 範囲を選択する

テンポ情報を削除したい範囲を選択。

> **ヒント** 複数のパートをもつ楽譜の場合も、任意の五線で選択すれば OK です。

3 テンポ情報をリセットする

［MIDI ツール］メニューから［テンポ編集］を選択してチェックをつけ、再度［MIDI ツール］メニューから［リセット］を選択。
録音したテンポ情報が削除され、デフォルトに戻る。

> **ヒント** ［テンポタップ］パートの［編集］をクリックするとグラフで表示され（Mac の場合は別ウィンドウ［MIDI ツール・ウィンドウ］で開きます）、録音したテンポ情報が削除されたことが確認できます。

テンポ変化を数値で調整する

MIDI ツール を使うと、*rit.* や *accel.* などのテンポ変化を数値で調整することができます。

Windows の場合、MIDI ツール は［上級者用ツール・パレット］に収められています。［ウィンドウ］メニューから［上級者用ツール・パレット］を選択して、パレットを開いておきます。

手 順

1 ［スクロール表示］で小節を表示する

［スクロール表示］に切り替えて、テンポ変化を調整したい小節を表示しておく。

➡ 序章「［スクロール表示］」p.13、「小節を指定して移動する」p.21

2 ツールを選択する

［上級者用ツール（メイン・ツール・パレット）］から MIDI ツール を選択。

3 範囲を選択する

テンポ変化を調整したい範囲を選択。

> **ヒント** 複数のパートをもつ楽譜の場合も、任意の五線で選択すれば OK です。

4 ［連続して値を増減］画面を開く

［MIDI ツール］メニューから［テンポ編集］を選択してチェックをつけ、再度［MIDI ツール］メニューから［連続して値を増減］を選択して［連続して値を増減］画面を開く。

5 テンポの増減を設定

［絶対値で指定］をクリックして選択し、［テンポ］欄の 1 つ目の □ に変化前のテンポを、2 つ目の □ に変化後のテンポを入力する。
［テンポをまびく値］欄で、変化の度合いを設定する。

> **ヒント** 値が小さいほどなめらかに変化します。

6 画面を閉じる

［OK］をクリックして画面を閉じる。

● 第9章　プレイバックと ReWire

Human Playback

Human Playback を適用する

　バージョン 2004 から搭載された Human Playback 機能を適用すると、楽譜をより自然なスタイルでプレイバックすることができます。

　また Human Playback を適用すると、楽譜中のさまざまな記号、たとえば強弱の変化を指示するクレッシェンドやデクレッシェンド、テンポ変化を指示する「*rit.*」や「*a tempo*」、フェルマータ、トレモロやトリル、楽器の奏法を指示する「pizz.」などを演奏に反映させることができます。

手 順

1　Human Playback を適用する

　[MIDI ／ Audio] メニューの [Human Playback] で適用したいスタイルを選択すると、楽譜全体に選択したスタイルの Human Playback が適用される。

> **ヒント**　デフォルトでは [スタンダード] が選択されています。

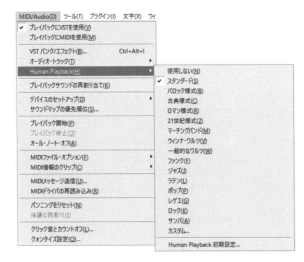

　ただ、お使いの環境や作成しているファイルによっては、Human Playback を適用すると動作が重くなったり音が途切れたりすることがあるかもしれません。その場合は、上記手順で [使用しない] を選択して Human Playback を解除するか、または次項を参照して、必要な箇所にのみ Human Playback を適用してください。➡ 📖 第9章「楽譜の一部に Human Playback を適用する」p.366

Human Playbackの詳細

［MIDI／Audio］メニューの［Human Playback］から［Human Playback 初期設定］を選択すると開く［環境設定 − Human Playback］画面では、Human Playback の詳細を確認することができます。

たとえば［装飾記号とトレモロ］では、トリルやトレモロの回数を、［テンポ変化］ではフェルマータの効果を調整することができます。

楽譜の一部に Human Playback を適用する

楽譜の一部分だけに Human Playback を適用することができます。プラグインを使用します。

これによって、特定の箇所のアーティキュレーションだけをプレイバックに反映させたり、あるいは中間部分だけを［一般的なワルツ］スタイルで、それ以外は［スタンダード］スタイルで、というようにスタイルを混在させたりすることもできます。

Windows の場合、ここで使用する **MIDI ツール** は［上級者用ツール・パレット］に収められています。［ウィンドウ］メニューから［上級者用ツール・パレット］を選択して、パレットを開いておきます。

手 順

1 Human Playback を解除する

［MIDI ／ Audio］メニューの［Human Playback］から［使用しない］を選択し、一度、楽譜全体の Human Playback を解除する。

2 ツールを選択する

［メイン・ツール・パレット］から **MIDI ツール** を選択。

2 範囲を選択する

Human Playback を適用したい範囲を選択。

> **注意!!** 小節単位で選択します。Human Playback を小節の一部だけに適用することはできません。

3 ［Human Playback の部分適用］画面を開く

［MIDI ツール］メニューの［プレイバック］から［Human Playback の部分適用］を選択し、［Human Playback の部分適用］画面を開く。

4 スタイルを選択する

既存のスタイルを適用する

［既存のスタイルを適用］を選択し、適用したいスタイルを選択。

項目を指定する

［特定の項目のみ適用］を選択し、適用したい項目を選択する。

5 画面を閉じる

［OK］をクリックして画面を閉じる。

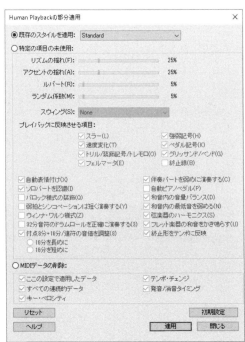

プレイバックすると、手順2で選択した範囲に指定したスタイルの Human Playback が適用されます。

5 ARIA Player

ARIA Player

　Finale に付属の ARIA Player は、Garritan Instruments for Finale を使ってよりよくプレイバックするための音源エンジンです。

> **注意!!** ARIA Player と Garitan Instruments for Finale は、Finale 本体とは別にインストールする必要があります。

　数字部分をクリックするとアクティブなチャンネルになり（①）、下の鍵盤で割り当てられている音色の音域がライトアップされ、鍵盤をクリックして音色を確認できるようになります（②）。また、ソロやミュートにしたり、各チャンネルのボリュームを調整したりすることもできます。

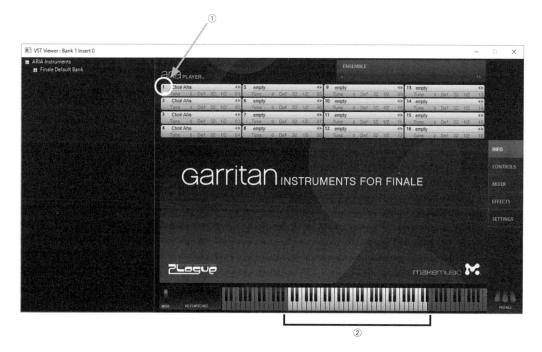

　この ARIA Player を利用するためには、［MIDI／Audio］メニューの［プレイバックに VST を使用（プレイバックに AudioUnits を使用）］にチェックをつけておく必要があります。

ARIA Player で音色を変更する

ARIA Player を使って、Garritan Instruments for Finale の音色を割り当てる手順です。

> 注意!! ARIA Player と Garitan Instruments for Finale は、Finale 本体とは別にインストールする必要があります。

手 順

1 [プレイバックに VST を使用（プレイバックに Audio Units を使用)] にチェックをつける

[MIDI / Audio] メニューから [プレイバックに VST を使用（プレイバックに Audio Units を使用)] を選択し、チェックをつけておく。

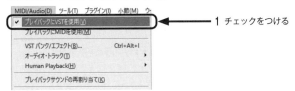

1 チェックをつける

2 [スコア・マネージャー] 画面を開く

[ウィンドウ] メニューから [スコア・マネージャー] を選択し、[スコア・マネージャー] 画面を開く。

3 ARIA Player を選択する

[デバイス（プレイバック音源)] 欄をクリックすると表示されるリストから [ARIA Player] を選択する。

4 [ARIA Player] を起動する

[音色] 欄に表示される [プレイバック音源を編集] をクリックすると、ARIA Player が起動する。

5 チャンネルを確認する

[スコア・マネージャー] 画面で、音色を変更したい五線に割り当てられているチャンネルを確認する。

3 [ARIA Player] を選択　　　5 チャンネルを確認
4 クリック

6 音色を変更する

手順5で確認したチャンネル欄の [empty] から [Finale Default Bank] をクリックして選択し、表示されるリストから音色を選択。
選択した音色が読み込まれる。

> ヒント 画面下の鍵盤で白く表示された鍵盤をクリックすると、選択した音色が鳴り、耳で確認することができます。

> 注意!! ライトアップされた鍵盤は、選択した音色の音域を示しています。音域外の音を入力してもプレイバックすることはできないので注意しましょう。

5 | ARIA Player

　プレイバックすると、上記手順3で選択した音色で演奏されるようになります。

> **ヒント** ARIA Player を起動したままでも、楽譜をプレイバックしたり編集したりすることができます。

> **ヒント** 右上（Mac の場合は左上）の［×（閉じる）］ボタンをクリックすると ARIA Player が閉じます。

音色選択のコツ

　同じ楽器名でも、音色名の後ろに、「Solo」、「Plr（番号）」、または「KS」がついた音色が何タイプか用意されているものがあります。

　1人で演奏するソロ・パートの場合は、「Solo」のついた音色を選択します。さらに「KS」のついた音色がある場合は、そちらを選択することをオススメします。

> **ヒント** ［KS］は「キースイッチ」の略で、1つの音色の中にさまざまな奏法の音色を含んだ音色を指します。

> **注意!!** 「Solo」のついた音色は「Plr」に比べてより多くのメモリを必要とします。「Solo」を選択すると動作が重くなるようであれば、「Plr」に変更してみてください。

　それに対して複数のプレイヤーで演奏するパートには、「Plr」のついた音色を選択します。さらに同じ楽器のパートが複数ある場合は、たとえば Violin I には「Violin Plr 1」、Violin II には「Violin Plr 2」というように、音色名の後ろの番号が違うものを割り当てると、よりアンサンブルらしい音色になります。

> **ヒント** 「Plr」は「Player」の略です。

第9章

369

リバーブをかける

ARIA Player で音色を割り当てたスコアでは、プレイバックの際にかけるリバーブの種類やかかり具合を調整することができます。

注意!! ARIA Player は、Finale 本体とは別にインストールする必要があります。

手順

1 ARIA Player を起動する

[スコア・マネージャー] 画面を開き、[音色] 欄に表示される [プレイバック音源を編集] をクリックして、ARIA Player を起動する。

2 リバーブの種類を選択する

右端の [EFFECT] タブをクリックし、[CONVOLUTION] または [AMBIENCE] の [PRESET] 欄をクリックすると表示されるリストから、リバーブの種類を選択する。

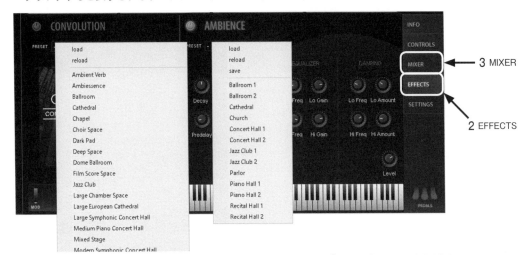

3 リバーブのかかり具合を調整する

右端の [MIXER] タブをクリックし、各チャンネルの [SEND] ツマミをドラッグして、リバーブのかかり具合を調整する。

ヒント 上にドラッグするとツマミが右に回り、リバーブが強くかかります。

ヒント [SEND] は、各チャンネルごとに調整します。

ヒント ARIA Player を起動したままでも、楽譜をプレイバックしたり編集したりすることができます。

ヒント 右上 (Mac の場合は左上) の [×(閉じる)] ボタンをクリックすると ARIA Player が閉じます。

370

Garritan Instruments のチューニングを変更する

Garritan Instruments for Finale のチューニングを、いくつかの選択肢から選ぶことができます。

> **注意!!** ARIA Player と Garitan Instruments for Finale は、Finale 本体とは別にインストールする必要があります。

手 順

1 ARIA Player を起動する

［スコア・マネージャー］画面を開き、［音色］欄に表示される［プレイバック音源を編集］をクリックして、ARIA Player を起動する。

2 チューニングを選択する

［SETTINGS］タブをクリックし、［Tuning］右をクリックすると表示されるメニューからチューニングをクリックして選択。

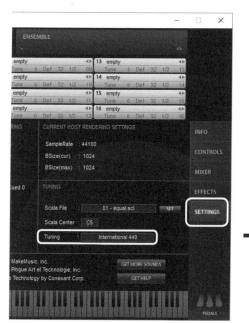 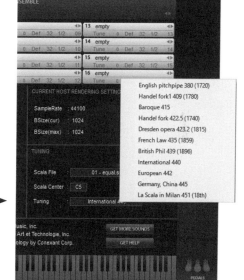

> **ヒント** ARIA Player を起動したままでも、楽譜をプレイバックしたり編集したりすることができます。

> **ヒント** 右上（Mac の場合は左上）の［×（閉じる）］ボタンをクリックすると ARIA Player が閉じます。

Finaleでは、いくつかの設定項目によって五線ごとの音色が決められています。思いどおりに音が鳴らないときは、以下の項目を参照して確認してください。

1 プレイバック音源の設定を確認する

［MIDI／Audio］メニューの［プレイバックにVSTを使用（プレイバックにAudio Unitsを使用）］と［プレイバックにMIDIを使用］のどちらにチェックが入っているかを確認します。

VST（Audio Units）とは、ライブ演奏と同等の音質を再現するプロ仕様のレコーディングサウンド音源で、Garritan Instruments for Finaleはこちらに属します。高品質に録音された生楽器の音が多数収録されており、リアルな音でプレイバックされる反面、メモリ消費が大きく、オーケストラスコアなどパートが多い場合にはかなりのコンピュータ負荷となります。

一方MIDIとは、デフォルトではFinale内蔵のソフトシンセ「SmartMusic SoftSynth」のことです。多数の楽器が収録されており軽快な動作で瞬時に読み込まれるので、楽譜の音の確認程度であればおすすめです。

次項の［MIDIセットアップ］画面の設定で「外部MIDI音源」を鳴らすように変更できます。

> **注意!!** 外部MIDI音源を使用するには、パソコンにMIDIインターフェースが接続されていて、そこに接続されたハードウェアMIDI音源が正しく認識されている必要があります。

2 MIDIの場合はプレイバック対象を確認する

［MIDI／Audio］メニューの［デバイスのセットアップ］から［MIDI（／内蔵スピーカー）のセットアップ］を選択して［MIDIセットアップ］画面を開き、［デバイス（プレイバック対象）］を確認します。

＜主な選択項目＞

［SmartMusicSynth］：Finale内蔵のソフト音源を使用する場合

［MIDIシステム］：外部MIDI音源を使用する場合

> **ヒント** MIDIインターフェースに複数のMIDIポートがある場合は［MIDI出力デバイス］にてポートごとの設定を確認できます。

> **ヒント** ［SmartMusicソフトシンセの設定］ボタンをクリックするとFinale内蔵ソフトシンセの出力レベルの調整ほか詳細設定を確認できます。

3 VST（Audio Units）の場合はプレイバック音源を確認する

［MIDI／Audio］メニューから［VST（Audio Units）バンク／エフェクト］を開き、［プレイバック音源］を確認します。Garritan Instruments for Finale使用時は［ARIA Player］と表示されます。となりの鉛筆ボタンをクリックするとARIA Playerが起動します。

4 五線ごとの音色を確認する

［スコア・マネージャー］画面の［楽器リスト］タブを選択し、［音色］欄で音色を選択することが可能です。

> **ヒント** ［パート名］の左側の▼をクリックすると、レイヤーごとに異なる音色を割り当てることも可能です。

6 ReWire を利用する

ReWire モードでできること

　ReWire とは、1つのコンピュータ内で2つの音楽ソフトを起動して、オーディオや MIDI 信号のやりとりや、再生・停止などタイミングの同期を可能にする規格です。メインとなるソフトをホスト（マスター）、従う側のソフトをスレーブ（クライアント）といいます。

　Finale に ReWire 機能が搭載されたことにより、他社製の DAW（Digital Audio Workstation）と ReWire スレーブモードで接続することが可能になりました。ホストとなる DAW で作業する際に、Finale の美しい楽譜を表示させ、なおかつ再生や巻き戻しなどのプレイバックを同期させたり、Finale のオーディオ出力を DAW 側で管理できるようになります。

　Finale の ReWire スレーブモード時に利用可能な ReWire 機能は、オーディオ（ステレオ2チャンネル）のストリーミングとプレイバックの同期です。ReWire 規格が備える、複数のオーディオチャンネル・MIDI チャンネルをやり取りする機能には、現時点では対応していません。

> **ヒント** Digital Audio Workstation（DAW）
> 複数のトラックやパートを扱える音楽ソフト。オーディオや MIDI の録音と編集、ミックス、エフェクトやソフト音源など音楽制作に必要な機能が盛り込まれています。

> **ヒント** Finale を ReWire モードで起動するには、ホストとなる DAW が ReWire に対応している必要があります。

> **注意!!** Finale v25 から 64bit アプリケーションとなったため、ReWire のホストも 64bit である必要があります。32bit アプリケーションの DAW とは ReWire 接続はできません。

Finale を ReWire モードで起動する

　Finale を ReWire スレーブとして動作させるには、まずホストとなる DAW を起動します。以下の手順の前に、あらかじめ Finale を終了しておきます。

ホスト DAW の起動

　マスターとなる DAW を起動してデータを開きます。ここで開いたデータ内で Finale がスレーブとして同期します。

> **ヒント** データファイルの名称はアプリケーションによって異なります。たとえば、ProTools では「セッション」、Cubase では「プロジェクト」、Studio One では「ソング」と呼ばれます。

Finale を ReWire モードで起動する

代表的な 3 つの DAW を例に手順を説明します。

ホストが Cubase の場合

手順

1 Finale ReWire パネルを開く

Cubase の［デバイス］メニューから［Finale ReWire］を選択して Finale ReWire パネルを表示し、Mix-L、Mix-R をオンにする。

2 Finale を起動する

Finale アイコンをクリックする、スタートメニューの［すべてのアプリ］から起動するなど、通常の手順で起動する。

💡ヒント Cubase で ReWire チャンネルをオンにすると、ReWire トラックや ReWire チャンネルが表示されるようになります。

ホストが ProTools の場合

手順

1 インストゥルメントトラックを作成する

ProTools の［トラック］メニューから［新規］を選択し、ステレオ・インストゥルメントトラックを作成する。

2 Finale を起動する

新規作成したインストゥルメントトラックのミックスウィンドウまたは編集ウィンドウで、［インサート A-E］の下の［マルチチャンネルプラグイン］から［Instrument］→［Finale (stereo)］を選択すると、Finale が自動で起動する。

ReWire プラグインの画面が表示されたら、「〈no output〉」をクリックして、［Mix-L - Mix-R］に変更。

💡ヒント ［新規トラック］ダイアログボックスが表示されたら、[ステレオ]と［インストゥルメントトラック］を選択し［作成］をクリックします。

ホストが Studio One の場合

手順

1 ReWire ウィンドウを開く

Studio One の［表示］メニューから［ブラウザー］を選択してブラウズウィンドウを表示し、［インストゥルメント］タブを表示する。

［ReWire］フォルダー内の［Finale］をアレンジウィンドウにドラッグ＆ドロップする。

2 Finale を起動する

ReWire ウィンドウの［アプリケーションを開く］をクリックして Finale を起動する。

Finaleファイルを開く

Finaleが起動したら、同期させたいFinaleファイルを開きます。Finaleの［ファイル］メニューから開く、ファイルをダブルクリックで開くなど、いつもの手順で開けます。もしくは、新規にFinaleのファイルを作成してもかまいません。

［プレイバックコントローラー］に［楽譜データの再同期］が表示され、ReWireスレーブモードとなっていることが確認できる。

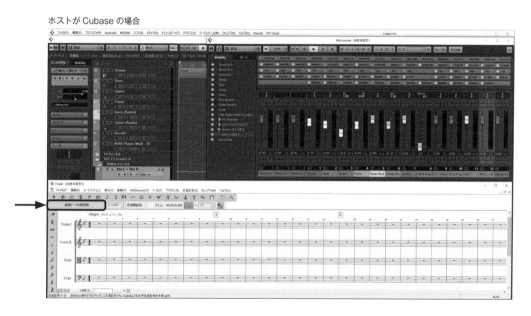

ホストがCubaseの場合

FinaleとホストDAWの両アプリケーションが見やすいようにウィンドウサイズや配置を調整します。Finaleを下側に配置する場合は、［スクロール表示］にすると横スクロールのDAWと一体感が出ます。
➡ 序章「［スクロール表示］」p.13

ReWireモードでプレイバックする

ホストDAWでデータを再生すると、Finaleも同期して再生されます。巻き戻しや早送り、再生位置などもホストに追従します。

既存のFinaleファイルが思った音色でプレイバックされない場合は、［プレイバックコントローラー］に表示される［楽譜データの再同期］をクリックすると再生データが更新され問題が解消する場合があります。

ヒント　テンポや拍子は、ホストアプリケーションであるDAW側で制御されます。Finale上の拍子記号やテンポ設定（速度記号など）は無視されます。

注意!!　スレーブであるFinaleでは、再生などプレイバック関連の操作はおこなえません。Finale内の緑のカーソルは、ホストDAW側のプレイバック状況や、カーソル位置に追従します。

編集結果を再生データに反映させる

ReWire モード時に Finale の楽譜データを編集した場合は、編集結果を再生に反映させる必要があります。

注意!! 反映させるまでは、編集前と同じ内容が再生されるため、表示と演奏が一致しなくなる場合があります。

手順

1 編集内容をプレイバックに反映させる
Finale の［プレイバックコントローラー］で［楽譜データの再同期］をクリックすると、再生データが更新される。

2 再生して更新を確認する
ホスト DAW でプレイバックすると、更新された内容で演奏される。

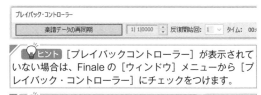

ヒント ［プレイバックコントローラー］が表示されていない場合は、Finale の［ウィンドウ］メニューから［プレイバック・コントローラー］にチェックをつけます。

ヒント 音符データだけでなく、音色変更などのあとにも、同様に［楽譜データの再同期］が必要です。

ホスト DAW 内で Finale の出力を調整する

ReWire スレーブモードでは、Finale の再生音は DAW 側で管理され出力されます。DAW 側のチャンネル出力関連の機能を利用できるので、チャンネルストリップでプラグインエフェクトを使用したり、ボリュームフェーダーでの音量調整なども可能です。

ホストが Cubase の場合

ホストが Studio One の場合

ビデオ動画を同期する

ホスト DAW のビデオ機能を利用することで、ReWire で同期している Finale も動画と同期してプレイバックすることができます。

手順

1 DAW でビデオを読み込む

注意!! ビデオの読み込み手順は、各 DAW のマニュアルなどで確認してください。

2 DAW を再生する

ホスト DAW でデータを再生すると、ビデオと Finale も同期して再生する。

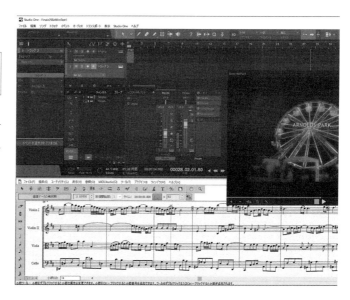

ReWire を終了する

ReWire モードを終了するには、Finale を先に終了します。

ホスト DAW を先に終了させようとすると、Finale を先に閉じるよう、エラーメッセージが表示されます。

ヒント エラーメッセージが表示されない DAW もありますが、その場合も必ずホスト DAW を先に終了します。

もし ReWire での作業中にホスト DAW が予期せず強制終了した場合は、Finale の［MIDI/Audio］メニューの［デバイスのセットアップ］から［ReWire をリセット］を実行します。Finale データを保存する画面が表示され、データを保存すると Finale は自動で終了します。

これで、DAW が強制終了してしまってマスターが不在となった Finale を、ReWire スレーブから解放してデータを保存し、正常に終了することができます。

第10章
MIDIデータ

● 第10章　MIDI データ

1 MIDI データを読み込む

Finale で読み込む前のヒント

　他のソフトで作成した楽曲をスタンダード MIDI ファイル（SMF）で書き出せば、Finale で読み込んで楽譜にすることができます。DAW（Digital Audio Workstation）で制作した楽曲を楽譜にしたい場合などに便利です。

　その際、DAW 側であらかじめ MIDI データを楽譜用に編集しておくと、より正確に楽譜に変換することができ、Finale での作業がずいぶんラクになります。必ずやるべき作業ではありませんが、いくつかヒントになるものをあげておくので、参考にしてください。

> **ヒント** MIDI とは音楽の演奏情報を伝達するための世界共通規格です。その MIDI データの互換性を目的にしたファイル記録方法が「スタンダード MIDI ファイル」です。これにより、メーカーやソフト、ハードに関係なく共通のファイルを扱うことを可能にしています。

> **ヒント** Digital Audio Workstation（DAW）
> 複数のトラックやパートを扱える音楽ソフト。オーディオや MIDI の録音と編集、ミックス、エフェクトやソフト音源など音楽制作に必要な機能が盛り込まれています。

①クオンタイズをかけて、タイミングの揺れを修正する

　生演奏のリアルさを追求したようなデータでは、発音のタイミングをあえてずらして入力していることがあります。こういった「ずれ」は、Finale に読み込んでから編集するよりも、ノートデータ編集に特化している DAW やシーケンサーであらかじめ編集しておくほうが、効率的に作業できる場合があります。

　Finale に読み込んだあとに修正する場合は、［クオンタイズ設定］や［採譜の再実行］を使います。
➡ 📖 第２章「採譜した楽譜にクォンタイズをかけなおす」p.111

②音の長さ（ゲートタイム／レングス）にもクオンタイズをかける

　発音タイミング同様、音の長さをそろえておくと楽譜化がラクになります。
　たとえば、演奏データは短く入力されていても、楽譜では４分音符のスタッカートとして記譜したい場合などは、MIDI データ上であらかじめ４分音符に編集しておき、Finale 側ではスタッカートをつけるだけにしておくと効率的です。

> **ヒント** Finale では、スタッカートのついた音符は、Human Playback の自動認識機能により、短く演奏されます。

1 | MIDIデータを読み込む

もちろん、あとからFinaleで音符の長さを修正することもできます。

➡ 📖 第2章「採譜した楽譜にクォンタイズをかけなおす」p.111、第3章「4｜長さ」p.166

③Human Playbackと競合する情報をあらかじめ調整しておく

FinaleではHuman Playbackにより、自動解釈による演奏表現がおこなわれます。Human Playbackを利用するのであれば、コントロールチェンジやベロシティを使った表現は必要ありません。

➡ 📖 第9章「4｜Human Playback」p.364

> 💡ヒント　コントロールチェンジ
> MIDIでの音色や演奏などを扱うコントロール情報で、0～119番までにさまざまな機能が用意されています（未定義の番号もあります）。1番のモジュレーションホイールや7番のボリューム、11番のエクスプレッション、64番のサスティーンペダルなどは演奏表現によく使われます。1つの機能に対して2つのコントロールチェンジを組み合わせて数値指定することで、より細かい制御をおこなうこともあります。

> 💡ヒント　ベロシティ
> MIDIにおける音符ごとの強弱の情報です。厳密には鍵盤を押し下げる速度を感知して強さに置き換えた情報であるため、1つの音でだんだん音量を大きく／小さくするなどの連続的変化はおこなえません。

④繰り返しやD.C.、D.S.などを考慮して編集しておく

実際の演奏データと楽譜では構成が変わるものです。たとえば、1番括弧と2番括弧のような反復記号を使うと、繰り返し部分は不要となります。不要な小節の削除などは編集しやすいアプリケーションで作業しておくとよいでしょう。

もちろんFinaleでも小節の削除は簡単におこなえます。

➡ 📖 第1章「小節を削除する」p.77、第6章「4｜反復記号」p.274

⑤プログラムチェンジ情報の扱いに気をつける

一度プログラムチェンジで音色指定をおこなった五線は、その後［スコア・マネージャー］で音色を変更したり、曲の途中で発想記号による音色切り替えなどもできなくなります。以後は、MIDIツールでのパッチ指定しか受け付けなくなり、Finaleで編集するには、これでは少々不便です。

場合によっては、あらかじめプログラムチェンジを削除しておき、Finaleに読み込んだあと、あらためて音色を設定したほうが効率的な場合もあります。

➡ 📖 第9章「2｜音色」p.357

> 💡ヒント　プログラムチェンジ
> MIDIでの音色切り替え情報。パッチ情報と呼ばれることもあります。

> 💡ヒント　パッチ
> 音色切り替え情報のことで、プログラムチェンジとも呼ばれます。

MIDI データを読み込む

　MIDI データを読み込んで、楽譜に変換するための基本手順です。

> **ヒント** スタンダード MIDI ファイルを表す拡張子は、「.mid」です。

　ただし MIDI データはあくまで音のデータで種類も多様なため、うまく楽譜にできない場合もあるので注意しましょう。

手順

1 [開く] 画面を開く

[ファイル] メニューから [開く] を選択し、[開く] 画面を開く。

2 ファイルの種類を確認する

[ファイルの種類] 欄で [読み込めるすべてのファイル] が選択されていることを確認する（Mac では画面下に表示されている）。

違う場合は、[ファイルの種類] 欄をクリックすると表示されるリストから、[読み込めるすべてのファイル] を選択。

3 ファイルを選択する

保存場所を選択し、開きたい MIDI ファイルをクリックして選択。

4 [MIDI ファイル入力オプション] 画面を開く

[開く] をクリックすると [MIDI ファイル入力オプション] 画面が開く。

5 五線の割り当て方法を選択する

通常は [トラックを五線に割り当てる] を選択し、トラックごとに五線を割り当てる。

チャンネル単位で五線を割り当てたい場合は、[チャンネルを五線に割り当てる] をクリックして選択する。

> **ヒント** トラック
> 音楽用ソフトにおけるパートのことで、MIDI トラックではトラックごとに楽器や演奏データが管理されます。同一の楽器（音源）を演奏しているが、見た目のトラックは複数に分けるといったことも可能で、たとえばトロンボーンパートを 3 トラックに分けていても、同じチャンネルの同じ音源を鳴らしているということも可能です。

> **ヒント** チャンネル
> 1 つの MIDI システムで 16 チャンネルを扱えます。複数の MIDI システムを扱える場合は、2 つ目のシステムは 17 〜 32 チャンネル、3 つ目 33 〜 48 チャンネル……と続きます。チャンネルごとに音源を割り当てたりさまざまな情報を指定できるので、MIDI ソフトでの重要な単位となります。

6 調号と拍子記号を設定する

[調号]、[拍子記号]欄でそれぞれ[もとのファイルの調号を使用]を選択。

> 💡ヒント [新たに指定]を選択しておくと[調号]または[拍子記号]画面が開き、調号や拍子記号を自由に設定できるようになります。

7 読み込む内容を選択

[読み込む内容]欄で、読み込みたい項目をクリックして選択。

8 パーカッション・パートの有無

選択したMIDIファイルにパーカッション・パートが含まれている場合は、[パーカッション用の五線を作成]をクリックしてチェックをつけ、使用する音部記号やパーカッション・レイアウトを選択する。

9 クォンタイズを設定する

[クォンタイズ設定]をクリックすると開く[クォンタイズ設定]画面で、最も短い音符や連符の有無などを設定する。

➡ 📖 第2章「リアルタイム入力のための準備③――クォンタイズの設定」p.106、第10章「ゴーストノートやミスタッチ音を削除する」p.386

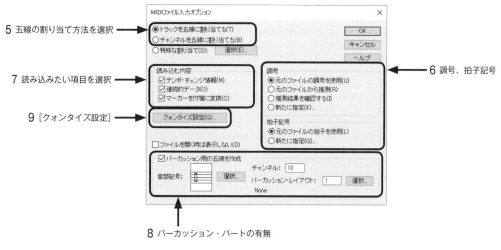

[OK]をクリックして[クォンタイズ設定]画面を閉じる。

10 画面を閉じる

[MIDIファイル入力オプション]画面に戻るので、[OK]をクリックして画面を閉じると、変換がはじまり、処理が終わると読み込まれた楽譜ファイルが開く。

もとのMIDIファイルの詳細がわからない場合は、とりあえずデフォルト設定で読み込み、うまくいかない場合は[MIDIファイル入力オプション]画面での設定を適宜、変更してみるとよいでしょう。

● 第10章　MIDIデータ

音域の広いパートが2つの五線に分かれてしまうのを避ける

広い音域を使用しているパートでは、1つの五線に収めたいのに、高音部譜表と低音部譜表2つの五線に音符が割り振られてしまう場合があります。これをあえて1つの五線に収めることができます。

手　順

1 [MIDIファイル入力オプション] を開く

[ファイル] メニューから [開く] を選択し、MIDIファイルを選択すると [MIDIファイル入力オプション] が開く。

➡ 第10章「MIDIデータを読み込む」p.382

2 [トラック／チャンネルから五線への割り当て] 画面を開く

[特殊な割り当て] 右の [選択] ボタンをクリックし [トラック／チャンネルから五線への割り当て] 画面を開く。

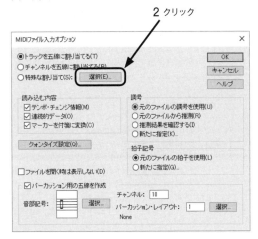

2 クリック

3 五線に割り当てる

[トラックを五線に割り当てる]（または [チャンネルを五線に割り当てる]）をクリックすると、トラック（チャンネル）が五線に割り当てられ、下のリストに表示される。

> **ヒント** [トラックを五線に割り当てる] を選ぶと、Finaleはシーケンサーのトラックごとに五線を作成し採譜します。[チャンネルを五線に割り当てる]は、シーケンサーでのトラック数に関係なく、チャンネルごとに五線を作成します。

4 トラック／チャンネルを指定する

2つの五線に分けたくない [トラック／チャンネル] をクリック（Macの場合はダブルクリック）。

4 クリック（ダブルクリック）

384

1 | MIDIデータを読み込む

5 五線の分割方法を設定する

［トラック／チャンネルの割り当て］画面が開くので、［分割方法］の［なし］をクリックして選択。

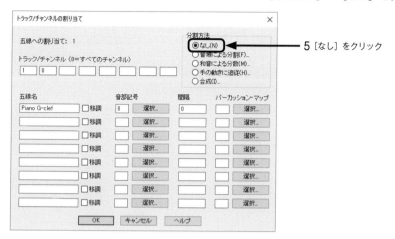

5 ［なし］をクリック

> **ヒント** それぞれの分割方法を選択すると、分割方法の詳細設定のための画面が開きます。

> **ヒント** MIDIノート番号
> MIDIではピッチ（音程）情報をノート番号で管理します。0～127の128音程を指定できるので、ピアノよりも広い音域をカバーします。

6 画面を閉じる

［OK］をクリックして画面を閉じると［トラック／チャンネルから五線への割り当て］画面に戻る。［分割］欄が［なし］になったことを確認する。

6 ［なし］になったことを確認

［OK］をクリックして［トラック／チャンネルから五線への割り当て］画面も閉じたら、読み込み作業を続ける。

→ 📖 第10章「MIDIデータを読み込む」p.382

ゴーストノートやミスタッチ音を削除する

　MIDIデータには、リアルタイム入力時のミスタッチ音や演奏効果を上げるための「ゴーストノート」といった、MIDIデータ特有の、楽譜には本来不要なごく短い音符のデータが含まれることがあります。こういったごく短い音符データを読み込み時に判断して削除することができます。

手　順

1　［クオンタイズ設定］を開く
［ファイル］メニューから［開く］を選択し、MIDIファイルを選択し［MIDIファイル入力オプション］画面が開いたら［クオンタイズ設定］をクリックして［クオンタイズ設定］画面を開く。➡ 第10章「MIDIデータを読み込む」p.382

2　最短の音符を選択する
［もっとも短い音符］欄で、楽譜で使用する最短の音符をクリックして選択。

3　［クオンタイズ詳細設定］画面を開く
［詳細設定］をクリックし、［クオンタイズ詳細設定］画面を開く。

4　「最短の音符」より短いデータを削除する
［極端に短い音符］欄で、［装飾音符を取り除く］をクリックして選択。
これで、手順2で設定した長さより短い音は採譜されなくなる。

> ヒント　EDUは、音符の長さを表すFinaleオリジナルの単位で、4分音符＝1024EDUとなります。

> ヒント　［装飾音符を使用］を選択しておくと、手順2で選択した音符より短く、［極端に短い音符］の□で設定した音符より長い音は、装飾音符として採譜されます。

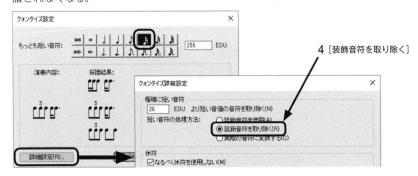

　読み込むデータによっては、思ったように処理されないかもしれません。数値や設定などを変えて何度か試してみましょう。
　また、打楽器系の演奏データでは音符の長さは重要ではなく、ごく短い音符で入力されていることがあるため、クオンタイズによって自動削除してしまわないように注意しましょう。そのようなデータは、MIDIから読み込んだあと、正しい譜面にするのに複雑な編集が必要なこともあり、新たに入力しなおしたほうが効率的な場合もあります。

➡ 第12章「1｜ドラム譜」p.416

パーカッション・レイアウトを指定する

　ドラムやパーカッション・トラックの読み込みがうまくいかない場合は、パーカッション・レイアウトを指定してみるのも1つの手です。

> **ヒント** 市販されている MIDI データでは、打楽器系の音符はごく短く入力されていて正しく読み込めない場合があります。複雑な編集が必要な状態の場合は、まったく新しく入力しなおすという選択肢も検討してみましょう。

手順

1 [パーカッション・レイアウトの選択] 画面を開く

［ファイル］メニューから［開く］を選択し、MIDI ファイルを選択して［MIDI ファイル入力オプション］画面が開いたら［パーカッション・レイアウト］右の［選択］をクリック［パーカッション・レイアウトの選択］画面を開く。

➡ 第 10 章「MIDI データを読み込む」p.382

> **ヒント** 一般的な MIDI データでは 10ch がドラムトラックとして使用されるため、デフォルトでは 10ch をパーカッション用五線として認識します。変更するには、［チャンネル］にパーカッション用の ch を入力します。

2 パーカッション・レイアウトを選択する

パーカッション・レイアウトをダブルクリックして選択。

3 音部記号を指定する

［MIDI ファイル入力オプション］画面に戻るので、必要に応じて［音部記号］横の［選択］をクリックして、パーカッション用の音部記号を選択する。

引き続き SMF 読み込み作業を続ける。
➡ 第 10 章「MIDI データを読み込む」p.382

　パーカッション・レイアウトは、あとから切り替えることもできます。
　［スコア・マネージャー］画面を開き、［記譜スタイル］で［パーカッション］を選ぶと、パーカッション・レイアウトを選択することができます。

演奏データは保持しつつコード表記に変更する

リズム楽器の楽譜では、コードネームやリズム指定だけで、実際に演奏される音符は記譜されないことがよくあります。そういうときは、MIDIデータを読み込んだあと、プレイバックのための演奏データは残しつつ、楽譜にはコードネームだけが記譜されるように変更します。一部分でソロがある場合などは、音符表記とコード表記を混在させることもできます。

手順

1 ツールを選択する

［メイン・ツール・パレット］から**選択ツール**を選択。

2 小節を選択する

コードネームだけを記譜したい小節を選択。

注意!! このときに音符を残しておきたい小節は選択しないように気をつけます。

3 音符をレイヤー4に移動する

［編集］メニューの［レイヤー移動／コピー］を選択して［レイヤー移動／コピー］画面を開く。
［移動］をクリックして選択し、移動もとのレイヤー（レイヤー1）とコピー先のレイヤー（レイヤー4）を選択して［OK］をクリックする。

➡ 第3章「違うレイヤーにコピーする」p.196

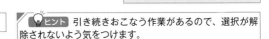

ヒント レイヤー4の音符は青く表示されます。

ヒント 引き続きおこなう作業があるので、選択が解除されないよう気をつけます。

4 レイヤー4に移動した音符を非表示にする

反転表示された選択中の小節の上で右クリックして［楽譜スタイル］の［楽譜スタイルの適用］を選択。開く［楽譜スタイルの適用］画面で［04. 空白の小節：レイヤー4］または［24. 空白の小節（全休符表示）：レイヤー4］をクリックして選択。
［OK］をクリックして画面を閉じると、レイヤー4に移動した音符が非表示になる。

5 コードを入力する

あとはレイヤー1にコードを入力して、記譜を完成させる。

ヒント 音符や休符の入力されていない空のレイヤーにも、拍単位でコードネームを入力することができます。

➡ 第5章「1｜コードネームの入力手順」p.222

音符や休符を隠さずにバッキングなどのリズム譜に変換したり（上譜例2小節目）、スラッシュ表記（同4小節目）にしたりすることもできます。

➡ 第12章「スラッシュを使ったリズム譜を作成する」p.434

MIDIデータを加味しつつ Human Playback で演奏させる

　MIDIデータを読み込んで作成された楽譜では、自動的に Human Playback がオフになり、もとの MIDI データの演奏情報が優先されるようになっています。Human Playback による自動解釈と MIDI データでの演奏表現をある程度共存させることができます。

> **ヒント**　一般的なシーケンサーや DAW では、演奏表現や抑揚表現のために、コントロールチェンジ（CC）情報や、テンポ情報などの MIDI データが活用されます。主なデータとしては、音量調整に使われるベロシティやコントロールチェンジ 7 番のボリューム（CC7）や、抑揚表現の制御に用いられるモジュレーションホイール（CC1）などがあります。
> 　Finale でも同様に、強弱記号やアーティキュレーション記号、発想記号など、さまざまな楽譜の要素を自動解釈して演奏する「Human Playback 機能」があります。
> 　これらの情報は重複するため、デフォルトでは、MIDI データを読み込んで作成した楽譜の場合、Human Playback がオフになり、MIDI データの演奏情報が優先されるようになっています。もしも、作成した楽譜に基づいて Human Playback の自動解釈による演奏表現をプレイバックに反映させたいのであれば、Human Playback をオンにして、演奏表現や抑揚表現のための MIDI データが演奏に反映されないようにします。

手 順

1　Human Playback を適用する

　[MIDI ／ Audio]メニューの[Human Playback]の[スタンダード]を選択して Human Playback をオンにする。

2　[環境設定－ Human Playback]画面を開く

　[MIDI ／ Audio]メニューの[Human Playback]から[Human Playback 初期設定]を選択し、[環境設定－ Human Playback]画面を開く。

3　MIDI 情報の扱いを設定する

　[MIDI データ]タブをクリックして選択し、[連続的データ]や[ベロシティ]から[既存の情報を加味]を選択する。

> **ヒント**　[既存の情報を無視]は MIDI 情報を無視し、[HP を使わない]は Human Playback をその項目においてのみオフにします。

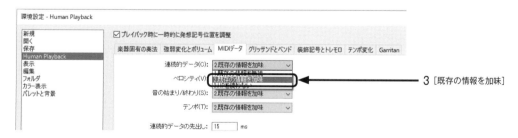

4　画面を閉じる

　[OK]をクリックして画面を閉じます。

> **注意!!**　[環境設定]画面での設定は、すべてのファイルに有効です。

プログラムチェンジ情報を［スコア・マネージャー］に反映させる

　MIDIデータを読み込んだだけでは、プログラムチェンジによる音色指定は［スコア・マネージャー］に反映されず、すべて「Grand Piano」が割り当てられています。プログラムチェンジで指定した音色を正しく割り当てるには、プレイバックサウンドの再割り当てをおこないます。

　ただしデータによっては、入力されているプログラムチェンジ情報どおりに音色が変更されず、そのあとの音色変更の挙動がおかしくなることもあります。そういった場合には、プログラムチェンジを削除して、Finale側で音色を設定しなおしたほうがうまくいくこともあります。

➡ 第10章「音色管理がうまくいかない場合」p.391

手順

1 プレイバックサウンドの再割り当てをおこなう

［MIDI/Audio］メニューから［プレイバックサウンドの再割り当て］を選択。
既存の設定を書き換えてもよいかどうかをたずねられるので、［はい］をクリック。
音色が割り当てなおされる。

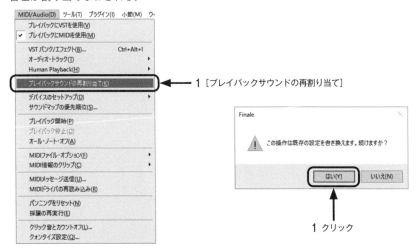

2 割り当てられた音色を確認する

［ウィンドウ］メニューから［スコア・マネージャー］選択して［スコア・マネージャー］画面を開き、割り当てられた音色を確認する。

　自動で割り当てられる音源の優先順位をあらかじめ決めておくことができます。

➡ 第9章「［サウンドマップの優先順位］を変更する」p.358

音色管理がうまくいかない場合

　MIDIデータを読み込んで作成した楽譜で、[スコア・マネージャー]での音色設定が反映しない、**発想記号ツール** *mf* に埋め込んだ音色切り替え情報が効かないなどの音色関連の問題は、プログラムチェンジとの競合が原因である可能性があります。

　この場合、プログラムチェンジを削除することで改善する場合があります。

> **注意!!** Finaleではプログラムチェンジだけを直接編集する方法が用意されていないので、ここでは[連続的データ]を削除する手順を紹介します。連続的データにはコントロールチェンジやピッチベンドなどの情報も含まれます。これらは楽譜の情報としては必要ありませんが、プレイバックに影響をあたえるデータが含まれることもあります。削除してもよいかどうかは慎重に判断しましょう。

手順

1 すべての小節を選択する

　[編集]メニューの[すべてを選択]を選択し、楽譜全体を選択する。

> **ヒント** 特定の五線でだけプログラムチェンジを削除したい場合は、その五線全体を選択します。

2 削除する項目を指定する

　[編集]メニューの[選択した項目のみ消去]を選択。
　表示される[選択された項目を消去]画面で、[連続的データ]だけにチェックを入れる。

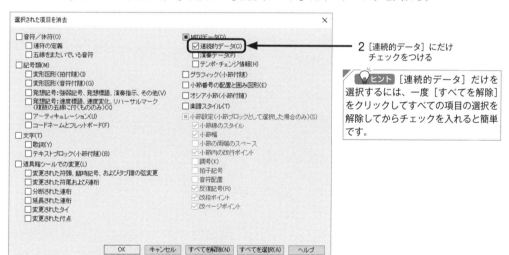

2 [連続的データ]にだけチェックをつける

> **ヒント** [連続的データ]だけを選択するには、一度[すべてを解除]をクリックしてすべての項目の選択を解除してからチェックを入れると簡単です。

3 指定した項目を削除する

　[OK]をクリックして画面を閉じると、選択した[連続的データ]だけが削除される。

　これで、[スコア・マネージャー]画面から音色を指定できるようになります。

→ 第9章「音色を変更する」**p.357**

第10章　MIDIデータ

2　MIDIデータを編集する

　Human Playbackをオンにすると自動解釈での演奏表現がおこなわれ、通常はこれで十分だと思われますが、[Human Playbackの部分適用]を適用すると、Human Playbackによる演奏表現情報がMIDI情報に置き換えられ、編集することができるようになります。➡ 📖第9章「楽譜の一部にHuman Playbackを適用する」p.366

> 💡**ヒント**　Human Playbackの部分適用の際にHuman Playbackをオフにするよう促すメッセージが表示されるので、必ず[はい]をクリックします。

　また、ピッチベンドのように、音楽記号では指示のない箇所にも、MIDIデータを編集することで演奏表現を追加することができます。
➡ 📖第9章「テンポ変化を数値で調整する」p.363

MIDIデータを編集する基本手順

　MIDIツール❂では、以下のMIDIデータを編集することができます。

- ベロシティ
- 音価
- 連続的データ（モジュレーションホイール、ボリューム、サスティンペダル、エクスプレッションなどのコントロールチェンジ情報）
- パッチ・チェンジ
- アフタータッチ
- ピッチベンド
- テンポ情報

手順

1　スクロール表示に切り替える
　[表示]メニューから[スクロール表示]を選択。

> 💡**ヒント**　MIDIデータの編集は、基本的にスクロール表示でおこないます。

2　ツールを選択する
　[メイン・ツール・パレット]から**MIDIツール**❂を選択。

3　MIDIデータの種類を選択する
　[MIDIツール]メニューから編集したいMIDIデータの種類を選択してチェックをつける。

3 MIDIデータの種類を選択
- ベロシティ編集(K)
- 音価編集(N)
- 連続的データ編集(C)...
- テンポ編集(T)
- 絶対値で指定(D)...

[連続的データ編集]を選択した場合は、さらにその種類を選択する画面が表示される。

コントロールチェンジを選択する場合は、[コントローラー]をクリックして選択し、右のメニューから編集する項目を選択する。

データの種類を選択したら、[OK]をクリックして画面を閉じる。

4 [MIDIツール]画面を開く

MIDIデータを編集する小節を選択し、選択した小節をダブルクリックして[MIDIツール]画面を開く。

Windowsの場合

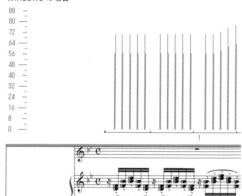

Macの場合

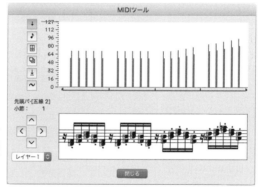

> 💡 ヒント　Windowsでは、既存の楽譜の上に[MIDIツール]画面が開きます。

> 💡 ヒント　Windowsでは、楽譜をスクロールすると、それにあわせて[MIDIツール]画面もいっしょにスクロールされます。

> 💡 ヒント　Macでは、[MIDIツール]画面は別ウィンドウとして開き、選択していた小節範囲に応じて[MIDIツール]画面のサイズが変わります。

> 💡 ヒント　Macでは、[MIDIツール]画面左上のアイコンをクリックして編集するデータの種類を選択することもできます。

> 💡 ヒント　Macでは、[MIDIツール]画面左下の[<]などをクリックすると、指定した方向に画面をスクロールすることができます。

5 レイヤーを選択する

編集したいレイヤーを選択する。

> 💡 ヒント　[MIDIツール]画面には、選択しているレイヤーの情報だけが表示されます。

6 編集箇所を選択する

ベロシティ、音価など音符に付随するデータの場合

音符（Macの場合は［MIDIツール］画面下の音符）に表示されている□をクリックして選択する。

> 💡ヒント　音符を選択すると、対応するデータも、赤く選択されます。

> 💡ヒント　[Shift]キーを押しながらクリックするか、囲むように選択すると、複数の音符を選択できます。

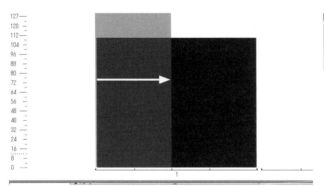

6 □を選択

連続的データやピッチベンドなど、音符とは関係なく時間軸で変化するデータの場合

［MIDIツール］画面のデータ部分で、編集する箇所をドラッグして選択。

> 💡ヒント　範囲を選択したあと、［MIDIツール］メニューの［リセット］を選択すると、選択した範囲内の選択した種類のデータがデフォルトに戻ります。

7 編集方法を選択、編集する

［MIDIツール］メニューから編集方法を選択し、表示される画面で値を編集する。

> 💡ヒント　以下の図は［ベロシティ編集］を選択した場合のものです。選択したデータの種類に応じて画面が異なります。

> 💡ヒント　数値は0～127の128段階です。サスティンペダルなどONとOFFを切り替える情報には0と127を入力して振り分けるのが一般的です。

［絶対値で指定］
一括で同じ数値を指定する。

［連続して値を増減］
2つの数値を指定して連続して数値を変化させる。

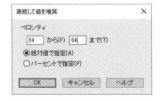

［加算］
現在の値に数値を加える。

[パーセントで変更]
現在の値に対してのパーセントで指定する。

[リミット]
最小値と最大値を指定する。

[各拍ごとに設定]
強拍や弱拍ごとに数値を指定する。

[不規則に変更]
ランダムに数値が指定される。

8 画面を閉じる

[OK]をクリックして画面を閉じる。

> **注意!!** 編集したMIDIデータをプレイバックに反映させるにはHuman Playbackをオフにする必要があります。

> **ヒント** [MIDIツール]メニューの[MIDIデータをコピー]にチェックをつけておくと、選択して編集したMIDIデータをコピーすることができます。

　上記手順3で[ベロシティ]または[音価]を選択した場合は、音符に表示される□をダブルクリックすると[MIDIノート編集]画面が開き、音符1つずつに対してベロシティや音の始まり、終わりを指定することができます。

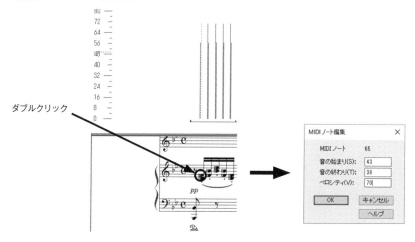

● 第10章　MIDI データ

変形図形や発想記号による連続的音量変化を編集する

　変形図形や発想記号による連続的な音量変化（クレッシェンドやディミヌエンド）は、Human Playback を部分適応すると MIDI 情報に置き換えられ、**MIDI ツール** ◉ で編集することができるようになります。

> **ヒント**　置き換えられる MIDI 情報は主にボリューム、エクスプレッション、モジュレーションなどで、どの MIDI 情報に置き換えられるかは状況によってさまざまです。たとえば、音源に Garritan Instruments for Finale を指定している場合は、Garritan Instrument の音量調整情報である「1：モジュレーション」に置き換えられます。これは、Garritan Instruments ではモジュレーションにより音量が調整されるためです。

　以下の手順は「Human Playback の部分適用」をおこなったあとの編集方法です。

➡ 📖 第9章「楽譜の一部に Human Playback を適用する」p.366

手　順

1　スクロール表示に切り替える

　［表示］メニューから［スクロール表示］を選択。

> **ヒント**　MIDI データの編集は、基本的にスクロール表示でおこないます。

2　ツールを選択する

　［メイン・ツール・パレット］から **MIDI ツール** ◉ を選択。

3　［MIDI ツール］画面を開く

　音量変化の編集したい小節を選択し、選択した小節をダブルクリックして［MIDI ツール］画面を開く。

> **ヒント**　先に［MIDI ツール］画面を開いておくと、連続的音量変化が反映されたデータを見つけやすくなります。

4　編集する MIDI データの種類を選択する

　［MIDI ツール］メニューから［ベロシティ編集］を選択。
　または［連続的データ編集］を選択し、［表示させる連続的データ］画面が表示されたら［コントローラー］にチェックを入れて、プルダウンメニューから［1：モジュレーション］、［7：ボリューム］、［11：エクスプレッション］、のいずれかを選択し、連続的な音量変化が反映されている MIDI データを表示する。

ベロシティの場合

モジュレーションの場合

5　編集箇所を選択する

　［MIDI ツール］画面のデータ部分で、編集する箇所をドラッグして選択。

2 | MIDI データを編集する

6 音量変化を設定する
［MIDI ツール］メニューから編集方法を選択して値を編集する。

> **ヒント** 連続的にデータを変化させる場合は、［連続して値を増減］を選択すると、始めと終わりの値を指定してなめらかに変化させることができます。

➡ 📖 第 10 章「MIDI データを編集する基本手順」p.392

7 画面を閉じる
［OK］をクリックして画面を閉じる。

音符ごとの音量をベロシティで直接指定する

MIDI ツール ● を使うと、ベロシティを音符単位で細かく指定することもできます。和音の中の特定の音を強調したい場合などに利用することができます。

> **注意!!** 演奏の際の強弱や音量は、ベロシティだけでなく他のデータで設定されている場合もあり、すべての楽器でベロシティの編集が有効になるとは限りません。

手 順

1 スクロール表示に切り替える
［表示］メニューから［スクロール表示］を選択。

> **ヒント** MIDI データの編集は、基本的にスクロール表示でおこないます。

2 ツールを選択する
［メイン・ツール・パレット］から MIDI ツール ● を選択。

3 MIDI データの種類を選択する
［MIDI ツール］メニューから［ベロシティ編集］を選択してチェックをつける。

4 ［MIDI ツール］画面を開く
ベロシティを編集したい小節を選択し、選択した小節をダブルクリックして［MIDI ツール］画面を開く。

> **ヒント** 音符を選択すると、対応するデータも、赤く選択されます。

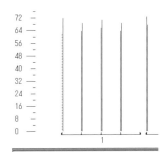

5 ［MIDI ノート編集］画面を開く
編集したい音符（Mac の場合は［MIDI ツール］画面下の音符）に表示される□をダブルクリックすると、［MIDI ノート編集］画面が開く。

6 ベロシティを指定する
［ベロシティ］欄に数値を入力し、[OK］をクリックして画面を閉じる。

> **ヒント** ベロシティは、0 ～ 127 の範囲で設定します。「0」は無音で、「127」が最大値になります。

4 ダブルクリック

397

● 第 10 章　MIDI データ

ピッチ・ベンドを編集する

ピッチ・ベンド情報は連続的データとして扱われます。ピッチ・ベンド値は MIDI ツール ◉ で設定、または修正することができます。

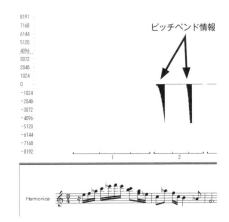

手順

1 スクロール表示に切り替える
［表示］メニューから［スクロール表示］を選択。

2 ツールを選択する
［メイン・ツール・パレット］から MIDI ツール ◉ を選択。

3 編集する小節を選択する
ピッチベンドを編集したい小節を選択し反転表示させたらダブルクリックして［MIDI ツール］画面を開く。

4 MIDI データの種類を選択する
［MIDI ツール］メニューから［連続的データ編集］を選択して［表示させる連続的データ］画面を開いたら［ピッチベンド］にチェックを入れて［OK］をクリックして画面を閉じる。

4［ピッチ・ベンド］

5 編集箇所を選択する
［MIDI ツール］画面右上の枠内でピッチベンドを編集する場所をドラッグして選択し薄い青色にハイライトする。

6 値を指定する
［MIDI ツール］メニューから［絶対値で指定］を選択し、［連続的データの指定］に数値を入力。

→ 📖 第 10 章「MIDI データを編集する基本手順」
p.392

> 💡ヒント　ピッチベンドは、MIDI での連続的に音程を操作する情報で、ピッチベンド値が上下すると音程も連続して上下します。変化なしの状態を0とし最大値 8191、最小値 -8192 の 16384 段階で指定します。変化する音程は音色ごとに異なりますが、一般的な初期値では、それぞれ上下に最大 8191 で全音（半音 2 個分）変化します。

7 画面を閉じる
［OK］をクリックして画面を閉じ、さらに［閉じる］をクリックして楽譜に戻る。

3 MIDI データに書き出す

MIDI データに書き出す

　Finale で作成した楽譜を MIDI データに書き出すことができます。書き出した MIDI データは、ほかの MIDI ソフトで編集することができます。

　演奏データの編集が目的で MIDI データに書き出す場合には、あらかじめプラグインの [Human Playback の部分適用] を実行しておくと、Human Playback の演奏効果が MIDI 情報として反映されます。速度記号や速度変化記号はテンポ情報となり、強弱記号は状況に応じてボリュームやエクスプレッション、モジュレーションホイールなどの情報に置き換えられます。

➡ 第9章「楽譜の一部に Human Playback を適用する」p.366

手 順

1 [スタンダード MIDI ファイルとして保存] 画面を開く

　[ファイル] メニューの [エクスポート] から [スタンダード MIDI ファイル] を選択し、[スタンダード MIDI ファイルとして保存] 画面を開く。

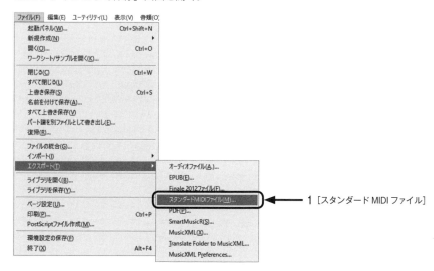

2 ファイル名を入力する

ファイル名を入力する。

> **ヒント** デフォルトでは、もとのファイル名が入力されています。

> **ヒント** スタンダード MIDI ファイルを表す拡張子は、「.mid」です。

3 保存場所を指定する

保存場所を指定する。

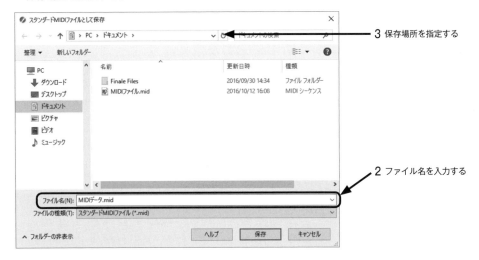

4 MIDI データに書き出す

［保存］をクリックすると、［MIDI ファイル出力オプション］画面が開くので、［MIDI ファイル形式］を選択する。

> **ヒント** MIDI データの［フォーマット 0］はすべてのデータが 1 トラックに入力されているというシンプルなデータ構造です。トラックを区別して扱えないため、通常は［フォーマット 1］の［すべての楽器を個別のトラックに保存］がおすすめです。

［OK］をクリックすると、指定した場所に MIDI データとして書き出される。

> **ヒント** 保存の際［Human Playback］画面が開くことがあります。その場合は、［次からこのメッセージを表示しない］の□にチェックを入れ、［はい］をクリックすると、次回からは表示されなくなります。

第11章
読み込みと書き出し

1 オーディオ・データ

オーディオ・データを読み込む

作成した楽譜にオーディオ・データを読み込んで、作成した楽譜といっしょにプレイバックすることができます。読み込めるオーディオ・データは、対応するフォーマット（Windowsの場合はWAVEのみ、Macの場合はWAVE、AIF、AIFF、AIFC、mp3）で保存されたデータになります。

手順

1 オーディオ・トラックを追加する

[MIDI / Audio] メニューの [オーディオ・トラック] から [オーディオ・トラックの追加] を選択すると、[スタジオ表示] に切り替わり、[TempoTap（テンポタップ）] パートの下にオーディオ・トラックが追加される。

注意!! オーディオ・トラックは、[スタジオ表示] のときのみ、表示されます。

注意!! 追加できるオーディオ・トラックは1つだけです。

2 オーディオ・データを読み込む

[MIDI / Audio] メニューの [オーディオ・トラック] から [オーディオ・トラックの読み込み] を選択すると開く画面で、読み込みたいオーディオ・データをクリックして選択し、[開く] をクリック。

3 オーディオ・データの開始位置を指定する

[オーディオ・クリップ属性] 画面が開くので、[再生開始遅延時間] 欄で、読み込むオーディオ・データの開始位置を小節番号と拍で指定する。

4 画面を閉じる

[OK] をクリックして画面を閉じると、追加したオーディオ・トラックに選択したオーディオ・データが読み込まれ、波形が表示される。

読み込まれたオーディオ・データは、ファイルに埋め込まれるのではなく、もとのファイルを参照して再生されます。楽譜ファイルと同じフォルダなど、わかりやすい場所に保存し、読み込んだあとは保存場所を変更しないようにしてください。

変更してしまった場合は、[MIDI / Audio] メニューの [オーディオ・トラック] から [オーディオ・クリップ属性] を選択して [オーディオ・クリップ属性] 画面を開き、[パス] 欄右の [選択] をクリックして移動先のオーディオ・データを再度指定しなおすと、プレイバックできるようになります。

オーディオ・データに書き出す

作成した楽譜をオーディオ・データに書き出すことができます。

書き出したオーディオ・データは波形編集ソフトで編集したり、パソコンのCDドライブやCD制作機能、「ライティング・ソフト」と呼ばれるCD制作ソフトなどを利用して音楽CDを作成することができます。

手順

1 [オーディオファイルとして保存] 画面を開く

［ファイル］メニューの［エクスポート］から［オーディオファイル］を選択し、［オーディオファイルとして保存］画面を開く。

2 ファイル名を入力する

ファイルを入力する。

> ヒント デフォルトでは、もとのファイル名が入力されています。

> 注意!! ファイル名は全角ではなく、必ず半角英数で入力します。

3 保存場所を指定する

保存場所を指定する。

4 オーディオ・データに書き出す

［保存］をクリックすると、指定した場所にオーディオ・データとして書き出される。

> ヒント ［スコア・マネージャー］画面や［ミキサー］画面、［スタジオ表示］の［パート・コントローラー］などの「ソロ」や「ミュート」の設定は、オーディオ・データに書き出す際も有効です。

● 第 11 章　読み込みと書き出し

2 画像ファイル

画像ファイルを読み込む

　絵や写真などの画像ファイルを読み込んで、楽譜に配置することができます。Finale では、TIFF ファイル（.TIF）、Windows メタファイル（.WMF　Windows のみ）、EPS ファイル（.EPS）、PICT ファイル（.pct　Mac のみ）などを読み込んで配置することができます。

　画像の配置には**グラフィック・ツール**を使用します。
　Windows の場合、**グラフィック・ツール**は［上級者用ツール・パレット］に収められています。［ウィンドウ］メニューから［上級者用ツール・パレット］を選択して、パレットを開いておきます。

手 順

1 ツールを選択する
　［上級者用ツール・パレット（メイン・ツール・パレット）］から**グラフィック・ツール**を選択。

2 割り付け先を選択する
　［グラフィック］メニューから［小節に割り付け］または［ページに割り付け］を選択してチェックをつけ、配置する画像の割り付け先を選択する。

> **ヒント**　割り付け先は、［グラフィック属性］画面であとから変更することもできます。

3 ［グラフィック配置］画面を開く
　［グラフィック］メニューから［グラフィック配置］を選択し、［グラフィック配置］画面を開く。

4 画像ファイルを選択する
　［ファイルの種類（選択対象）］欄が［読み込めるすべてのファイル］になっていることを確認し、読み込みたい画像ファイルをクリックして選択。

> **注意!!**　この画面で選択できない画像ファイルは、読み込むことができません。

5 画像ファイルを配置する

［開く］をクリックするとカーソルが ⌖ になるので、画像を配置したい場所をクリックすると、選択していた画像が配置される。

6 位置とサイズを調整する

位置を調整する
配置した画像ドラッグして位置を調整する。

サイズを調整する
画像をクリックすると表示される■をドラッグして、サイズを調整する。

> 💡 **ヒント** 画像をクリックして選択したあと Delete キーをタイプすると、画像を削除することができます。

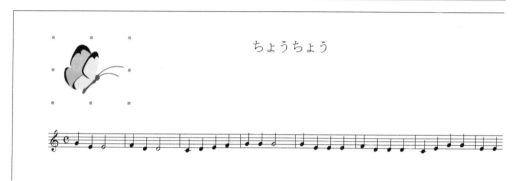

［グラフィック属性］画面で調整する

配置された画像ファイルをダブルクリックすると表示される［グラフィック属性］画面でも、位置やサイズを調整できる。
［OK］をクリックすると、指定した位置に、指定したサイズで配置される。

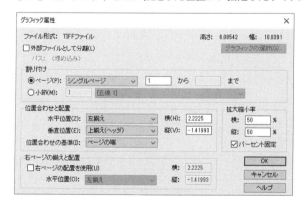

カラープリンタを使用すると、配置したカラーの画像をそのままの色で印刷することができます。

画像ファイルに書き出す

作成した楽譜をページ単位で画像ファイルに書き出すことができます。**グラフィック・ツール**を使用します。

Windows の場合、**グラフィック・ツール**は［上級者用ツール・パレット］に収められています。［ウィンドウ］メニューから［上級者用ツール・パレット］を選択して、パレットを開いておきます。

手 順

1 ツールを選択する

［上級者用ツール・パレット（メイン・ツール・パレット）］から**グラフィック・ツール**を選択。

2 ［ページのグラフィック出力］画面を開く

［グラフィック］メニューから［ページのグラフィック出力］を選択し、［ページのグラフィック出力］画面を開く。

3 画像の種類を選択する

［タイプ］欄右の［▼］をクリックすると表示されるリストから、書き出す画像の種類（EPS/JPEG/PDF/PNG/SVG/TIFF）をクリックして選択。

→ 📖 第 11 章「PDF ファイルに書き出す」p.412

4 ページ範囲を設定する

［ページ］欄で書き出すページ範囲を設定する。

5 ファイル名の設定

［以下のファイル名から自動作成］

自動的に［（もとのファイル名）＋ページ番号］が作成した画像のファイル名となり、もとのファイルと同じ場所に保存される。

> 💡ヒント Mac の場合は、［保存］をクリックすると開く画面で保存場所を指定することができます。

［作成ごとに尋ねる］

ページごとに保存画面が開き、保存場所とファイル名を自由に設定できる。

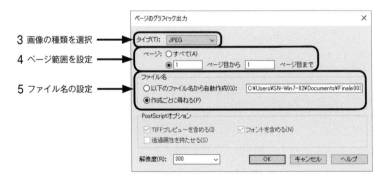

2 | 画像ファイル

6 解像度を設定する
手順3で［EPS］以外を選択した場合は、［解像度］欄で書き出す画像の解像度を設定する。

> **注意!!** 解像度を高く設定しすぎると容量が大きくなり、印刷の際にエラーが生じることがあります。標準のプリンタにあわせて［300dpi］に設定するか、またはご使用のプリンタにあわせて設定してください。

7 ［PostScript オプション］を設定する
手順3で［EPS］を選択した場合は、必要に応じて［PostScript オプション］欄を設定する。デフォルトでは、［TIFF プレビューを含める］と［フォントを含める］にチェックがついている。

> **ヒント** ［透過性を持たせる］にチェックをつけると、楽譜の背景が透明と認識され、楽譜部分だけが画像データとして書き出されます。

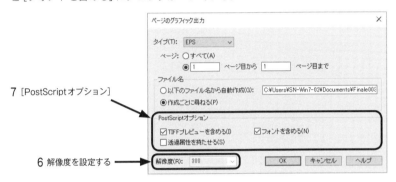

7 ［PostScriptオプション］
6 解像度を設定する

8 画像ファイルに書き出す

［以下のファイル名から自動作成］を選択した場合
［OK］をクリックして画面を閉じると、楽譜ファイルと同じ場所に、指定したページ範囲が画像データとして書き出され、保存される。

［作成ごとに尋ねる］を選択した場合
［OK］をクリックして画面を閉じると、書き出すページごとに保存画面が開くので、ファイル名を入力し、保存場所を指定して保存する。

書き出した画像ファイルは、Word や Excel など、ほかのソフトに貼り付けて利用することもできます。

407

3 | MusicXML

MusicXML を読み込む

　MusicXML ファイルを介すると、異なる楽譜作成ソフト間で、データをやり取りすることが可能になります。

　ただし、それぞれのソフトによって仕様が異なる場合があり、完全には読み込むことができないことがあります。

手順

1 [MusicXML ファイルのインポート] 画面を開く

　［ファイル］メニューの［インポート］から［MusicXML］を選択し、［MusicXML ファイルのインポート］画面を開く。

2 ファイルを選択する

　読み込みたい MusicXML ファイルをクリックして選択。

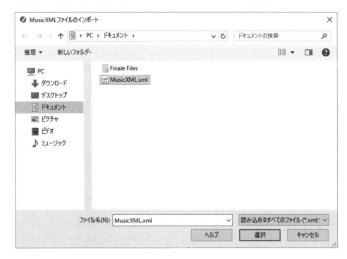

3 MusicXML を読み込む

　［選択］（［開く］）をクリックすると、選択した MusicXML ファイルの読み込みがはじまり、処理が終了すると読み込まれた楽譜が開く。

MusicXMLに書き出す

Finaleで作成した楽譜ファイルをMusicXMLファイルとして書き出すと、他の楽譜作成ソフトで読み込んだり、またFinaleファミリーのより古いバージョンのソフトで開くことが可能になります。

ただし、それぞれのソフトによって仕様が異なる場合があるため、完全に読み込むことができないこともあります。

手順

1 [Export MusicXML File]([MusicXMLとして保存])画面を開く

［ファイル］メニューの［エクスポート］から［MusicXML］を選択し、[Export MusicXML File]画面（Macの場合は［MusixXMLとして保存］画面）を開く。

2 ファイル名を入力する

［ファイル名］欄にファイル名を入力する。

> 💡ヒント デフォルトでは、もとのファイル名が入力されています。

3 保存場所を指定する

保存場所を指定する。

4 ファイルの種類を選択する

［ファイルの種類］をクリックすると表示されるリストから、書き出すMusicXMLのタイプを選択する。

> 💡ヒント インポートしたいソフトに適したタイプを選択します。

> 💡ヒント MusicXMLファイルのバージョンは、［ファイル］メニューの［エクスポート］から［MusicXML 初期設定］を選択すると開く［MusicXML 初期設定］画面で指定することができます。

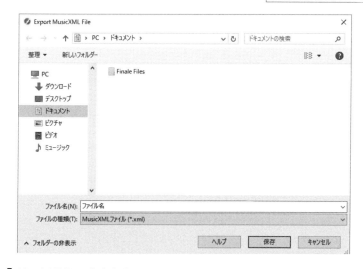

5 MusicXMLに書き出す

［保存］をクリックすると、指定した場所にMusicXMLとして書き出される。

●第11章　読み込みと書き出し

複数ファイルを一括で読み込む（または書き出す）

フォルダを指定するだけで、複数のFinaleファイルを一括でMusicXMLに書き出したり、また逆に複数のMusicXMLファイルを読み込んでFinaleファイルに変換することができます。

手順

1 フォルダを指定する

［ファイル］メニューの［インポート］から［MusicXMLファイルの一括変換］を選択。
または［ファイル］メニューの［エクスポート］から［MusicXMLファイルへの一括変換］を選択。
［フォルダーの参照］画面で、読み込みたい（または変換したい）ファイルを保存したフォルダをクリックして選択し、［OK］をクリック。

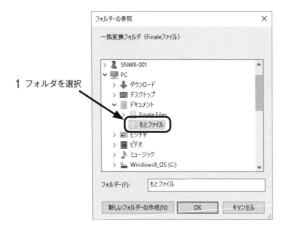

> **ヒント**　「Finaleファイルと同じ名前の～」という画面が表示されたら、［OK］をクリックします。

1 フォルダを選択

操作はこれだけです。あとは自動で書き出されるのを待ちましょう。もとのファイルが保存されているフォルダに、同名のFinaleファイルまたはMusicXMLファイルが保存されます。

MusicXML について

　MusicXML（ミュージック・エックスエムエル）は XML 形式の楽譜データのことをいいます。Finale の開発元である米国の MakeMusic 社によって開発されました。

　XML とはコンピュータのデータを保存するための形式の 1 つで、高い互換性とオープンに活用できる点が特徴です。XML を応用したデータは、すでに身近なさまざまな場面で使われています。

　MusicXML は、特に楽譜データの保存に特化させるべく開発された XML の応用形式といえます。Finale だけでなく、さまざまな楽譜作成ソフトで使うことができ、MusicXML を読み書きできるソフトなら、MusicXML データでやりとりすることが可能です。もちろん、それぞれのソフトには独自の機能もあるので、すべての機能を完璧にやりとりできるわけではありませんが、音符だけでなくスラーや発想記号など、表示されている記号類、歌詞など、かなりの部分はやりとりできるようになっています。ただ、スペーシングなどで設定した音符の位置や変形させたスラーの形などまではやりとりできないようです。

　とはいえ、別のソフトで入力した楽譜データを Finale に読み込んで編集して仕上げるといった使い方ができるのでソフトの活用範囲も広まりますね。

　MusicXML について、より詳しく知りたい方は、http://www.musicxml.com/ja/ をご参照ください。

●第11章　読み込みと書き出し

4 PDFファイル

PDFファイルに書き出す

　Finaleで作成した楽譜をPDFファイルに書き出せば、Finaleをお持ちでない方でも、楽譜データを閲覧、印刷することができます。
　Windowsの場合、**グラフィック・ツール**は［上級者用ツール・パレット］に収められています。［ウィンドウ］メニューから［上級者用ツール・パレット］を選択して、パレットを開いておきます。

手順

1 ファイルを開く
PDFファイルに書き出したいファイルを開いておく。

2 ツールを選択する
［上級者用ツール・パレット（メイン・ツール・パレット）］から**グラフィック・ツール**を選択。

3 ［ページのグラフィック出力］画面を開く
［グラフィック］メニューから［ページのグラフィック出力］を選択し、［ページのグラフィック出力］画面を開く。

4 画像の種類を選択する
［タイプ］欄右の［▼］をクリックすると表示されるリストから、［PDF］をクリックして選択。

5 ページ範囲を設定する
［ページ］欄で書き出すページ範囲を設定する。

6 保存先を指定する
［OK］をクリックすると［名前を付けて保存（PDFファイルとして保存）］画面が開くので、保存先を指定する。
Windowsの場合は、ファイル名も入力する。

> ヒント　Macの場合デフォルトで、もとのファイル名が入力されています。

7 PDFファイルに書き出す
［保存］をクリックすると、指定したページ範囲が1つのPDFファイルとして書き出される。

5 | MUS ファイル

MUS ファイルに書き出す

　Finale は1つ前のバージョン 2014 からファイル形式が一新され、拡張子もこれまでの「.mus」から「.musx」に変更になりました。古い形式のファイル（.mus）を読み込むのは、ファイルを開く通常の手順で可能です。

　また新しいバージョンの Finale では、以前の「.mus」形式で書き出すことができるようになっています。これを使えば、最新のバージョンで作成したファイルをバージョン 2012 で開くことも可能です。

手 順

1 ファイルを開く
MUS ファイルに書き出したいファイルを開いておく。

2 [Finale2012 ファイルとして保存] 画面を開く
［ファイル］メニューの［エクスポート］から［Finale2012 ファイル］を選択し、[Finale2012 ファイルとして保存] 画面を開く。

3 ファイル名を入力する
ファイル名を入力する。

> **ヒント** デフォルトでは、もとのファイル名が入力されています。拡張子が異なるので上書き保存されることはありませんが、ファイル名にバージョン名を追加する（末尾に「2012」を追加する）などしておくと、わかりやすいでしょう。

4 保存先を指定する
保存先を指定する。

5 MUS ファイルに書き出す
［保存］をクリックすると、MUS ファイルとして書き出される。

Finale NotePad を使う

　Finale には、「Finale NotePad（Windows/Mac）」という、無料で入手できる兄弟ソフトがあります。無料のため使える機能が制限されていますが、楽譜を再現するエンジンのおおもとは Finale と同等ですので、Finale で作った楽譜を見た目もそのままに開くことができます。さらに開いた楽譜をパソコンの MIDI を使って鳴らしたり、音符や歌詞の簡単な編集や追加も可能です。また、限定されているものの、その基本的な使い方は Finale と同じです。

　現在ダウンロードできる Finale NotePad の最新バージョンは 2012 です（2016 年 11 月現在）。前ページで紹介した「MUS ファイルに書き出す」手順を使えば、最新バージョンの Finale で作った楽譜データを Finale NotePad で開いて確認したり、鳴らしてみたりすることができます。

ソフト付き
フィナーレ・ノートパッド 2012 活用ガイド
楽譜作成ソフト・はじめの一歩

　この Finale NotePad2012 が収録された CD-ROM 付きのガイドブックも発売されています。ソフトが入った CD-ROM が付属していますので、ダウンロードする必要はありません。

　インストールなどの初歩から、基礎的な音符の入力方法、装飾記号の使い方など、このソフトでできること全体が解説されていますので、データを渡したい相手の方がはじめてフィナーレシリーズに触れる場合などには最適です。

　全国の書店、ネット書店などでお買い求めいただくことができます。店頭にない場合は、書店で注文して取り寄せることも可能です。書店でご注文の際は下記の情報をお伝えください。

ソフト付き・フィナーレ・ノートパッド 2012 活用ガイド
楽譜作成ソフト・はじめの一歩
スタイルノート楽譜制作部：著

出版社名：スタイルノート
定価：2,000 円＋税
ISBN 978-4-7998-0106-2

第12章
特殊な楽譜

● 第12章　特殊な楽譜

1 ドラム譜

五線を準備する

　ドラム譜を作成したい場合は、[セットアップ・ウィザード] 2ページ目で、ドラム・セット用の五線を追加しておきます。
➡ 📖 第1章「[セットアップ・ウィザード] による新規ファイル作成」**p.26**

　あとから追加したい場合も、[スコア・マネージャー] の [楽器追加] で、[ドラム] からドラム・セット用の五線を選択します。➡ 📖 第1章「五線を追加する」**p.34**

ステップ入力でドラム譜を入力する

入力手順は通常の音符の場合と同じです。

ステップ入力ツール♪を使うと、入力のときに、ステップ入力カーソルの右上に音色名が表示され、音色や符頭タイプを確認しながら入力することができます。

手順

1 パソコンキーボードの準備

入力モードを半角英数に、Windows の場合は NumLock キーをオンにしておく。

2 ツールを選択する

［メイン・ツール・パレット］から**ステップ入力ツール**♪を選択すると、ステップ入力カーソル（縦棒のついたピンク色の音符）が表示される。

> 💡ヒント　ステップ入力カーソルは、control（option）キー＋クリックですばやく目的の位置に移動できます。

> 💡ヒント　ステップ入力カーソルが表示されない場合は、［ステップ入力］メニューの［ステップ入力オプション］を選択すると開く画面で、［ステップ入力カーソルを使用］にチェックがついているかどうかを確認します。

3 音符を選択する

［ステップ入力パレット］から音符（休符の場合は同じ長さの音符）をクリックして選択。

または、［ステップ入力パレット］の音符の右下に小さく表示されている数字をテンキーでタイプして音符を選択することもできる。

➡ 📖 第2章「ステップ入力」p.99

4 高さを指定する

↑または↓キーをタイプして、ステップ入力カーソルを入力したい高さに移動する。

> ⚠️注意!!　ステップ入力カーソルは、パーカッション・レイアウトで音色が割り当てられている高さにしか移動しません。

> 💡ヒント　移動にあわせて、割り当てられている符頭と音色名が表示されます。

5 入力する

Enter（return）キー（休符の場合はメインキーボードまたはテンキーの0キー）をタイプすると音符（または休符）が入力され、カーソルが次の入力位置に移動する。

> 💡ヒント　Delete キーをタイプすると直前の音符（または休符）が削除されてカーソルが1つ前に戻り、もう一度入力しなおすことができます。

> 💡ヒント　奏法を指示する「○」や「+」などは、アーティキュレーション・ツールで入力します。

● 第12章　特殊な楽譜

高速ステップ入力でドラム譜を入力する

　ステップ入力の場合と同様に、カーソルの右上に音色名が表示され、音色を確認しながら入力することができます。

> 注意!! 音程を指定する横棒は、パーカッション・レイアウトで音色が割り当てられている高さにしか移動しません。

　ただ、楽譜のサイズなどによっては、音色名が編集枠に収まりきらず、読み取れない場合があります。その際は、以下の手順で編集枠を広げると、音色名がきちんと表示され、入力しやすくなります。

手順

1 ツールを選択する
　［メイン・ツール・パレット］から**高速ステップ入力ツール** ♪ を選択。

2 ［高速ステップ入力オプション］画面を開く
　［高速ステップ］メニューから［高速ステップ入力オプション］を選択し、［高速ステップ入力オプション］画面を開く。

3 編集枠を広げる
　［高速ステップ入力編集枠］欄で［編集枠のサイズを固定］をクリックして選択し、右の□に数値を入力してサイズを指定する。

4 画面を閉じる
　［OK］をクリックして画面を閉じる。

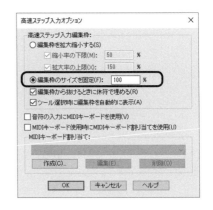

　何度か上記手順を繰り返し、音色名がきちんと枠内に収まるように編集枠のサイズを調整しましょう。
　音符や休符の入力手順は通常の音符の場合と同じです。入力した音符は、割り当てられた符頭で入力され、指定した音色で再生されます。

> 注意!! 高速ステップ入力では、入力前に割り当てられている符頭タイプを確認することはできません。

> ヒント 奏法を指示する「○」や「＋」などは、アーティキュレーション・ツールで入力します。

　また、1段の小節数を減らし、小節幅を広めに設定しても音色名が表示されるようになります。
→ 第8章「小節を移動する」p.328、「1段の小節数を指定する」p.329 など

MIDI キーボードを使ってドラム譜を入力する

　MIDI キーボードを使ってドラム譜を入力する際は、「パーカッション MIDI マップ」に従って入力されます。

　ドラム譜には複数の音色が割り当てられていますが、この「パーカッション MIDI マップ」では、それぞれの音色に対応する MIDI ノート番号が指定されており、これによって、押さえた鍵盤に応じて対応する音色、符頭、高さで入力することができるようになっているわけです。

> **ヒント** MIDI ノート番号とは、音の高さを表す番号で、中央のドが「60」になり、半音＝1として、数字が大きくなるほど高い音を表します。

> **ヒント** 音色に対応する符頭の種類や実際に楽譜に入力する位置（高さ）は、パーカッション・レイアウトで指定されています。

パーカッション MIDI マップを確認する

　パーカッション MIDI マップには、いくつか種類があります。まず、以下の手順で使用するパーカッション MIDI マップを確認しておきましょう。

手順

1 [スコア・マネージャー] 画面を開く
　[ウィンドウ] メニューから [スコア・マネージャー] をクリックして、[スコア・マネージャー] 画面を開く。

2 [パーカッション MIDI マップ] 欄を追加する
　[表示項目] をクリックすると表示されるリストから、[パーカッション MIDI マップ] を選択してチェックをつけると、[パーカッション MIDI マップ] 欄が追加される。

3 使用するパーカッション MIDI マップを確認する
　入力する五線の [パーカッション MIDI マップ] 欄をクリックして、使用するパーカッション MIDI マップを確認する。

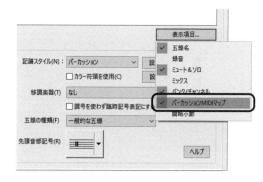

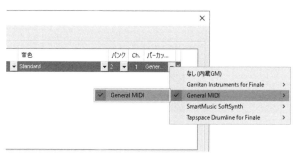

> **ヒント** 名前が切れて確認できない場合は、[パーカッション MIDI マップ] 欄をクリックするとリストが表示されます。チェックのついているものが、選択されているパーカッション MIDI マップです。

> **ヒント** このリストから、使用するパーカッション MIDI マップを変更することもできます。

音色に対応する MIDI ノート番号を確認する

次に、パーカッション MIDI マップを開いて、音色とそれに対応する MIDI ノート番号を確認します。

手順

1 [パーカッション MIDI マップの編集] 画面を開く

[MIDI ／ Audio] メニューの [デバイスのセットアップ] から [パーカッション MIDI マップの編集] を選択し、[パーカッション MIDI マップの編集] 画面を開く。

2 デバイスを選択する

[デバイス] 欄右の [MIDI デバイスの選択] をクリックして使用しているデバイスをクリックして選択。

3 パーカッション MIDI マップを選択する

[マップ] 欄右をクリックすると表示されるリストから、前項で確認したパーカッション MIDI マップを選択。

4 対応する MIDI ノート番号を確認する

入力したい音色名右の MIDI ノート番号を確認する。

> **ヒント** MIDI ノート番号とは、音高を表す番号で、中央のドが「60」になり、半音＝1として、数字が大きくなるほど高い音を表します。

> **ヒント** 入力したい音色に対応する MIDI ノートをメモする、または鍵盤にシールなどで目印をつけておくのも1つの手でしょう。

5 画面を閉じる

確認できたら、[OK] をクリックして画面を閉じる。

入力する

入力手順は通常の音符の場合と同じです。MIDI キーボード＋ステップ入力でも、MIDI キーボード＋高速ステップ入力でも、もちろんリアルタイム入力でも、どの手順でも入力できます。

➡ 第2章「ステップ入力ツール＋ MIDI キーボードを使った入力」p.102、「高速ステップ入力ツール＋ MIDI キーボードを使った入力」p.103、「リアルタイム入力」p.104

入力された音符は、[パーカッション・レイアウト] に従って、指定した音色と符頭で入力されます。

➡ 第12章「ドラム譜の入力する高さや符頭の種類を編集する」p.422

> **ヒント** 奏法を指示する「○」や「＋」などは、アーティキュレーション・ツールで入力します。

パーカッションMIDIマップを編集する

パーカッションMIDIマップでそれぞれの音色に割り当てられているMIDIノート番号は、自由にカスタマイズすることができます。演奏しやすいMIDIノートを割り当てておけば、入力がよりスムーズになります。

> 注意!! [パーカッションMIDIマップ]の編集は、すべてのファイルに有効です。

手順

1 パーカッションMIDIマップを開く

前項を参照して、[パーカッションMIDIマップの編集]画面で、編集したいパーカッションMIDIマップを開いておく。

→ 第12章「音色に対応するMIDIノート番号を確認する」p.420

2 音色を選択する

編集したい音色名をクリックして選択。

3 MIDIノート番号を指定する

MIDIキーボードで割り当てたい鍵盤を押さえると、対応するMIDIノート番号が入力される。

または、[MIDIノート番号]欄をクリックし、パソコンキーボードから割り当てたいMIDIノート番号をタイプして入力する。

> 注意!! 同じMIDIノート番号を複数の音色に割り当てないように気をつけます。

手順2で音色名を選択したあと、画面右下の[楽器タイプを削除](Windowsではボタン名が[楽譜タイプの削除]になっています)をクリックすると、必要のない音色を削除することもできます。

ただしここで削除しても、選択した音色に割り当てるMIDIノート番号が削除されただけで、パソコンキーボードを使ったステップ入力や高速ステップ入力では入力することができます。

ドラム譜を修正する

ドラム譜の修正も、通常の音符の場合と同じです。

ドラム譜の場合は、高さを修正すると、それに応じて音色や符頭の種類も変更されます。

→ 第3章「音符と休符の編集」の各項を参照

●第12章　特殊な楽譜

ドラム譜の入力する高さや符頭の種類を編集する

音色に対応する音符の高さや符頭の種類は、パーカッション・レイアウトで設定されています。
［セットアップ・ウィザード］で規定のドラム譜を選択すると、それぞれに対応した［パーカッション・レイアウト］が適用されます。この［パーカッション・レイアウト］を変更したり、また自由に編集することができます。

手 順

1 ［スコア・マネージャー］画面を開く

［ウィンドウ］メニューから［スコア・マネージャー］を選択し、［スコア・マネージャー］画面を開く。

2 ［パーカッション・レイアウトの選択］画面を開く

［楽器リスト］タブを選択し、ドラム・パート左の≡をクリックして選択。
［記譜スタイル］欄右の［設定］をクリックし、［パーカッション・レイアウトの選択］画面を開く。

3 ［パーカッション・レイアウト設計］画面を開く

［複製］をクリックして現在選択しているパーカッション・レイアウトを複製し、［編集］をクリックして［パーカッション・レイアウト設計］画面を開く。

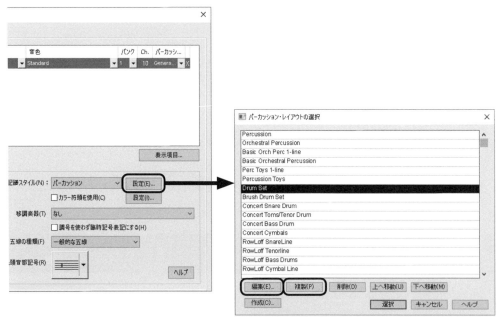

> ヒント　［パーカッション・レイアウトの選択］画面では、現時点で適用されているパーカッション・レイアウトが選択されています。

> ヒント　複製したパーカッション・レイアウトはリストの最後に追加されます。

4 名前を入力する

［レイアウト名］欄右の□に「オリジナル Drum Set」など、わかりやすい名前を入力する。

1 | ドラム譜

5 符頭を変更する

符頭の種類を変更したい場合は、左のリストから変更したい音色をクリックして選択し、右下の［黒玉符頭］、［2分音符符頭］、［全音符符頭］、［倍全音符符頭］欄で変更したい符頭右の［選択］をクリックすると開く［キャラクタの選択］画面で符頭の種類をダブルクリックして選択する。

6 五線上の位置を変更する

五線上での入力位置を変更したい場合は、右プレビューの音符に表示される□を上下にドラッグして入力位置を調整する。

7 新しい音色を追加する

新しく音色を追加したい場合は、画面左下の［+］をクリックしてリストに新しい空欄を追加し、［楽器タイプ］で音色を選択、五線上の入力位置や符頭の種類を指定する。

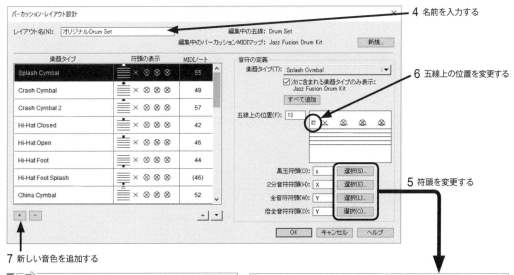

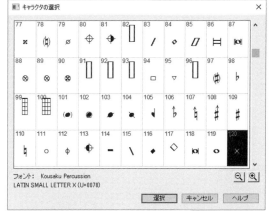

ヒント ［パーカッション・レイアウト］画面でも、音色に対応するMIDIノート番号を確認できます。

ヒント 新しく追加した音色をMIDIキーボードで入力したい場合は、必要に応じて［パーカッションMIDIマップの編集］画面で対応するMIDIノート番号を指定しておきます。

ヒント ［-］をクリックすると、必要のない音色を削除することができます。

8 画面を閉じる

［OK］をクリックして［パーカッション・レイアウト設計］画面を閉じる。

[Ctrl]（⌘）キーを押しながら［選択］をクリックしてすべての画面を閉じると、手順2で選択した五線のパーカッション・レイアウトが編集したものに変更される。

ヒント [Ctrl]（⌘）キーを押しながら［OK］または［選択］をクリックすると、複数の画面を一度に閉じることができます。

423

● 第12章　特殊な楽譜

2 タブ譜

五線を準備する

タブ譜を作成したい場合は、［セットアップ・ウィザード］2ページ目で、［タブ譜］から作成したい楽器に適したものを追加しておきます。

➡ 📖 第1章「［セットアップ・ウィザード］による新規ファイル作成」p.26

あとから追加する場合も、［スコア・マネージャー］画面で［楽器追加］をクリックすると表示されるリストの［タブ譜］から選択します。

➡ 📖 第1章「五線を追加する」p.34

作成されるのは、欧米式のタブ譜です。

入力、またはコピーされた音符はすべてフレット番号で表示されますが、日本で一般によく見られるタブ譜のように、符尾、連桁、休符などは表示されません。

［ギター（タブ譜）］

日本式タブ譜のようにフレット番号の高さにあわせた連桁を表示するためには、さらに詳細な設定が必要になります。

➡ 📖 第12章「日本式連桁つきタブ譜を作成する」p.425

日本式連桁つきタブ譜を作成する

日本で一般的によく見られるタブ譜のように、フレット番号の高さにあわせた符尾や連桁を表示するためには、[符尾の設定] 画面で詳細を設定します。

同時に休符も表示されるように設定しましょう。

手順

1 ツールを選択する

[メイン・ツール・パレット] から**五線ツール**を選択。

2 [五線の属性] 画面を開く

タブ譜の上をダブルクリックし、[五線の属性] 画面を開く。

3 符尾を表示する

[表示する項目] 欄の [符尾] をクリックしてチェックをつける。

4 [符尾の設定] 画面を開く

[符尾の設定] をクリックし、[符尾の設定] 画面を開く。

5 符尾の設定を変更する

[符尾の向き] 欄で [デフォルトの向き] をクリックして選択し、[連桁を表示] にチェックがついていることを確認する。

画面下の [計測単位] で [スペース] を選択し、[符頭との接続位置を調整する] 欄の [符頭からの距離] をクリックして選択し、[上向き符尾] 右の□には「1」、[下向き符尾] 右の□には「-1」を入力。

[連桁との接続位置を調整する（五線からの距離）] 欄をクリックしてチェックをはずす。

[OK] をクリックして画面を閉じる。

> **ヒント** これで通常の音符と同じ、入力する高さに応じた連桁が表示されるようになります。

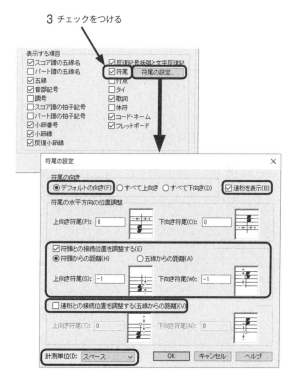

6 休符やタイ、付点などを表示する

[五線の属性] 画面に戻るので、[表示する項目] 欄の [付点]、[タイ]、[休符]、[五線の動作] 欄の [未入力の小節には全休符を表示する] をクリックしてチェックをつける。

7 画面を閉じる

[OK] をクリックして画面を閉じる。

● 第12章　特殊な楽譜

タブ譜の線間をほかの五線とそろえる

　デフォルトでは、隣りあったフレット番号が重ならないよう、タブ譜の線間は通常の五線より広め（1.5倍）に設定されています。これをほかの五線と同じ幅にそろえることができます。

手　順

1　[スコア・マネージャー] 画面を開く

　[ウィンドウ] メニューから [スコア・マネージャー] を選択し、[スコア・マネージャー] 画面を開く。

2　[特殊な五線の設定] 画面を開く

　[楽器リスト] タブを選択し、タブ譜パート左の ≡ をクリックして選択。
　[五線の種類] 欄右をクリックすると表示されるリストから、[その他] を選択しなおすと [特殊な五線の設定] 画面が開く。

3　計測単位を選択する

　[計測単位] 欄で [スペース] を選択。

> 💡ヒント　「スペース」は五線の線間を表す単位で、1スペース＝五線の線間となります。

4　五線の間隔を指定する

　[設定] 欄の [五線の間隔] 右の □ に「1」を入力し、通常の五線の線間と同じ1スペースに設定する。

5　画面を閉じる

　[OK] をクリックすると [特殊な五線の設定] 画面が閉じ、タブ譜の線間がほかの五線と同じ1スペースになる。

タブ記号をすべての段に表示する

デフォルトでは、五線左端のタブ記号は1段めにのみ表示されていますが、2段目以降にもタブ記号を表示させることができます。

手順

1 [スコア・マネージャー] 画面を開く

[ウィンドウ] メニューから [スコア・マネージャー] を選択し、[スコア・マネージャー] 画面を開く。

2 [タブ譜の設定] 画面を開く

[楽器リスト] タブを選択し、タブ譜パート左の≡をクリックして選択。
[記譜スタイル] 右の [選択] をクリックし、[タブ譜の設定] 画面を開く。

2 クリック

3 タブ記号をすべての段に表示する

[音部記号を最初の小節にのみ表示] をクリックしてチェックをはずす。

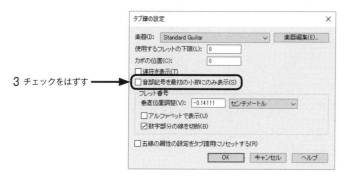

3 チェックをはずす

4 画面を閉じる

[OK] をクリックすると [タブ譜の設定] 画面が閉じ、すべての段にタブ記号が表示される。

タブ譜を入力する

タブ譜の入力手順には、いくつかの方法があります。

通常の音符をタブ譜にコピーする

タブ譜は、通常の五線とペアで記譜されることがほとんどです。その場合は、五線の音符をコピーするだけで、簡単にタブ譜を入力することができます。

> **注意!!** ［編集］メニューの［選択した対象項目のみペースト］にチェックがついていないかどうかを確認しておきます。

手 順

1 ツールを選択する

［メイン・ツール・パレット］から**選択ツール**を選択。

2 コピーする

通常の音符を入力した五線左の余白をクリックして五線全体を選択し、[Ctrl]（[option]）キーを押しながらタブ譜の先頭小節をクリック。

3 使用フレットの下限を指定する

［使用フレットの下限］画面が開くので、［使用フレットの下限を指定］をクリックして選択し、□に使用する一番低いフレット番号を入力する。

または［五線に設定されている値を適用］を選択する。

> **ヒント** ［五線に設定されている値を適用］を選択すると、［スコア・マネージャー］画面、［記譜スタイル］欄右の［選択］をクリックすると開く［タブ譜の設定］画面の［使用するフレットの下限］で設定されている値が適用されます。

4 画面を閉じる

［OK］をクリックして画面を閉じると、通常の音符がフレット番号に変換されてコピーされる。

> **注意!!** タブ譜の設定によっては、休符が表示されない場合もあります。

フレット番号をタイプして入力する

ステップ入力ツール ♪ を使えば、フレット番号をタイプして入力することができます。

手 順

1 パソコンキーボードの準備

入力モードを半角英数に、Windows の場合は NumLock キーをオンにしておく。

2 ツールを選択する

［メイン・ツール・パレット］から**ステップ入力ツール** ♪ を選択すると、ステップ入力カーソル（縦棒のついたピンク色の音符）が表示される。

> 💡ヒント ステップ入力カーソルは、control（option）キー＋クリックですばやく目的の位置に移動できます。

> 💡ヒント ステップ入力カーソルが表示されない場合は、［ステップ入力］メニューの［ステップ入力オプション］を選択すると開く画面で、［ステップ入力カーソルを使用］にチェックがついているかどうかを確認します。

3 音符を選択する

［ステップ入力パレット］から音符（休符の場合は同じ長さの音符）をクリックして選択。
または Ctrl ＋ Alt （⌘＋option）キーを押しながら、音符に対応する数字をテンキーでタイプして音符を選択することもできる。➡ 📖 第2章「ステップ入力」p.99

> ✋注意!! 数字キーだけをタイプすると、カーソル位置にフレット番号として入力されてしまいます。

4 高さを指定する

↑または↓キーをタイプして、ステップ入力カーソルを入力したい高さに移動する。

5 フレット番号を入力する

テンキーの数字キーをタイプすると、手順4で指定した高さにタイプした数字が入力される。
11〜19を入力したい場合は、Ctrl（⌘）キーを押しながらテンキーの数字キーをタイプする。

> ✋注意!! メインキーボードの数字キーでは入力することができません。

休符を入力したい場合
Shift キーを押しながら Enter キーをタイプする。

> ✋注意!! タブ譜の設定によっては、休符が表示されない場合もあります。

6 和音を追加する

和音を追加したい場合は、↑または↓キーをタイプして、ステップ入力カーソルを追加したい高さに移動し、Ctrl（⌘）＋ Enter キーをタイプすると、直前に入力したフレット番号に、指定した高さのフレット番号「0」が追加される。
追加したフレット番号を修正したい場合は、Alt（option）キーを押しながらテンキーで数字をタイプして修正する。

> 💡ヒント 2つの数字キーをすばやく続けてタイプすると、2桁の数字に修正することができます。

テンキーのないパソコンの場合

フレット番号の入力はテンキーでおこないますが、ノートパソコンなど、テンキーのついていないパソコンをお使いの場合もあるでしょう。その場合、［ショートカットキーのカスタマイズ］画面で［ノートパソコン用］を選択すると、A〜I、K〜Qキーで0〜15までのフレット番号を入力することができるようになります。

➡ 📖 第2章「テンキーのないパソコンの場合」p.100

● 第12章　特殊な楽譜

通常の音符としてタブ譜を入力する

高速ステップ入力ツール♪を使えば、通常の音符としてタブ譜を入力することができます。

手 順

1 ツールを選択する

［メイン・ツール・パレット］から**高速ステップ入力ツール**♪を選択。

2 ［タブ譜を五線譜として編集］

［高速ステップ］メニューから［タブ譜を五線譜として編集］を選択してチェックをつける。

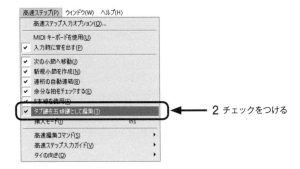

3 タブ譜を入力する

タブ譜をクリックすると編集枠が表示され、編集枠の中には通常の五線が表示されるので、通常の手順で音符（または休符）を入力する。

➡ 📖 第2章「高速ステップ入力」p.101

注意!! タブ譜の設定によっては、休符が表示されない場合もあります。

編集枠が次の小節に進む（または入力モードを抜けて編集枠が消える）と、入力した音符がフレット番号に変換される。

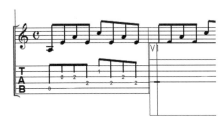

タブ譜を修正する

通常の音符をコピーしてきた場合など、思った結果と異なって入力されてしまうことがあります。その場合は、**ステップ入力ツール**♪での修正が便利です。

フレット番号を修正する

手 順

1 パソコンキーボードの準備

入力モードを半角英数に、Windows の場合は NumLock キーをオンにしておく。

2 ツールを選択する

[メイン・ツール・パレット]から**ステップ入力ツール**♪を選択。

3 フレット番号を選択する

[Ctrl]([option])キーを押しながら、修正したいフレット番号をクリックして選択。

4 修正する

テンキーで正しいフレット番号をタイプして入力する。

> **ヒント** [Ctrl]([⌘])キーを押しながら数字キーをタイプすると、2桁の数字を入力することができます。

> **注意!!** メインキーボードの数字キーでは入力することができません。

弦を変更する

手 順

1 ツールを選択する

[メイン・ツール・パレット]から**ステップ入力ツール**♪を選択。

2 フレット番号を選択する

[Ctrl]([option])キーを押しながら、修正したいフレット番号をクリックして選択。

3 弦を変更する

[↑]または[↓]キーをタイプして、数字を上下に移動して修正する。

> **ヒント** 移動にあわせて、フレット番号も自動的に変更されます。

まとめて修正する

手 順

1 ツールを選択する

[メイン・ツール・パレット]から**選択ツール**▶を選択。

2 範囲を選択する

フレット番号を修正したい範囲を選択する。

3 フレットの下限を設定する

[ユーティリティ]メニューの[変更]から[フレットの下限]を選択すると開く[使用フレットの下限の変更]画面で、フレットの下限を設定する。

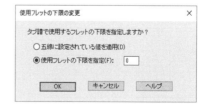

4 画面を閉じる

[OK]をクリックして画面を閉じると、設定した下限に従って、選択していた範囲のフレット番号が修正される。

● 第12章　特殊な楽譜

和音のフレット番号を左右にずらす

隣りあった線上にフレット番号を配置すると、重なって読みづらくなります。これを左右にずらして記譜したい場合は、1つずつ**道具箱ツール**🔧の**符頭微調整ツール**🎵を使って調整します。

Windowsの場合、**道具箱ツール**🔧は［上級者用ツール・パレット］に収められています。［ウィンドウ］メニューから［上級者用ツール・パレット］を選択して、パレットを開いておきます。

手 順

1 ツールを選択する

［上級者用ツール・パレット（メイン・ツール・パレット）］から**道具箱ツール**🔧を選択すると開く［道具箱ツール・パレット］から、**符頭微調整ツール**🎵を選択。

2 符頭を選択する

小節をクリックすると小節内のフレット番号に□が表示されるので、位置を調整したいフレット番号に表示される□をクリックして選択。

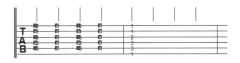

> 💡 ヒント [Shift]キーを押しながらクリックすると、複数の□を選択することができます。

> 💡 ヒント □が表示されない場合は、フレット番号を入力したレイヤーが選択されているかどうかを確認します。

3 位置を調整する

選択した□を左右にドラッグ、または[←][→]をタイプして位置を調整する。

フレット番号をデフォルトの位置に戻す

手動での調整を取り消してデフォルトの位置に戻したい場合は、上記手順2で□を選択しあと、[Delete]キーをタイプします。

フレット番号の水平位置調整をコピーする

同じフレット構成の和音同士であれば、［選択した対象項目のみペースト］を利用すると、調整したフレット番号の水平位置だけをコピーすることもできます。

この場合、［ペースト対象項目］画面では、［変更された符頭、臨時記号、およびタブ譜の弦変更］だけをクリックしてチェックをつけておきます。

➡ 📖 第3章「項目を指定してコピーする」p.197

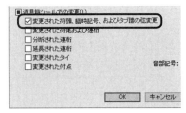

432

フレット番号を○で囲む

［Libraries］フォルダには、フレット番号を囲むための図形ライブラリが用意されています。

手順

1 ライブラリを開く

［ファイル］メニューから［ライブラリを開く］を選択し、表示される画面で［Libraries］フォルダの［タブ譜用］から［丸囲み数字用図形］ライブラリをダブルクリックすると、選択したライブラリが読み込まれる。

➡ 📖 第6章「［Libraries］フォルダの保存場所」**p.248**

読み込まれたライブラリは、［発想記号の選択］画面の［その他］カテゴリに収められています。

入力手順は、ほかの発想記号の場合と同じです。さまざまなサイズの○が用意されているので、フレット番号の数や配置などにあわせて、リストから図形を選択して入力します。

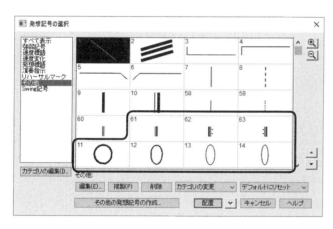

> 💡 **ヒント** いろいろな高さ、幅の図形が用意されています。

配置した図形は、□をダブルクリックすると表示される■をドラッグして形を調整することができます。ただし楽譜上で形を調整すると、楽譜内に配置された同じ図形がすべて同時に修正されるので、注意が必要です。

必要に応じて付点の位置を調整するなどします。

➡ 📖 第2章「付点の位置を調整する」**p.118**

● 第12章　特殊な楽譜

スラッシュを使ったリズム譜を作成する

　同じ和音を繰り返す場合や、コードネームとリズムだけを表記してあとは演奏者に任せる場合などに、音符の高さを省略して、リズムだけを表記することがあります。リズム譜には、スラッシュを使ったものと、符頭を省略したものと、2種類あります。

　まずはスラッシュを使ったリズム譜から。楽譜スタイルを使って作成する方法と符頭の種類を変更する方法とがあります。

➡ 📖 第12章「符頭を省略したリズム譜を作成する」p.438

💡ヒント　同じ手順で、通常の五線にもリズム譜を作成することができます。

楽譜スタイルを使った場合

　演奏させたいフレット番号（または音符）を入力しておけば、正しくプレイバックすることができます。スラッシュは五線中央に入力されます。

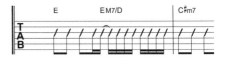

⚠注意!!　この手順では、スラッシュの高さを調整することはできません。

▶ 手　順

1 音符を入力しておく
　リズム譜の部分にも、演奏したい音に応じたフレット番号（または音符）を入力しておく。

2 ツールを選択する
　［メイン・ツール・パレット］から**五線ツール**を選択。

3 範囲を選択する
　リズム譜にしたい範囲を選択する。

4 リズム譜に変換する
　選択した五線の上で右クリックすると表示されるリストから、［リズム表記］をクリックして選択すると、選択していた範囲のフレット番号（または音符）がリズム譜に変換される。

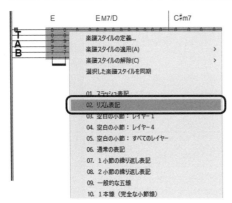

符頭の種類を変更する場合

日本式のタブ譜などで、直前のフレット番号の位置にあわせて、入力するスラッシュの垂直位置を調整したい場合は、［ユーティリティ］メニューを使って符頭の種類を変更します。

➡ 📖 第3章「符頭の種類を変更する」p.173

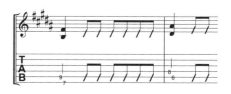

手 順

1 音符を入力しておく

スラッシュを入力したい位置に、必ず単音でフレット番号（または音符）を入力しておく。

2 ツールを選択する

［メイン・ツール・パレット］から**選択ツール**を選択。

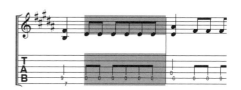

3 範囲を選択する

リズム譜にしたい範囲を選択する。

4 ［符頭の変更］画面を開く

［ユーティリティ］メニューの［変更］から［符頭］を選択し、［符頭の変更］画面を開く。

5 対象とする符頭の種類を選択する

［検索］欄で［黒玉（4分音符）］または［白玉音符（2分音符）］をクリックして選択。

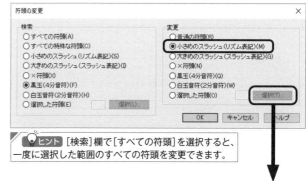

💡ヒント ［検索］欄で［すべての符頭］を選択すると、一度に選択した範囲のすべての符頭を変更できます。

6 置換後の符頭の種類を指定する

［黒玉（4分音符）］を選択した場合

［変更］欄で［小さめのスラッシュ（リズム表記）］をクリックして選択。

［白玉（2分音符）］を選択した場合

［変更］欄で［選択した符頭］を選択し、右の［選択］をクリックすると開く［キャラクタの選択］画面で置換後の符頭の種類をダブルクリックして選択。

7 符頭を置換する

［符頭の変更］画面に戻るので、［OK］をクリックすると、指定した符頭が選択した符頭に置換される。

💡ヒント ここで［普通の符頭］を選択しておくと、通常の符頭（タブ譜の場合はフレット番号）に戻すことができます。

💡ヒント Kousakuフォントの場合、「╱」は243番、「╱╱」は242番になります。

💡ヒント この手順では、通常の音符と同様に、あとから高さを修正することもできます。

● 第12章　特殊な楽譜

タブ譜では、通常の五線に比べて符尾が少し左寄りに設定されているため、符頭の種類を変更しただけでは符尾がずれて表示されてしまいます。符尾をほかの五線にそろえ、入力したスラッシュにちょうどよく接続するようにするためには、**道具箱ツール** 🔧 を使って調整します。Windowsの場合、**道具箱ツール** 🔧 は［上級者用ツール・パレット］に収められています。［ウィンドウ］メニューから［上級者用ツール・パレット］を選択して、パレットを開いておきます。

手 順

1　ツールを選択する

［上級者用ツール・パレット（メイン・ツール・パレット）］から**道具箱ツール** 🔧 を選択すると開く［道具箱ツール・パレット］から、**音符配置ツール** を選択。

2　符尾の位置をそろえる

小節をクリックすると、音符（または休符）の上に□が表示されるので、移動したい音符（または休符）の上に表示される□をクリックして選択。

> **ヒント**　ドラッグすると表示される枠で囲むようにすると、複数の□を選択することができます。

選択した□をドラッグすると表示される破線を目安に、符尾の位置をそろえる。

➡ 📖 第8章「手動で音符を左右に移動する」p.333

3　ツールを選択する

［道具箱ツール・パレット］から、今度は**符頭微調整ツール** を選択。

4　符頭位置を調整する

小節をクリックすると、符頭に□が表示されるので、移動したい符頭に表示される□をクリックして選択。

> **ヒント**　ドラッグすると表示される枠で囲むようにすると、複数の□を選択することができます。

選択した□をドラッグすると表示される破線を目安に、符頭の位置をそろえる。

リズム譜を見た目どおりにプレイバックさせる

このままでは、和音を省略したリズム譜の場合、きちんとプレイバックすることができません。でも、ちょっと工夫すれば、楽譜どおりにプレイバックさせることができます。

手順

1 プレイバック用の音符を入力する

［レイヤー4］に、プレイバック用のフレット番号（または音符）を入力しておく。

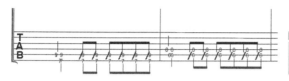

> **ヒント** 図ではわかりやすいよう、レイヤー4の符尾を下向きに、水平位置を右にずらして表示しています。

2 ツールを選択する

［メイン・ツール・パレット］から**五線ツール**を選択。

3 プレイバック用の音符を隠す

手順1でプレイバック用の音符を入力した範囲を選択し、右クリックすると表示されるメニューから［空白の小節：レイヤー4］を選択し、プレイバック用の音符を隠す。

4 レイヤー1の音符をプレイバックしない

［ウィンドウ］メニューから［スコア・マネージャー］を選択して［スコア・マネージャー］画面を開き、［楽器リスト］タブを選択。

［パート名］欄の［▼］をクリックし、［レイヤー1］の［M］欄をクリックして［●］を点灯する。

レイヤー1の音符だけがミュートされ、プレイバックされなくなる。

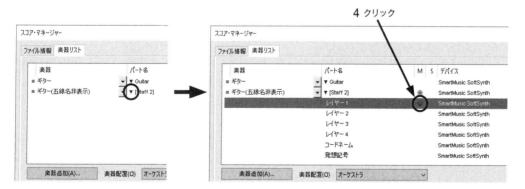

これで、プレイバックするとレイヤー4が再生され、楽譜どおりの音が鳴るようになります。

● 第12章　特殊な楽譜

符頭を省略したリズム譜を作成する

符頭を省略したリズム譜は、符頭の種類を選択する際に、何もない空欄を選択します。［ユーティリティ］メニュー、［プラグイン］どちらでも変更できます。

➡ 📖 第3章「符頭の種類を変更する」p.173、第12章「スラッシュを使ったリズム譜を作成する」p.434

ただ、［キャラクタの選択］画面には、空欄がいくつか用意されており、選択する空欄によっては符頭が変わらなかったり、符尾の位置がずれてしまったりすることがあります。いくつかの空欄を試して、ちょうどよいものを探しましょう。

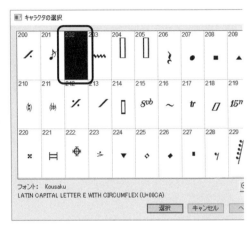

カッティングを入力する

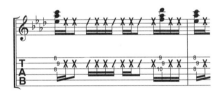

フレット番号の代わりに記された少し大きめの「×」がカッティングを指示する記号です。これも、符頭の種類を変更して入力します。［ユーティリティ］メニュー、［プラグイン］どちらでも変更できます。

➡ 📖 第3章「符頭の種類を変更する」p.173、第12章「スラッシュを使ったリズム譜を作成する」p.434

> 💡ヒント　カッティングとは、コードをかき鳴らすときに、所定のタイミングで意図的に弦の振動を止めて音を切り、リズム感を出す奏法のことです。

Kousaku フォントであれば、158番の「×」がちょうどよいでしょう。

［プラグイン］で変更する場合も、［符頭の変更］画面に用意されている［'X' 符頭］ではなく、［特殊］を選択して［キャラクタの選択］画面から選択するようにします。

438

ヴィブラート記号を作成する

ヴィブラートを指示するラインは、**特殊ライン・ツール** を使って作成します。いろいろなタイプの記号がありますが、ここでは譜例のように波線の中央に「vib.」が記された記号を作成する手順を説明しています。

> **手 順**

1 ［変形線形のスタイル］画面を開く

［変形線形の選択］画面で、グリッサンド・ラインを［複製］し、［編集］をクリックし、［変形線形のスタイル］画面を開く。➡ 📖 第6章「点線つきの発想記号を入力する」p.271

> 💡**ヒント** よく似た記号を複製してもとにすることで、手順を簡略化することができます。

2 ヴィブラート記号を作成する

［水平に固定］にチェックをつけ、［中央正式名］欄右の［編集］をクリックし、「*vib.*」を入力。

グリッサンド・ラインでは［中央省略名］も設定されているので、［中央省略名］欄右の［編集］をクリックし、［テキスト編集］画面で入力されている文字を削除する。

> 💡**ヒント** glissando のように［中央正式名］が長い場合、［中央省略名］に省略形を設定しておくと、短いラインでは［中央省略名］が表示されます。

> 💡**ヒント** ［中央正式名］、［中央省略名］は、常に線の中央に表示されます。

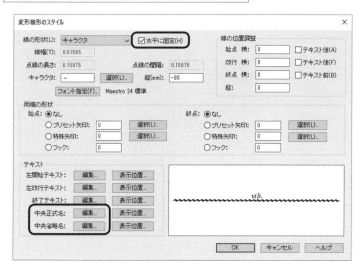

作成したヴィブラート記号は［水平に固定］されているので、左右にドラッグするだけでまっすぐな記号を入力することができます。

● 第12章　特殊な楽譜

ハーモニクス記号を入力する

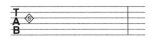

タブ譜では、フレット番号をひし形で囲んでハーモニクスを指示します。このひし形の入力手順には、いろいろな方法が考えられますが、発想記号の図形として作成しておくと、比較的らくに入力することができます。

> 💡ヒント　ハーモニクスとは、特殊な奏法により、特定の倍音だけを鳴らす奏法のことです。

手順

1　ツールを選択する

［メイン・ツール・パレット］から**発想記号ツール**を選択。

2　［発想記号の設計］画面を開く

ハーモニクス記号を入力したいフレット番号をダブルクリックして［発想記号の選択］画面を開き、左のリストから［その他］を選択し、［その他の発想記号の作成］をクリックして［発想記号の設計］画面を開く。

3　基本図形を選択する

［図形］をクリックして選択し、［選択］をクリックすると開く［基本図形の選択］画面で、66番の「◇」をクリックして選択し、［複製］をクリックして複製しておく。

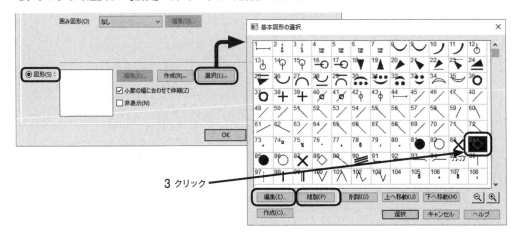

3 クリック

複製した「◇」が選択されていることを確認し、［選択］をクリック。

4　［図形作成］画面を開く

［発想記号の設計］画面に戻るので、［編集］をクリックして［図形作成］画面を開く。

5　図形を編集する

［表示］をクリックすると表示されるリストから［800％］などを選択して表示を拡大する。

> 💡ヒント　選択した61番は、デフォルトではとても小さい図形なので、表示を拡大して操作します。

［図形作成］画面の［選択ツール］をクリックして選択し、手順4で選択した基本図形66番「◇」をクリックして選択すると、図形の周りに■が表示される。

440

［図形作成］メニューの［塗りつぶし］から［使用しない］を選択してチェックをつけ、［図形作成］メニューの［線幅］から［0.5 ポイント］を選択。［OK］をクリックして画面を閉じる。

> **ヒント** Mac では、［図形作成］メニューはメインメニューにあります。

6 図形を入力する

［発想記号の設計］画面に戻るので、［小節幅に合わせて伸縮］をクリックしてチェックをはずし、［OK］、［配置］の順にクリックして作成した図形を入力する。

6 チェックをはずす

> **注意!!** チェックをつけたままでは、小節幅の変動にあわせて、図形が拡大したり縮小したり、変形してしまいます。

7 図形のサイズを調整する

入力した図形に表示されている□をダブルクリックすると、図形の周りに■が表示されるので、表示された■をドラッグしてフレット番号がちょうどよく収まるように、図形のサイズ、形を調整する。

> **ヒント** Shift キーを押しながら四隅の■をどれか1つドラッグすると、縦横比を保ったまま拡大・縮小できます。

ハーモニクス記号を1つだけ入力したい場合は、楽譜の余白をクリックすると再度□が表示されるようになるので、□をドラッグして位置を調整すれば OK です。

もし、ハーモニクス記号を繰り返し入力したい場合は、次の手順で作成した図形の［配置］を設定しておくと、入力がスムーズになります。

● 第12章　特殊な楽譜

手順

1　ツールを選択する

［メイン・ツール・パレット］から発想記号ツール *mf* を選択。

2　[発想記号の設計] 画面を開く

作成した図形に表示される□を右クリックすると表示されるメニューから［図形発想記号定義の編集］を選択し、［発想記号の設計］画面を開く。

3　配置を設定する

［配置］タブをクリックし、[位置あわせ] では［中央揃え］を、[水平位置の基準点] では［符頭全体の中心］を、[垂直位置の基準点] では［音符の上］を選択し、［音符からの距離］欄に「-0.5s」を入力する。

> **ヒント**　ここでの数値の単位は、[編集] メニュー（Macの場合は [Finale] メニュー）の [計測単位] で設定されています。

> **ヒント**　数値の最後に単位の頭文字を入力することで、[計測単位] での設定にかかわらず、強制的に任意の単位で指定することができるようになります。「s」はスペースの頭文字です（1スペース＝五線の線間）。

> **ヒント**　Tab譜のサイズなどによって結果が異なるため、ここでの数値を目安に調整してください。

4　画面を閉じる

［OK］をクリックすると、手動配置情報を削除してよいかどうかをたずねる画面が表示されるので［はい］をクリックすると、入力していた記号が配置しなおされる。

> **注意!!**　手動で位置を調整していた場合も、変更にあわせて配置しなおされます。

5　位置を微調整する

必要に応じて□をドラッグして位置を微調整する。

3 パート譜

パート譜に切り替える

　パート譜は、スコア譜にリンクしたファイルとして管理されています。そのため、パート譜を確認したい場合も、表示を切り替えるだけで OK です。

手順

1 パート譜に切り替える
　[書類]メニューの[パート譜の編集]を選択すると表示されるリストから、表示したいパート譜を選択する。

> 💡ヒント ここで[スコア譜の編集]を選択すると、スコア譜に戻ることができます。

パート譜リストが表示されない

　[セットアップ・ウィザード]を使わずに作成したファイルや、古いバージョンの Finale で作成したファイルでは、上記手順で[パート譜の編集]を選択しても、パート譜のリストが表示されないことがあります。その場合も、以下の手順で簡単にスコア譜にリンクしたパート譜を作成することができます。

手順

1 [パート譜の管理]画面を開く
　[書類]メニューから[パート譜の管理]を選択し、[パート譜の管理]画面を開く。

2 パート譜を作成する
　[パート譜の作成]をクリックすると、パート譜が作成される。

3 画面を閉じる
　[OK]をクリックして[パート譜の管理]画面を閉じると、[書類]メニューの[パート譜の編集]欄にリストが表示される。

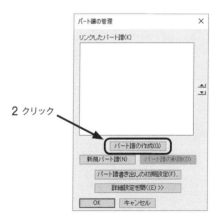

　これで、通常の手順でパート譜に切り替えることができるようになります。

長休符にまとめる

パート譜では、休みの続く小節をまとめて、譜例のような長休符で示すことがあります。Finaleでは、楽譜を指定して長休符にまとめることができます。

長休符にまとめることができるのは、デフォルトの全休符が表示された空の小節だけです。

また、空の小節でも、リハーサルマークや速度表示などが入力されていると、長休符にまとめることができません。これらの記号は、デフォルトでは［長休符を分割］するように設定されているためです。

> ヒント ［発想記号カテゴリの設計］画面、または［文字発想記号の設計］画面［配置］タブで設定されています。

[リハーサルマーク]の場合

手順

1 ［楽譜の選択］画面を開く
［編集］メニューの［長休符］から、［スコア譜／パート譜の表示設定］を選択し、［楽譜の選択］画面を開く。

2 楽譜を選択する
休みの続く小節を長休符にまとめたい楽譜をクリックしてチェックをつける。

3 画面を閉じる
［OK］をクリックして楽譜を閉じると、選択した楽譜で休みの続く小節が長休符にまとめられる。

> ヒント スコア譜（[Score]）など、長休符にまとめたくない楽譜は、チェックをはずしておきます。

長休符を解除する

長休符を解除したい場合は、個別に設定します。

手順

1 ツールを選択する
［メイン・ツール・パレット］から**選択ツール**を選択。

2 小節を選択する
長休符が入力されている小節をクリックして選択。

3 長休符を解除する
［編集］メニューの［長休符］から［分割］を選択すると、長休符が解除される。

> ヒント ここで［作成］を選択すると、長休符にまとめることができます。

ガイド音符を作成する

　長い休みの続くパートでは、演奏をはじめるタイミングをわかりやすくするために別のパートの目立つ旋律などを小さめの音符で表示しておくことがあります。
　このガイド音符は全パートがそろったスコア譜で挿入し、パート譜でのみ表示されるように設定します。

ガイド音符を追加する

まず、スコア譜で、必要な箇所にガイド音符を追加します。プラグインを使用します。

手 順

1 スコア譜を開く

　［書類］メニューから［スコア譜の編集］を選択し、スコア譜を開いておく。

2 ガイド音符にするフレーズを選択

　五線ツール や 選択ツール などを使って、ガイド音符に使用するフレーズを選択する。

3 ［ガイド音符の追加］画面を開く

　［プラグイン］メニューの［作曲・編曲関連］から［ガイド音符の追加］を選択し、［ガイド音符の追加］画面を開く。

4 参照するレイヤーを選択

　手順1で選択したフレーズに複数のレイヤーが含まれる場合は、［参照するレイヤー］欄でガイド音符に使用するレイヤーを選択する。➡ 第2章「複声部の入力」p.145

5 ガイド音符を追加する五線を選択する

　Ctrl（⌘）キーを押しながら、ガイド音符を追加したい五線名をクリックしてすべて選択する。

6 ガイド音符を追加するレイヤーを選択

　［追加するレイヤー］欄で、［レイヤー4］を選択。

7 ガイド音符のサイズを指定する

　［ガイド音符の縮小率］欄で、ガイド音符のサイズを指定する。

8 ガイドの名前を入力する

　必要に応じて、［ガイドの名前］欄右の □ に、手順1でガイド音符として選択した楽器名などを入力しておく。

> 💡ヒント　ここで入力した［ガイドの名前］がガイド音符の先頭に挿入されます。

9 ガイド音符に表示する項目を選択する

　［ガイドに表示する項目］欄で、ガイド音符に表示したい項目をクリックしてチェックをつける。

> 💡ヒント　表示したくない項目は、チェックをはずしておきます。

● 第12章　特殊な楽譜

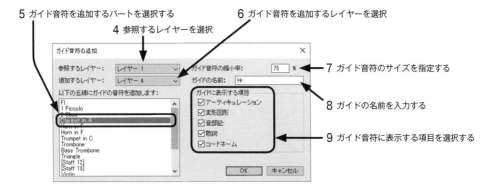

10 画面を閉じる

［OK］をクリックして画面を閉じると、手順4で選択したパートの五線に、手順1で選択していたフレーズの内容が、指定したサイズの音符でコピーされる。

> ヒント　必要に応じて、入力されたガイドの名前をドラッグして位置を調整します。

ガイド音符をスコア譜で隠し、パート譜にだけ表示する

次に、楽譜スタイルを利用して、追加したガイド音符がパート譜にだけ表示されるように設定します。

▼手順

1 ツールを選択する

スコア譜が開いていることを確認し、［メイン・ツール・パレット］から**五線ツール**を選択。

2 ガイド音符を選択する

追加したガイド音符を選択する。

3 ガイド音符をスコア譜で隠す

選択した五線の上で右クリックすると表示されるメニューの［楽譜スタイルの適用］から［編集中のパート譜／スコア譜］を選択し、［楽譜スタイルの適用］画面を開く。

［空白の小節：レイヤー4］をダブルクリックして選択すると画面が閉じ、選択していた範囲に入力されているレイヤー4の音符や休符が、スコア譜では非表示になる。

> ヒント　［表示］メニューの［表示する項目］で［隠された音符／休符］にチェックをつけると、隠した音符や休符が薄く表示され、確認、編集できるようになります。

> ヒント　［書類］メニューからパート譜に切り替えると、スコア譜では表示されなくなったガイド音符が、パート譜では表示されていることが確認できます。

ただ、ガイド音符にアーティキュレーションを表示するように設定していた場合、デフォルトでは楽譜スタイルを適用してもアーティキュレーションだけが残ってしまいます。アーティキュレーションも隠すためには、楽譜スタイルを編集します。

手順

1 [楽譜スタイル] 画面を開く

[メイン・ツール・パレット] で**五線ツール**が選択されていることを確認し、[五線] メニューから [楽譜スタイルの定義] を選択し、[楽譜スタイル] 画面を開く。

2 スタイルを選択

[使用可能なスタイル] 欄で [空白の小節：レイヤー4] を選択。

3 アーティキュレーションを非表示に設定する

[外観] 欄の [省略の記譜法] 右の [選択] をクリックし、表示される [省略の記譜法] 画面で [適用するレイヤー] 欄の [表示する項目] で、[アーティキュレーション] をクリックしてチェックをはずす。

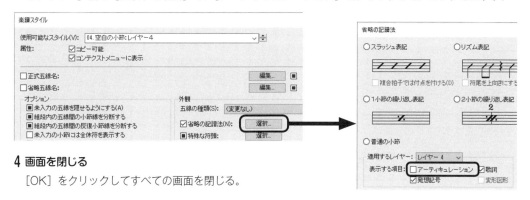

4 画面を閉じる

[OK] をクリックしてすべての画面を閉じる。

[ガイドの名前] をスコア譜で隠し、パート譜にだけ表示する

ガイド音符の先頭に追加した [ガイドの名前] もパート譜でのみ表示されるように設定します。

手順

1 ツールを選択する

スコア譜が開いていることを確認し、[メイン・ツール・パレット] から**発想記号ツール**を選択。

2 [発想記号の割り付け] 画面を開く

ガイドの先頭に挿入された [ガイドの名前] に表示される□を右クリックすると表示されるメニューから [発想記号割付の編集] を選択し、[発想記号の割り付け] 画面を開く。

3 パート譜にだけ表示する

[表示] 欄右下をクリックすると表示されるリストから [パート譜のみ] を選択。

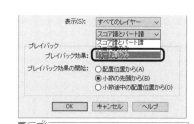

4 画面を閉じる

[OK] をクリックして画面を閉じると、[ガイドの名前] がスコア譜では表示されなくなる。

5 位置を調整する

パート譜に切り替え、必要に応じて [ガイドの名前] の表示位置を調整する。

ヒント　パート譜で位置を調整した記号はオレンジ色で表示され、パート譜でのみ位置が調整されたことが示されます。

●第12章　特殊な楽譜

パート譜用のページ・フォーマットを編集する

　スコア譜は少し大きめのB4サイズで横長に、パート譜はA4サイズで縦長、五線サイズもスコア譜より大きめに、というふうに、スコア譜とパート譜でそれぞれ違うページ・サイズや五線サイズなどを設定することができます。

🔷 手　順

1　[パート譜のページ・フォーマット] 画面を開く

　[書類] メニューの [ページ・フォーマット] から [パート譜] を選択し、[パート譜のページ・フォーマット] 画面を開く。

2　ページ・サイズを選択する

　[ページ・サイズ] 欄で、パート譜に設定したいページ・サイズを選択する。

3　五線サイズを設定する

　[組段の拡大縮小] 欄の [五線の大きさ] 欄で、パート譜の五線サイズを設定する。

　💡ヒント　ここで使用する数値の単位は、下の [計測単位] 欄で選択することができます。

4　ページ・マージンを設定する

　[左ページ・マージン] 欄で、パート譜のページ・マージンを設定する。

　[見開きページ] をクリックしてチェックをつけると、[右ページ・マージン] 欄がアクティブになり、左右のページそれぞれ個別にマージンを設定することができる。

➡ 📖 第8章「ページの余白サイズを設定する」p.323

5　組段マージンを設定する

　必要に応じて、[組段マージン] 欄でパート譜の組段マージンを設定する。

　💡ヒント　[組段マージン] とは、手順4で設定したページ・マージンから五線までの距離を表します。

　タイトル用のスペースを確保したい場合は、[最初の組段マージンを有効にする] をクリックしてチェックをつけ、すぐ下の [上] 欄で組段1のマージンを設定する。

➡ 📖 第8章「タイトルのための余白を設定する」p.324

　💡ヒント　[左] の値を調整すると、1段目の左端が下がった楽譜を作成することができます。

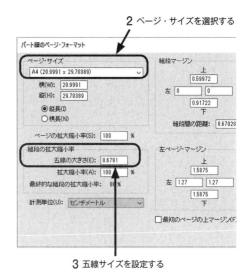

2　ページ・サイズを選択する

3　五線サイズを設定する

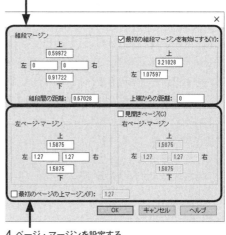

5　組段マージンを設定する

4　ページ・マージンを設定する

448

3 ｜ パート譜

6 画面を閉じる
［OK］をクリックして画面を閉じる。

このままでは、以降に作成するパート譜にしか編集内容が適用されません。既存のパート譜にも編集内容を適用したい場合は、以下の手順で再フォーマットします。

手 順

1 ツールを選択する
［メイン・ツール・パレット］から**ページ・レイアウト・ツール**を選択。

2 ［選択されたページの再フォーマット］画面を開く
［ページ・レイアウト］メニューの［ページの再フォーマット］から［ページ選択］を選択し、［選択されたページの再フォーマット］画面を開く。

3 ページ範囲を設定する
［適用対象］欄右をクリックすると表示されるリストから［すべてのパート譜］を選択し、［適用するページ範囲］欄では「1ページ目から（空欄）ページ目まで」に設定し、［ページ指定］欄では［左ページと右ページ］をクリックして選択。

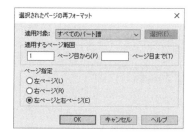

> **ヒント** ［「（空欄）」ページ目まで］に設定すると、最後のページまでをその適用範囲に指定することができます。

4 画面を閉じる
［OK］をクリックして画面を閉じると、手動での調整がすべて失われる旨を警告する画面が表示される。［OK］をクリックすると画面が閉じ、すべてのパート譜に［パート譜のページ・フォーマット］画面での変更が適用される。

●第12章　特殊な楽譜

パート譜での小節番号の表示方法を設定する

スコア譜ではすべての小節に、パート譜では各段の頭にだけ、というように、スコア譜とは別に、パート譜での小節番号の表示方法を設定することができます。

手順

1 [小節番号] 画面を開く
　[書類] メニューから [小節番号の範囲を編集] をクリックして選択し、[小節番号] 画面を開く。

2 範囲を選択する
　一番上のリストからクリックして小節番号の範囲を選択する。

> ヒント　リストが空欄の場合は、[追加] をクリックして小節番号の範囲を追加します。

3 スコア譜での表示方法を設定する
　[スコア譜] タブをクリックし、スコア譜での小節番号の表示方法を設定する。

4 パート譜での表示方法を設定する
　[パート譜] タブをクリックし、[スコア譜の定義を使用] をクリックしてチェックをはずすと以下の項目がアクティブになるので、選択した範囲のパート譜での小節番号の表示方法を設定する。

➡ 第1章「10 | 小節番号」p.84

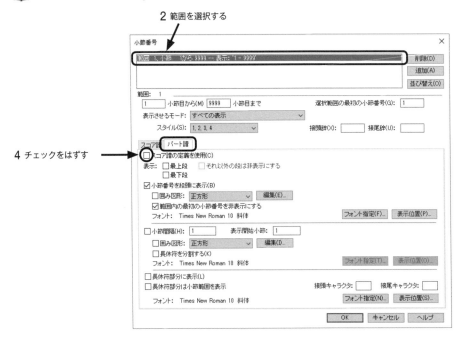

5 画面を閉じる
　[OK] をクリックして画面を閉じる。

パート譜をさらに分ける

スコア譜では、[Oboe I, II]などのように、1つの五線に2つのパートをまとめて記譜する場合があります。これらのパートから、声部などによって、それぞれ個別のパート譜として管理することもできます。

パート譜を分けるための準備

パート譜を正しく分けるためには、スコア譜でいくつか準備しておくことがあります。

パート譜を分ける際は、小節単位で、入力されているレイヤーや「一番上の音符」または「一番下の音符」などで認識、分別されます。そのため、小節の一部だけで声部を分けている場合は、必要なすべてのレイヤーですべての拍に音符や休符を入力しておく必要があります。

また、発想記号などで特定のパートだけが演奏するように指示している箇所も、必要に応じて休符で埋めておく必要があります。

ヒント 「a 2」などの指示で、同じフレーズをユニゾンで演奏するの場合は、編集する必要はありません。

さらにパート譜を分けるために挿入した音符はスコア譜では必要ないため、パート譜でのみ、表示されるように設定します。

音符や休符を編集する

まず、パート譜を分けるために必要な音符や休符を埋めていきます。

手順

1 隠した音符や休符を表示する

パート譜を分けたいパートの五線全体を選択し、[プラグイン]メニューの[音符関連]から[音符と休符を表示]を選択し、スコア譜内に入力されているすべての音符や休符を表示しておく。

ヒント 小節の一部でレイヤーを分けていた場合など、非表示の休符が表示されるようになります。

注意!! 非表示に設定した音符や休符は、パート譜でも非表示のままになります。

2 小節の一部だけで声部を分けている場合

ユニゾンの部分では、すべての声部に必要な音符（または休符）を入力しておく。

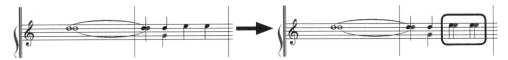

小節の一部だけレイヤーを分け、残りの部分が一方のレイヤーに和音で記譜されている場合は、和音の中の音符をそれぞれのレイヤーに分けて入力し、符尾の向きや長さ、連桁の傾きなどを調整して和音に見えるよう、調整します。

下の音符をレイヤー2で入力する

3 発想記号などで演奏パートが指示されている場合

休みのパートに、適切なレイヤーで休符を入力しておく。

必要のない音符や休符をスコア譜で隠す

つぎに、スコアでは必要のない音符や休符を隠します。

同じ拍位置にある休符は、［ファイル別オプション］画面の［レイヤー］で、［異なるレイヤーの同じ休符を統合する］にチェックをつけるだけで、簡単にまとめることができますね。

➡ 📖 第3章「複数のレイヤーの同位置の休符を1つにまとめる」p.161

そのほかの音符や休符は、楽譜スタイルを利用して、スコア譜でのみ表示されないように設定します。既存の［空白の小節：レイヤー1］［空白の小節：レイヤー4］のほか、レイヤー2、またはレイヤー3を隠したい場合は、以下の手順で新しい楽譜スタイルを作成しておきます。

手 順

1 ツールを選択する

［メイン・ツール・パレット］から**五線ツール**を選択。

2 ［楽譜スタイル］画面を開く

［五線］メニューから［楽譜スタイルの定義］を選択し、［楽譜スタイル］画面を開く。

3 楽譜スタイルを作成する

［新規］をクリックし、［スタイル名］欄に［空白の小節：レイヤー2］など、わかりやすいスタイル名を入力する。

> 💡 **ヒント** スタイル名の頭に「00.（半角スペース）」を入力しておくと、作成した楽譜スタイルがリストの一番上にリストアップされ、選択しやすくなります。

［コンテクストメニューに表示］にチェックがついていることを確認し、［省略の記譜法］欄右の［選択］をクリックすると表示される［省略の記譜法］画面で、［空白の小節］をクリックして選択し、［適用するレイヤー］欄で隠したいレイヤーを選択し、［表示する項目］欄のすべての項目をクリックしてチェックをはずす。

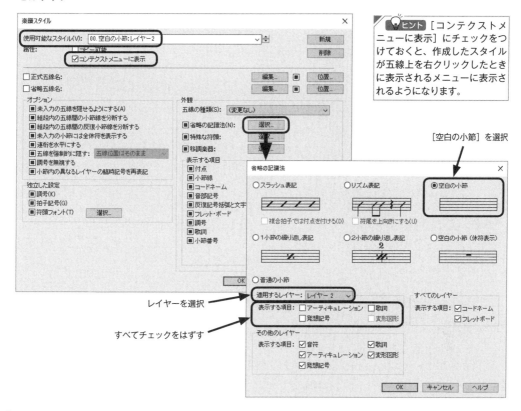

4 画面を閉じる

Ctrl（⌘）キーを押しながら［OK］をクリックすると、すべての画面が閉じる。

あとは、スコア譜上で、必要のない音符や休符を選択し、上記手順で作成した楽譜スタイルを適用すればOKです。

➡ 📖 第12章「ガイド音符をスコア譜で隠し、パート譜にだけ表示する」p.446

発想記号をパート譜だけに表示したい場合があるかもしれません。その場合は、［発想記号の割り付け］画面でパート譜にだけ表示されるよう設定します。

➡ 📖 第12章「［ガイドの名前］をスコア譜で隠し、パート譜にだけ表示する」p.447

これで、スコア譜の見た目を変えずにパート譜を分ける準備ができました。

●第12章　特殊な楽譜

パート譜を分ける

準備ができたら、パート譜を分けます。

手　順

1 [パート譜の管理] 画面を開く
［書類］メニューから［パート譜の管理］を選択し、［パート譜の管理］画面を開く。

2 新しいパート譜を作成する
［リンクしたパート譜］欄のリストで分割したいパート譜をクリックして選択して［新規パート譜］をクリックすると、選択していたパート譜の下に新しいパート譜が作成され、画面が右に広がり詳細設定欄が表示される。

3 パート譜名を編集する
［リンクしたパート譜］欄で新しく作成したパート譜が選択されていることを確認し、［パート譜名の編集］をクリック。

表示される［テキスト編集］画面の□にパート譜名（ここでは［Flute 1］）を入力し、［OK］をクリックして画面を閉じる。

> **ヒント** ここで入力したパート譜名が、［パート譜の編集］メニューのリストに表示されます。

4 構成する五線を選択する
一番右のリストから、手順2で作成したパート譜に使用したい五線（ここでは［2 Flute]）をクリックして選択し、［パート譜に追加］をクリックすると、選択した五線名が真ん中の［パート譜を構成する五線とグループ］欄に移動する。

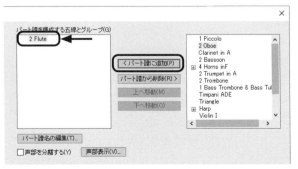

5 抽出する音符を選択する

［声部表示］をクリックすると開く画面で、［このパートに表示させる音符］欄から［レイヤーの構成に応じた表示］をクリックして選択。
［音符の表示方法］欄では、［以下に指定された音符］をクリックして選択。
［基準となる音符］を選択し、基準となる音符から何番目の音符を抽出するか、クリックして選択。
［単音部分はつねに含む］をクリックしてチェックをつけ、［複数のレイヤーで構成されている小節で表示するレイヤー］で、抽出したいレイヤーを選択する。

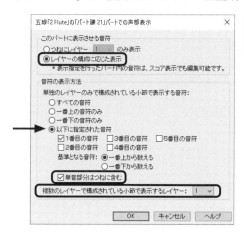

ヒント すべての小節でレイヤーを分けて入力したパートの場合は、［つねにレイヤー「*」のみ表示］を選択するだけで OK です。

6 画面を閉じる

［OK］をクリックして画面を閉じる。

7 必要なパート譜をすべて作成する

手順2～6を繰り返して残りのパート譜も作成する。

8 画面を閉じる

最後に［OK］をクリックして［パート譜の管理］画面を閉じる。

これで、作成したパート譜が［パート譜の編集］メニューのリストに表示され、選択して開くことができるようになります。

もとのパート譜
分けたパート譜

パート譜を印刷する

パート譜は、それぞれに部数を指定して、必要な数だけ一度に印刷することができます。

手順

1 用紙サイズを設定する

[ファイル]メニューから[ページ設定]を選択すると開く[ページ設定]画面で、印刷に使用する用紙のサイズを設定し、[OK]をクリックして画面を閉じる。

> **注意!!** ここで設定するのは楽譜のページ・サイズとは異なり、実際に印刷に使用する用紙のサイズです。

2 [印刷]画面を開く

[ファイル]メニューから[印刷]を選択し、[印刷]画面を開く。

> **ヒント** Macでは、まず[印刷する楽譜の選択]画面が開きます。

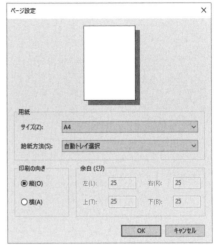

3 印刷するパート譜を選択する

印刷したいパート譜をクリックしてチェックをつける。

> **注意!!** スコア譜とパート譜でページ・サイズが異なる場合は[Score]のチェックをはずし、スコア譜は別に印刷するようにします。

> **ヒント** [すべてを選択]をクリックすると、スコア譜を含むすべての楽譜を一度に選択することができます。

> **ヒント** Macでは、[詳細を表示]をクリックすると印刷するパートを選択するメニューが表示されるようになります。

4 部数を指定する

パート名をクリックして選択し、部数欄をクリックして、印刷する部数を入力する。

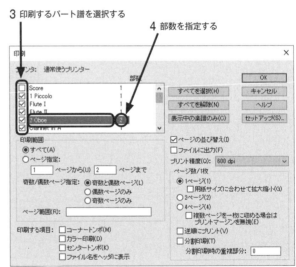

Macの場合、部数を入力して[OK]をクリックすると、[プリント]画面が開く。

5 印刷する

[OK(プリント)]をクリックすると選択したパート譜が指定した部数ずつ印刷される。

第13章
環境設定

● 第13章　環境設定

1　操作画面

パレットを常に開いておく

　楽譜の入力には欠かせないツール・パレットですが、デフォルトではステップ入力パレット以外は、ほかのツールを選択すると、自動的に閉じる設定になっています。必要なパレットはいつも開いておきたいという場合は、[環境設定] 画面で設定します。

手順

1　必要なパレットを開いておく
　[ウィンドウ] メニューから必要なパレットを選択し、チェックをつけて開いておく。

2　[環境設定] 画面を開く
　[編集] メニュー（[Finale] メニュー）から [環境設定] を選択して [環境設定] 画面を開き、左のリストから [パレットと背景] をクリックして選択。

3　パレットを常に開いた状態にする
　[パレット] 欄の [別のツールを選択した時は付属パレットを閉じる] をクリックしてチェックをはずします。

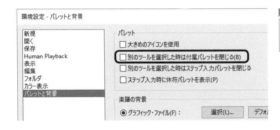

ヒント　デフォルトではここにチェックがついているため、ツールを切り替えると付属のパレットが閉じるようになっています。

4　変更内容を適用する
　[適用] をクリックすると、画面を閉じずに変更した内容を適用し、確認することができる。

ヒント　[OK] をクリックすると、画面が閉じます。

　これで、選択しているツールに関係なく、パレットが常に開いたままになります。
　たとえば、**選択ツール**を選択している状態で、変形図形ツール・パレットから**スラー・ツール**を選択してみましょう。すると、自動的に**変形図形ツール**に切り替わります。このように、パレットからツールを選択すると、対応するツールに自動で切り替わるようになり、ツールを選択するひと手間を省くことができます。

背景をカスタマイズする

　画面に表示される楽譜の背景部分の図柄は、自由に変更することができます。絵ではなく、好きな色で一面、塗りつぶすこともできます。

手 順

1 [環境設定] 画面を開く

　[編集] メニュー（[Finale] メニュー）から [環境設定] を選択して [環境設定] 画面を開き、左のリストから [パレットと背景] をクリックして選択。

2 背景を選択する

　グラフィックを配置する場合

　[楽譜の背景] 欄で [グラフィック・ファイル] をクリックして選択し、[選択] をクリックすると表示される画面でグラフィックをダブルクリックして選択。

> 💡ヒント [デフォルト] をクリックすると、デフォルトのグラフィック・ファイルに戻ります。

　単色を配置する場合

　[楽譜の背景] 欄で [単色] をクリックして選択、[選択] をクリックすると表示される画面で色を選択し、[OK] をクリックして画面を閉じる。

3 変更内容を適用する

　[適用] をクリックすると、画面を閉じずに選択した背景を適用し、確認することができる。

> 💡ヒント [OK] をクリックすると、画面が閉じます。

● 第13章 環境設定

五線紙の材質をカスタマイズする

画面に表示される五線紙の材質を変更することができます。

手 順

1 [環境設定]画面を開く
[編集]メニュー（[Finale]メニュー）から[環境設定]を選択して[環境設定]画面を開き、左のリストから[パレットと背景]をクリックして選択。

2 背景を選択する
グラフィックを配置する場合
[楽譜の背景]欄で[グラフィック・ファイル]をクリックして選択し、[選択]をクリックすると表示される画面でグラフィックをダブルクリックして選択。

> 💡ヒント [デフォルト]をクリックすると、デフォルトのグラフィック・ファイルに戻ります。

単色を配置する場合
[楽譜の背景]欄で[単色]をクリックして選択、[選択]をクリックすると表示される画面で色を選択し、[OK]をクリックして画面を閉じる。

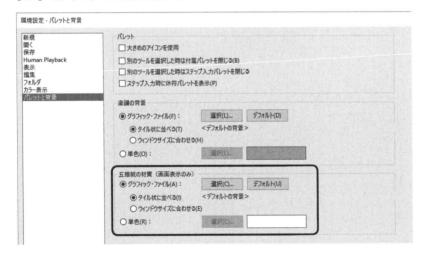

3 変更内容を画面に適用する
[適用]をクリックすると、画面を閉じずに選択した背景を操作画面に適用し、確認することができる。

> 💡ヒント [OK]をクリックすると、画面が閉じます。

2 起動

起動時の動作をカスタマイズする

デフォルトでは、Finale を起動すると［起動パネル］が開くように設定されていますが、［セットアップ・ウィザード］画面が開くように設定したり、あるいは［開く（ファイルを開く）］画面が開くように設定したりすることができます。

手 順

1 ［環境設定］画面を開く

［編集］メニュー（［Finale］メニュー）から［環境設定］を選択して［環境設定］画面を開き、左のリストから［新規］をクリックして選択。

2 起動時の動作を選択する

［起動時の動作］欄右をクリックすると表示されるリストから、起動時の動作を選択する。

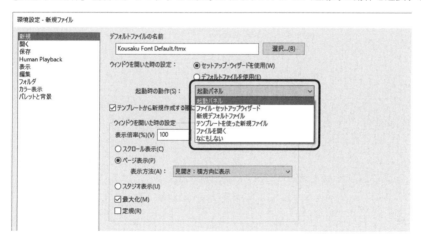

3 画面を閉じる

［OK］をクリックして画面を閉じると、次回の起動時から選択した動作が適用される。

● 第13章　環境設定

3 保存

ファイルの保存場所をカスタマイズする

　[保存]（または[別名で保存]）画面を開いたときに指定される保存場所は、前回の保存時に指定したフォルダ、または任意のフォルダに設定することができます。

> **ヒント** Windows の場合、デフォルトでは前回の保存時に指定した場所が選択されます。

> **ヒント** Mac の場合、デフォルトでは[書類]の[Finale Files]フォルダが指定されています。

手順

1 [環境設定]画面を開く

[編集]メニュー（[Finale]メニュー）から[環境設定]を選択して[環境設定]画面を開き、左のリストから[フォルダ]をクリックして選択。

2 保存場所を設定する

前回の保存時に指定したフォルダに設定する

Windows の場合は、[楽譜]欄右の□に表示されているテキストをすべて削除して空欄にする。
Mac の場合は、[楽譜]欄左のチェックをクリックしてはずす。

任意のフォルダに設定する

[楽譜]欄右の[参照]（Mac の場合は[楽譜]）をクリックすると表示される画面で保存先を選択し、[OK]をクリックして画面を閉じる。

Windows の場合

Mac の場合

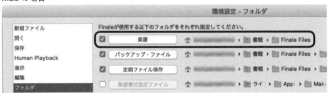

3 画面を閉じる

[OK]をクリックして画面を閉じると、次回の保存時には指定したフォルダが選択される。

バックアップファイルの自動作成

保存時にバックアップファイルを作成する

手動で保存するタイミングと同時に、1つ前の保存状態のファイルをバックアップファイルとして保存します。

手 順

1 [環境設定] 画面を開く

[編集] メニュー([Finale] メニュー)から [環境設定] を選択して [環境設定] 画面を開き、左のリストから [保存(保存と印刷)] をクリックして選択。

2 バックアップファイルを作成するタイミングを設定する

[ファイルを保存する時にバックアップを作成] をクリックしてチェックをつける。

💡ヒント デフォルトでは [ファイルを保存する時にバックアップを作成] にチェックがついています。

3 バックアップファイルの保存場所を指定する

左のリストから [フォルダ] をクリックして選択。

💡ヒント 保存場所を指定しない(Windowsでは空欄にする、Macの場合はチェックをはずす)場合、もとのファイルと同じ場所にバックアップファイルが作成されます。

Windows の場合

[バックアップ] 右の [参照] をクリックすると表示される画面で、バックアップファイルの保存場所を選択し、[OK] をクリックして画面を閉じる。

💡ヒント デフォルトでは、[ドキュメント(書類)] → [Finale Files] の中の [Backups] フォルダが選択されています。

Mac の場合

[バックアップ・ファイル] 左の□をクリックしてチェックをつけ、[バックアップ・ファイル] をクリックすると表示される画面で、バックアップファイルの保存場所を選択し、[OK] をクリックして画面を閉じる。

4 画面を閉じる

[OK] をクリックして画面を閉じる。

💡ヒント バックアップファイルのファイル名は、「もとのファイル名.bakx」(Macの場合は「もとのファイル名+ bak.musx」)となります。

⚠注意!! 最初の保存時には、バックアップファイルは作成されません。

⚠注意!! [別名で保存] した場合、バックアップファイルは作成されません。

定期的にバックアップファイルを作成する

一定の間隔で、バックアップファイルを自動で作成することもできます。

手 順

1 [環境設定]画面を開く

[編集]メニュー（[Finale]メニュー）から[環境設定]を選択して[環境設定]画面を開き、左のリストから[保存（保存と印刷）]をクリックして選択。

2 バックアップファイルを作成するタイミングを設定する

[バックアップファイルを□分ごとに作成]をクリックしてチェックをつけ、□に時間を入力して作成するタイミングを設定する。

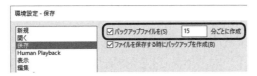

3 バックアップファイルの保存場所を指定する

[環境設定]画面左のリストから[フォルダ]をクリックして選択。

> **ヒント** 保存場所を指定しない（Windowsでは空欄にする、Macの場合はチェックをはずす）場合、もとのファイルと同じ場所にバックアップファイルが作成されます。

> **ヒント** デフォルトでは、[ドキュメント（書類）]→[Finale Files]の中の[Backups]フォルダが選択されています。

Windowsの場合

[定期ファイル保存]右の[参照]をクリックすると表示される画面で、バックアップファイルの保存場所を選択し、[OK]をクリックして画面を閉じる。

Macの場合

[定期ファイル保存]左の□をクリックしてチェックをつけ、[定期ファイル保存]をクリックすると表示される画面で、バックアップファイルの保存場所を選択し、[OK]をクリックして画面を閉じる。

4 画面を閉じる

[OK]をクリックして画面を閉じる。

> **ヒント** バックアップファイルのファイル名は、「もとのファイル名.asvx」（Macの場合は「もとのファイル名＋bak.musx」）となります。

> **ヒント** 自動バックアップファイルは、その都度上書き保存されます。

[名称未設定]ファイルの場合、Windowsでは「untl（番号）.asvx」として自動で保存されます。Macの場合は、自動保存のタイミングで[保存]画面が開き、ファイル名を設定するよう促されます。

第14章
FinaleScript

● 第 14 章　FinaleScript

1　FinaleScript でできること

　FinaleScript とは、プラグインとして用意されているスクリプト作成ユーティリティです。

　Finale を操作するためのコマンド（特定の文字列による命令）を記述してまとめた"スクリプトファイル"を実行することで、Finale を自動操作できます。複数の操作命令を１つのスクリプトにまとめることもできるので、複雑な作業を自動化し、編集効率を上げることも期待できます。

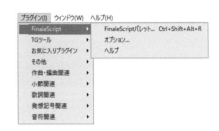

　スクリプトには、開いているファイル（編集中のファイル）に対して部分的に操作するものや、複数の Finale ファイル（.musx ファイル）に対して一括で操作するものなど、さまざまなものがあります。
　スクリプトがどういったものかを知るには、まず、用意されているプリセットを試すとよいでしょう。既存のプリセットを使用することでどういったものかを知り、編集や修正をすることで、スクリプトの構文や構造を知ることができます。

　ただ残念なことに、FinaleScript は、記述が間違っているわけではないのに、うまく動かないことも多々あるようです。また、以前は動作していたスクリプトであっても新しいバージョンになったとたん、正常に動作しないケースも多く見受けられます。ほかのコマンドを試してみたり、記述を工夫することで問題が解消することもあるので自分なりに工夫してみるとよいでしょう。

　また、記述そのものがうまく入力できない場合もあります。日本語を入力する場合などに顕著です。そういった場合はいったんテキストエディターなどでスクリプトの記述を完成させておき、それをコピー＆ペーストで張りつけるとうまくいきます。

　昔のバージョンでは使用可能なコマンドの一覧が記述されているプリセットファイルが用意されており、その記述をのぞくことで用意されているコマンドを知ることができましたが、現在のバージョンでは省かれてしまったようです。コマンドを知るもっとも効果的な方法の１つは、用意されているプリセットの内容を見て、それを編集して目的のスクリプトを作成してみることです。

FinaleScript パレットを開く

FinaleScript の管理や作成、プリセットの実行や編集は、[FinaleScript 2.0 パレット]画面でおこないます。

（手　順）

1 [FinaleScript 2.0 パレット]画面を開く

[プラグイン]メニューの[FinaleScript]から、[FinaleScript パレット]を選択し、[FinaleScript 2.0 パレット]画面を開く。

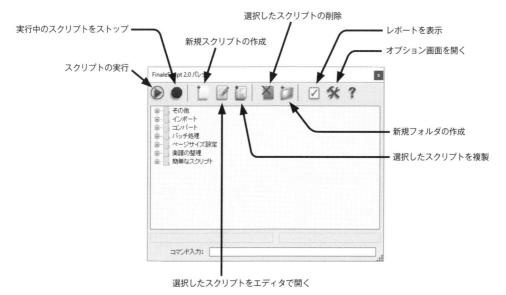

画面中央にはプリセットのリストが表示されています。[＋]（Mac の場合は[▶]）をクリックすると、フォルダにまとめられているプリセットのリストが表示されます。

●第14章　FinaleScript

2 プリセットを実行する① 〜編集中のファイルへの操作〜

スクリプトを使ってレイヤー1と2を入れ替える

　プリセットの［レイヤー1と2を入れ替え］というスクリプトを実行すると、レイヤー1と2の内容を入れ替えることができます。
　現在編集中の楽譜の特定の範囲に対してスクリプトを実行することができます。

手順

1 ツールを選択する
　［メイン・ツール・パレット］から**選択ツール**を選択。

2 スクリプトを実行する範囲を選択する
　レイヤー1と2を入れ替える範囲を選択。

注意!! あらかじめ対象範囲を選択してからスクリプトを実行しないと、楽譜全体に適用されることもあるので注意が必要です。

3 実行するスクリプトを選択する
　［FinaleScript 2.0 パレット］画面の［簡単なスクリプト］から［レイヤー1と2を入れ替え］をクリックして選択。

ヒント ［＋］をクリックすると、フォルダにまとめられているプリセットのリストが表示されます。

ヒント 画面左下には、スクリプトの対象となるファイル名が表示されます。

468

4 スクリプトを実行する

［実行］ボタンをクリックして実行する。

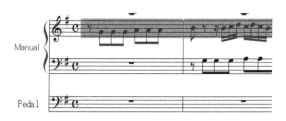

このように、通常なら数ステップの操作が必要な作業も、スクリプトを使えば、あっという間に操作を完了させられます。

➡ 📖 第3章「違うレイヤーにコピーする」p.196

スクリプトによる自動処理が完了すると、パレット右下に表示される処理状況のステータスに［完了しました。］と表示されます。

また［レポート表示］ボタンが点滅し、クリックすると［FinaleScript- レポート］を見ることができます。

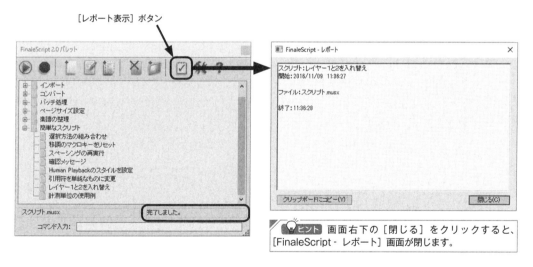

● 第14章　FinaleScript

スクリプトを使って調号を変更する

FinaleScriptのプリセットに用意されている［調号の変更］を実行すれば、通常なら数ステップの操作が必要な調号の変更も、自動で完了させることができます。単純作業の自動処理はFinaleScriptの得意とするところです。

デフォルトでは「現在編集中のファイル」を「B♭」へ変換されるように設定されていますが、転調する調は任意のものを選択できます。また、開いているすべてのファイルや、特定のフォルダに入れたすべてのファイルに対して作業させることもできます。

➡ 📖 第14章「［調号の変更］スクリプトの作業対象ファイルや調号を指定する」p.476

ここではデフォルトのまま実行してみるので、ファイルをあらかじめ開いておきます。

手順

1 スクリプトを実行するファイルを開く

調号を変更したいファイルをあらかじめ開いておく。

2 実行するスクリプトを選ぶ

［FinaleScript 2.0 パレット］画面の［コンバート］から［調号の変更］をクリックして選択。

> 💡ヒント　範囲を選択しなくても、ファイル全体に対してスクリプトが実行されます。

> 💡ヒント　［+］をクリックすると、フォルダにまとめられているプリセットのリストが表示されます。

> 💡ヒント　画面左下には、スクリプトの対象となるファイル名が表示されます。

3 スクリプトを実行する

［実行］ボタンをクリックして実行する。

スクリプトによる自動処理が完了すると、パレット右下に表示される処理状況のステータスに［完了しました］と表示されます。

3 | プリセットを実行する② 〜複数ファイルへの一括操作〜

一括処理元フォルダと一括処理先フォルダを指定する

操作対象となるファイルを、あらかじめ指定したフォルダへまとめておけば、そのフォルダ内のすべてのファイルに対してスクリプトを実行することができます。また同様に、スクリプト内の save コマンドに対する保存先フォルダも、あらかじめ指定しておくことができます。

手 順

1 [FinaleScript - オプション] 画面を開く
[FinaleScript 2.0 パレット] 画面の [オプション設定] ボタンをクリックして、[FinaleScript- オプション] 画面を開く。

2 一括処理元フォルダを指定する
[一括処理元のフォルダを指定] をクリックしてチェックをつけ、右の [選択] ボタンをクリックし、表示される [フォルダーの参照] 画面で任意のフォルダをクリックして選択。
[OK] をクリックして画面を閉じる。

3 一括処理先フォルダを指定する
同様に [一括処理先フォルダを指定] をクリックしてチェックをつけ、右の [選択] ボタンをクリックし、処理後のファイルを保存するフォルダを指定する。

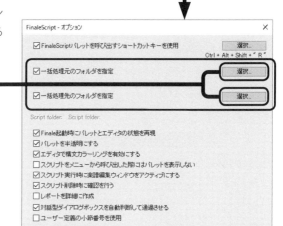

4 画面を閉じる
[保存して閉じる] をクリック。

> **ヒント** スクリプトの最後に保存を指示するコマンド「save」を適宜挿入すると、指定した一括処理先フォルダへ保存されます。

> **注意!!** スクリプトに保存に関する記述が含まれていない場合は、ここで指定した「一括処理先フォルダ」へ自動保存されません。

●第 14 章　FinaleScript

旧バージョンのファイルを一括で最新バージョンに変換

　古いバージョンで作成したファイルを、最新バージョンの Finale で開き、保存しなおしてくれるスクリプトです。単純作業ですが、数をこなしたい場合には、スクリプトでの操作が便利です。

　保存の際には、古いファイルを上書き保存することなく、ファイル名の後ろに「_Conv」を追加して新しいファイルとして保存してくれます。

手 順

1 対象ファイルをフォルダにまとめる

　変換したい Finale ファイルを任意のフォルダにまとめておく。

2 一括処理元フォルダと一括処理先フォルダを指定する

　[FinaleScript-オプション]画面を開き、手順 1 でファイルをまとめたフォルダを[一括処理元フォルダ]に指定し、保存先のフォルダを指定する。

➡ 第 14 章「一括処理元フォルダと一括処理先フォルダを指定する」p.471

3 実行するスクリプトを選択する

　[FinaleScript 2.0 パレット]画面の[一括処理]から[フォルダ内のファイルを一括で最新の Finale 形式に変換]をクリックして選択。

4 スクリプトを実行する

　[実行]ボタンをクリックして、スクリプトを実行する。

> ヒント　自動処理するファイルの容量や数によって処理時間は変わります。

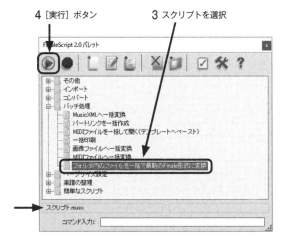

> ヒント　[+]をクリックすると、フォルダにまとめられているプリセットのリストが表示されます。

> ヒント　画面左下には、スクリプトの対象となるファイル名が表示されます。

　変換後のファイルは、ファイル名の末尾に「_Conv」が追加され、別ファイルとして保存されます。

　手順 3 でスクリプト名をダブルクリックするとスクリプトエディタが開き、「_Conv」の部分を編集して、末尾に追加する文字列をたとえば「_ver25」などのように自由に編集することができます。

472

4 オリジナルのスクリプトを作成する

用意されているプリセットを修正、編集すれば、より目的にあったスクリプトを作成することができます。

> ヒント 作成したプリセットは、すべてのファイルで使用することができます。

既存のプリセットがどのように記述されているのかを確認したり、それをもとに編集したりすることは、スクリプトを学ぶのにも役立つでしょう。

レイヤー1と4を入れ替えるスクリプトを作成する

レイヤー1と2を入れ替えるスクリプトを編集して、レイヤー1と4を入れ替えるスクリプトを作成します。

手順

1 もととなるスクリプトを複製する

[FinaleScript 2.0 パレット]画面の[簡単なスクリプト]から[レイヤー1と2を入れ替え]をクリックして選択。

パレット上部の[複製]ボタンをクリックしてファイルを複製する。

1 [複製] ボタン

> ヒント 複製したスクリプトで作業することで、もとのファイルはそのままの状態で残しておくことができます。

2 スクリプトエディタを開く

複製したファイルをダブルクリックすると、スクリプトエディタが開く。

> **ヒント** 複製したスクリプトは、もとのスクリプトのすぐ下にリストアップされます。

3 スクリプト名を変更する

[スクリプトの名前]を「レイヤー1と4を入れ替え」に変更。

> **ヒント** スクリプトの内容がわかりやすい名前にしておくとよいでしょう。

4 コマンドを目的にあうように変更する

[swap layer 1 and 2]を[swap layer 1 and 4]へ変更。

これで、レイヤー1のデータをレイヤー4へ移動するコマンドに変わる。

5 変更を保存する

[保存して閉じる]をクリックして変更を保存する。

> **ヒント** それぞれのコマンドの意味は、次のとおりです。
> swap layers 1 and 2 ➡ レイヤー1と2を入れ替え
> respace ➡ スペースの再調整
> update layout ➡ レイアウト更新

スクリプトを実行する手順はもとの[レイヤー1と2を入れ替え]の場合と同じです。

選択ツールで範囲を選択しておき、[レイヤー1と4を入れ替える]スクリプトを選択して、[実行]ボタンをクリックします。

➡ 第14章「スクリプトを使ってレイヤー1と2を入れ替える」p.468

スクリプトは日本語のメニューに置き換えても動作することを覚えておくとよいでしょう。

メニューバーに表示されるメニューは、[Menu Item "希望するメニュー"]で呼び出せます。たとえば上記[レイアウト更新]の場合なら、「update layout」の部分を「Menu Item "レイアウト更新"」で呼び出すことができます。

> **ヒント** 日本語のメニューを記述する際は、必ず半角の「"」でメニュー名をくくります

複数ファイルの用紙を一括で A4 に変更する

編集中のファイルへの操作として用意されているスクリプトの中には、少し変更することで複数ファイルへの一括操作に変更できるよう用意されているものもあります。

たとえば［ページサイズを A4 に変更］は、現在開いているファイルに対して有効なスクリプトですが、デフォルトでは無効化されているコマンドを有効にするだけで、複数ファイルへの一括操作へと変更できます。

手順

1 変更するスクリプトを開く

[FinaleScript 2.0 パレット]画面の[ページサイズ設定]から[ページサイズを A4 に変更]をダブルクリックしてスクリプトエディタを開く。

2 「複数ファイルへの一括操作」へ変更する

1行目の［//batch process folder］から「//」を削除。

> ヒント 「//」を削除したコマンドが有効になります。

> ヒント 2行目の[process all open]を有効にすると、現在開いているすべてのファイルを操作対象とします。

3 変更を保存する

［保存して閉じる］をクリックして変更を保存する。

このスクリプトを実行すると、1ファイルごとに「ファイルメニューのページ設定を忘れずに調整してください。」という警告画面が表示されます。これは、ここで変更した用紙の向きは画面上のもので、実際に印刷時に使用するページ設定とは異なるためです。

でも、せっかくの自動操作なのに1ファイルごとに［OK］をクリックするのではメンドウ！　という場合は、上記手順2で「message " ファイルメニューのページ設定を〜 "」の冒頭に「//」を入力します。これで以降の文字列が薄いグレーで表示され無効化され、警告画面が開かなくなります。

ちなみに、印刷時の用紙の設定は［ファイル］メニューの［ページ設定］を選択すると開く［ページ設定］画面でおこないます。

ただしこの操作はスクリプトで操作することができません。上記スクリプトを実行したあとは、すべてのファイルが開いたままになっているので、1ファイルずつ［ページ設定］画面を確認、適宜修正し、保存しておきましょう。

> ヒント ページ設定の変更はあとでよいという場合は、手順2で一番最後に「save and close」を追加しておくと、保存してファイルを閉じる操作もスクリプトで実行させることができます。

［調号の変更］スクリプトの作業対象ファイルや調号を指定する

FinaleScript［調号の変更］は、デフォルトでは、編集中のファイルの調号を B♭ メジャー（変ロ長調）へ変更するものですが、簡単にほかの調号にも変更できるよう配慮された記述になっています。
スクリプトファイルを開いて、複数のファイルに一括で適用できるように変更したり、変更後の調号を指定したりしてみましょう。

手 順

1 もととなるスクリプトを複製する

［FinaleScript 2.0 パレット］画面の［コンバート］から［調号の変更］をクリックして選択。
パレット上部の［複製］ボタンをクリックしてファイルを複製する。

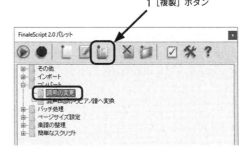

1［複製］ボタン

> **ヒント** 複製したスクリプトで作業することで、もとのファイルはそのままの状態で残しておくことができます。

2 スクリプトエディタを開く

複製したファイルをダブルクリックするとスクリプトエディタが開く。

> **ヒント** 複製したスクリプトは、もとのスクリプトのすぐ下にリストアップされます。

3 スクリプト名を変更する

たとえば D メジャーに変更するなら［スクリプトの名前］を「調号を Dmajor に変更」など、わかりやすい名前に変更する。

4 複数のファイルに一括で適用できるように変更する

フォルダを指定して一括で調号を変更する場合
1 行目「//process folder」の「//」を削除する。

開いているすべてのファイルの調号を変更する場合
2 行目の「//process all open docs」の「//」を削除する。

> **ヒント**「//」を削除したコマンドが有効になります。

4 | オリジナルのスクリプトを作成する

5 変更後の調号を指定する

まずデフォルトで指定されている［key Bb major］を無効にするために、頭に「//」を入力して「//key Bb major」とする。

次に目的の調号前の「//」を削除して、アクティブにする。
例：変更後の調号をニ長調（D major）にするには「//F major」から「//」を削除し「key F major」へ変更する。

> **ヒント** 「//」はコメントと呼ばれる記述で「//」よりも後ろの記述は無視され、スクリプトの動作には影響しません。そのため、「//」のうしろにメモを記したり、予備のコメントを用意しておくなどに使われます。

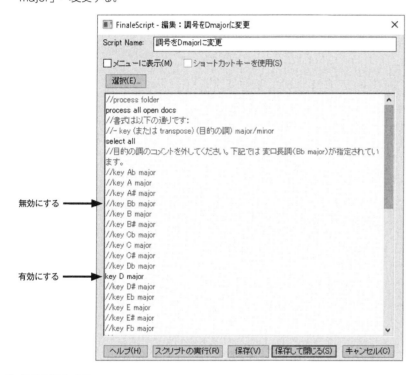

無効にする
有効にする

6 変更を保存する

［保存して閉じる］をクリックして変更を保存する。

作成したスクリプトの実行手順は、それぞれのプリセットの場合を参照してください。

5 | FinaleScript をもっと便利に使う

メイン・メニューにプリセットを表示する

FinaleScript のプリセットをメイン・メニューから選択できるように設定することもできます。頻繁に使うスクリプトを表示しておくと、便利です。

手 順

1 プリセットを選択する
［FinaleScript 2.0 パレット］画面で、メイン・メニューに表示したいプリセットをダブルクリックして選択し、スクリプトエディタを開く。

2 メニューに表示させる
［メニューに表示］をクリックしてチェックをつける。

3 保存して閉じる
［保存して閉じる］をクリックする。

これで、［プラグイン］メニューの［FinaleScript］から選択するだけで、スクリプトを実行できるようになります。

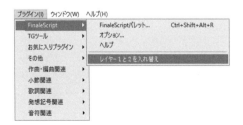

5 | FinaleScript をもっと便利に使う

FinaleScript にショートカットキーを割り当てる

スクリプトにショートカットキーを定義することができます。

よく使うスクリプトにショートカットキーを割り当てておくことで、よりすばやくスクリプトを実行できるようになります。

手順

1 プリセットを選択する

[FinaleScript 2.0 パレット]画面で、メイン・メニューに表示したいプリセットをダブルクリックして選択し、スクリプトエディタを開く。

2 ショートカットを割り当てる

[メニューに表示]と[ショートカットキーを使用]をクリックしてチェックをつける。

> 注意!! [メニューに表示]しないとショートカットキーを割り当てられません。

3 ショートカットを定義する

[選択]をクリックし、希望するショートカットキーをタイプする。

> ヒント すでに他のショートカットキーとして使用されている場合は知らせてくれます。

> ヒント [候補を表示]をクリックすると未使用のショートカットキーを表示してくれるので便利です。

[OK]をクリックするとスクリプトエディタに戻るので、[保存して閉じる]をクリックします。

以上で作業は完了です。

[FinaleScript 2.0 パレット]画面を見ると、ショートカットが割り当てられたのが確認できます。

479

●第14章　FinaleScript

パレットを開かずにスクリプトを実行する

　ショートカットでスクリプトを実行した際には、パレット画面がその都度表示されます。表示させたくない場合には、オプション画面で設定しておきます。

●手　順

1 [FinaleScript - オプション] 画面を開く
　[FinaleScript 2.0 パレット] 画面の[オプション設定]ボタンをクリックして、[FinaleScript －オプション] 画面を開く。

2 パレットが開かないように設定する
　[スクリプトをメニューから呼び出した際にはパレットを表示しない] をクリックしてチェックをつける。

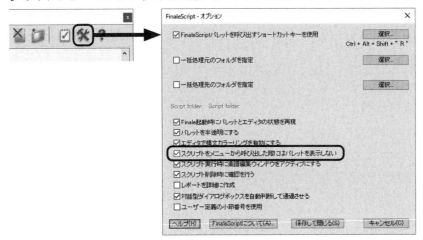

　[保存して閉じる] をクリックすると [FinaleScript 2.0 パレット] 画面に戻るので、右上の [×] をクリックしてパレットを閉じる。

　これで、ショートカットキーでスクリプトを実行した際は、パレットが表示されなくなります。

　また、直接スクリプトに「hide palette」コマンドを追加することで、パレットを開かないよう設定することもできます。

480

索引

記号
- ✗ 290, 292
- ✗ 290, 292
- ✗ 290
- © 310
- = 351
  - −のサイズ 351
- ℞. 306
- ✱ 306
- ✧ 282, 289
- ⊕Coda 284, 289
- + 147
- ◯ 417
- , 294
- V 294
- ～ 262
- ≈ 262
- f 251
- p 251
- rf 250

数字
- ［1つの五線に入力］ 107
- 1番括弧 276
- ［2つの五線に分割］ 108
- 2番括弧 123, 276
  - −を閉じる 277
- 3番以降の括弧 278
- 3連符 131
  - 4分音符＋8分音符の− 133, 134, 136

アルファベット

A
- AIF 402
- AIFC 402
- AIFF 402
- ARIA Player 367, 370, 371
  - −で音色を変更する 368
  - −を起動する 368, 370, 371, 372
- asv 464
- Audio Units 372

B
- ［Backups］ 463, 464
- bakx 463

D
- DAW (Digital Audio Workstation) 373, 380
- D.C. 282, 287
- D.S. 282, 287

E
- EDU 59, 106, 386
- EngraveTime フォント 64
- ENIGMA Durational Units ➡ EDU を参照
- EPS 404, 406
- EPS ファイル 404
- EVPU 320
- ［Export MusicXML File］ 409

F
- Finale2012 ファイルとして保存 413
- ［Finale Files］ 463, 464
- FinaleScript 466
- ［FinaleScript 2.0 パレット］ 467, 468, 470, 471, 472, 473, 475, 476, 478, 479, 480
- ［FinaleScript −オプション］ 471, 480
- ［FinaleScript −レポート］ 469
- ［Finale］メニュー
  - ［環境設定］ 15, 19, 244, 330, 458, 459, 460, 461, 462, 463, 464
  - ［計測単位］ 83, 93, 254, 272, 320, 91
- Fine 288, 300

G
- Garritan Instruments for Finale 358, 368, 372, 396
  - −のチューニング 371

H
- Human Playback 272, 364, 389
  - ［−初期設定］ 365
  - ［−の部分適用］ 366
  - −を解除する 366
  - −を適用する 364, 366

I
- Iº Tempo 254

J
- Jazz フォント 248
- JPEG 406

K
- Kousaku フォント 248, 64
- KS 369

L
- ［Libraries］フォルダ 248, 433
  - −の保存場所 248

M
- Maestro フォント 248
- Même mouvᵗ 254
- mid 382, 400
- MIDI 380
- ［MIDI／Audio］メニュー
  - ［Audio Units バンク／エフェクト］372
  - ［Human Playback］ 364, 389
    - ［Human Playback 初期設定］ 365, 389
    - ［使用しない］ 366
  - ［VST バンク／エフェクト］ 372
  - ［オーディオ・トラック］
    - ［オーディオ・クリップ属性］ 402
    - ［オーディオ・トラックの追加］ 402
  - ［オーディオ・トラックの読み込み］ 402
  - ［クォンタイズ］ 106, 111
  - ［採譜の再実行］ 111
  - ［サウンドマップの優先順位］ 358
  - ［デバイスのセットアップ］
    - ［MIDI セットアップ］ 102, 103, 104, 372
    - ［MIDI／内蔵スピーカーのセットアップ］ 102, 103, 104, 372
    - ［ReWire をリセット］ 378
    - ［パーカッション MIDI マップの編集］ 420
  - ［プレイバックサウンドの再割り当て］ 358, 390
  - ［プレイバックに Audio Units を使用］ 357, 367, 368, 372
  - ［プレイバックに MIDI を使用］ 372
  - ［プレイバックに VST を使用］ 357, 367, 368, 372
  - ［MIDI キーボードを使用］ 101, 102, 103
  - ［MIDI セットアップ］ 102, 103, 104, 372
  - ［MIDI ツール］ 393, 396, 397, 398
- ［MIDI ツール］メニュー
  - ［MIDI データをコピー］ 395
  - ［絶対値で指定］ 398
  - ［テンポ編集］ 363
  - ［ベロシティ編集］ 396, 397
  - ［リセット］ 363, 394
  - ［連続して値を増減］ 363
  - ［連続的データ編集］ 398
- MIDI データ
  - −に書き出す 399
  - ［−をコピー］ 395
  - −を編集する 392
  - −を読み込む 382
- ［MIDI 入力を使用］ 223, 224
- MIDI ノート番号 110, 419, 385
  - −を確認する 420
- ［MIDI ノート編集］ 395, 397
- ［MIDI ファイル出力オプション］ 400
- ［MIDI ファイル入力オプション］ 382, 384, 386, 387
- mp3 402
- mus 413
- MusicXML 408
  - −に書き出す 409
  - −を読み込む 408
- ［MusicXML ファイルのインポート］ 408
- ［MusixXML として保存］ 409
- musx 413

P
- pct 404
- PDF ファイル 412

- PICT ファイル 404
- più p 250
- Plr 369
- PNG 406

R
- Rentaro 252
- ReWire 373
- ［ReWire をリセット］ 378

S
- sempre ppp 250
- SmartMusic SoftSynth 358, 372
- Solo 369
- S字スラー 269

T
- ［TG ツール］
  - ［簡易トレモロ］ 301
  - ［五線をまたぐ］ 193
- TIF 404
- TIFF 406
- TIFF ファイル 404
- to⊕ 283, 288

V
- VST 372

W
- WAVE 402
- Windows メタファイル 404
- WMF 404

かな

あ
- アーティキュレーション 258
- ［アーティキュレーション設計］ 262, 264, 297
- ［アーティキュレーション選択］ 258, 259, 260, 262, 264, 297
- アーティキュレーションを入力する 258
  - 複数の音符に一括で− 260
  - マクロ機能を利用して− 259
- アウフタクト➡弱起 を参照
- アクサン・テギュ 203
- アルペジオ記号 264
  - 矢印つきの− 264

い
- ［位置合わせ］
  - ［ページ・マージンに合わせる］ 316
- ［移調］ 129, 162
- 移調楽器 41
  - 調号を表示しない− 57
  - リストにない− 42
- ［移調楽器を実音で表示］ 42
- 移調する 164
- 一括処理先フォルダ 471
- 一括処理元フォルダ 471
- 異名同音 165
- ［印刷］ 456
- ［インポート］
  - ［MusicXML］ 408

う
- ヴィブラート記号 439

481

●索引

[ウィンドウに収めて表示] 17
[ウィンドウ] メニュー
　　[上級者用ツール・パレット]
　　　　173, 179, 334, 363, 406,
　　　　412, 436
　　[スコア・マネージャー] 34,
　　　　35, 36, 37, 39, 42, 57, 78,
　　　　175, 308, 356, 357, 368,
　　　　390, 419, 426, 427, 437
　　[ステップ入力休符パレット]
　　　　98, 148
　　[プレイバック・コントローラー]
　　　　354, 355
　　[ミキサー] 356
打ち消しのナチュラル 56
ウムラウト 203

え

エクスプレッション 396
[エクスポート]
　　[Finale2012 ファイル] 413
　　[MusicXML] 409
　　[オーディオファイル] 403
　　[スタンダード MIDI ファイル]
　　　　399
[演奏順序のチェック] 289
[延長する連桁の選択] 302

お

欧文の特殊文字 203, 251
[オーディオ・クリップ属性] 402
オーディオ・データ
　　−に書き出す 403
　　−を読み込む 402
[オーディオ・トラック]
　　[オーディオ・クリップ属性]
　　　　402
　　[オーディオ・トラックの追加]
　　　　402
　　[オーディオ・トラックの読み込み] 402
[オーディオ・トラックの追加] 402
[オーディオ・トラックの読み込み]
　　402
[オーディオファイルとして保存]
　　403
[音価の変更] 167
オンコード 226
音引き線 201
　　−の長さ 207
[音引き線の編集] 207
音部記号 43, 44, 45
　　2段目以降の− 50
　　小節の途中に置く− 50
　　−のサイズ 48, 49
　　予告の− 43, 47
[音部記号の変更] 43, 49
音符サイズ 168, 169
[音符サイズの変更] 169
[音符単位によるスペーシング]
　　331
[音符と休符を表示] 451
[音符の拡大縮小] 168

[音符の再連結] 186
音符の高さを修正する 160
　　まとめて− 162
音符の長さを修正する 166
　　まとめて− 167
[音符移動] メニュー
　　[五線をまたぐ] 128, 192
音符を左右に移動する 333
音符を挿入する 158, 159, 252
音符を入力する 98
　　高速ステップ入力 101
　　高速ステップ入力ツール + MIDI
　　　　キーボード 103
　　ステップ入力 99
　　ステップ入力ツール + MIDI キー
　　　　ボード 102
　　装飾− 141
　　タップ入力 110
　　付点− 117
　　マウス入力 98
　　リアルタイム入力 104

か

開始反復小節線 274
解像度 407
ガイド 281, 321
　　新規垂直− 321
　　新規水平− 321
ガイド音符のサイズ 445
[ガイド音符の追加] 445
[ガイドを表示] 321
[改ページの削除] 342
[改ページの挿入] 342
改ページマーク 342
[カウントオフ] 105, 108, 109
鍵マーク 328
[隠された音符／休符] 147, 205,
　　446
[学習コードの編集] 224
隠す
　　2段目以降の音部記号を− 50
　　2段目以降の調号を− 55
　　空の五線を− 348
　　休符を− 146
　　グループ名を− 344
　　五線を− 38
　　小節番号を− 85, 87
　　小節を− 46
　　スコア譜で− 446, 447, 452
　　スコア譜の拍子記号を− 63, 65
　　発想記号の背景を− 246
　　符尾を− 178
　　プレイバック用の音符を− 437
　　フレットボードを− 236
　　予告の音部記号を− 47
　　予告の調号を− 54
　　予告の拍子記号を− 62
　　連符の括弧や数字を− 137
拡大する 16
　　音符を− 168, 169
　　五線を− 327
　　符頭を− 171, 172

[各拍ごとに設定] 395
楽譜書式 26
　　出版譜風 26
　　手書き風 26
楽譜スタイル 37, 157, 178, 290,
　　344, 388, 434, 446, 63
　　−の解除 157
[楽譜スタイルの適用] 446
[楽譜データの再同期] 375, 376
楽譜に変換する
　　MIDI データを− 382
[楽譜の選択] 444
[楽譜へ直接タイプ] 207, 208
[囲み図形] 90, 246
[囲み図形作成] 90, 91, 246
[加算] 394
[歌詞] 202, 206, 212
歌詞 200, 201
　　クリックで割り付ける 202
　　−の垂直位置 207, 208
　　−の水平位置 209
　　−のフォント 203, 211
　　−番号 214
　　リズムの異なる− 205
　　−を削除する 206
　　−を修正する 206
　　−をずらす 213
　　−を結ぶ括弧 216
　　−を結ぶスラー 218
[歌詞ウィンドウ] 202, 206, 212
[歌詞オプション] 201, 209, 214,
　　219
[歌詞に従って再連結] 187
[歌詞の書き出し] 220
[歌詞のベースライン調整] 208
[歌詞] メニュー
　　[音引き線の編集] 207
　　[楽譜へ直接タイプ] 200, 207,
　　　　208
　　[歌詞ウィンドウ] 202, 206, 212
　　[歌詞オプション] 201, 209,
　　　　214, 219
　　[歌詞の書き出し] 220
　　[歌詞のベースライン調整] 208
　　[歌詞をずらす] 213
　　[クリックで割り付け] 202
　　[自動歌詞番号] 214
　　[シラブル調整] 210, 215
　　[編集する歌詞を選択] 213
カスタマイズ
　　起動時の動作を− 461
　　五線紙の材質を− 460
　　背景を− 459
　　表示サイズを− 19
　　ファイルの保存場所を− 462
画像ファイル 404
　　−に書き出す 406
　　−を読み込む 404
画像を削除する 405
肩文字 254
楽器の並び順 28

　　−を変更する 28
[楽器の部分変更] 40
[楽器配置] 28, 34, 36
楽器編成 26
　　楽器を選択する 28, 39
　　楽器を変更する 39, 235
　　五線の一部でだけ− 40
括弧
　　1番− 276
　　2番− 276, 277
　　3番以降の− 278
　　歌詞を結ぶ− 216
　　五線をくくる− 67
　　−でくくる範囲 68, 70
　　−の種類 67, 70
　　−の水平位置 70
　　臨時記号の− 113
　　連符の− 137, 139, 140
　　−を削除する 71
　　−を選択する 71
　　−を追加する 69
　　−を閉じる 277
カッティング 438
[カット] 159
カテゴリ 238, 239, 253, 254, 255,
　　294
　　−の名前 249
[カテゴリ名の設定] 249
[カテゴリ用表示セット] 247
[空の五線を隠す] 348
[空の五線を表示] 348
[環境設定]
　　[Human Playback] 365, 389
　　[新規] 15, 19, 461
　　[新規ファイル] 15, 19
　　[パレットと背景] 458, 459, 460
　　[表示] 19, 118
　　[フォルダ] 248, 462
　　[編集] 39, 244, 330
　　[保存] 463, 464
　　[保存と印刷] 463, 464

き

キースイッチ 369
[起動パネル] 26
記譜用フォント 251, 252, 257
[基本図形の選択] 440
[キャラクタ] 216, 253, 257
[キャラクタ設定] 254
[キャラクタの選択] 173, 174, 181,
　　203, 216, 251, 253, 257,
　　262, 291, 310, 435
[キャラクタの挿入] 203
休符に変換する 101
[休符の移動] 163
休符の高さを修正する 160
　　まとめて− 163
休符の高さをデフォルトに戻す
　　163
休符の長さを修正する 166
　　まとめて− 167
[休符のロック／解除] 161

482

索引

休符を1つにまとめる 161
休符を隠す 146
休符を挿入する 158, 159
休符を入力する 98
　高速ステップ入力 101
　高速ステップ入力ツール＋MIDI キーボード 103
　ステップ入力 99
　ステップ入力ツール＋MIDI キーボード 102
　全- 148
　付点- 117
　マウス入力 98
［行送り］，64
強弱記号 248
　ボーカル用- 248
　-を新規に作成する 250
曲情報 29, 308, 309
　-を楽譜に挿入する 309
切り離す
　五線を- 343
　小節線を- 75
　反復小節線を- 75
　連桁を- 182, 188

＜
［空白ページの削除］352
［空白ページの挿入］352
クォンタイズ 106, 111
［クォンタイズ詳細設定］106, 386
［クォンタイズ設定］106, 111, 383, 386
［組段］
　［（組段）マージン編集］324, 339, 341, 345
組段セパレータ 351
［組段セパレータの配置］351
［組段の拡大縮小］325
［組段の均等配置］340
［組段マージン編集］324, 339, 341, 345
組段を次ページに送る 342
［グラフィック属性］405
［グラフィック配置］404
［グラフィック］メニュー
　［グラフィック配置］404
　［小節に割り付け］404
　［ページに割り付け］404
　［ページのグラフィック出力］406, 412
クリック 104, 108
［クリック音とカウントオフ］105
［クリックした音価］133
［クリックで割り付け］202
［グリッド／ガイド］
　［ガイドを表示］321
［グループ］
　［グループ化］69, 74, 344
　［属性の編集］350
　グループ化 69, 74, 344
［グループ属性］67, 68, 69, 74, 80, 344, 350

グループ名 69, 80
　省略- 69, 80
　正式- 69, 80
　-の位置 83
　-のフォント 81
　-の文字揃え 82
　-表示 69, 80
　-を隠す 344
［グループ名表示］344
グループを解除する 71
グループを追加する 74
クレッシェンド 270
　-の開き具合 270

け
［警告の臨時記号］114
［計測単位］46, 70, 83, 93, 119, 208, 219, 254, 270, 272, 291, 293, 295, 320, 323, 324, 325, 336, 337, 338, 339, 66, 228, 91
　-を指定する 320
弦を変更する 431

こ
高速ステップ入力 101
［高速ステップ入力オプション］150, 418
［高速ステップ］メニュー
　［MIDI キーボードを使用］101, 103
　［高速ステップ入力オプション］150, 418
　［高速編集コマンド］
　　［異名同音に変換する］165
　　［休符のロック／解除］161
　　［臨時記号の括弧の表示／非表示］113
　　［臨時記号の表示／非表示］113, 116
　　［タブ譜を五線譜として編集］430
　［高速編集コマンド］
　　［異名同音に変換する］165
　　［休符のロック／解除］161
　　［臨時記号の括弧の表示／非表示］113
　　［臨時記号の表示／非表示］113, 116
ゴーストノート 386
［コーダ切れの作成］343
［コーダ切れをもとに戻す］345
コーダー部分のグループ名 344
コーダ前の余白 343
［コード・サフィックスの選択］223, 225, 227, 228, 230
［コード・サフィックス編集］227, 230
［コード定義］225, 227, 228, 232, 233
コードネーム 222, 224
　-の位置 231
　-の垂直位置 230

　-のフォント 231
　-を学習させる 224
　-を削除する 229
　-を修正する 229
［コードネームの左揃え］232
［コード］メニュー
　［MIDI 入力を使用］223, 224
　［学習コードの編集］224
　［コードネームの左揃え］232
　［サフィックス・フォントの変更］231
　［手動入力］222, 223
　［フレットボードを表示］232, 236
［五線の間隔変更］335, 336
五線サイズ 325
［五線別に割り付け］242
［五線の拡大縮小］326, 327
［五線の種類］37
［五線の属性］38, 75, 86, 115, 156, 177, 184, 349, 66
［五線の属性の一括変更］81, 89, 65
［五線の追加］65
［五線の並び替え］36
五線の左位置 339
［五線別に割り付け］64
［五線別の編集を可能にする］281, 284
［五線別表示リスト］286
五線名 78
　省略- 78
　正式- 78
　-の位置 83
　-のフォント 81
　-の文字揃え 82
［五線］メニュー
　［楽譜スタイルの定義］447, 452
　［グループ］
　　［グループ化］69, 74, 344
　　［属性の編集］74, 80, 350
　［五線の間隔］335, 336
　［五線の属性］，66
　［五線の追加］65
　［五線の並び替え］36
　［五線名とグループ名のデフォルト位置調整］82, 83
　［ドラッグ時に距離を表示］337
五線を移動する 337
五線を隠す 38, 348
五線を切り離す 343
五線を均等に配置する 336
五線を削除する 35
　［スコア・マネージャー］で- 35
五線を追加する 34, 65
五線を並び替える 36
　グループ単位で- 36
五線をまたぐ 192, 193
　和音の一部だけ- 128
［コピー］159, 195
コピー 194

オリジナルの記号を- 198
項目を指定して- 197
違うレイヤーに- 196
調整した連桁の長さを- 302
通常の音符をタブ譜に- 428
特定のレイヤーだけ- 196
発想記号を- 241
ファイル間で- 198
フレット番号の水平位置調整を- 432
変形図形だけを- 267
［混合拍子記号］59
コントロールチェンジ 381

さ
サイズ
　音符- 168, 169
　音部記号の- 48, 49
　ガイド音符の- 445
　コーダ前の余白- 343
　五線- 325
　図形の- 441
　装飾音符の- 144
　＠の- 351
　表示- 17, 18, 19
　拍子記号の- 66
　符頭- 170, 171, 172
　フレットボードの- 236
　ページ- 27, 191, 322
　ページの余白- 323
　文字の- 314
　臨時記号の- 263
［再生］354
［サウンドマップの優先順位］358
削除する
　歌詞を- 206
　画像を- 405
　楽器を- 28
　空白ページを- 352
　項目を指定して- 155
　コードネームを- 229
　五線を- 35
　個別に- 152
　小節番号の範囲を- 85
　小節を- 77
　タイを- 120, 123
　デフォルトの全休符を- 45, 156
　テンポ情報を- 362
　特定のレイヤーでのみ- 154
　反復小節線を- 275
　プログラムチェンジを- 391
　まとめて- 153
作曲者 308, 309
［サフィックス・フォントの変更］231
左右対称に配置する 318

し
実音で表示 42
［実際の全休符に変更］296
［自動歌詞番号］214
　-の位置 214

483

●索引

[自動スペーシング] 330
弱起 60, 109, 275
　－のリアルタイム入力 109
[弱起の設定] 60, 109
[弱起の取り消し] 109
終止線 56
修正する
　タブ譜を－ 431
　ドラム譜を－ 421
　フレット番号を－ 429, 431
終了反復小節線 274
縮小する 16
　音符を－ 168, 169
　五線を－ 327
　符頭を－ 171, 172
[出版譜風] 26
[手動入力] 222, 223
定規 281, 320, 323
[小節線] 46, 72, 73
小節線
　－の種類 72, 73
　－の連結 74
　左－ 75
　－を切り離す 75
[小節の途中に置く音部記号] 50
[小節途中の反復小節線] 275
[小節に割り付け] 218, 404
[小節の挿入] 77
[小節の属性] 46, 47, 54, 55, 61, 62, 72, 73, 288, 289, 299, 333, 347
[小節の追加] 76
小節の途中で改行する 346
[小節のはめ込み] 329
小節左の余白 347
[小節の分割] 53, 346
[小節幅] 46
小節番号 84, 85, 86, 88, 90, 92, 93, 94, 95, 450
小節番号
　－にカウントする 61
　－の位置 93
　－のパート 92
　パート譜での－ 450
[小節番号の位置調整] 93
[小節番号の範囲を編集] 84, 85, 86, 88, 90, 92, 93, 94, 95, 450
小節番号を隠す 85, 87
小節番号を図形で囲む 90
小節番号を表示する 87
　一定の間隔で－ 86
　－五線を指定する 89
　すべての小節に－ 84, 94
小節番号を振りなおす 95
[小節ブロックを挿入] 45, 77
小節を移動する 328
小節を隠す 46
小節を削除する 77
小節を挿入する 45, 77, 298
小節を追加する 76

複数の－ 76
[衝突を避ける項目] 331, 332
[使用フレットの下限] 428
[使用フレットの下限の変更] 431
[ショートカットキーのカスタマイズ] 100, 429
[書類] メニュー
　[移調楽器を実音で表示] 42
　[弱起の設定] 60
　[小節番号の範囲を編集] 84, 85, 86, 88, 90, 92, 93, 94, 95, 450
　[スコア譜の編集] 445
　[データ・チェック] 31
　　[フォント・ユーティリティ] 315
　[パート譜の管理] 443, 454
　[パート譜の編集] 443
　[発想記号カテゴリの設計] 247, 249
　[ファイル別オプション] 47, 48, 49, 50, 54, 55, 56, 62, 143, 75, 142, 143, 144, 161, 170, 180, 185, 211, 66, 56, 209
　[ページ・フォーマット]
　　[パート譜] 448
　　[編集中のレイヤーのみ表示] 154, 169, 174, 193, 196, 260, 261
シラブル 209, 213
[シラブル調整] 210, 215
[シラブルにスペースを挿入] 204
[シラブルにハイフンを挿入] 204
[新規作成] 26, 32, 33
[新規垂直ガイド] 321
[新規水平ガイド] 321
新規ファイル
　[セットアップ・ウィザード] による－ 26
　デフォルトの－ 33
　テンプレートからの－ 32
親切臨時記号 113
　括弧付きの－ 113
　－を一括で入力する 114

す

数字フォント 252
スクリプトエディタ 474, 475
スクロール 20
　ドラッグで－ 20
　ホイール操作で－ 20
[スクロール表示] 13, 15, 21, 363, 392, 396, 397, 398
[図形作成] 440
[図形作成] メニュー
　[線幅] 441
　[塗りつぶし] 441
図形のサイズ 441
スコア譜で隠す 446, 447, 452
[スコア譜の編集] 445

[スコア譜／パート譜の表示設定] 444
[スコア・マネージャー] 34, 35, 36, 37, 38, 39, 40, 41, 42, 57, 78, 175, 308, 309, 355, 356, 357, 368, 370, 371, 372, 387, 390, 416, 419, 426, 427, 428, 437
[スタジオ表示] 14, 15, 21, 355, 356, 362, 402, 403
スタンダード MIDI ファイル 382
　－として保存 399
ステップ 163
ステップ入力 99
[ステップ入力オプション] 98, 99, 100, 102, 131, 132, 148, 149, 417
ステップ入力カーソル 99, 102, 417, 429
　－を使用 99, 102
[ステップ入力休符パレット] 98, 148
[ステップ入力パレット] 98
[ステップ入力編集コマンド]
　[音符の編集] 165
[ステップ入力] メニュー
　[MIDI キーボードを使用] 102
　[ステップ入力オプション] 98, 99, 100, 102, 131, 132, 148, 149, 417
　[ステップ入力編集コマンド]
　　[音符の編集] 165
[ステップ入力連符定義] 133, 136
[スペーシング]
　[音符単位によるスペーシング] 331
スペース 46, 70, 119, 208, 254, 272, 291, 293, 295, 320, 66, 228
[すべてを選択] 24, 391
スラー
　S 字－ 269
　点線－ 269
　－の形や位置 269
　－の向きを反転する 268
　－をデフォルトに戻す 269
スラッシュ 141, 142, 143, 226
　－を使ったリズム譜 434

せ

声部 145
　小節の一部だけで－を分ける 146
　小節の途中から－を分ける 147
整列 267, 268
　反復記号括弧の－ 281
セーニョ (𝄋) 282, 289
[絶対値で指定] 394, 398
[セットアップ・ウィザード] 26, 33, 60, 416
全休符を入力する 148
[選択された項目を消去] 155, 391

[選択されたページの再フォーマット] 449
[選択した対象項目のみペースト] 197, 267, 302, 432
選択する
　音符単位で－ 23
　楽譜全体を－ 24
　楽器を－ 28
　括弧を－ 71
　グループを－ 74
　五線全体を－ 24
　小節単位で－ 22
　フレット番号を－ 431
[線幅] 441

そ

装飾音符 141
　スラッシュつきの－ 141, 142, 143
　－に発想記号を添付 245
　－に指番号 265
　－のサイズ 144
　－を小節の最後に入力する 143
[挿入] 78, 159
　[(c) マーク] 310
　[キャラクタ] 216, 251, 253, 257, 291
　[総ページ] 311
　[ページ番号] 311
挿入する
　音符を－ 158, 159, 252
　休符を－ 158, 159
　曲情報を楽譜に－ 309
　空白ページを－ 352
　小節を－ 45, 77, 298
　ハイフンを－ 204
　半角スペースを－ 204
　まとめて－ 159
　臨時記号を－ 310
[属性の編集] 74, 80
速度標語
　－を新規に作成する 252

た

タイ 105, 120
　2 番括弧、先頭の音符への－ 123
　－の位置 122
　－の形 122
　－の向きを反転する 121, 122
　－を削除する 120, 123
　－を付点の後ろからはじめる 125
タイトル 33, 308, 309
　－のための余白 324
[タップ] 110
[タップ信号] 110
タップ入力 110
タブ記号 427
タブ譜 424
　日本式連桁つき－ 425
　－の線間 426
[タブ譜の設定] 427, 428

484

索引

［タブ譜を五線譜として編集］430
タブ譜を修正する 431
タブ譜を入力する 428
　通常の音符として− 430

ち
チャンネル 357, 368, 382
［長休符］
　［スコア譜／パート譜の表示設定］444
　［分割］444
長休符 444
　−を解除する 444
［調号］51, 57, 164, 225
調号 29, 33, 51, 53
　２段目以降の− 55
　予告の− 52, 54
　−を強制的に表示する 55
　−を表示しない 57
［調号の変更］470, 476
著作権 308, 309, 310

つ
つなぐ
　音符を− 192
　小節線を− 74
　連桁で− 182

て
［停止］354
［データ・チェック］31
　［フォント・ユーティリティ］315
［手書き風］26
テキスト・フォント 250, 252
デクレッシェンド 270
　−の開き具合 270
［デバイスのセットアップ］
　［MIDI セットアップ］102, 103, 104
　［MIDI ／内蔵スピーカーのセットアップ］102, 103, 104
　［パーカッション MIDI マップの編集］420
デフォルトに戻す
　音符や休符の位置を− 334
　歌詞の位置を− 210
　休符の高さを− 163
　スラーを− 269
　タイの位置を− 122
　タイの形を− 122
　付点の位置を− 119
　符尾の長さを− 179
　連桁の傾きや垂直位置を− 189
デフォルトの全休符 38
　−を削除する 45, 156, 290
［デフォルトの全休符に変更］296, 349
デフォルトファイル 33
テンキーのないパソコン 100
点線スラー 269
テンプレート 32
テンポ 360

録音− 104
テンポ情報を削除する 362
テンポ情報を録音する 362
［テンポタップ］14
　−でテンポを指定する 362
［テンポ編集］363
テンポを指定する
　テンポタップで− 362
　発想記号で− 361
　［プレイバック・コントローラー］で− 360

と
［特殊な五線の設定］426
トラック 382
［ドラッグ時に距離を表示］337
［トラック／チャンネルから五線への割り当て］384
［トラック／チャンネルの割り当て］385
ドラム譜 416
ドラム譜を修正する 421
ドラム譜を入力する
　MIDI キーボードを使って− 419
　高速ステップ入力で− 418
　ステップ入力で− 417
［取り消し］202
トリル
　−の回数 365
　−の見た目 305
　臨時記号つきの− 304
トレモロ
　−の回数 365
トレモロ記号 301
　一番外側の連桁だけをつないだ− 302
　連符の− 303

な
［ナビゲーション・ツール・パレット］16

に
［入力デバイスの自動検出］102, 103, 104

ぬ
［塗りつぶし］441

ね
音色を一括で割り当てなおす 358
音色を追加する 423
音色を変更する 357
　［ARIA Player］で− 368
　五線の途中で− 359

は
パーカッション MIDI マップ 419
　−を変更する 419
　−を編集する 421
［パーカッション MIDI マップの編集］420
パーカッション・レイアウト 387, 417, 418, 419, 422
［パーカッション・レイアウト設計］422

［パーカッション・レイアウトの選択］387, 422
［パーセントで変更］395
［パート間を空ける］28
［パート・コントローラー］14, 355, 356, 403
［パートの序数表記］79
パート譜 443
　−での小節番号 450
　−に切り替える 443
　−を印刷する 456
　−を作成する 443, 454
　−をさらに分ける 451
パート譜にだけ表示する 446, 447
［パート譜の管理］443, 454
［パート譜の編集］443, 455
パート名 ➡ 五線名, グループ名 を参照
ハーモニクス記号 440
ハイフン 201, 219
　シラブルに−挿入する 204
　段頭の− 219
　−の数 219
拍図設定 333
［拍の設定］
　［タップ］110
　［プレイバックとクリック音］104
［パターソン・プラグイン］
　小節をまたぐ連桁 190
　小節をまたぐ連桁の解除 190
バックアップファイル 463
発想記号 238
　肩文字のついた− 254
　−でテンポを指定する 361
　点線つきの− 271
　日本語による− 255
　−の添付先 244
　−の背景を隠す 246
　−を置き換える 243
　−をコピーする 241
［発想記号カテゴリの設計］, 247, 64
［発想記号の設計］, 216, 246, 250, 253, 254, 257, 291, 292, 294, 359, 361, 440, 64
［発想記号の選択］, 216, 238, 239, 240, 243, 248, 250, 252, 254, 257, 291, 294, 359, 433, 64
［発想記号の割り付け］, 245, 447, 64
発想記号を入力する 238
　複数の五線に一括で− 240
　マクロ機能を利用して− 239
発想記号を割り付ける
　五線を指定して− 242
　すべての五線に− 241
パッチ 381
範囲を選択する 22

音符単位で− 23
小節単位で− 22
−ツール 22
反転する
　スラーの向きを− 268
　タイの向きを− 121, 122
　符尾の向きを− 176
　連符の括弧や数字の位置を− 139
［ハンドルを透明にする］118
反復記号括弧
　−の垂直位置 280
　−の数字 279
　−の長さ 280
　−の表示パート 285
　−を作成する 278
　−を整列する 281
［反復記号括弧の作成］278
［反復記号括弧の編集］278, 279, 286
［反復記号の選択］282, 283, 300
［反復記号］メニュー
　［演奏順序のチェック］289
　［開始反復小節線の作成］274
　［終了反復小節線の作成］274
　［反復記号括弧の作成］278
　［反復小節線（１、２番弧付き）の作成］277
　［反復小節線（ストレート）の作成］274
反復小節線
　１番括弧、２番括弧つき− 276
　開始− 274
　終了− 274
　小節途中の− 275
　−で繰り返す回数 276
　−を切り離す 75
　−を削除する 275
［反復小節線の機能設定］276

ひ
左小節線 75
ピッチ・ベンド 398
［拍子記号］53, 58, 59, 60, 183, 298
拍子記号 29, 33, 58
　大きな− 63, 65
　混合− 59
　表示専用の− 60
　予告の− 58, 62
［拍子に従って再連結］186
［表示サイズ］18
［表示させる連続的データ］398
［表示する項目］
　［隠された音符／休符］147, 205, 446
　［定規］320
　［レイアウト関連のアイコン］328, 342
［表示方法］12, 15
［表示］メニュー
　［描き直し］235
　［グリッド／ガイド］

485

索引

[ガイドを表示] 321
[スクロール表示] 13, 392, 396, 397, 398
[スタジオ表示] 14, 362
[表示サイズ] 17, 19
[表示する項目]
　　[隠された音符／休符] 147, 205
[表示する項目]
　　[隠された音符／休符] 446
　　[定規] 320
　　[レイアウト関連のアイコン] 328, 342
[表示方法] 12
[ページ表示] 12
[開く] 32, 382, 384, 386, 387

ふ
[ファイルの種類] 32
[ファイル別オプション]
　　[音部記号] 47, 49, 50
　　[音符／休符] 175
　　[歌詞] 201, 209, 214, 219
　　[コードネーム] 236
　　[小節線] 71, 75
　　[スペーシング] 331, 332, 334
　　[装飾音符] 143, 144
　　[タイ] 125
　　[調号] 54, 55, 56
　　[拍子記号] 62, 66
　　[フォント] 48, 170, 211, 231, 309, 66
　　[付点] 150
　　[符尾] 180
　　[レイヤー] 145, 161
　　[連桁] 185
　　[連符] 138
[ファイル] メニュー
　　[印刷] 456
　　[インポート]
　　　　[MusicXML] 408
　　[エクスポート]
　　　　[Finale2012 ファイル] 413
　　　　[MusicXML] 409
　　　　[オーディオファイル] 403
　　　　[スタンダード MIDI ファイル] 399
　　[新規作成] 26, 32, 33
　　[開く] 382, 384, 386, 387
　　[ページ設定] 456, 475
　　[ライブラリ・メンテナンス] 31
　　[ファイル・メンテナンス] 31
フェルマータ 296, 297, 298, 300
　　—の効果 365
[フォルダ内のファイルを一括で最新の Finale 形式に変換] 472
フォント 250, 251, 252, 255, 257, 263, 264, 291, 294, 300
　　Jazz — 248
　　Kousaku — 248
　　Maestro — 248

歌詞の— 203, 211
記譜用— 251, 252, 257
グループ名の— 81
コードネームの— 231
五線名の— 81
小節番号の— 92
数字— 252
テキスト・— 250, 252
文字の— 314
　　—を一括で変更する 315
[フォント・ユーティリティ] 315
[不規則に変更] 395
複縦線 56, 73
複声部の入力 145
複声部の付点 150
付点 117
　　—の位置 118
　　複声部の— 150
[付点調整] 119
符頭サイズ 170, 171, 172
[符頭の拡大縮小] 171
[符頭の種類] 173, 422, 435, 438
[符頭の変更] 174, 435, 438
符頭をカラーで表示する 175
符尾の接続位置 180
[符尾の接続設定] 180
[符尾の設定] 177, 425
符尾の長さ 179
符尾の向きを固定する 177
符尾の向きを反転する 176
符尾を隠す 178
[プラグイン] メニュー
　　[FinaleScript] 478
　　　　[FinaleScript パレット] 467
　　[TG ツール]
　　　　[簡易トレモロ] 301
　　　　[五線をまたぐ] 193
　　[音符関連]
　　　　[音符と休符を表示] 451
　　　　[休符の移動] 163
　　　　[警告の臨時記号] 114
　　　　[実際の全休符に変更] 296
　　　　[デフォルトの全休符に変更] 296, 349
　　　　[パターソン・プラグイン] 190
　　　　[リズムの細分化] 130
　　　　[和音内の符頭サイズ変更] 172
　　[作曲・編曲関連]
　　　　[ガイド音符の追加] 445
　　　　[組段セパレータの配置] 351
　　　　[五線の属性の一括変更] 81, 89, 65
　　[小節関連]
　　　　[コーダ切れの作成] 343
　　　　[小節途中の反復小節線] 275
　　　　[小節の分割] 53, 346
　　[プレイバック]

[Human Playback の部分適用] 366
[プリント] 456
[プレイバック・コントローラー] 354, 360
　　—を閉じる 355
[プレイバックサウンドの再割り当て] 358, 390
プレイバックする
　　ReWire モードで— 375
　　—五線を指定する 356
　　動画と同期して— 377
　　特定の五線だけを— 355
　　任意の位置から— 355
[プレイバックとクリック音] 104
[プレイバックに Audio Units を使用] 357, 367, 368, 372
[プレイバックに MIDI を使用] 372
[プレイバックに VST を使用] 357, 367, 368, 372
プレイバック用の音符を隠す 437
[フレーム属性] 311, 317, 318
ブレスマーク 294
[フレットの下限] 431
フレット番号 428
　　—に変換される 428, 430
　　—の水平位置調整をコピー 432
　　—を左右にずらす 432
　　—を修正する 429, 431
　　—を選択する 431
　　—を○で囲む 433
　　—を入力する 429
フレットボード 232
　　—のサイズ 236
　　—を隠す 236
　　—を作成する 233
[フレットボード楽器定義] 234, 235
[フレットボード選択] 232, 233
[フレットボード編集] 233, 235
[フレットボードを表示] 232, 236
プログラムチェンジ 381
　　—を削除する 391
[分割] 444
[分割ポイント] 108
分数コード➡オンコード を参照

へ
[ページオフセット] 312
[ページオフセット編集] 312
[ページ・サイズ] 27, 322
　　スコア譜の— 27
　　パート譜の— 27
[ページ・サイズ編集] 191, 322
[ページサイズを A4 に変更] 475
[ページ設定] 456, 475
[ページ全体の拡大縮小] 326
[ページに割り付け] 311, 404
[ページのグラフィック出力] 406, 412
[ページの再フォーマット]
　　[ページ選択] 449

[ページの余白サイズ] 323
ページ番号 311
　　開始— 312
[ページ表示] 12, 15, 17, 21
[ページ・フォーマット]
　　[パート譜] 448
[ページ・マージン]
　　[ページ・マージン編集] 323
[ページ・マージンに合わせる] 316
[ページ・マージン編集] 323
[ページ・レイアウト] メニュー
　　[改ページの削除] 342
　　[改ページの挿入] 342
　　[空白ページの削除] 352
　　[空白ページの挿入] 352
　　[組段]
　　　　[(組段) マージン編集] 324, 339, 341, 345
　　[組段の拡大縮小] 325
　　[組段の均等配置] 340
　　[ページ・サイズ編集] 191, 322
　　[ページの再フォーマット]
　　　　[ページ選択] 449
　　[ページ・マージン]
　　　　[ページ・マージン編集] 323
[ペースト対象項目の選択] 197
ペダル記号 306
[別名で保存] 399
ベロシティ 381, 397
[ベロシティ編集] 396, 397
変形図形 266
　　—をコピーする 267
　　—を垂直に整列する 267
　　—を水平に整列する 268
[変形図形オプション] 269, 270
[変形図形] メニュー
　　[音符に割り付け] 218
　　[小節に割り付け] 218
　　[変形図形オプション] 269, 270
変形図形を入力する 266
[変形線形テキストの位置調整] 272
[変形線形のスタイル] 271, 273, 305, 439
[変形線形の選択] 271, 304, 306, 439
[変更]
　　[音価] 167
　　[音符サイズ] 169
　　[符頭] 435
　　[フレットの下限] 431
　　[連符] 138, 139
[編集する歌詞を選択] 213
[編集中のレイヤーのみ表示] 169, 174, 193, 196, 260, 261
[編集] メニュー
　　[カット] 159

[環境設定] 15, 19, 244, 330, 458, 459, 460, 461, 462, 463, 464
[計測単位] 83, 93, 254, 272, 320, 91
[コピー] 159, 195
[小節ブロックを挿入] 45, 77
[小節を追加] 76
[すべてを選択] 24
[すべてを選択] 391
[選択した項目のみ消去] 155, 391
[選択した対象項目のみペースト] 197
[挿入] 159
[長休符]
　[スコア譜/パート譜の表示設定] 444
　[分割] 444
　[取り消し] 202
[ペースト対象項目の選択] 197
[レイヤー移動/コピー] 196, 388
[連続ペースト] 195
編集枠 101, 103
　-を抜ける 101, 103
　-を広げる 418
ほ
[ボーカル用強弱記号] 248
ボリューム 396
ま
マウス入力 98
マクロキー 239, 240, 243, 259, 261, 295
　-をカスタマイズする 239, 259
マクロ機能 239, 240, 259, 261
み
[ミキサー] 355, 356, 403
め
[メイン・ツール・パレット] 16
メトロノーム記号 252
　[-の数値を優先] 361
も
文字
　-のサイズ 314
　-の入力位置 316
　-のフォント 314
　-をすべてのページに表示する 317
文字揃え
　グループ名の- 82
　五線名の- 82
文字反復記号 282
　-の位置 284
　-の表示パート 285
　-のプレイバック設定 287
[文字反復記号 ID] 283
[文字反復記号の機能設定] 282, 283, 284, 286, 287, 300
[文字反復記号の作成] 283, 300
[文字] メニュー

[位置合わせ]
　[ページ・マージンに合わせる] 316
[キャラクタの挿入] 203
[行送り] , 64
[サイズ] 271, 314
[小節に割り付け] 313
[シラブルにスペースを挿入] 204
[シラブルにハイフンを挿入] 204
[スタイル] 314
[挿入] 78, 309, 310
　[(c) マーク] 310
　[キャラクタ] 216, 251, 253, 257, 291
　[総ページ] 311
　[ページ番号] 311
　[フォント] 212, 271, 314
　[ページオフセット編集] 312
　[ページに割り付け] 311, 313
モジュレーション 396
ゆ
[ユーティリティ] メニュー
[移調] 129, 162
[楽器の部分変更] 40
[小節のはめ込み] 329
[スペーシング]
　[音符単位によるスペーシング] 331
[符尾の向き] 176
[変更]
　[音価] 167
　[音符サイズ] 169
　[符頭] 174, 435
　[フレットの下弦] 431
　[連符] 138, 139
[連桁の再連結]
　[音符の再連結] 186
　[歌詞に従って再連結] 187
　[指定する拍子記号に従って再連結] 186
指番号 265
よ
余白
　コーダ前の- 343
　五線左の- 339
　小節左の- 347
　タイトルのための- 324
　ページの- 323
ら
ライブラリ 248
[ライブラリを開く] 248, 433
り
リアルタイム入力 104
　弱起の- 109
　タップを切り離す 110
[リアルタイム入力オプション] 105
[リアルタイム入力] メニュー
　[拍の設定]

[タップ] 110
[プレイバックとクリック音] 104
[リアルタイム入力オプション] 105
[レコーディングモード]
　[1つの五線に入力] 107
　[2つの五線に分割] 108
[リズムの細分化] 130
リズム譜
　スラッシュを使った- 434
　符頭を省略した- 438
[リセット] 363
リハーサルマーク 256
　ダッシュのついた- 257
[リハーサルマークの振り直し] 256
リバーブ 370
[リミット] 395
臨時記号 112, 228
　警告の- 114
　異なるレイヤーの- 115
　親切- 113
　-つきの ♯ や ♭ 262
　-つきのトリル 304
　-の括弧の表示/非表示 113
　-のサイズ 263
　-の表示/非表示 116
　-を再表記する 115
　-を挿入する 310
れ
[レイアウト関連のアイコン] 328, 342
[レイアウトの自動更新] 330
レイヤー 145
　[-移動/コピー] 196
　[レイヤー1と2を入れ替え] 468, 473
[レイヤー移動/コピー] 388
[レコーディング終了時のテンポ] 362
[レコーディングモード]
　[1つの五線に入力] 107
　[2つの五線に分割] 108
[レポート表示] 469
連桁でつなぐ 182
　小節線をまたいで- 190, 191
連桁でつなぐ単位 183
連桁の傾き 189
[連桁の再連結]
　[音符の再連結] 186
　[歌詞に従って再連結] 187
　[指定する拍子記号に従って再連結] 186
連桁の垂直位置 189
[連桁の分断方法の選択] 188
連桁を切り離す 182, 188
連桁をつなぎなおす 186
　歌詞にあわせて- 187
連続コピー 195
[連続して値を増減] 363, 394

[連続ペースト] 195, 296
連符 106, 131, 136
　3- 131
　3連符以外の- 133
　入れ子になった- 135
　-の括弧 137, 139, 140
　-の括弧や数字の位置を反転する 139
　-の括弧や数字を隠す 137
　-の初期設定 136
　-の数字 137
　-のトレモロ記号 303
[連符定義] 134, 136, 137, 140, 303
[連符の変更] 138, 139
ろ
録音する 104, 108
　1つの五線に- 107
　2つの五線に同時に- 108
　テンポ情報を- 362
録音テンポ 104
録音を終了する 108
わ
和音 126, 129, 130
[和音内の符頭サイズ変更] 172
割り付けページを指定する 317

●Finale についてのお問い合わせ先●

　Finale の操作方法や不具合などに関するご質問は、ソフトに付属の「スタートガイド」に記載されている「株式会社エムアイセブンジャパン Finale カスタマーサポート窓口」までお問い合わせください。

　Finale に関するその他の情報は、下記ホームページをご参照ください。

➡ http://www.finalemusic.jp/

Finale version25 実用全ガイド
──楽譜作成のヒントとテクニック・初心者から上級者まで

発行日● 2016 年 12 月 23 日　第 1 刷

編　者●スタイルノート楽譜制作部
発行人●池田茂樹
発行所●株式会社スタイルノート
　　　　〒 185-0021
　　　　東京都国分寺市南町 2-17-9 ARTビル5F
　　　　電話 042-329-9288（Finale に関するお問い合わせは、上記をご確認ください）
　　　　E-Mail books@stylenote.co.jp
　　　　URL http://www.stylenote.co.jp/

協　力●近藤隆史

装　丁●又吉るみ子
印　刷●シナノ印刷株式会社
製　本●シナノ印刷株式会社

© 2016 Stylenote Inc.　Printed in Japan
ISBN978-4-7998-0156-7 C1004

定価はカバーに記載しています。
乱丁・落丁の場合はお取り替えいたします。当社までご連絡ください。
本書の内容に関する電話でのお問い合わせには一切お答えできません。メールあるいは郵便でお問い合わせください。なお、返信等を致しかねる場合もありますのであらかじめご承知置きください。
本書は著作権上の保護を受けており、本書の全部または一部のコピー、スキャン、デジタル化等の無断複製や二次使用は著作権法上での例外を除き禁じられています。また、購入者以外の代行業者等、第三者による本書のスキャンやデジタル化は、たとえ個人や家庭内での利用であっても著作権法上認められておりません。